Esoterik

Herausgegeben von Gerhard Riemann

Edgar Cayce (1876–1944), geboren in Kentucky, USA, gilt heute, 40 Jahre nach seinem Ableben, weithin als begabtestes Medium der Neuzeit. In Trance machte er Aussagen zu allen nur denkbaren Themen – der Geschichte der Menschheit, zu schwer diagnostizierbaren Krankheiten, der Zukunft unseres Planeten Erde und zur Vergangenheit bzw. dem Karma einzelner Menschen. Aus den über 10000 medialen »Kundgaben« hat die Journalistin Gina Cerminara diejenigen herausgesucht, die uns – über viele Leben hinweg – Aufschluß geben über den Entwicklungsweg individueller Seelen. Wie in keinem anderen Buch können wir anhand tatsächlich gelebter Leben die komplexen Wirkungen des Karmas erkennen, im »positiven« wie im »negativen« Sinn. Wir lernen Karma als ebenso leidenschaftslosen wie gerechten Lehrmeister kennnen, als Folge unseres Denkens und Tuns, als Spiegel unserer Vergangenheit und als Korrektiv auf dem langen Pfade der Evolution.

Vollständige Taschenbuchausgabe
Droemersche Verlagsanstalt Th. Knaur Nachf. München
Lizenzausgabe mit freundlicher Genehmigung des
Hermann Bauer Verlages KG, Freiburg im Breisgau

Titel der Originalausgabe »Many Mansions«
Erschienen 1950 by William Sloane Associates, Inc., New York
Aus dem Amerikanischen von Eberhard Maria Körner
Umschlaggestaltung Dieter Bonhorst
Satz IBV Lichtsatz KG, Berlin
Druck und Bindung Clausen & Bosse, Leck
Printed in Germany 9 8
ISBN 3-426-04111-1

Dr. Gina Cerminara:
Erregende Zeugnisse von Karma und Wiedergeburt

Knaur®

ISBN 3-426-04111-1 880

Inhaltsübersicht

Kapitel 1

Die herrliche Möglichkeit

Menschen werden geboren; sie leiden; sie sterben. In diesen sieben Worten faßte ein weiser Mann, Anatole France, einst die Geschichte der Menschheit zusammen.

Es gibt eine andere, ältere und viel bezeichnendere Geschichte über das Leiden der Menschheit. Es ist die Legende über den jungen Prinzen SIDDHARTA, der später als BUDDHA, der Erleuchtete, bekannt wurde. Siddhartas Vater war ein wohlhabender indischer Regent, der beschlossen hatte, seinen Sohn vor der Kenntnis des Bösen in der Welt zu bewahren. So wuchs der Prinz in lieblicher Umgebung zu einem jungen Mann heran und wurde mit einer schönen Prinzessin verheiratet, ohne daß er jemals einen Fuß außerhalb der Palastmauern gesetzt hätte. Erst nach der Geburt seines ersten Kindes, nachdem er bis dahin in gesegnetem Glück mit Frau und Kind, aber mit Neugier nach der Außenwelt gelebt hatte, unternahm er es, die Palastwachen zu umgehen und seinen ersten Ausflug in die übervölkerte Stadt zu machen.

Auf diesem schicksalhaften Ausflug beeindruckten ihn auf den Straßen drei Anblicke tief: und zwar sah er einen alten Mann, einen kranken Mann und einen toten Mann. Erschüttert fragte der empfindsame junge Prinz seinen begleitenden Diener nach der Bedeutung solches schrecklichen Elends. Als ihm erwidert wurde, daß diese drei Übel nicht ungewöhnlich seien, sondern vielmehr das Los der Menschheit seien, wurde der Prinz so tief getroffen, daß er sich nicht zwingen konnte, sein leichtes und angenehmes Leben weiterzuführen. Er entsagte allen seinen weltlichen Besitztümern und stellte sich die Aufgabe, Weisheit zu erlangen, daß er daraus lernen könne, die Menschen von ihren Leiden zu befreien. Endlich, nach vielen Jahren, wurde er erleuchtet. Er erkannte, was er zu erkennen begehrt hatte und lehrte die Menschen, die seine innere Strahlung erkannten, den Pfad der Befreiung.

Nicht alle können wir wie Buddha der Liebe, der Macht, dem Wohlstand und der Bequemlichkeit entsagen, und die Wärme der familiären Geborgenheit ist für uns von unberührbarer Bedeutung. Doch alle von uns können und müssen sich schließlich mit dem Zentralproblem befassen: Weshalb leiden wir? Und was können wir tun, um uns vom Leiden selbst zu befreien?

Unsere Autoren von Zukunftsromanen haben ein Zeitalter vorausgeschrieben, in dem zwei der Leiden, durch die Buddha so erschüttert wurde, verschwunden sein sollen: hohes Alter und Krankheit. Aber diese Autoren haben trotz bewundernswerter Kenntnis der modernen Physik keine Möglichkeit der Ausschaltung des für die Menschheit vermeintlichen »Erzfeindes«, des Todes, gesehen. Und ehe noch eine vernünftige Weltordnung, falls sie es will, Sicherheit und Gesundheit, Frieden, Schönheit und Jungerhaltung für die Menschheit bringen könnte, werden wir tausend Unsicherheiten, tausend Gefahren und zehntausenden von Bedrohungen unseres Glücks und inneren Friedens gegenübergestellt. Feuersbrünste und Überschwemmungen, Epidemien und Erdbeben, Krankheit und Mißgeschick, Kriege und die Drohung der totalen Vernichtung sind einige dieser äußeren Bedrohungen. Und das Seelenleben der Menschen wird von einer unübersehbaren Flut von Schwächen und Unzulänglichkeiten überschwemmt. Selbstsucht, Gleichgültigkeit, Neid, Böswilligkeit und Grämlichkeit sind Quellen des Leides für den Träger dieser Eigenschaft wie für seine Mitmenschen.

In Augenblicken unserer Gefühlserhebungen, aufgerufen etwa durch edle Musik oder den Anblick eines Sonnenaufgangs, fühlen wir, daß Freude, Harmonie und ein tiefer Sinn im Herzen des Universums liegen; doch wenden wir uns wieder dem harten Lebensalltag mit seinen Grausamkeiten und fordernden Beschränkungen zu, können wir nicht anders, als uns, sofern wir nur eine Spur von Mitempfinden haben, zu fragen: Worin, im Namen des gesunden Menschenverstandes, liegt der Sinn des Lebens? Wer bin ich? Warum bin ich hier? Wohin gehe ich? Weshalb leide ich? Worin liegt meine wahre Beziehung zu anderen Menschen und deren Beziehung zu mir? Wie verhält es sich mit unserer Beziehung zum ungeheuren äußeren Kräftespiel der Welt und vielleicht zu einer höheren Macht, über uns und jenseits von uns?

Diese Fragen sind die grundlegenden und ältesten der Menschheit. Ohne Beantwortung dieser Fragen bleiben alle vorübergehenden Versuche zur Linderung der Leiden, ob es nun körperliche oder seelische Gebrechen sein mögen, letztlich bedeutungslos. Ehe nicht die wahre Ursache der Leiden erklärt worden ist, ist nichts erklärt. Ehe nicht vom Leiden des unscheinbarsten und geringsten Wesens Zeugnis gegeben wurde, ist für nichts Zeugnis gegeben, und unsere philosophische Erfassung des Lebens ist unvollständig.

Seit Urzeiten haben selbst die primitivsten Menschen diese entscheidenden Fragen gestellt. Sie haben in die leuchtenden Himmel hinaufgeblickt und gefühlt, daß der Menschheit Kämpfe und Sorgen nicht so erbärmlich oder vergeblich sein können, als sie erschienen; sie schöpften Kraft aus der Annahme einer großen kosmischen Beziehung zwischen Menschen und Sternen. Oder sie haben den Wald mit Wesen beseelt und haben erklärt, daß alle Lebewesen einen Geist besäßen, den Menschen eingeschlossen, und daß dieser menschliche Geist nur eine kurze Weile auf Erden lebte und litte und nach dem Tode in einen glücklicheren und viel friedvolleren Zustand überginge. Oder sie haben den Sinn für gut und böse in sich selbst beobachtet und fühlten, daß es im Gewissen des Universums einen höheren Maßstab für gut und böse geben müsse und daß in einem ganz anderen Seinsbereich Strafe oder Belohnung eine besondere Rolle spiele.

Es hat Tausende solcher Vorstellungen und Erklärungen gegeben; einige primitiver als andere und manche verfeinerter und vernünftiger. Und auch heute noch führen die Menschen in der ganzen Welt meist tapfer ihr Leben und nehmen an, daß eine solcher Erklärungen des Lebenssinnes die richtige ist. Manche setzen ihren Glauben ganz in die Lehre des MOHAMMED, andere in die des BUDDHA oder GURU NANAK oder des MOSES oder JESUS oder KRISHNA. Und viele Tausende gibt es, die keine Erklärung für den Sinn des menschlichen Lebens haben und auch nicht die Möglichkeit eines jenseitigen Weiterlebens sehen. Wieder andere ziehen es vor, sich nur der Ruhe oder dem Vergnügen des Augenblicks hinzugeben.

Wir in der christlichen Tradition Aufgewachsenen haben unsere eigene Erklärung für menschliches Leben und Leiden, und zwar die folgende: der Mensch hat eine Seele, und diese ihm innewohnende Seele ist unsterblich. Das Leiden ist eine uns von Gott geschickte Prüfung, und der jenseitige Himmel oder die Hölle sind der Lohn oder die Strafe, die uns nach Maßgabe unserer gegenwärtigen Lebensführung erwarten. Jene von uns, die diese Erklärung glauben, tun es nicht wegen irgendeines Beweises dafür, sondern weil sie dieser Glaube von ihren Eltern und Erziehern gelehrt wurde. Und die letzteren übernahmen den Glauben wieder von ihren Eltern und Erziehern, bis wir zu

jenem Buch, das die Bibel genannt wird, zurückkommen und zu einem Mann names Jesus.
Die Bibel ist im übereinstimmenden Urteil der meisten Menschen ein bemerkenswertes Buch; und Jesus, ob er nun Mensch oder Sohn Gottes sein möge, war eine außergewöhnliche Persönlichkeit. Seit der Renaissance ist der westliche Mensch jedoch den Glaubensverkündungen gegenüber, die ihm durch die Macht einer Autorität zukamen, immer skeptischer geworden, mögen ihm nun diese Glaubenslehren durch Bücher oder Personen nahegebracht worden sein. Mit wachsendem Zweifel werden alle jene Anschauungen und Glaubensverkündungen betrachtet, die nicht im Laboratorium der Wissenschaft bewiesen werden können.
Ptolemäus behauptete, und die Kirche griff diese Behauptung auf und lehrte sie, daß sich die Sonne um die Erde drehen würde; doch die von Kopernikus erfundenen und benutzten Instrumente bewiesen, daß es statt dessen die Erde war, die sich um die Sonne drehte. Aristoteles, dessen Psychologie und Naturwissenschaft die Kirche in vollem Umfang annahm, schrieb, daß von zwei unterschiedlich schweren, fallenden Gegenständen der schwerere zuerst den Boden erreichen würde; Galilei jedoch bewies durch ein einfaches Experiment, daß zwei Gegenstände gleichen Umfangs, aber verschiedenen Gewichts, die er von der Spitze des Domes zu Pisa warf, gleichzeitig auf dem Boden ankamen. Zahlreiche Wendungen in der Bibel weisen auf die Form der Erde als flache Scheibe hin, und der Augenschein der allgemeinen Beobachtungen schien diese Theorie zu bestätigen; doch Kolumbus, Magellan und andere Entdecker des fünfzehnten Jahrhunderts zerstörten diese alten Überzeugungen durch ihre Segelfahrten.
Durch diese und hundert andere erregenden Entdeckungen kam die Menschheit allmählich zu der Erkenntnis, daß sich die alten Autoritäten geirrt haben konnten. Somit war die wissenschaftliche Geisteshaltung und der Skeptizismus des modernen Geistes geboren worden! Entdeckung auf Entdeckung zerfaserten das bisher so nahtlose Weltbild, an das die Menschheit geglaubt hatte. Geist? Niemand hat jemals einen Geist gesehen. Seele? Niemand hat jemals eine Seele aufgedeckt. Weder im Protoplasma noch in der Zirbeldrüse, wo Descartes sie zu wissen glaubte, war sie zu finden. Unsterblichkeit? Wer ist jemals zurückgekommen, um uns davon Kunde zu geben? Himmel? Unsere Teleskope erweisen kein Vorhandensein eines solchen. Gott? Eine ungeheure Anmaßung; eine Projektion unseres Gemütes, das einer Vater-Vorstellung bedurfte. Das Universum ist eine riesige

Maschine. Der Mensch ist eine kleine Maschine und möglicherweise durch zufälliges Zusammentreffen von Atomen in einem Entwicklungsprozeß der Natur entstanden. Leiden ist des Menschen unausweichliches Los in seinem Lebenskampf. Es hat weiter keine »Bedeutung«, keinen Sinn. Tod ist eine Auflösung chemischer Bestandteile; nichts sonst bleibt übrig.

An die Stelle der Autorität GOTTES oder des großen Menschen oder des großen Buches ist die Autorität unserer fünf Sinne als Ersatz getreten. Die Wissenschaft hat sicher den Radius unserer Sinne durch Mikroskope und Teleskope, Röntgenstrahlen und Radargeräte erweitert; und die Wissenschaft hat die Beobachtungen unserer fünf Sinne durch Vernunft, Mathematik und wiederholbare Experimentaltechniken rationalisiert uns systematisiert. Doch aller Zeugenschaft der wissenschaftlichen Aussagen liegt die Zeugenschaft unserer fünf Sinne zugrunde. Das Gebäude der Wissenschaft ruht auf dem Fundament der Wahrnehmungen der Augen, der Ohren, der Nase, der Zunge und des Tastsinns der Menschen.

In den letzten paar Jahrzehnten sind wir nun hinsichtlich dessen, was wir wissen oder was wir zu wissen glauben, nichtsdestoweniger zweiflerischer und grüblerischer geworden. Die Instrumente, die wir mit unserem stolzen Verstand erschaffen haben, kehrten sich ironischerweise gegen uns und machten uns klar, daß unsere Sinneswahrnehmung selbst unvollständig ist und unser Wahrnehmungsvermögen nicht ausreicht, um uns mit der Welt, so wie sie wirklich ist, vertraut zu machen. Radiowellen, Radioaktivität und Atomenergie, um nur wenige Phänomene unserer Zeit zu nennen, beweisen uns darüber hinaus ohne jeden Zweifel, daß wir von unsichtbaren Wellen und Energiestrahlungen umgeben sind und daß die kleinsten Teilchen der Materie Kräfte von derartig ungeheurem Ausmaß enthalten, daß unsere Vorstellungskraft es nicht fassen kann.

Etwas demütiger geworden, wissen wir heute, daß wir in die Welt nur wie durch winzige Gucklöcher in der Zelle unseres Körpers hinausschauen können. Unsere Empfindlichkeit gegenüber Lichtschwingungen ermöglicht uns nur, einen kleinen Ausschnitt aller Lichtschwingungen wahrzunehmen. Unsere Empfindlichkeit, Tonschwingungen zu hören, erstreckt sich nur auf eine einzige schmale Oktave der weiten Tonleiter des Universums. Eine Hundepfeife ist für unseren Hund hörbar, doch bleiben ihre Töne für uns unhörbar, da deren Schwingungsfrequenz über der Grenze unserer Hörempfindlichkeit liegt. Es gibt viele andere Tiere, darunter viele Vögel und Insekten, deren Wahrnehmungsskala des Hörens oder Sehens oder Schmekkens von unserer eigenen abweicht. Folglich enthält das Universum für diese Wesen vieles, das wir nicht wahrnehmen können.

Ein denkender Mensch beginnt sich über den seltsamen Hochmut des stolzen Menschen zu wundern, der in seinen eigenen Erfindungen zur Wahrnehmung der Wirklichkeit von manchen Tieren übertroffen wird, und er beginnt Überlegungen anzustellen, ob er selbst etwas von diesen unsichtbaren, unerlebten Bereichen wahrnehmen könnte.

Nehmen wir zum Beispiel an, daß wir unsere Sinnesausrüstung auf irgendeine Weise so stärken könnten, daß unsere Empfindlichkeit gegenüber Farbe und Ton nur ein wenig erweitert würde. Würden wir dann nicht mancher Objekte gewahr werden, die sonst unerkannt für uns bleiben? Oder nehmen wir an, daß einige wenige Menschen mit einer um weniges erweiterten Empfänglichkeit ihrer Sinnesorgane geboren würden. Wäre es für diese Menschen nicht natürlich, Dinge zu sehen und zu hören, die wir übrigen nicht sehen und hören können? Könnten solche Menschen nicht in die Entfernung hören wie mit einem eingebauten Radioempfänger oder in weite Ferne sehen wie mit eingebauter Fernsehvorrichtung?

Die ungeheure, unglaubliche und unsichtbare Welt der Dinge und Kräfte, die von unseren Instrumenten des zwanzigsten Jahrhunderts entdeckt wurde, zwingt uns, über obenerwähnte Möglichkeiten nachzudenken; und wenn wir einen Rückblick auf die lange seltsame Menschheitsgeschichte tun, stellen wir fest, daß viele historische Fälle überliefert wurden, bei denen eine solche erweiterte Aufnahmefähigkeit der Sinne tatsächlich vorhanden gewesen ist. Wir erfahren, daß SWEDENBORG, der große Mathematiker und Gelehrte des achtzehnten Jahrhunderts, in seinen höheren Lebensjahren die Gabe des übersinnlichen Empfangens entwickelt hat, wie seine Biographen berichten. Ein Beispiel seiner fernsehgleichen Gabe der räumlichen Fernschau ist von vielen bekannten glaubwürdigen Persönlichkeiten, unter ihnen auch der Philosoph IMMANUEL KANT, bestätigt worden.

Als Swedenborg eines Abends um sechs Uhr zusammen mit Freunden in der Stadt Göteborg speiste, wurde er plötzlich von Erregung gepackt und erklärte, daß ein gefährliches Feuer in seiner Geburtsstadt Stockholm, etliche hundert Kilometer entfernt, ausgebrochen sei. Wenig später ergänzte er, daß die Feuersbrunst bereits das Haus eines seiner Nachbarn niedergebrannt habe und nun sein eigenes Haus bedrohe. Um acht Uhr an jenem Abend rief der Philosoph mit einiger

Erleichterung aus, daß das Feuer drei Häuser von seinem eigenen entfernt zum Erlöschen gebracht worden sei. Zwei Tage später wurden Swedenborgs Feststellungen wörtlich durch offizielle Berichte über den Brand bestätigt. Genau zu jener Stunde war das Feuer ausgebrochen, in der Swedenborg seine erste Vision davon empfangen hatte.
Swedenborgs Fall ist nur einer unter Hunderten ähnlicher Vorkommnisse, die in der Geschichte und Biographie der großen, der weniger großen und der obskuren Persönlichkeiten berichtet werden. Um nur einige zu nennen, hatten, ihren Biographen oder auch ihren eigenen Zeugnissen zufolge, MARK TWAIN, ABRAHAM LINCOLN und SAINT-SAENS einige Male in ihrem Leben seltsame plötzliche Visionen von weit entfernt stattfindenden Ereignissen, die sich bis in die kleinste geschaute Einzelheit Monate oder Jahre später in ihren eigenen Leben verwirklichten! Swedenborgs Gabe der Fernschau entwickelte sich später zu einer intensiven und allseits bestätigten Fähigkeit; in den meisten anderen Fällen scheinen diese Gaben nur in kritischen Momenten und Erregungszeiten besonders hervorzubrechen.
Wir in der westlichen Welt neigen meist dazu, skeptisch und mit leichter Herablassung auf solche Ereignisse zu blicken. Wie gut bezeugt sie auch jeweils sein mögen, und wie ehrenhaft und intelligent die Zeugen auch seien und wie ungewöhnlich häufig diese Ereignisse auch geschehen, sind wir dazu geneigt, sie stirnrunzelnd, achselzukkend oder mit dem Wort »Zufall« oder dem Beiwort »interessant« abzutun.
Die Zeit ist nichtsdestoweniger gekommen, in der wir diese Ereignisse nicht mehr so leichthin abtun können. Für einen Geist, welcher der Erforschung unerklärlich scheinender Ereignisse aufgeschlossen ist, und der die großen wissenschaftlichen Möglichkeiten und Notwendigkeiten unserer Zeit erfaßt hat, ist das ganze Gebiet der merkwürdigen seelischen Fähigkeiten von erregender Wichtigkeit.
Unter den weitsehenden Wissenschaftlern, die das Gebiet der außersinnlichen Wahrnehmung einer systematischen Erforschung im Laboratorium für würdig erachtet haben, und die wirklich eine solche Erforschung unternommen haben, befindet sich Dr. J. B. RHINE von der Duke-Universität. Seit 1930 bereits betreibt Dr. Rhine mit seinen Assistenten intensive Studien der telepathischen und hellseherischen Fähigkeiten der Menschen. Unter Anwendung strenger Kontrollmaßnahmen und Beobachtung der verbindlichen wissenschaftlichen Testbedingungen, hat Rhine entdeckt, daß viele Individuen auch unter Laboratoriumsbedingungen Fähigkeiten außersinnlicher Wahr-

nehmung beweisen können. Statistische Techniken wurden sorgsam angewandt, um die Ergebnisse von Dr. Rhines Experimenten rechnerisch zu sichern, und, mathematisch ausgedrückt, wurde festgestellt, daß die erzielten Resultate nicht dem Auftreten innerhalb der Wahrscheinlichkeit zugerechnet werden konnten.

Andere wissenschaftliche Erforscher, wie WARCOLLIER in Frankreich, KOTIK in Rußland und TISCHNER in Deutschland, die ebenfalls Laboratoriumsmethoden anwandten, sind unabhängig zu den gleichen Schlüssen wie Rhine gekommen, so daß die zunehmenden Beweise für die Existenz außersinnlicher Tatsachen seitens der Wissenschaftler langsam die Vorurteile und Zweifel der westlichen Welt unterminieren und man allmählich zur allgemeineren Annahme des Vorhandenseins telepathischer und hellseherischer Fähigkeiten im Menschen kommt.

Von drei Standpunkten aus scheint man vernünftigerweise folgern zu können, daß der schmale Bereich der normalen menschlichen Erkenntnis durch seine Sinnesorgane erweitert werden kann. Erstens ist es vernünftig, an die Möglichkeit einer solchen Erfahrungserweiterung zu glauben; zweitens beweist die geschichtliche Überlieferung, daß eine solche Erweiterung bereits in vielen Fällen vorgelegen hat, und drittens liefert die Wissenschaft ein anwachsendes Material von Laboratoriumsdaten, die beweisen, daß der Mensch Erfahrungen jenseits des von den Sinnen normalerweise erfaßten Bereichs machen kann.

Heutzutage haben die Forscher in den Laboratorien jedoch das Hellsehen erst als eine mögliche Form der außersinnlichen Wahrnehmung bezeichnet. Die Möglichkeiten für den praktischen Gebrauch der Hellsehgabe wurde wissenschaftlicherseits noch nicht einmal gestreift, obwohl diese Möglichkeiten ungeheuerlich sind. Es ist klar, daß der Mensch, der im Besitz von Erkenntnismöglichkeiten ist, die nicht vom Gebrauch seiner Augen und Ohren abhängen, und der unter bestimmten Umständen wie mit einem Fernseher in einen Bereich weit außerhalb seiner physischen Augen »sehen« kann, damit ein neues und höchst wichtiges Hilfsmittel zur Erlangung von Wissen über sich selbst und über das Universum erhält.

Der Mensch hat im Laufe der Jahrhunderte große Dinge vollbracht. Seine Stärke und sein Mut haben ihm ermöglicht, den Raum zu erobern und die Materie seinem Willen zu unterwerfen. Doch trotz all dieser seiner Stärke und Erfindungsgabe bleibt er zerbrechlich und verwundbar. Denn bei allen seinen äußerlichen Eroberungen findet

er sich weiterhin hilflos und irregeführt. Trotz all seiner Triumphe in den Bereichen der Kunst, Kultur und Zivilisation zerbricht er sich noch immer den Kopf über die Bedeutung und den Sinn der Leiden, von denen er verfolgt wird und von denen auch seine Lieben verfolgt werden von der Geburt bis zum Tode.
Nun hat er auch die geheimnisvollen Zusammenhänge innerhalb des Atoms durchdrungen. Vielleicht ist der Mensch jetzt, mit seinen neu entdeckten Fähigkeiten außersinnlicher Wahrnehmung und seiner neu erhellten Erkenntnis der eigenartigen Beziehung zwischen Bewußtsein und Unterbewußtsein auch dicht davor, die geheimnisvollen Zusammenhänge in ihm selbst zu durchdringen. Vielleicht wird er nun nach so vielen düsteren Jahrhunderten vernünftige und befriedigende Antworten auf die rätselhaften Zentralfragen seiner Existenz finden: nach dem Sinn seiner Geburt und seiner Leiden.

Kapitel 2

Der medizinische Hellsehdiagnost Edgar Cayce

Über die Möglichkeiten der Hellsehbegabung nachzudenken, ist höchst reizvoll. Es ist um so reizvoller, als wir einen Mann kennen, der seine Begabung zum Hellsehen zu mannigfachen praktischen und intellektuellen Zwecken anzuwenden fähig war. Dieser Mann war EDGAR CAYCE. (Der Name wird etwa wie »K-e-i-ssii« ausgesprochen. »E« und »i« sind getrennt auszusprechen. Für Englischkundige: Abweichung von der Normalaussprache ist das »i« am Ende! D. Übers.)
Cayce wurde in den letzten Lebensjahren als der »Wundermann von Virginia Beach« bezeichnet. Dieser wohlgemeinte »Ehrentitel« ist jedoch irreführend. Denn obwohl Hunderte wundervolle Heilungen durch seinen Beistand erfuhren, war Cayce doch auf keinen Fall ein Wundertäter im gewöhnlichen Sinne des Wortes. Bei ihm gab es kein Händeauflegen, keine magischen Rituale und kein Fortwerfen von Krücken seitens Geheilter. Edgar Cayces sogenannte Wunder wurden allein durch seine erstaunlichen hellseherischen Diagnosen vollbracht, die laufend gegeben wurden, wenn auch der Patient Tausende von Meilen entfernt sein mochte. Außerdem vermochte Cayce nur im völlig hypnotisierten Zustand perfekt hellzusehen. Diese Tatsache sollte besonders für jene Psychotherapeuten von besonderer Wichtigkeit sein, die von der Hypnose zunehmenden Gebrauch in ihrer Praxis machen oder diese als Mittel zur Erforschung des Unterbewußtseins anwenden wollen.
Eines der eindrucksvollsten Beispiele von Cayces Selbstdemonstrationen seiner Hellsicht in Hypnose haben wir im Falle eines jungen Mädchens in Selma, Alabama. Dieses Mädchen hatte zweifellos seinen Verstand verloren und sollte in eine Heilanstalt gebracht werden. Der tief getroffene Bruder erbat Cayces Hilfe. Cayce legte sich auf seine Couch, machte ein paar tiefe Atemzüge und versetzte sich selbst in Schlaf. Darauf gab man ihm die kurze hypnotische Anweisung, daß er den Körper des in Frage stehenden Mädchens sehen und diagnostizieren möge. Nach kurzer Pause begann Cayce zu sprechen, wie es

alle Hypnotisierten auf Befehl hin tun. Im Gegensatz zu den meisten in Hypnose versetzten Menschen begann Cayce jedoch wie mit Röntgenaugen hellzusehen, und zwar schilderte er aus der Ferne die physischen Bedingungen des Mädchens ganz genau. Er stellte fest, daß einer ihrer Weisheitszähne verdrückt war und dadurch auf einen ins Gehirn führenden Nerv einwirkte. Die Entfernung des Zahnes, so sagte er, würde den Druck beseitigen und den normalen Geisteszustand der Kranken wieder herbeiführen. Nach Cayces Angaben wurde die genaue Untersuchung vorgenommen und der so unverdächtig erscheinende Zahnfehler gefunden. Der Eingriff des nunmehr zuständigen Zahnarztes hatte die völlige Genesung des Mädchens zur Folge.

Ein anderes erregendes Beispiel dieser Art von Cayces Hilfe bietet der Fall einer jungen Frau aus Kentucky, die einer Frühgeburt das Leben geschenkt hatte. Als dieses Baby, das seit seiner Geburt kränkelte, vier Monate alt war, erlitt es so schwere Krampfanfälle, daß die drei herbeigezogenen Ärzte sowie der Vater daran zweifelten, ob das Kind den Tag überleben werde. In ihrer Not wandte sich die Mutter an Cayce und bat ihn um Hilfe. Cayce verschrieb, wie üblich im hypnotisierten Zustand, für das Baby eine bestimmte Dosis des Giftes Belladonna und ein Gegengift, falls dieses notwendig werden sollte. Die empörten Einwände der Ärzte nicht beachtend, bestand die Mutter darauf, ihrem Kinde die Dosis Belladonna selbst zu verabreichen. Fast sofort hörten die Krämpfe des Babys auf; es streckte sich entspannt aus und schlief ruhig ein. Sein Leben war gerettet.

Diese und hunderte ähnlicher Fälle gehören eigentlich nicht zur Gruppe der psychologischen »Glaubensheilungen«. Übrigens ist die Heilung nur sehr selten so spontan erfolgt wie in den beiden hier zitierten Beispielen. In jedem Falle aber gab Cayce eine sehr genaue und manchmal sehr lange anzuwendende individuelle Behandlungsanweisung. Arzneimittel, Operationen, Diätkuren, Vitaminbehandlungen, Wasserkuren, Chiropraktik, Elektrobehandlungen, Massagen und Autosuggestion, kurzum alle Hilfsmittel der Therapie kamen dabei vor. Diese Heilungen können also keinesfalls Übertreibungen oder Erfindungen allzu »gläubiger« Menschen sein, denn über jeden einzelnen der mehr als dreißigtausend Fälle, bei deren Heilung oder Behandlung Cayce beteiligt war, wurden genaue Berichte geführt, die in Form von Krankenlisten in Virginia Beach aufbewahrt worden sind. Diese Berichte können von jeder qualifizierten Persönlichkeit eingesehen werden, die den Wunsch dazu hat. Es befinden sich auch datierte Originalbriefe von leidenden Menschen aus allen Teilen der Welt darunter, die Cayces Heilung suchen oder ihre Dankbarkeit ausdrücken. Briefe, Berichte und eidesstattliche Erklärungen von Ärzten ergänzen dieses einzigartige Archiv. Im übrigen ist jedes Wort, das Cayce jemals im Hypnosezustand gesprochen hat, hier festgehalten. Alles in allem stellen die Cayce-Akten eine unerhört wertvolle eindrucksvolle Dokumentarsammlung zum Beweis seiner phänomenalen Gabe dar.

Edgar Cayce wurde als Sohn einfacher Landwirte im Jahre 1877 in der Nähe von Hopkinsville, Kentucky, geboren. Er besuchte eine Landschule; doch seinen stets genährten Jungenwunsch, Prediger zu werden, konnte er nicht erfüllen. Die Umstände ließen ein weiteres Studium nicht zu. Das Leben auf der Farm entsprach dem jungen Cayce nicht, und so zog er in die Stadt, wo er zunächst als Gehilfe in einer Buchhandlung und dann als Versicherungskaufmann arbeitete.

Als er einundzwanzig Jahre alt war, ereilte ihn ein Schicksalsschlag, der seinem Leben eine andere Richtung geben sollte. Er wurde von Kehlkopfentzündung befallen und verlor seine Stimme. Sämtliche medizinischen Behandlungen erwiesen sich als wirkungslos; keiner der Ärzte, die er konsultierte, war imstande, ihm zu helfen. Unfähig, seinen Beruf weiter auszuüben, lebte der junge Cayce untätig und über seine scheinbar unheilbare Krankheit verzagt, für fast ein Jahr bei seinen Eltern.

Endlich entschloß er sich, die Arbeit eines Photographen und Photohändlers aufzunehmen – eine Beschäftigung, die kaum Anforderungen an seine Stimme stellte. Während er als Lehrling eines Photographen arbeitete, kam ein reisender Artist und Hypnotiseur namens HART in jene Stadt und führte eine Nachtvorstellung im Opernhaus zu Hopkinsville durch. Hart hörte sich den Bericht über Cayces Leiden an und erbot sich, eine Behandlung mittels Hypnose zu versuchen. Der Versuch verlief insofern erfolgversprechend, als Cayce, der sich nur zu gern für den Versuch zur Verfügung gestellt hatte, in der Hypnose die Suggestionen Harts aufnahm und wieder mit normaler Stimme sprach. Nach dem Erwachen stellte sich leider die Minderung der Stimme wieder ein. Es wurde ihm nur die Suggestion gegeben, daß er *nach* dem Erwachen aus der Hypnose auch wieder normal sprechen könne. Obwohl diese Methode, bekannt als posthypnotische Suggestion, in zahlreichen Fällen erfolgreich angewandt wird und viele Menschen vom Rauchen und anderen Gewohnheiten befreit hat, blieb sie in Cayces Fall leider erfolglos.

Hart mußte Bühnenverpflichtungen in anderen Städten nachkommen und konnte deshalb die Experimente nicht fortsetzen. Doch ein ortsansässiger Mann namens LAYNE hatte den Fall mit einiger Anteilnahme verfolgt. Er studierte selbst das Gebiet der Suggestionsheilung und auch der Chiropraktik und besaß auch eine gewisse Begabung als Hypnotiseur. Layne fragte nun Cayce, ob er ihm durch seine Fähigkeiten zu helfen versuchen dürfe. Cayce stimmte zu, denn jede Möglichkeit, die Aussicht bot, ihm seine Stimme wiederzugeben, griff er dankbar auf.

Laynes Idee war es, Cayce vorzuschlagen, daß er selbst während seines Hypnosezustandes die Art seines Leidens beschreiben möge. Seltsam genug – aber Cayce führte entsprechend der ihm von Layne gegebenen Suggestionen genau die Selbstdiagnose aus. Mit normaler Stimme begann er den Zustand seiner eigenen Stimmbänder zu beschreiben. »Ja«, begann er, »wir können den Körper sehen (Er gebrauchte hier und später immer das ›unpersönliche‹ oder ›offizielle‹ Wort ›wir‹)... Im Normalzustand vermag dieser Körper keine Sprechfunktion auszuüben, weil eine durch Nervenüberanstrengung verursachte Teillähmung der inneren Muskeln der Stimmbänder vorliegt. Es handelt sich hierbei um eine seelische Störung, die einen körperlichen Defekt bewirkte. Dieser könnte durch eine Kreislaufanregung in den befallenen Organen behoben werden, die durch Suggestion im hypnotischen Zustand möglich ist.«

Layne suggerierte sofort, daß Cayces Kreislauf in den betroffenen Organen angeregt und seine Beschwerden damit erleichtert würden. Allmählich begannen sich Cayces Halspartie und sein Schlund rosa, dann rot und schließlich violettrot zu verfärben. Nach etwa zwanzig Minuten räusperte sich der im Hypnoseschlaf befindliche Mann und sagte: »Es ist alles in Ordnung jetzt. Das Übel ist beseitigt. Geben Sie die Suggestion, daß der Blutkreislauf wieder normal werde und daß danach die Person erwache.« Layne folgte dieser Anweisung. Cayce erwachte und begann zum erstenmal nach mehr als einem Jahr wieder normal zu sprechen. In den folgenden Monaten erfuhr er gelegentliche Rückschläge. Jedesmal wandte Layne dann wieder dieselbe Suggestion in bezug auf die Beschleunigung des Kreislaufes an, und jedesmal wurde der Rückschlag schnell überwunden.

Der Fall wäre hiermit erledigt gewesen, soweit er Cayce betraf, aber Layne war ein eifriger und findiger Forscher. Er war mit der Geschichte der Hypnose vertraut und wußte von vergleichbaren Fällen in der frühen Praxis von DE PUYSEGUR in Frankreich, einem Nachfolger von MESMER. So dachte er sich, daß Cayce, der im hypnotischen Zustand seine eigenen Leiden diagnostizieren konnte, auf gleiche Weise auch die Diagnose bei anderen vornehmen könnte. Sie nahmen Layne selbst zum Versuchsobjekt, denn er litt bereits seit längerer Zeit an einem Magenleiden. Das Experiment erwies sich als erfolgreich. Cayce beschrieb im Hypnosezustand die Symptome in Laynes Körper und schlug bestimmte Behandlungsweisen an. Layne war sehr erfreut; die Diagnose paßte genau zu den Symptomen, die er selbst wußte. Und obwohl verschiedene Ärzte diese klare Diagnose bereits gestellt hatten, war ihm die von Cayce empfohlene Behandlung, die Arzneimittelbehandlung, Diät und Übungen vorsah, bisher nicht bekannt geworden. Er versuchte es also mit der nun vorgeschlagenen Behandlung, und nach drei Wochen fühlte er bereits eine bemerkenswerte Besserung.

Cayce stand der ganzen Angelegenheit zweifelnd gegenüber. Aber Layne war so begeistert von dem Plan, auch andere Menschen mittels dieser Methode von ihren Leiden zu befreien. Als zehnjähriger Junge hatte Cayce, als er die Bibel zum ersten Male Seite für Seite gelesen hatte, wie später jedes Jahr einmal, die brennende Sehnsucht verspürt, einst wie ein Jünger Christi ein Helfer und Heiler für leidende Menschen werden zu dürfen. Später hatte er dann bekanntlich ein Prediger werden wollen; doch dieser Wunsch konnte infolge der Widrigkeit der Umstände nicht verwirklicht werden. Nun war ihm, eigenartig genug, die Möglichkeit geboten, Menschen zu heilen – aber er fürchtete sich, den Ruf anzunehmen. Er stellte sich vor, daß er doch während des Hypnoseschlafes vielleicht schädliche oder sogar katastrophale Ratschläge geben könnte. Layne versicherte ihm, daß keinerlei Befürchtung einer Gefahr bestünde; er selbst wisse genug über Heilkunde, um jede eventuelle unsichere Empfehlung seitens Cayce abzulehnen. Cayce suchte in der Bibel nach einer Antwort. Schließlich erklärte er sich bereit, lediglich Menschen, die unbedingt auf diese ungewöhnliche Weise behandelt werden wollten, zu helfen. Aber er bestand außerdem darauf, daß alle seine Versuche nur als Experiment angesehen werden mögen und weigerte sich, für seine Bemühungen Geld zu nehmen.

Layne begann alle Ausführungen, die Cayce in Hypnose machte, in Kurzschrift niederzulegen und nannte sie fortan »readings«. (»Readings« hat die ursprüngliche Bedeutung von »Vorlesungen«; im spiritistischen, spiritualistischen und okkultistischen Sprachgebrauch hat das Wort in angelsächsischen Ländern auch die Bedeutung von, meist medialen, »Kundgaben«. Dieses Wort wende ich im folgenden auch für »readings« als am gemäßesten an, da es auch dem nicht die okkultistische Hypothese vertretenden Leser entspricht. Im Falle von Cayce mögen durchaus die animistische – Hellsicht durch sein eigenes Unterbewußtsein – als auch die spiritistische Hypothese – Mithilfe von jenseitigen Wesen – zutreffen, wobei die Grenzen ohnehin fließend sind. D. Übers.) Es handelte sich um keinen besonders exakten Ausdruck; aber kein anderer schien ihm in diesem Falle besser zu passen.

Eines der überraschendsten Phänomene im Zusammenhang mit Cayces Diagnosetätigkeit, die er nunmehr, soweit ihm seine Freizeit diese ermöglichte, regelmäßig durchführte, war seine perfekte Beherrschung der anatomischen und physiologischen Fachausdrücke, obwohl Cayce im Wachzustand nichts von Medizin wußte und nicht einmal ein einziges Buch über dieses Gebiet gelesen hatte. Die allergrößte Überraschung jedoch blieb es für Cayce, daß den Leidenden wirklich geholfen wurde, die seine ihnen in Hypnose gegebenen Behandlungsanweisungen durchführten. Laynes Krankheitsfall war ihm bereits problematisch gewesen. Cayce meinte, es habe durchaus Laynes Einbildung gewesen sein können, die ihn verführt habe, sich besser zu fühlen. Aber seine, Cayces eigene wiederhergestellte Stimme beruhte gewiß nicht auf Einbildung; immerhin, so grübelte er, konnte seine Gesundung auf einem glücklichen Zufall beruhen. Vielleicht auch besaß er die echte Heilungsgabe nur in bezug auf sich selbst. Alle diese Zweifel jedoch, mit denen Cayce sich in den frühen Jahren seiner Kundgaben abplagte, wurden nach und nach von der unleugbaren Tatsache zerstört, daß er auch Heilungen in Fällen durchführte, die man »unheilbar« genannt hatte.

Der Ruf seiner bemerkenswerten Begabung verbreitete sich mehr und mehr. Eines Tages erhielt Cayce den Telefonanruf des früheren oberen Direktors der Volksschulen in Hopkinsville, der jetzt weit entfernt wohnte. Seine fünfjährige Tochter war seit drei Jahren krank. Im Alter von zwei Jahren hatte sie einen Grippeanfall erlitten, und seitdem hatte sich ihr Geist nicht normal entwickelt. Die Eltern hatten einen Spezialarzt nach dem anderen aufgesucht – doch keiner von ihnen hatte dem Kind helfen können. Schließlich litt das Kind noch an Krämpfen, die sich verstärkten, und der letzte Facharzt, den man aufgesucht hatte, erklärte nur, daß das Mädchen eine seltene Gehirnstörung habe, die man leider als unheilbar bezeichnen müsse. Schmerzerfüllt hatten die Eltern ihr Kind nach Hause gebracht, um es hier

sterben zu lassen. Doch da hörten sie durch einen Freund von der seltsamen Gabe des Edgar Cayce.
Dieser fühlte sich von der Leidensgeschichte berührt und beschloß, eine besondere Reise zum Wohnort der Familie zu unternehmen, um eine Kundgabe zu vermitteln. Da er finanziell auf dem »Tiefpunkt« stand, mußte er notgedrungen das Fahrgeld für die Eisenbahn annehmen, das ihm der Vater des kranken Kindes angeboten hatte; dieses war das erste Mal, daß Cayce einen Betrag für die Gabe seines Heilungsdienstes annahm.
Mit Befürchtungen im Herzen unternahm er die Reise. Als er das kleine kranke Kind sah, fühlte er noch heftiger das Gefühl von Unzulänglichkeit und Anmaßung. Er, der ungebildete Farmerssohn, der keine Ahnung von Medizin hatte, erkühnte sich, einem Kind helfen zu wollen, dem die besten Spezialisten im Lande nicht hatten helfen können. Nicht ohne ein Gefühl heftiger Bangnis legte er sich auf das Sofa im Salon der Familie und versetzte sich in hypnotischen Schlaf. Im Hypnosezustand hingegen verschwand sein Mißtrauen. Layne war mit ihm gekommen und erteilte die Suggestionen. Dann schrieb er wie gewöhnlich auf, was Cayce zu sagen hatte. Mit der gleichen ruhigen fließenden Sicherheit wie bei allen vorhergehenden Kundgaben begann der schlafende Photograph des Kindes Symptome zu beschreiben. Er stellte fest, daß das Mädchen gerade kurz vor der Grippeattacke aus einem Kinderwagen gefallen war und daß sich die Grippe-Erreger in den erschütterten Gehirnteilen festgesetzt hatten und dadurch die Krampfanfälle erzeugten. Entsprechende chiropraktische Eingriffe würden das Leiden beheben und den normalen Gesundheitszustand wieder herbeiführen.
Die Mutter bestätigte, daß das Kind tatsächlich aus dem Kinderwagen gefallen war. Es war ihr niemals vorher passiert, und sie gestand zu, daß trotz Fehlens äußerer Verletzungen dieser Unfall eine Verbindung zum abnormen Geisteszustand des Kindes haben könnte.
Die von Layne auf Grund der Kundgaben erteilten Ratschläge wurden befolgt, und das Kind war innerhalb von drei Wochen von allen Krampfanfällen befreit, während sein Geist deutlich klar wurde. Sie nannte den Namen ihrer Lieblingspuppe und sie nannte Vater und Mutter zum ersten Male nach Jahren wieder beim Namen. Nach drei Monaten berichteten die dankerfüllten Eltern, daß ihr Töchterchen in jeder Hinsicht normal geworden sei und beglückend rasch die Entwicklung der drei von Krankheit beschatteten Jahre nachhole.
Erfahrungen wie diese gaben Cayce die Gewißheit, daß er mit der An-

wendung seiner so eigenartigen und unvergleichlichen Fähigkeit auf dem richtigen Wege war, wie sie auch dazu beitrugen, seinen guten Ruf zu verbreiten. Plötzlich entdeckten ihn Zeitungen und schrieben lange Berichte über ihn. Er begann Anrufe und Telegramme von weit entfernten verzweifelten Menschen zu empfangen, die seine Hilfe erflehten. Nun machte er die neue Erfahrung, daß es möglich war, auch auf Entfernung Botschaften zu bekommen, wenn ihm im Trancezustand der genaue Name der kranken Person und deren Aufenthaltsort, also Stadt, Straße und Staat angegeben wurden. Oft begann er seine Kundgaben für diese räumlich entfernten Menschen mit einigen Bemerkungen über deren Umgebung. »Hübsch rauher Wind hier diesen Morgen.« »Winterthur, Schweiz. Eine wirklich reizende Stadt! Schöner Fluß.« »Er will gerade das Haus verlassen und begibt sich in den Fahrstuhl.« »Kein häßlicher Schlafanzug.« »Ja, wir sehen, daß die Mutter betet.« Diese Beschreibungen erwiesen sich ausnahmslos als richtig und unterstrichen zusätzlich die Gültigkeit seiner Hellsicht.

Der Vorgang an sich blieb jedoch immer derselbe, ob er nun die Kundgaben für weit entfernte Leute oder solche im gleichen Zimmer geben mochte. Er mußte sich lediglich seine Schuhe ausziehen, Schlips und Kragen entfernen, sich auf eine Couch oder ein Bett legen und sich völlig entspannen. Er fand heraus, daß eine Südnord-Lage am geeignetsten war, und zwar mußte er mit dem Kopf möglichst nach Süden und mit den Füßen nach Norden liegen. Außer der Couch und einem Kopfkissen benötigte Cayce keine Bequemlichkeiten, den Trancezustand herbeizuführen; und selbst diese waren entbehrlich, es sei denn zu seiner Entspannung. Botschaften konnten in tiefer Nacht oder bei hellem Tageslicht empfangen werden, denn die Lichtverhältnisse hatten keinen Einfluß auf den Vorgang. Wenige Minuten nach dem Hinlegen hatte er sich selbst in Schlaf, das bedeutet in Trance versetzt. Danach erteilten ihm Layne, seine Frau oder in späteren Jahren sein Sohn Hugh Lynn, die er mit dieser Aufgabe betraute, die entsprechenden Suggestionen. Die übliche Suggestionsformel war diese:

»Du wirst jetzt (... Name der Person) vor dir haben, der sich in (... Straße, Stadt, Staat) befindet. Du wirst seinen Körper jetzt sorgsam und gründlich untersuchen, mir die gegenwärtigen Symptome und deren Ursachen mitteilen und auch Ratschläge zur Behebung der Leiden geben. Du wirst meine Fragen, die ich stellen werde, beantworten.«

Nach wenigen Minuten begann Cayce jedesmal zu sprechen, und

Layne oder später Fräulein Gladys Davis zeichneten seine Aussagen in Kurzschrift auf. Die niedergeschriebenen Kundgaben wurden daraufhin in Maschinenschrift übertragen. In den meisten Fällen erhielten der Empfänger der Botschaft, dessen Eltern, Vormund oder Arzt ein Exemplar derselben, während die Zweitschrift in den »Cayce-Akten« aufbewahrt wurde.

Die Veröffentlichungen in der Presse und sein wachsender Ruhm zogen alsbald die Aufmerksamkeit von Spekulanten und Glücksjägern auf Cayce. Ein Baumwollkaufmann bot dem Heiler den Betrag von einhundert Dollar täglich, wenn sich dieser vierzehn Tage mit seinen Fähigkeiten für die Baumwollbörse zur Verfügung stelle. Cayce benötigte zu jener Zeit dringend Geld, doch lehnte er das Angebot des Kaufmanns ab. Andere wünschten seine Hilfe zur Auffindung eines vergrabenen Schatzes und wieder andere seine Tips für Pferderennen. Einige Male vermochte er die richtigen Ergebnisse des Pferderennens vorauszusagen und einige Male versagte er in dieser Beziehung. Doch stets nach solchen Versuchen fühlte er sich kraftlos und verspürte Unbehagen über sich selbst. Einmal ließ er sich auf das Wagnis einer Spekulation ein, indem er seine Gabe zur Entdeckung von Ölquellen in Texas anzuwenden versuchte. Die Ergebnisse waren unbefriedigend. Cayce kam zu der Überzeugung, daß seine Gabe nur mit dem Ziel der Heilung von Kranken angewandt werden durfte, aber niemals zur Beschaffung geldlicher Vorteile für sich und andere.

Die Verlockung, zu Berühmtheit zu gelangen, ließ Cayce genauso ungerührt wie die Aussicht, Großaktionär zu werden. Im Jahre 1922 hörte der Herausgeber der Zeitung »Denver Post« von Cayce und lud ihn ein, nach Denver zu kommen. Nachdem er einer überzeugenden Darbietung seiner Leistungen beigewohnt hatte, schlug ihm der Zeitungsverleger ein Honorar von tausend Dollar pro Tag unter folgenden Bedingungen vor: Cayce solle einen Turban tragen und einen orientalischen Namen annehmen, und dann müsse er hinter einem durchsichtigen Vorhang halbverborgen, der gespannten Zuhörerschaft seine Kundgaben offenbaren. Cayce weigerte ich rundweg.

DAVID KAHN, Präsident der Brunswick-Radio- und Fernsehgesellschaft und lebenslanger Freund des Heilers, war unermüdlich tätig, Cayces Werk in seinem großen Kreis von Freunden und Geschäftspartnern bekanntzumachen; doch wenn dieser Radio-Gewaltige seinem Freunde noch wirksamere Propaganda für ihn vorschlug, blieb Cayce hart in seiner Ablehnung. In seiner ganzen ungewöhnlichen Laufbahn verschmähte Cayce, bis auf eine einzige Ausnahme eines

Inserates in der Zeitung von Birmingham, Alabama, seine privaten Kundgaben oder öffentlichen Lesungen zu publizieren. Unterhielt er sich mit nur flüchtig bekannten Menschen, sprach er niemals über seine außergewöhnlichen Fähigkeiten, falls man ihn nicht danach fragte. Die meisten Mitbürger seiner Stadt wußten bis auf seine Lehrtätigkeit in der örtlichen Sonntagsschule wenig über Cayce. Er gehörte keiner sozialen, vereinsmäßigen oder bürgerlichen Organisation an. Standhaft lebte er seiner Überzeugung, daß er lediglich ein Werkzeug war, durch das den leidenden Menschen Heilung und Hilfe gegeben werden konnte. Jene Auserwählung mochte er aber keinesfalls zu eigenem Ruhm herausgestellt wissen, und so hörte man von ihm auch mehr durch persönliche Empfehlung als durch irgendwelche aufgeblasene Propaganda.

In den ersten Jahren seiner medialen Heilertätigkeit übte Cayce den Photohandel weiterhin aus und weigerte sich, Geld für seine Kundgebungen anzunehmen. Erst später, als der Ruf nach seinem Helfertum so überwältigend wurde, daß er nicht mehr imstande war, seinen Beruf weiter auszuüben, fühlte er sich berechtigt, zum Zweck der Unterhaltung seiner Familie auch Geldgaben für seine Heilungshilfen zu nehmen. Aber auch dann gab er zahlreichen Menschen seine Kundgaben völlig frei, wenn es sich um arme Leidende handelte. Seine Grundeinstellung blieb durch und durch unkaufmännisch. Ein beredter Beweis dieser Tatsache sind die Durchschläge seiner Briefe in den Akten zu Virginia Beach, wohin er auf Grund der Empfehlung einer Botschaft im Jahre 1927 übersiedelt war. Grammatikalisch fehlerhaft, schlecht interpunktiert, atmen diese Botschaften dennoch den Geist des Helfenwollens.

Immer wieder geschah es, daß Cayce von Zweifeln über die Bedeutung seiner Tätigkeit befallen wurde. Zuweilen blieb der in Trance befindliche Heiler auch still, wenn er um eine Botschaft gebeten wurde. Augenscheinlich beeinträchtigten seine eigene Gesundheit und sein Gemütszustand die außergewöhnlichen Fähigkeiten. Obwohl er im allgemeinen und in seiner Grundnatur ein weich gesinnter Mann war, blieb Cayce jedoch nicht von Temperamentsausbrüchen frei. Geldsorgen setzten ihm ständig zu. Derartige Gemütsbelastungen wirkten sich offensichtlich auf seine Gabe nachteilig aus. In den meisten dieser Fälle konnten diese momentan ungültigen Botschaften zu einem späteren Zeitpunkt mit Erfolg angewandt werden, wenn die Suggestion wiederholt worden war und wenn Cayces körperlicher oder seelischer Zustand harmonisiert worden war.

Am meisten verwirrte den Heiler aber der Umstand, daß manche Menschen ungehalten berichteten, seine Botschaft habe ihren Gesundheitszustand nicht genau genug wiedergegeben oder seine Behandlungsanweisungen hätten nicht geholfen. Bescheiden und ergeben schrieb Cayce solchen Menschen lange Briefe, in denen er darlegte, daß er auch nicht unfehlbar sei und daß die Genauigkeit der Botschaften von seinem eigenen Verständnis der Symptome abzuhängen scheine und daß er auch zuweilen, wie etwa ein Radioempfänger, keinen klaren Empfang bekomme. Diese Briefe schloß er etwa mit den Sätzen: »Unsere einzige Absicht ist es, Ihnen zu helfen; wenn Ihnen nicht geholfen werden konnte, wünsche ich Ihnen auch Ihr Geld zurückzusenden.« Und er fügte dann einen Scheck über den vollen Betrag der Zahlung des betreffenden Heilungsuchenden bei.
In einigen Fällen hörte Cayce später wieder von diesen Leuten, die ihm mitteilten, daß eine andere medizinische Diagnose seine ursprüngliche Aussage doch bestätigt habe. In wieder anderen Fällen entdeckte der Heiler, daß solche Menschen, die sich über eine falsche Behandlungsangabe beschwert hatten, wichtige Anweisungen in bezug auf Diät, Medikation oder innerer Disziplin nicht beachtet hatten.
Auf jeden Fall hatte Cayce erfahren, daß seine Botschaften nicht unfehlbar waren. Doch im Laufe der Zeit wurden diese immer klarer und besser, da er selbst seine Gabe immer vollendeter anzuwenden lernte. Gelegentliche Fehldiagnosen wurden darüber hinaus durch ausgesprochene, in höchstem Maße aufsehenerregende Wunderheilungen seitens Cayce aufgewogen.
Ein katholischer Priester in Kanada wurde von Epilepsie geheilt; ein junger Student aus Dayton, Ohio, wurde von einer schweren Art von Arthritis befreit; einem New Yorker Zahnarzt wurde binnen zwei Wochen eine schwere Migräne genommen, die ihn zwei Jahre lang gepeinigt hatte; eine junge Musikerin, die in einer Klinik in Tennessee als unheilbar aufgegeben worden war, genas von einem seltenen Arterienleiden; ein Junge in Philadelphia, mit angeborenem, für unheilbar gehaltenen Glaukom, erhielt durch die Behandlung eines von Cayces instruierten Arztes sein normales Augenlicht wieder. Fälle wie diese hatten die Wirkung, daß der bisher stets zweifelnde, stets übermäßig zurückhaltende, stets von Bedenken geplagte Cayce Vertrauen zu seiner Gabe gewann und daß er einsah, daß diese wahrlich eine Gabe Gottes und kein Werk des Teufels war.
Einige Male in seiner wundersamen Laufbahn traf Cayce auf For-

scher, die ebenso zweiflerisch und skeptisch veranlagt waren wie er selbst. Der Psychologe HUGO MUNSTERBERG von der Harvard-Universität war einer von diesen. Munsterberg erwartete, als er zu Cayce kam, ein verdunkeltes Kabinett und die üblichen Hilfsmittel der Medien, auch der mediumistischen Scharlatane zu finden. Der Gelehrte war überrascht, bei Cayce nichts von alledem erleben zu müssen, sondern ihn bei hellem Tageslicht einfach auf einer Couch liegen zu sehen und nach Empfang einer gewöhnlichen hypnotischen Suggestion zusammenhängend in eingeschläfertem Zustand sprechen zu hören.
Als Cayce eine Botschaft gab, beobachtete ihn Munsterberg genau; er befragte Menschen, die als Folge von Cayces Hellsichtdiagnosen geheilt wurden; er prüfte die Niederschriften früherer Botschaften nach. Und er ging wie alle anderen vor und nach ihm, die einem ausgemachten Betrug auf der Spur zu sein glaubten, überzeugt fort. Munsterberg war sowohl von der Zeugniskraft der Heilungsfälle selbst als auch von der schlichten Ehrenhaftigkeit der Persönlichkeit Cayces eines Besseren belehrt worden.
Auf der anderen Seite traten auch öfters Menschen mit eigener visionärer Begabung und Unterscheidungsfähigkeit in Cayces Leben, welche die menschliche und wissenschaftliche Bedeutsamkeit seiner Mission erkannten und ihm in den Wechselfällen seiner ungewöhnlichen Lebensbahn seelische und finanzielle Unterstützung gaben. Einige dieser Menschen entwarfen den Plan, daß Cayces Botschaften in einem Krankenhaus gegeben werden und seine irgendwie ungewöhnlichen Heilungsanweisungen von einem gleichgesinnten Ärztestab angewandt werden mögen. Ein wohlhabender Mann namens Morton Blumenthal, der selbst den Segen der Botschaften Cayces an sich erlebt hatte, verwirklichte diesen Wunschtraum. Im Jahre 1929 wurde das Cayce-Hospital in Virginia Beach im Staate Virginia gegründet. Dieses Krankenhaus existierte zwei Jahre lang und mußte dann wegen der finanziellen Verluste seines Mäzens infolge eines Aktiensturzes geschlossen werden.
Das Erscheinen von Cayces Biographie von Thomas Sugrue im Jahre 1942 (engl. Titel »There is a River« – Da ist ein Strom), gefolgt von dem Aufsatz »Der Wundermann von Virginia Beach« im »Coronet«-Magazin vom September 1943, verschafften dem Phänomen der Mission Edgar Cayces nationale Beachtung. Als Folge dessen wurde Cayce mit Briefen aus allen Teilen des Landes buchstäblich überschwemmt.
Der tragische Zwang, der damit auch auf Cayce ausgeübt wurde, war

erbarmungswürdig. Cayce konnte es nicht ertragen, irgend jemanden abzulehnen, und Heilungseinschaltungen wurden bereits für ein und ein halbes Jahr im voraus gebucht. Anstatt nur zwei bis drei Botschaften täglich zu geben, sah sich der Heiler genötigt, deren Anzahl auf acht pro Tag zu erhöhen – vier morgens und vier nachmittags. Gleichsam »im Schlaf zu arbeiten« scheint eine leichte Lebensweise zu sein; doch bedeutete es eine ungeheure Anspannung für das Nervensystem Cayces. Die Folgen dieses ununterbrochenen Dienstes konnten nicht ausbleiben, und so verließ Edgar Cayce die Erde am 3. Januar 1945 im Alter von siebenundsechzig Jahren.

So endete die Lebensgeschichte des Mannes Edgar Cayce; aber seine Bedeutsamkeit wurde nicht vergessen. Falls eines Menschen Unsterblichkeit auf die guten Werke, die er ins Leben seiner Zeitgenossen getragen hat, bezogen werden mag, dann hätte Cayce die Ehrenbezeichnung, »unsterblich zu sein«, verdient. Aber sogar wichtiger als diese Guttaten ist Cayces Beitrag zu den ständig wachsenden Beweisen der Wirklichkeit hellseherischer Fähigkeit im Menschen. Denn Cayces Hellsehbegabung wurde einer harten und nüchternen Erforschung unterzogen. Cayce konnte nicht nur sehen, was andere Menschen allgemein nicht sehen, sondern die Echtheit seiner Sicht wurde nachträglich jeweils bestätigt. Und seine Begabung war nicht nur kontrollierbar; sie war auch anwendbar. Und sie blieb nicht nur anwendbar, sondern sie wurde auch angewandt.

Kapitel 3

Eine Antwort auf die Lebensrätsel

Edgar Cayces während zwanzigjähriger intensiver Bewährung ausgeübtes Hellsehen erwies sich in buchstäblich Tausenden von Beispielen auf mannigfache Lebensgebiete anwendbar. Man fühlt die Notwendigkeit, sich diese Tatsache deutlich ins Bewußtsein zu rufen, wenn man zur Behandlung der nächsten Entwicklungsstufe in seiner einzigartigen Lebensbahn kommt.

Zunächst waren seine Aufnahmekräfte nach innen, zu den verborgenen Stellen des menschlichen Körpers gelenkt worden. Erst mußten viele Jahre vergehen, daß diese Fähigkeiten auch nach außen, auf das Universum selbst, auf die Beziehung zwischen Menschheit und Universum, auf das Problem der menschlichen Bestimmung gelenkt werden konnten. Das geschah auf folgende Weise.

ARTHUR LAMMERS, ein wohlhabender Buchdrucker aus Dayton, Ohio, hatte durch einen Geschäftsfreund über Cayce gehört, und sein Interesse für den »Wundermann« war genügend erwacht, eine besondere Reise nach Selma in Alabama zu unternehmen, wo Cayce zu jener Zeit wohnte, um seine Arbeit zu beobachten. Lammers kam nicht wegen eines medizinischen Problems, war aber überzeugt, daß Cayces Hellsehgabe echt war, nachdem er seine Botschaften einige Tage angehört hatte. Als gebildeter und intellektuell scharfsinniger Mann stellte Lammers die Überlegung an, daß durch einen Geist, der imstande war, dem normalen Gesichtsinn entzogene Vorgänge genau zu schildern, auch Aufklärungen von umfassenderer Bedeutung gegeben werden könnten, als die Funktionen einer kranken Leber oder des Darmtraktes zu erkennen und zu erklären. Welches philosophische System kam beispielsweise der Wahrheit am nächsten? Worin lag die Bedeutung, falls es überhaupt solche gab, in der Existenz der Menschen? War die Behauptung von der Unsterblichkeit richtig? Wenn ja, was geschah mit dem Menschen nach dem Tode? Ob Cayces Hellsicht wohl Antworten auf Fragen wie diese geben konnte?

Cayce wußte es nicht. Abstrakte Fragen, welche letzte Dinge betrafen, hatten ihn niemals beschäftigt. Die Religion, die ihm in der Kirche gelehrt worden war, hatte er ohne jeden Zweifel angenommen; Spekulationen über deren Wahrheitsgehalt im Vergleich mit Philosophie, Wissenschaft oder den Lehren anderer Religionen waren seinem Denken fremd. Lediglich wegen seines brennenden Wunsches, leidenden Menschen zu helfen, fühlte er sich bewogen, in seinen so unorthodoxen Trancezustand zu gehen. Lammers war die erste Persönlichkeit in Cayces Leben, die in dessen Gabe andere Möglichkeit als die Heilung Kranker sah, und Cayces Phantasie war nun angeregt. Seine Botschaften hatten selten versagt, wenn es galt, eine Antwort auf irgendeine Frage zu erteilen. Es schien auch keinen Grund zu geben, weshalb sie nicht auch Lammers' Fragen beantworten sollten.

Da Lammers aus geschäftlichen Gründen nicht in der Lage war, in Selma zu bleiben, lud er Cayce ein, für ein oder zwei Wochen sein Gast in Dayton zu sein. Cayce, der fühlte, daß Gott ihm vielleicht neue Wege, Ihm zu dienen, eröffnen wollte, nahm die Einladung an.

Lammers hatte sich kürzlich über Astrologie Gedanken gemacht. Wenn die Astrologie Wahrheit ist, so dachte er, könnte sie ein System sein, das den Menschen vernünftigerweise in Beziehung zum übrigen Universum bringen würde. Hierin schien ihm ein guter Ausgangspunkt zur hellseherischen Erforschung des Problems seitens Cayces zu liegen. Und so kam es, daß Cayce eines Oktobernachmittags des Jahres 1923 im alten Phillips-Hotel zu Dayton die Suggestion erteilt wurde, diesesmal nicht das Innere von Lammers' Körper zu sehen, sondern statt dessen Lammers' Horoskop zu »geben«.

Nachgiebig, wie der in Trance versetzte Cayce stets auf die ihm erteilten Suggestionen reagierte, erklärte er Lammers' Horoskop in knappen, telegrammähnlichen Sätzen. Und dann, beinahe am Schluß der Botschaft, und immer noch im abgehackten ungewohnten Tonfall, kam der merkwürdige Satz: »Er war einst ein Mönch.«

Es gab nur fünf einsilbige Worte in jenem Satz. Doch für Lammers, der durch ausgedehnte Studien mit den Haupttheorien des Lebenssinnes vertraut war, handelte es sich um eine geradezu elektrisierende Wortgruppe. Konnte es bedeuten, daß Cayce im Trancezustand die alte Theorie der Reinkarnation als Tatsache erkannte?

Fern davon, durch diese Botschaft bereits zufriedengestellt zu sein, war Lammers' Forschergeist jedoch angestachelt worden. Als Cayce aus seiner Trance erwachte, fand er einen erregt mit seinem Sekretär, Linden Shroyer, diskutierenden Lammers vor. Wenn es bewiesen werden könne, erklärte Lammers, daß die Reinkarnation eine Tatsache war, bedeute das eine Richtigstellung der gegenwärtigen Voraussetzungen von Philosophie, Religion und Psychologie. Wenn Cayce bereit wäre, weitere Botschaften über dieses Gebiet zu bringen, so könnten sie möglicherweise genau entdecken, wie die Gesetze der Reinkarnation wirkten. In welchem Zusammenhang stand zum Beispiel die Reinkarnation mit der Astrologie? Wie erklärten beide die Rätsel des menschlichen Lebens, der Persönlichkeit und der Bestimmung?

Voll Forschungseifer erbat Lammers weitere Botschaften über dieses Thema. Erstaunt und etwas zurückhaltend stimmte Cayce seinem Plan zu. Als Antwort auf Lammers' eifrige Fragen nahmen die Botschaften nun einen spezifischeren und genaueren Charakter an, und zwar wurde sowohl auf des Fragers eigene vergangene Lebenserfahrungen als auch auf die abstrakten Probleme, die er angeschnitten hatte, eingegangen. Die Astrologie enthielt nach den Botschaften einen bedeutenden Wahrheitsgehalt. Das Sonnensystem sehe einen Erfahrungskreis für die Entwicklung der Seele vor. Die Menschen tauschten ihren Erfahrungsbereich auf der Erde mit Erfahrungsbereichen in anderen Dimensionen des Bewußtseins aus. Diesen verschiedenen Dimensionen wurden ursprünglich die Planetennamen zugeordnet, die in ihrer Bedeutung als deren Brennpunkte galten. Astrologie, wie sie heute praktiziert würde, sei nur eine Annäherung an die Wahrheit, da sie nicht mit der Reinkarnation rechne und außerdem nicht verstehe, wie die sogenannten astrologischen Einflüsse auf den Menschen durch sein Drüsensystem und zweitens durch seine früheren Erfahrungen in den anderen Dimensionen wirkten. Lammers hatte bisher Kenntnisse über das astrologische Weltbild und von der Reinkarnationslehre, doch über eine mögliche enge Verbindung beider Gebiete hatte er nie nachgedacht.

Diese ganzen Probleme erschienen Cayce phantastisch, doch zwang ihn eine gewisse Neugier und auch sein Forschungsdrang, Lammers' Bitte nach Fortsetzung dieser Art Botschaften zu erfüllen. Man dachte sich, vielleicht eine bessere Auskunft über vergangene Leben zu erhalten, wenn man Cayce eine entsprechende Suggestion gab. So wurde er, während er im Schlafzustand war, selbst um Nennung einer geeigneten Suggestionsformel gebeten. Cayce erfüllte das Anliegen sofort und nannte folgende »Formel«:

»Du hast vor dir ... (Name der Person), geboren am ... in ... Du wirst die Zusammenhänge dieses Wesens mit dem Universum und den Kräften des Universums nennen. Du wirst die persönlichen Umstände, die unentwickelten und entwickelten, im gegenwärtigen Leben nennen und auch die früheren Erscheinungen dieser Persönlichkeit auf dem Erdenplane, indem du Zeit, Ort und Namen angibst sowie den aufbauenden oder hemmenden Einfluß eines jeden Lebens auf die Entwicklung der Wesenheit.«

Nach Anwendung dieser Einleitung wurden die Botschaften klarer, ausführlicher und bezogen sich ausdrücklich auf vergangene Inkarnationen, so daß sich bald der Ausdruck »Lebensbotschaften« hierfür anbot, während die zur physischen Gesundung bestimmten heute als »physische Botschaften« bekannt wurden. Bis auf eine Besonderheit war die Entstehung beider Arten von Botschaften die gleiche. Wenn er eine Anzahl von Lebensbotschaften nacheinander gegeben hatte, wurde Cayce von einem starken Schwindelgefühl befallen. Nach dieser Erfahrung holte er sich eine physische Botschaft für sich selbst, um die Ursache des Schwindelgefühls zu beheben, und es wurde ihm gesagt, daß er zum Zwecke der Erteilung seiner Lebensbotschaften seine Lage wechseln, das heißt mit dem Kopf nach Norden und den Füßen nach Süden liegen müsse. Außer dem Hinweis, es handle sich um eine »Frage der Polarität«, wurde ihm keine weitere Erklärung für diesen Richtungswechsel zuteil.

Für ihn selbst bestimmte Lebensbotschaften offenbarten Cayce, daß er vor vielen Jahrhunderten ein hoher Priester in Ägypten mit großen okkulten Fähigkeiten gewesen ist; doch Eigenwille und Sinnlichkeit hatten ihn keine ganz hohe Stufe erreichen lassen. In einer späteren Inkarnation in Persien war er ein Arzt. Einst blieb er nach einem Kriegsgefecht verwundet in der Wüste liegen; allein, ohne Nahrung, Wasser und Zelt mußte er drei Tage und Nächte in solcher physischer Qual verbringen, daß er die größten Anstrengungen unternahm, um sein Bewußtsein vom Körper zu lösen. Sein Versuch war erfolgreich. Hierin ist die Mitursache seiner heutigen Fähigkeit zu erblicken, seinen Geist von den Beschränkungen durch den Körper befreien zu können. Alle seine Tugenden und Fehler der Gegenwart wurden offen und frei auf diese oder jene seiner vielen Erfahrungen in früheren Leben zurückgeführt. Seine gegenwärtige Verkörperung war für Cayce eine Art Prüfung für seine Seelenentwicklung; es war ihm Gelegenheit gegeben worden, der Menschheit selbstlos zu dienen und damit den Hochmut, die materialistische Einstellung und krasse Sinnlichkeit seiner Vergangenheit wiedergutzumachen und zu überwinden.

Lammers erkannte, daß diese Wendung in der Art der Botschaften so bedeutsam war, daß sie einen wesentlichen Forschungsfortschritt gewährleistete. Er schlug Cayce vor, daß er seine Familie von Selma nach Dayton kommen lassen möge und sicherte deren Unterhalt während des Aufenhalts zu. Frau Cayce, die beiden Söhne und die Sekretärin GLADYS DAVIS, die inzwischen beinahe zur Familie gehörte, stimmten dem Vorschlag zu. Als sie jedoch angekommen waren und vernommen hatten, um was es ging, war ihre Reaktion ähnlich wie Cayces eigene ursprüngliche Haltung. Anfängliche Bestürzung und Ungläubigkeit wurde allmählich von Neugier und eifriger Anteilnahme abgelöst. Lebensbotschaften wurden jedem von ihnen gegeben. In jedem Falle enthielt der Bericht eine freie Darlegung des individuellen Charakters und zeigte die Ursache seiner Eigenarten als in früheren Inkarnationen liegend auf. »Vier deiner Leben hast du als forschender Wissenschaftler verbracht, und dabei bist du ein Materialist und selbstbezogen geworden«, lautete die Essenz der Botschaft an den einen Sohn. »Du hattest ein sehr aufbrausendes bösartiges Wesen«, wurde dem anderen Sohn gesagt, »und du mußtest sowohl in Ägypten als auch in England darunter leiden, so daß du gelernt hast, dich dafür jetzt besser zu zügeln.«

Die verblüffende Genauigkeit und kompromißlose Wahrhaftigkeit dieser Charakterdeutungen seitens Cayce, die auch bei verhältnismäßig Fremden wie Lammers oder bei dessen Freunden zutrafen, begeisterte Lammers zunehmend, während Cayce, welcher der Verwicklung gewahr wurde, ein Gefühl des wachsenden Unbehagens nicht abschütteln konnte. Eine weitere Periode quälender Zweifel und grüblerischer Selbstanalysen begann für ihn. Er hatte sich bereits zu der Überzeugung durchgerungen gehabt, daß seine hellseherischen Diagnosen und Behandlungsanweisungen den Willen Gottes und nicht den des Teufels verkörperten; doch nun, da seine Botschaften diese Wendung zum Heidnischen, zum Unorthodoxen genommen hatten, konnte er da überhaupt noch sicher sein und ein gutes Gewissen haben?

Cayces innerer Kampf ist nicht so schwer zu verstehen. Er war in einer Atmosphäre strenger orthodoxer Christlichkeit aufgewachsen und die Lehren der anderen großen Weltreligionen waren ihm nie gelehrt worden. Zu jener Zeit kannte er die vielen tiefgehenden Gemeinsamkeiten und Ähnlichkeiten zwischen seinem und den anderen religiösen Glaubensformen noch nicht, und er hatte noch keine Gelegenheit gehabt, die ethischen und geistigen Lichter wahrzunehmen, die auch in den »ewigen Lampen« der außerchristlichen Religionen

brannten. Besonders wußte er bisher nichts über die fundamentale Lehre des Hinduismus und Buddhismus – die Reinkarnation.
Von diesem Wort aber fühlte sich Cayce buchstäblich abgestoßen, wie sich viele Menschen von der Theorie der Seelenwanderung abgestoßen fühlen; namentlich, falls Menschen als Tiere wieder auf die Erde zurückkommen sollten. Er glaubte sich schwach daran erinnern zu können, über die Hindus gelesen zu haben, daß sie sich weigerten, Kühe und Rinder zu töten, da es sich dabei um ihre reinkarnierten Großeltern handeln könne. Ja, er meinte sogar gehört zu haben, daß manche Menschen kein Ungeziefer töten, da auch in diesem der Geist eines abgeschiedenen Angehörigen wohnen könne.
Die Botschaften selbst hingegen befreiten Cayce alsbald von seinen Verwirrungen. Reinkarnation, so hieß es in den Kundgaben, bedeutet keineswegs die Rückkehr menschlicher Wesen in Tierkörper und es handelt sich dabei auch um keine Art von Aberglauben unwissender Menschen. Vielmehr handelt es sich um eine sowohl vom religiösen als auch vom philosophischen Standpunkt aus gesehen durchaus anerkennenswerte Lehre. Millionen gebildeter Menschen in Indien und anderen buddhistischen Ländern glauben an diese Lehre und machen ihre ethischen Prinzipien zum Maßstab ihrer Lebensführung. Gewiß gibt es in Indien und im fernen Osten auch viele Sekten, die eine Seelenwanderung von Mensch zu Tier lehren. Doch handelt es sich hierbei um eine Mißdeutung des wahren Gesetzes der Reinkarnation. Selbst im Christentum gibt es entstellte und mißverstandene Überlieferungen. Man muß sich davor hüten, sich von einer genauen Kenntnis verzerrter Überlieferungen so beeinflussen zu lassen, daß die Aufnahmebereitschaft der ursprünglichen Wahrheit dadurch verdrängt wird.
Lammers war imstande, die durch die Offenbarungen geschaffene Aufklärung noch zu erweitern. Reinkarnation bedeutet Evolution, Entwicklung, erklärte er. Sie bedeute die Entwicklung des menschlichen Geistes in vielen verschiedenen aufeinanderfolgenden Erdenleben – manchmal als Mann, manchmal als Frau; einmal als Armer und dann wieder als Wohlhabender; jetzt in dieser Rasse und dann in einer anderen – bis endlich der Geist jene Vollkommenheit erreicht hat, die uns Christus aufgetragen und verheißen hat. Die Seele gleicht einem Schauspieler, der verschiedene Rollen mit verschiedenen Kostümen bei verschiedenen Vorstellungen übernimmt; oder sie ist einer Hand zu vergleichen, die verschiedene Handschuhe nacheinander aufbraucht. Sehr viele intelligente Menschen auch außerhalb der öst-

lichen Welt haben die Reinkarnations-Lehre angenommen und darüber geschrieben. Zu diesen gehörten, um nur wenige Namen zu nennen: SCHOPENHAUER und GOETHE, EMERSON und WALT WHITMAN, GIORDANO BRUNO, PLOTINUS, PYTHAGORAS und PLATO.

Das ist alles sehr schön, war Cayces Erwiderung; aber wie verhält es sich mit dem Christentum? Wenn ich die Reinkarnation als wahr annehme, leugne ich damit nicht Christus und Seine Lehren?

Überhaupt nicht, antwortete Lammers. Denn worin bestehen im Grunde die Lehren Christi? Ein Schriftgelehrter unter den Pharisäern hat Christus einst die Frage vorgelegt, und Seine Antwort lautete: »Du sollst lieben Gott, deinen Herrn, von ganzem Herzen, von ganzer Seele und von ganzem Gemüte ... Und du sollst deinen Nächsten lieben wie dich selbst. In diesen zwei Geboten hanget das ganze Gesetz und die Propheten.« (Matth. 22, 37–40.)

Wie konnte diese schlichte und tiefe Lehre in Widerspruch zu dem Gebäude der Lebensentwicklung stehen, wie es durch die Reinkarnation aufgezeigt wird? Und stand darüber hinaus dieses Liebesgesetz Christi in Widerspruch zu den Lehren irgendeiner der großen Weltreligionen? »Füge nichts auf deinem Wege Leid zu, das du an dir selbst als leidvoll empfinden würdest«, sagte Buddha. »Dies ist der Grund aller Pflichten: füge anderen nichts zu, das dir Leid zufügte, so es dir angetan würde«, lehren alte Hindu-Schriften. Und weder der Hinduismus noch der Buddhismus haben einen Widerspruch zwischen dem Gesetz der Liebe und dem Gesetz der Entwicklung der Seele, genannt Reinkarnation, gefunden. Sie haben ohne Zweifel das Entwicklungsgesetz gegenüber dem Gesetz der Liebe nachdrücklicher betont; aber sie haben keinen Widerspruch zwischen beiden Gesetzen gesehen.

Cayce war noch nicht überzeugt. Als er zehn Jahre alt war, hatte man ihm eine Bibel gegeben, und das Buch hat ihn gefesselt. Er hatte das Bestreben entwickelt, fortan jedes Jahr seines Lebens die ganze Bibel einmal völlig durchzulesen. Und diesen Vorsatz hatte er Jahr für Jahr getreulich durchgeführt, indem er die Bibel systematisch von der Schöpfungsgeschichte bis zur Offenbarung durchlas. In allen jenen Jahren der Lektüre seines geliebten Buches war er niemals auf das Wort Reinkarnation gestoßen. Worin lag der Grund, daß die Bibel, und, was wichtiger ist, Christus selbst nie von Reinkarnation sprechen?

Gut, meinte Lammers, aber vielleicht hat Christus davon gesprochen? Man muß sich zuerst in Erinnerung rufen, daß Er Seine Jünger mehr

lehrte als der Menge. Übrigens hat auch Er die Reinkarnation allgemeiner gelehrt. Man muß sich erinnern, daß die Originalberichte Seiner Lehren im Laufe der Jahrhunderte und durch die vielen Ausdeutungen und zahlreichen Übersetzungen vielen Änderungen unterworfen wurden. Folglich mögen uns auch viele der authentischen Lehren Christi verlorengegangen sein. Ein Bibelabschnitt soll hier besonders in Erinnerung gerufen werden, und zwar jener, in dem Christus Seinen Jüngern erklärt, daß Johannes der Täufer eine Wiedergeburt des Elia sei. (Matth. 17, 12–13.) Christus gebrauchte nicht das Wort »Reinkarnation«, aber Er sagte deutlich, daß »Elia bereits gekommen ist ---« Daraufhin verstanden die Jünger, daß Er zu ihnen von Johannes dem Täufer sprach.
In diesem Zusammenhang ist die Frage der Jünger an Christus über den blinden Mann ebenso bezeichnend: »Meister, wer sündigte, dieser Mann oder seine Eltern, daß er blind geboren wurde?« Andere Verse beziehen sich versteckt oder sogar offen ebenfalls auf die Reinkarnation. In der Offenbarung Kapitel 13, Vers 10, heißt es: »So jemand in das Gefängnis führt, der wird in das Gefängnis gehen; so jemand mit dem Schwert tötet, der muß mit dem Schwert getötet werden. Hier ist Geduld und Glaube der Heiligen.« Diese Verse weisen darauf hin, daß ein Gesetz moralischer Vergeltung von Leben zu Leben wirkt.
Allmählich hatte das orthodoxe Christentum zweifellos jene Teile der Lehre Christi herausgestellt und in Dogmen gebracht, die sich nicht auf die Reinkarnation zu beziehen schienen. Doch woher nehmen wir die Gewißheit, daß die Orthodoxen in ihren Deutungen, Auswahlen und Auslassungen den richtigen Weg gingen? Und übrigens, so fuhr Lammers fort, lernt man aus dem Studium der Geschichte der ersten christlichen Väter, daß diese offen über ihre Annahme der Reinkarnationslehre schrieben und diese auch offen lehrten. Dazu gehören beispielsweise der junge ORIGINES, JUSTINUS DER MÄRTYRER, ST. HIERONYMUS, CLEMENS ALEXANDRINUS, PLOTINUS und viele andere. Konnte es möglich sein, daß diese Lehrer, die zeitlich so nahe in ihres Meisters Christus irdischer Gegenwart gelebt haben, einige der Lehren vernahmen und verbreiteten, die Christus Seinen Jüngern im geheimen gegeben hat und daß diese Lehren durch die esoterische Tradition von den ältesten Zeiten auf uns gekommen sind?
Es ist ebenfalls bemerkenswert, sagte Lammers, daß der katholische Kardinal Mercier zwar nicht zugab, selbst an die Reinkarnationslehre zu glauben, aber feststellte, daß diese Doktrin in keinem Widerspruch

zu den westlichen Lehren der katholischen Kirche stehen würde. Und auch Dekan INGE von der St.-Pauls-Kathedrale erklärte, keinen Widerspruch zwischen Reinkarnationslehre und moderner Kirchlichkeit zu finden. Somit brauchen sich weder Protestanten noch Katholiken auf unheiligem Boden zu stehen fühlen, wenn sie Reinkarnation als religiöse und wissenschaftliche Möglichkeit betrachten.

Gewiß, es gibt einige Vorstellungen in der christlichen Theologie, die im Widerspruch zur Reinkarnationsidee zu stehen scheinen. Die Lehre von der Auferstehung der Toten zum Beispiel und der Tag des jüngsten Gerichts wird von den meisten orthodoxen Christen als direkter Widerspruch zur Reinkarnationslehre empfunden. Aber ist es nicht denkbar, daß die Wendungen »Auferstehung von den Toten« und »Tag des jüngsten Gerichts« symbolisch anstatt buchstäblich gemeint sind? Und daß die Gleichnisse und Metaphern wie zum Beispiel »Höllenfeuer«, mit denen Christus und die Autoren des Neuen Testamentes ihre Wahrnehmung der spirituellen Wahrheit ausdrückten, zu einem kalten, am Wort haftenden Dogma erstarrten? Ist das nicht auch möglich?

Cayce fand diese Antworten des Nachdenkens wert, und sie waren geeignet, die beinahe erschreckende Verwirrung zu besänftigen, die sich seiner bemächtigt hatte, wenn er sich vorstellte, daß seine besondere Gabe nun gegen seine Kindheitsreligion angewandt werden sollte. Doch bald kamen ihm andere, diesesmal wissenschaftliche Bedenken. Wie verhielt es sich zum Beispiel mit der ungeheuren Vermehrung der Erdbevölkerung? Konnte diese Vermehrung mit der Behauptung vereinbart werden, daß alle Seelen bereits auf Erden gewesen sind? Woher kam dann der Überschuß an Menschen?

Die ganze Familie CAYCE bildete zusammen mit GLADYS DAVIS, LAMMERS und LINDEN SHROYER eine Diskussionsgruppe, um diesen Problemen auf die Spur zu kommen. Wenn sie in ihren Argumenten nicht weiterkamen, ließen sie sich durch die Botschaften selbst beraten. Und wenn diese Botschaften ihnen gar nicht eingehen wollten oder unnatürlich erschienen, griffen sie zu Büchern aus der Stadtbibliothek.

Sie fanden ohne allzu große Schwierigkeiten eine Antwort auf die Bevölkerungsfrage. Können wir, genau genommen, überhaupt sicher sein, daß ein absoluter Bevölkerungszuwachs besteht, folgerte jemand aus der Runde. Viele der Lebensbotschaften haben sich auf verschwundene Kulturen in Ägypten und Atlantis bezogen. Archäologische Ausgrabungen in Kambodscha, Mexiko, Ägypten und im Orient bestätigen, daß ausgedehnte Kulturbereiche einstmals in Gebieten bestanden haben, die heute unfruchtbares Land sind. Es war denkbar, daß sich die Bevölkerungszunahme und -abnahme in riesigen, gleichsam wellenförmigen Formen vollzog, ohne daß damit die Gesamtzahl der Seelen im Universum geändert worden wäre. Die unsichtbare Welt mag wohl zu Zeiten, wenn die Bedingungen für deren Erdenaufenthalt ungünstig sind, Heimat für Millionen von Seelen sein.

Diese Theorie sah sogar der hartnäckig skeptische Cayce als annehmbar an. Doch Atlantis war noch ein anderer »Stein des Anstoßes«. Woher können wir wissen, daß es wirklich ein solches Land gegeben hat? Oder handelte es sich nicht um einen anderen Mythos? Die Botschaften selbst jedoch beantworteten diese Frage in angemessener Genauigkeit und Ausführlichkeit.

PLATO war der erste Schriftsteller der westlichen Welt, wurde ihnen gesagt, der gelegentlich die Existenz von Atlantis jenseits der Wasser des Atlantischen Ozeans erwähnte, wo das geheimnisvolle Land in »grauer Vorzeit« bestanden hat. Und obwohl die allgemeinen Veröffentlichungen heutzutage über dieses Thema nicht gerade einen seriösen Eindruck machen, haben doch auch die Geologen dem Thema Atlantis ihre Aufmerksamkeit für einige Zeit zugewandt. Unter ihnen gibt es zwei Lager; die eine Gruppe Geologen leugnet die Möglichkeit der früheren Existenz von Atlantis, während die andere Gruppe meist sehr begeistert der früheren Existenz dieses Landes zustimmt. Auf alle Fälle bestätigt eine große Anzahl von Büchern über dieses Thema die Übereinstimmung und Ergänzung historischer, kultureller und geologischer Hinweise auf Atlantis. Cayce fand solch ein Buch von Ignatius Donnelly mit dem Titel »Atlantis, die Welt des Vordiluviums«. Er war höchst erstaunt über die Entdeckung, daß auch seine Botschaften die großen Linien der echten Hinweise auf Atlantis genau bestätigt hatten.

Diese Diskussionen, Experimente und wissenschaftlichen Entdekkungsreisen in die Welten der Geschichte, Naturwissenschaft, vergleichenden Religionsforschung, alten esoterischen Lehren, Atlantiskunde und der Psychologie der Hypnose, die alle in ihrem Wesen bereits in seinen Botschaften angeschnitten wurden, vermittelten Cayce bald einen historischen und kulturwissenschaftlichen Ausblick, den er nie zuvor besessen hatte. Allmählich empfand er die Botschaften, die er im Trance-Zustand von sich gab, weniger unglaubwürdig. Von eifriger, aber kritischer wissenschaftlicher Neugier getrieben, begann er die Botschaften sorgsam auf ihren Wert hin zu prüfen.

Er stellte zunächst fest, daß die Botschaften keine inneren Widersprüche aufwiesen. Niemals widersprachen sich die einzelnen Kundgaben, auch wenn eine lange Zeitperiode zwischen ihrer Entstehung liegen mochte. Zum Beispiel konnte er für denselben Menschen nach Ablauf von einigen Monaten oder Jahren eine zweite Lebensbotschaft empfangen. Dann schloß diese zweite Botschaft genau an die erste an, als wenn man etwa ein Buch vor Jahren an einer bestimmten markierten Stelle zu lesen unterbrochen und nunmehr weitergelesen hätte. Die meisten Botschaften enthielten verschiedene Hinweise auf das Lebensmilieu der frühgeschichtlichen Perioden, so auf das alte Ägypten und auf Atlantis.

Wenn eine Gruppe solcher Botschaften mit gleichem Thema miteinander verglichen wurde, fand man die Übereinstimmung, Entsprechung und Ergänzung aller Einzelheiten; jede Botschaft wiederholte und ergänzte einen Teil einer anderen, so daß jeweils neue Steinchen zum Mosaik hinzugefügt wurden.

Aber nicht nur untereinander stimmten die Botschaften überein, sondern sie bestätigten auch in vielen Fällen Überlieferungen der Geschichte. So sagte zum Beispiel eine Botschaft einem Mann, »Stuhltaucher« in seinem früheren Leben gewesen zu sein. Cayce hatte keine Ahnung, um was es sich dabei handelte. In alten Büchern fand er dann, daß es sich um eine frühamerikanische Gepflogenheit und Unsitte gehandelt habe, vermeintliche Hexen auf Stühlchen oder Schemel festzubinden und in Becken mit kaltem Wasser zu tauchen.

Ein anderes und wohl eindrucksvolleres Beispiel der historischen Echtheit der Botschaften Cayces, ohne daß er selbst Kenntnis vom Inhalt hatte, war eine Bezugnahme auf JEAN POQUELIN, oder MOLIERE, dessen Mutter starb, als der Knabe noch sehr jung war. Der Name des Molière, des großen französischen Dramatikers, war für Cayce unbekannt und selbstverständlich war ihm ebenso unbekannt, daß Molière ein Pseudonym für seinen wirklichen Namen Poquelin war. Es erwies sich jedoch, daß der schlafende bzw. in Trance befindliche Cayce sowohl mit der Aufdeckung des wahren Namens des Dramatikers als mit der Feststellung des frühen Heimgangs dessen Mutter recht hatte. Noch ein anderes Beispiel dieser Art haben wir im Falle eines jungen Mannes, dem in der Botschaft gesagt wurde, er habe in einem früheren Leben als Freund und Helfer des Erfinders ROBERT FULTON gelebt. Cayce wußte, wer Fulton war, aber zweifelte, ob dieser jemals außerhalb der Vereinigten Staaten geweilt habe. So zog er eine Biographie zu Rate und fand zu seiner Überraschung, daß Fulton tatsäch-

lich einige Jahre in Frankreich verbracht habe, wo er viele wesensverwandte Menschen traf, die Einfluß auf seine Laufbahn genommen hatten.
Die Lebensbotschaften geben gewöhnlich den exakten Namen an, unter dem das Individuum in den früheren Leben geboren worden war; doch in einigen Fällen wurde dem Empfänger solcher Botschaft auch eröffnet, daß er Zeugnisse seiner früheren Existenz entweder in einem Buch, einem alten Register oder sonstigen Aufzeichnungen oder auf einem alten Grabstein finden würde. Vielleicht das beste Beispiel hierfür ist das eines Mannes, dem gesagt wurde, daß er BARNETT SEAY in seinem Vorleben geheißen und als Soldat in der Südpartei im Bürgerkrieg gekämpft habe. Es wurde ihm weiter gesagt, daß er in Henrico County, Virginia, gelebt habe und daß er dort Hinweise auf seine frühere Persönlichkeit finden würde, wenn er sich darum kümmere. Bei der nächsten Gelegenheit reiste der Mann voller Spannung nach Henrico County. Die Aufzeichnungen, die er suchte, fand er dort nicht; doch der Gerichtsschreiber informierte ihn, daß viele alte Akten kürzlich in die Dokumentenabteilung der Geschichtsbibliothek des Staates Virginia verlagert worden seien. Schließlich fand er in dieser Bibliothek tatsächlich Aufzeichnungen über Barnett A. Seay, der im Jahre 1862 als Fahnenträger im Alter von 21 Jahren in LEES Armee aufgenommen worden war.
Außer diesen merkwürdigen historischen Bestätigungen von Daten früherer Leben wurden laufend Bestätigungen für gegenwärtige Lebensangaben gefunden. Cayce erfuhr bald, daß die psychologischen Analysen der Botschaften nicht für ihn und seine Familie, sondern auch für ganz Fremde zutreffend waren. Die Genauigkeit der Botschaften, die sich mit seiner eigenen Analyse und jenen seiner Angehörigen befaßten, konnte möglicherweise mit dem Argument hinwegerklärt werden, daß Cayce seine Familie und sich selbst im Wachzustande sehr gut kannte; es konnte vermutet werden, daß er im Trancezustand seine persönlichen Kenntnisse vorbrachte. Aber er fand bald die Tatsache heraus, daß es, genau wie bei den physischen oder Gesundheitsbotschaften belanglos war, ob er die beteiligten Menschen kannte oder nicht. Es konnte sich um völlig Fremde von irgendeinem Ort der Erde handeln. Wenn er ihren vollen Namen, das Geburtsdatum und den Geburtsort wußte, war Cayce in der Lage, alle Lebensumstände dieser Menschen und ihren Charakter bis in die intimsten Einzelheiten genau zu beschreiben. Darüber hinaus kennzeichnete er alle ihre Vorzüge, Gaben und Schwächen und führte alles

auf einleuchtende Weise auf frühere Inkarnationen der Empfänger seiner Botschaften zurück.

Wäre nur eine einzige solcher genauen Charakteranalyse eines Fremden erfolgt, wäre man geneigt, diese als Zufall zu bezeichnen. Aber im Hinblick auf die unendlichfältigen Möglichkeiten menschlicher Charakterstrukturen und persönlicher Umstände würde auch dieser eine Zufall unwahrscheinlich sein. In Cayces Fall haben wir jedoch eine große Anzahl solcher genauen Analysen, und es dürfte kaum mehr möglich sein, hier von einer Serie von Zufällen zu sprechen.

Ein weiterer Aspekt der wundersamen Klarheit seiner Botschaften bildete sich im Laufe der Jahre bei Cayce heraus – und zwar die Genauigkeit, mit der sie Charakter und spätere berufliche Eignungen jüngerer Kinder voraussagten. Eine Lebensbotschaft für ein Baby in Norfolk, bereits schon bei der Geburt dieses Mädchens gegeben, verkündete, daß sie ein hartnäckiges, eigenwilliges und störrisches Wesen sein würde, das nur schwer erzogen werden könne. Als das Kind älter wurde, begannen sich bereits die Spuren solcher Charakteranlage unmißverständlich zu zeigen, und, wie wir sicher annehmen können, werden es die Eltern mit diesem Kind nicht so leicht gehabt haben.

Eindrucksvoller ist der Fall eines Jungen, dessen drei Monate nach seiner Geburt erteilte Lebensbotschaft besagte, daß dieser einmal ein hervorragender Arzt werden könne. Sowohl die ihm in der gleichen Botschaft zugeschriebenen Charaktermängel begannen sich ebenso in frühen Jahren bei ihm zu zeigen wie die Neigung zur medizinischen Wissenschaft. Achtjährig begann der Junge Tierleichen aufzuschneiden, um entdecken zu können, aus was diese bestanden. Schon vor seinem dreizehnten Lebensjahr verschlang er begeistert medizinische Lehrbücher, und er verkündete seinem Vater seine Absicht, zu JOHN HOPKINS zu gehen und Arzt zu werden. Der Vater des Jungen war ein New Yorker Geschäftsmann und seine Mutter eine Schauspielerin. Beide vernahmen die Idee ihres Jungen zuerst mit Mißbehagen und versuchten ihn zu entmutigen. Doch seine Bestimmung erwies sich stärker als alle Mahnungen, und der Junge unterzieht sich nun dem medizinischen Vorstudium in einer großen Universität der amerikanischen Oststaaten. Auch in diesem Falle haben die Eltern keinesfalls das Eintreffen der Voraussage der Cayce-Botschaft erwartet noch zu deren Erfüllung verholfen, und wiederum scheint hieraus zu erhellen, daß es eine echte Vorbestimmung und Anlage der Fähigkeiten eines Kindes auf Grund seiner Entwicklung in früheren Leben gibt.

Beispiele wie diese sind dazu angetan, den hohen Wert der Vorausbestimmung der Cayce-Botschaften zu zeigen. Das Wort »Vorausbestimmung« wird hier nicht im Sinne von Wahrsagerei gebraucht, sondern im Sinne der voraussagbaren Möglichkeiten der psychologischen Tests. So wurde der bekannte Rorschach-Test, dem die Deutung von Tintenklecksen zugrunde liegt, auf Luftfahrt-Anwärter angewandt, ehe diese ihr Training aufnahmen. Die Deutungen dieses Tests ergaben, daß sechs aus einer Gruppe von etwa zweihundert Kandidaten seelisch ungeeignet für den Beruf eines Piloten waren. Allen Flugschülern wurde erlaubt, den Kursus zu beenden. Bis zum Ende des Jahres hatten sich tatsächlich alle sechs als ungeeignet geteteten Schüler aus seelischen Gründen freiwillig vom Kursus entfernt. Hieraus geht hervor, daß dem Rorschach-Test ein hoher »Vorhersagewert« zugemessen wird.

Cayces Lebensbotschaften haben im gleiche Sinne einen hohen »Vorhersagewert«, und dieser erwies sich nicht nur bei Kindern, sondern auch bei Erwachsenen als vorzüglich.

Eine junge Telegraphistin in New York wunderte sich über die seltsamen Telegramme, die sie manchesmal nach Virginia Beach weiterleiten mußte. Sie stellte Nachforschungen nach Cayces Identität an, und ihre Spannung stieg auf den Höhepunkt, so daß sie beschloß, Cayce um eine Lebensbotschaft zu bitten. In dieser wurde ihr gesagt, daß sie als Telegraphistin ihre Zeit vergeude und daß sie Gebrauchsgraphik studieren solle, denn bereits in verschiedenen früheren Leben sei sie künstlerisch tätig gewesen und könne es jetzt wieder. Der Gedanke, Werbezeichnerin zu werden oder eine verwandte Berufssparte zu ergreifen, war ihr niemals gekommen; doch sie ging gerne das Wagnis ein, eine andere Tätigkeit auszuprobieren und zwang sich zum Besuch einer Zeichenschule. Zu ihrer Überraschung entdeckte sie ihr echtes Talent in dieser Sparte, und bald wurde sie zu einer sehr erfolgreichen Werbegraphikerin, wodurch sich auch ihre Persönlichkeit besser entfaltete.

Im Laufe der Jahre konnte Cayce also die Auswirkungen seiner Botschaften auf das Leben der Menschen beobachten, und er wurde allmählich überzeugt, daß diese echt und gut waren, denn sie bewirkten ja Gutes. Gewiß konnte vieles in den Botschaften nicht nachgeprüft werden. Was aber nachgeprüft werden konnte und sich stets als richtig erwies, stärkte sein Vertrauen auch in die nicht nachprüfbaren Kundgaben. Viele Menschen wurden durch Cayces Hilfe zu passenden Stellungen geführt; andere kamen zum Verständnis ihrer Eheschwierigkeiten; und wieder anderen wurde ihr Selbstvertrauen gestärkt, und sie meisterten ihr Leben besser.

Zu Beginn seiner Aufnahme dieser Lebensbotschaften hatte Cayce gezaudert, denn er glaubte, die Botschaften nicht nur deshalb schon erteilen zu dürfen, weil Lammers an Reinkarnation glaubte und die gleiche Suggestion in Cayces Gemüt gesetzt hatte. Aber die Tatsachen schienen nun gegen jene Annahme zu sprechen. Zunächst stand es fest, daß Lammers ja in seinem ersten Vorschlag, die Botschaften in der neuen Art aufzunehmen, gar nicht von Reinkarnation gesprochen hatte. Er hatte um ein »Horoskop« gebeten und nichts anderes gesagt. Cayces unterbewußter oder überbewußter Geist hatte die Information über ein früheres Leben freiwillig gegeben.

Darüber hinaus lagen alle jene beweiskräftigen Botschaften, die Cayce ganz Fremden erteilt hatte, jenseits seiner und Lammers' Kenntnisse. Wäre Cayces Unterbewußtsein allein durch die Suggestion Lammers' mehr oder weniger entwickelt worden, konnte man das schon als wundervoll bezeichnen. Aber der Inhalt der Botschaften konnte dann nicht so häufig unbekannte, jedoch wahre Zusammenhänge offenbaren.

Alle diese Erwägungen trugen nach und nach dazu bei, Cayce von der Gültigkeit seiner Lebensbotschaften zu überzeugen und die Erklärung der menschlichen Bestimmung, die durch sie gefördert wurde, anzunehmen. In erster Linie aber war er von dem im Grunde christlichen Geist überzeugt, der die Botschaften sowohl im Sinne brüderlichen Helfertums als auch in der Erfüllung des Lehrgebäudes der Reinkarnation mit christlichen Werten durchdrang. Jede Botschaft enthielt biblische Wendungen oder eine Mahnung, an Christus als Vorbild zu denken. Vielleicht am häufigsten von allen wurden Christi Worte gebraucht: »Was ihr säet, das werdet ihr ernten« und »Handelt an anderen so, wie ihr von anderen behandelt werden mögt.« Manchmal handelte es sich um direkte Christuszitate, ein anderes Mal waren es Abwandlungen oder Erweiterungen direkter Zitate, wie in diesem Fall: »Täuschet euch nicht, täuschet euch nicht. Hütet euch vor Mißverständnis. Gott läßt Seiner nicht spotten! Denn was die Menschen säen, das werden sie ernten. Der Mensch trifft sich stets selbst wieder. Tue denn Gutes, wie Er sagte, denen, die dich schmählich mißbrauchten, und du wirst in dir das überwinden, was du deinem Bruder angetan hast.«

Solche Belehrungen wurden im Zusammenhang vornehmlich mit Leiden gebracht, die man sich aus schlechten Taten in einer früheren

Inkarnation selbst aufgeladen hat. Sie waren so ernst und in bedeutungsvollem Ton und verantwortungsbewußter Art gesprochen, daß sie tiefe Überzeugung vermittelten. Dieses Ineinandergreifen der Reinkarnationslehre und einer durch und durch christlichen Anschauung hat natürlich keine wissenschaftliche Bedeutung und würde einem Menschen, der Offenbarungen ohne Verständnis gegenübersteht, nichts bedeuten. Für Cayce jedoch handelte es sich darum, daß sein bedrohtes inneres Gleichgewicht eben durch diese Vereinigung von Reinkarnationslehre und Christlichkeit erhalten blieb.
Nachdem sich die erste Erregung über diese neuen Erfahrungen etwas gelegt hatte, begann man in der Gruppe Fragen über den Charakter der Kundgaben selbst zu stellen. Einmal war es merkwürdig, daß bestimmte historische Epochen regelmäßig in den Lebensbotschaften wiederkehrten. Vielen Menschen wurden ähnliche oder gleiche geschichtliche Umwelten in den Botschaften zugesprochen. Tatsächlich schien der Umriß der früheren Leben der Menschen beinahe die gleiche Anordnung zu haben. Eine häufig vorkommende Anordnung war: Atlantis, Ägypten, Rom, die Zeit der Kreuzzüge und die frühe Kolonialzeit. Eine andere war: Atlantis, Ägypten, Rom, Frankreich in der Zeit Ludwigs des XIV., XV. und XVI. und der amerikanische Bürgerkrieg. Es gab natürlich einige Variationen, in denen China, Indien, Kambodscha, Peru, die Nordländer, Afrika, Zentralamerika, Sizilien, Spanien, Japan und andere Gegenden vorkamen; aber die Mehrzahl der Botschaften folgte denselben historischen Umrissen.
Der Grund hierfür lag nach Cayces Ausführungen darin, daß die in einer bestimmten Ära inkarnierten Seelen im allgemeinen in einer späteren gemeinsamen Ära inkarnieren. In den dazwischenliegenden Zeiträumen befinden sich wieder andere Seelengruppen auf der Erde. Dieser Inkarnationswechsel geht in einem ordentlichen regelmäßigen Rhythmus vor sich, beinahe wie die Schichtwechsel der Fabrikarbeiter. Folglich waren die meisten der heute verkörperten Seelen auch in früheren Zeitaltern gemeinsam verkörpert. Seelen, die durch Familien- oder Freundschaftsbande oder durch gemeinsame Neigungen miteinander verwandt oder verknüpft sind, waren auch, wie die meisten Cayce-Botschaften bezeugten, in irgendeiner ähnlichen Weise in früheren Leben miteinander verbunden.
Eine andere Frage der kleinen Forschergruppe lautete: Woher kommen diese Enthüllungen? Die Antwort war, daß Cayce zwei Quellen des Wissens zugänglich seien, während er sich im Trancezustand befinde.

Die eine Quelle war das Unterbewußtsein eines jeden Individuums, dessen Lebensgeschichte zu verkünden er gebeten wurde. Der unterbewußte Geist, so erklärten die Botschaften, bewahre die Erinnerung an jede Erfahrung auf, die das Individuum gemacht habe, und zwar nicht nur vom Zeitpunkt der Geburt an, sondern auch alle vorgeburtlichen Erfahrungen mit einschließend. Diese vorgeburtlichen Erinnerungen sind unter der Schwelle, die man mit einer Falltür vergleichen mag, gespeichert, und sie liegen in tieferen Schichten des Unterbewußtseins, als sie von modernen Psychotherapeuten erreicht werden können. Aber diese Erfahrungen sind wirklich vorhanden. Das Unterbewußtsein ist darüber hinaus viel leichter für ein anderes Unterbewußtsein zugänglich, als es das Bewußtsein ist. Unter der Hypnoseeinwirkung bzw. im Trancezustand konnte sich Cayces Geist also unmittelbar mit den unterbewußten Schichten anderer Geister in Verbindung setzen.

Diese Erklärung war nicht mit zu vielen Bedenken anzunehmen; sie stimmte letztlich zum Teil mit den Entdeckungen der Psychoanalytiker über Wesen und Inhalt des Unterbewußtseins überein. Die Erläuterung der anderen der beiden möglichen Informationsquellen erschien dagegen phantastisch. Sie stand im Zusammenhang mit einem geheimnisvollen esoterischen Bereich, der in den Botschaften »Akasha-Chronik« genannt wurde. Kurzgefaßt, war Cayces Erklärung diese:

Akasha ist ein Sanskrit-Wort, das sich auf die dem Universum zugrundeliegende ätherische Substanz bezieht und gleichsam »elektrospirituell« in seiner Beschaffenheit ist. Unauslöschlich prägt sich jeder Ton, das Licht, die Bewegungen und Gedanken seit der Schöpfung des offenbaren Universums in dieses Akasha. Die Existenz dieser »Chronik« ermöglicht die Fähigkeit der Hellseher und Visionäre, buchstäblich in die Vergangenheit zu *sehen*, ungeachtet des Umstandes, wie verborgen diese nun sein möge und ohne Rücksicht darauf, wie unerkenntlich diese Vergangenheit auch dem gewöhnlichen menschlichen Wissen bleibt. Das Akasha registriert sämtliche Eindrücke und Geschehnisse wie eine hochempfindliche Platte und kann beinahe als eine riesige Dauerkamera des Kosmos angesehen werden. Die Fähigkeit, diese Schwingungsaufzeichnungen zu lesen, liegt anlagemäßig in jedem von uns und hängt von der Empfindlichkeit unserer Struktur ab. Auf die Akasha-Ebene kann man sich mit dem richtigen Bewußtseinsgrad etwa wie ein Radio auf die richtige Wellenlänge einstimmen. Im normalen Wachzustande war Edgar Cayce außerstande,

sich seinem physischen Bewußtsein in der besagten Weise genügend unterzuordnen, um die Einschwingung in das Akasha zu vollziehen; unter Hypnose und im Trancezustand war ihm das jedoch möglich.
Von allen den merkwürdigen Feststellungen und Aussagen, die durch Cayces schlafende Lippen gekommen sind, schien ihm diese Enthüllung über das Akasha am seltsamsten. Doch auf seine wiederholten ungläubigen Nachfragen wurden ihm immer dieselben Botschaften zuteil; manchmal in den gleichen Worten und manchmal in ausführlicherer Art. Laufend verkündeten die Botschaften, daß die »Akasha-Chronik« auch das »Universelle Gedächtnis der Natur« oder »Das Buch des Lebens« genannt werden könne. Sie kamen auch zu dem Punkt, daß sie die Realität des Wissens um Akasha hinsichtlich der Vergangenheit gelehrt wurde. In Anbetracht der Tatsache, daß neuerdings verschiedene andere Hindu-Begriffe, namentlich die illusorische, unkompakte Beschaffenheit der »Materie«, die Austauschbarkeit von Materie und Kraft und die Tatsache der Gedankenübertragung durch telepathische Mittel kürzlich von der westlichen Wissenschaft bestätigt wurden, kann man doch optimistisch in bezug auf die Möglichkeit der endlichen Anerkennung auch dieser anderen Hindu-Auffassung sein, des Akasha-Begriffes?
Cayce enthielt sich für lange Zeit einem Urteil über diese Frage. Die Unterbewußtseins-Erklärung mochte für die Erfassung vergangener Lebensgeschichten ausreichen, aber wie stand es mit dem ausführlichen, umfangreichen und klaren Material, das ihm in den »Forschungsbotschaften« aus vergangenen Zeitepochen, aus der atlantischen, ägyptischen und frühchristlichen Zeit zufloß? War es möglich, daß diese Botschaften aus dem Unterbewußtsein eines Menschen aufgenommen wurden, der in jenen Epochen gelebt hatte, selbst wenn es sich nicht um den jeweiligen Empfänger der Botschaft handelte? Oder las Cayce wirklich in jenen zeitlich abgelegenen Gefilden der Geschichte, deren Bilder in einer unbekannten Dimension des Universums aufbewahrt wurden?
Schließlich wurde Cayce dazu gebracht, doch die Existenz des Akasha anzuerkennen, und zwar nicht deshalb, weil es einen objektiven Beweis dafür gegeben hätte, sondern weil ihm die Botschaften verkündet hatten, daß es sich so verhielt. Diese Botschaften hatten aber auch in allen beweisbaren Fällen stets die Wahrheit übermittelt. Vielleicht werden Erforscher der außersinnlichen Wahrnehmung einst erweisen, daß die Botschaften Cayces in diesem Punkt von der geraden Linie abwichen; vielleicht werden andere Entdeckungen aber auch die

Richtigkeit dieser Basis seiner Vergangenheitsschauungen beweisen, indem Wissenschaftler unserer Zeit imstande sein werden, die objektive Existenz des Akasha zu entdecken – keine phantastischere Angelegenheit, als es die Entdeckung der Radiowellen, des Radiums, der Atomenergie oder des Unterbewußtseins war.

Auf jeden Fall bleiben die Lebensbotschaften, die durch Cayce gegeben wurden, eine Tatsache von erstaunlicher beweisbarer Gültigkeit, die nicht davon berührt wird, daß man den Ursprung nicht mit Sicherheit angeben kann. In den zweiundzwanzig Jahren, die von 1923, als er zum ersten Male damit in Berührung kam, bis 1945, dem Jahre seines Heimgangs, vergingen, hat Cayce etwa 2500 dieser Lebensbotschaften gegeben. Wie die Gesundheitsbotschaften wurden auch sie sorgsam aufbewahrt und mit Anmerkungen versehen. Briefe und andere Dokumente legen Zeugnis für die Echtheit der Aussagen vieler dieser Botschaften ab, zumindest hinsichtlich der Nachprüfbarkeit der Echtheit. Der Forscher, der sich angesprochen fühlt, kann heute noch viele der Empfänger von Cayce-Botschaften befragen.

Wenn wir dann wie Cayce selbst an den Wert dieser seltsamen Dokumente glauben und die Gültigkeit deren Erklärung der menschlichen Bestimmung annehmen können, werden wir uns im Besitz eines außerordentlich umfangreichen Informationsgutes finden. In erster Linie haben wir hier vielfältige Hinweise zugunsten eines bedeutsamen Prinzips, der Reinkarnation. Falls wir diese Hinweise nicht als zwingende Beweise annehmen können, scheinen diese Dokumente im Sinne wissenschaftlicher Denkweise zumindest einer Untersuchung wert, um Gedanken darüber aufzustellen, welche Bedeutung ihnen zukommen könnte. Viele große Entdeckungen sind durch die Untersuchung ähnlicher Quellen gemacht worden. Als Einstein gefragt wurde, wie er zur Entdeckung der Relativität gekommen ist, antwortete er: »Indem ich unumstößliche Grundsätze umwarf.« Zweitens finden wir hier kostbares Material psychologischer, medizinischer und philosophischer Art, das uns, wenn gesichtet und analysiert, ein ganz anderes Bild der Artung und Bestimmung der Menschheit vermittelt.

In jenen zweiundzwanzig Jahren erlebte Cayce in seinen seelischen Tiefenschichten eine Prozession menschlicher Leiden und Verirrungen. Körperliche und seelische Krankheiten jeder Art hatten diese Menschen befallen, die dem Psalmisten gleich in unfaßlicher Angst aufschreien mochten: »Weshalb ist dieses über mich gekommen?«

Nicht alle Botschaften kündeten von verzweifelten oder tragischen

Ereignissen – viele dieser vergangenen Lebensgeschichten waren ganz gewöhnlich und ohne Dramatik, wie sie die Empfänger solcher Botschaften auch in der Gegenwart erlebten. Aber ungeachtet des Umstandes, ob ihre Aufgaben und Schicksale leicht oder schwer waren, wurde den Menschen gezeigt, daß ihr gegenwärtiges Leben nur als Glied in einer Kette vieler Leben, die Jahrhunderte vorher begonnen hatte, anzusehen war. Fall auf Fall bestätigte den Ratsuchenden, daß ihre Leiden oder ihre Entbehrungen sinnvoll in die große kosmische Ordnung eingebettet waren. Dieses Wissen vermochte ihre Lebenseinstellung umzuwandeln; die Einsicht in das langdauernde Verharren ihrer persönlichen Umstände ermutigte die Empfänger der Botschaften, tätige Anstrengungen zur Überwindung ihrer Trägheit zu machen, um zu höheren Entwicklungsstufen zu gelangen.

Wenn man die Gültigkeit dieser Botschaften anerkennt, dann muß auch ihre weitreichende Bedeutung erwogen werden. Ihre Wichtigkeit liegt gewiß nicht in der Tatsache, daß sie ein neues Weltbild präsentieren, denn die Reinkarnations-Theorie ist bereits sehr alt und in vielen Kulturkreisen in allen Gegenden der Erde zu finden. Die Bedeutung der Cayce-Botschaften liegt vielmehr in zwei Punkten. Der eine ist die erstmalige spezifische, gut definierte, zusammenhängende und glaubwürdige Darlegung der vermutlich früheren Leben vieler verschiedener Individuen, die wir in der westlichen Welt haben. Der zweite Punkt liegt darin, daß diese Zeugnisse, die Botschaften, zum erstenmal in der Weltgeschichte derart in Aktenform niedergelegt wurden, daß sie der Allgemeinheit zugänglich sind.

Darüber hinaus aber verbinden die Cayce-Botschaften die Philosophie des Ostens mit der Dynamik christlicher Lebensauffassung, und beide Weltbilder werden dadurch belebt. Somit ist eine höchst notwendige Synthese zwischen der introvertierten und der extrovertierten Anschauungweise vollzogen, denn beide für sich allein charakterisierten im allgemeinen so lange Zeit die denkende Welt des Ostens und des Westens.

Vor allem anderen aber schaffen die Cayce-Botschaften eine Synthese zwischen Wissenschaft und Religion. Sie erreichen das, indem sie zeigen, daß die moralischen Gesetze von gut und böse, die sich auf handelnde Personen beziehen, ebenso klar dem Prinzip von Ursache und Wirkung unterliegen, wie es die Physik beherrscht. Das menschliche Leiden, so machen die Botschaften deutlich, kann nicht mehr als Mißgeschick im materialistischen Sinne angesehen werden, sondern es ist vielmehr die Folge falscher Lebensführung und falschen Denkens; die

Ungleichheit der menschlichen Charaktere, Schicksale und Möglichkeiten entspringt nicht einer Laune des Schöpfers oder dem blinden Mechanismus der Erbfunktionen, sondern sie ist eine Folge der Verdienste und Fehler eines früheren eigenen Lebens. Alle Leiden und Beschränkungen haben einen erzieherischen Zweck; körperliche und seelische Entartungen und Kämpfe haben ihren Ursprung in Moralgesetzen; und alle Niederlagen der Menschen sind Lektionen in einer lange währenden Schule zur Erlangung von Weisheit und Vollkommenheit.

Kapitel 4

Einige Arten des körperlichen Karmas

Die Lahmen, die Tauben, die Krüppel, die Blinden, die Unheilbaren – diese sind vielleicht die eindringlichsten Beispiele menschlicher Kranker. Wenn wir ein solches Leiden bei anderen sehen, werden wir von Mitleid ergriffen. Wenn wir nun selbst solches Leiden erdulden müssen und dessen traurige Bitterkeiten erfahren, beginnen wir schmerzlich nach der Absicht Gottes mit uns zu fragen. *Warum* ist mir dieses Ungemach widerfahren? Warum geschah es denn ausgerechnet *mir?*

Hiob war als einer der rechtschaffensten und geduldigsten Menschen bekannt. Er erduldete den Verlust aller seiner weltlichen Güter und sogar aller seiner Kinder mit Pein im Herzen, aber ohne ein Wort der Klage. Doch als schließlich der Teufel seinen Körper mit üblen Beulen bedeckte, da schrie Hiob zum erstenmal zu Gott und fragte ihn in Verzweiflung nach dem Grund seiner Plagen. »Belehre mich, und ich will schweigen«, rief er; »und laß mich begreifen, *worin ich geirrt habe!*«

Diesen Glauben, daß Leiden auf unrechte Taten irgendeiner Art zurückgeführt werden müssen, hat der moderne Mensch als Aberglauben überholter Religionen verworfen; nur wenige Menschen sind heutzutage geneigt, an Leiden im Sinne von »Sünde« zu denken. Doch in der Beleuchtung der Cayce-Botschaften *haben* Sünde und Leiden eine wirkliche Verbindung durch das Gesetz von Ursache und Wirkung, obwohl der Ursprung der Sünde unserem Einblick entzogen sein mag.

Um diesen Gedanken, der die Grundlage der Cayce-Botschaften bildet, verstehen zu können, ist es wichtig, die Bedeutung des Wortes »Karma« kennenzulernen, weil es als einziges die ursächliche Beziehung zwischen Sünde und Leiden ausdrückt. Karma ist ein Sanskrit-Wort, das im buchstäblichen Sinne Handlung bedeutet; im philosophischen Denken wurde dieses Wort jedoch auf Aktion und Reaktion, auf Wirkung und Gegenwirkung bezogen, welchem Prinzip jedes menschliche Handeln unterworfen ist. Emerson, der von der brahmanischen Philosophie Indiens durchdrungen war, bezog sich auf dieses Karma-Gesetz als Gesetz des Ausgleichs. Christus formulierte es sehr bündig, indem er sagte: »Was ihr säet, das werdet ihr auch ernten.« Das dritte Bewegungsgesetz des Physikers Newton, daß nämlich jede Bewegung eine gleichförmige, aber entgegengesetzte Gegenwirkung hat, läßt sich ebensogut auf die Moralgesetze anwenden.

Die Lebensbotschaften Cayces sind insofern faszinierend, als sie menschliche Nöte und Beschränkungen des gegenwärtigen auf vergangene Leben zurückführen und dadurch den abstrakten Karmabegriff in eine schärfere und unmittelbarere Beleuchtung bringen. Eine gründliche Untersuchung dieser Fälle zeigt, daß es verschiedene Arten von Karma gibt. Eine Art mag treffend »Bumerang-Karma« genannt werden, da sie wie ein australischer Bumerang wirkt, einem Wurfgerät, das zum Werfer zurückkehrt. So scheint eine gegen einen anderen Menschen gerichtete schlechte Tat auf den Urheber zurückzuprallen.

In den Cayce-Akten finden sich viele Beispiele dieser Art von Karma. Ein Universitätsprofessor, der blind geboren war, hörte zum Beispiel über Cayce in einem Radioprogramm mit dem Titel »Wunder des Geistes«. Er bat um eine Gesundheitsbotschaft und erfuhr deutliche Linderung in seinem Leiden, bis er nach Durchführung der Behandlungsanweisungen Cayces, die chiropraktische und elektrische Manipulationen sowie eine Nahrungsänderung einschlossen, wieder ein wenig sehen konnte, obwohl er von Augenärzten als hoffnungslos unheilbar erklärt worden war. Innerhalb von drei Monaten erhielt sein linkes Auge zehn Prozent normaler Sehfähigkeit. Die Lebensbotschaft für den Professor führte vier seiner Vorinkarnationen aus. Eine war in Amerika in der Zeit des Bürgerkrieges, eine andere in Frankreich während der Kreuzzüge, die andere in Persien um das Jahr 1000 vor Christus und eine sehr frühe in Atlantis kurz vor dem endgültigen Untergang dieses Kontinents.

In Persien war es, wo er das spirituelle Gesetz zur Auslösung gebracht hatte, dessen Folgen die gegenwärtige Blindheit war. Er war Mitglied eines barbarischen Stammes gewesen, der seine Feinde mit rotglühenden Eisen blendete, und der heutige Professor hatte diese Tortur damals pflichtgemäß auszuführen gehabt.

Hier ergibt sich die unvermeidliche Frage: Wie kann man ein Individuum moralisch für eine Tat verantwortlich machen, die es nach den Gewohnheiten der Gesellschaft, in der es lebt, zu tun verpflichtet ist?

Diese Frage ist durchaus berechtigt, und sie wird in Kapitel 23 ausführlicher behandelt werden.

Ein zweites beachtenswertes Beispiel haben wir in einem Mädchen, das ihren Lebensunterhalt als Maniküre verdient, und das im Alter von einem Jahr von Kinderlähmung befallen worden war. Als Folge blieben beide Beine gelähmt und die Füße blieben im Wachstum zurück, so daß sie sich nur mit Krücken bewegen konnte.
Die karmische Ursache dieser ihrer Leiden wurde nach der Botschaft in einer atlantischen Inkarnation geschaffen, in der sie mit irgendwelchen Mitteln – es wurde nicht festgestellt, ob durch Drogen, Hypnose oder Telepathie – die Menschen »an den Gliedern schwächte und dadurch zum Gehorchen zwang... Somit sehen wir die Wesenheit mit demselben Übel behaftet, das sie einst anderen zufügte«. (»Die Wesenheit« ist der Ausdruck, mit dem die Botschaften das unsterbliche Individuum bezeichnen, das um der Sammlung von Erfahrung und seiner Vervollkommnung willen wieder und wieder verkörpert wird.)
Ein drittes bemerkenswertes Beispiel von Bumerang-Karma haben wir im Falle einer vierzigjährigen Frau, die seit ihrer Kindheit an Symptomen gelitten hat, die erst kürzlich als Allergien diagnostiziert wurden. Wenn sie aus Getreide bestehende Nahrung, also auch Brot, aß, so begann sie zu niesen, als wäre sie von Heuschnupfen befallen. Wenn sie in Berührung mit gewissen Materialien – besonders mit Schuhleder und Plastikstoffen – kam, erlitt sie heftige Nervenschmerzen an der linken Seite. Sie hatte im Laufe der Jahre zahllose Ärzte konsultiert; doch die einzige Erleichterung, die ihr zuteil geworden war, war nach ihrem Bericht das Ergebnis von hypnotischen Behandlungen in ihrem fünfundzwanzigsten Lebensjahr. Die Besserung währte damals sechs Jahre. Danach stellten sich allmählich die gleichen Symptome wieder ein.
Das Hauptanliegen dieser Frau bei ihrer Bitte um eine Cayce-Botschaft war die Erreichung von Heilung; doch Cayce kam hellseherisch zugleich auf den karmischen Ursprung ihrer Leiden zu sprechen. »In einer anderen Existenz«, so hieß es in der Botschaft, »war diese Wesenheit ein Chemiker und gebrauchte viele dieser Drogen, um schlechte Wirkungen in anderen hervorzubringen. Deshalb wird sie in der Gegenwart selbst geplagt... Die Wesenheit wandte auch Substanzen an, die selbst den Atem bei anderen vergifteten. Dementsprechend erleidet die Wesenheit jetzt selbst eine dauernde unmittelbare

Art von Vergiftung in Gegenwart gewisser Metalle, Kunststoffe, Lederarten und Gerüchen. Sind diese Ledersorten mit Eiche gegerbt, schaden sie dem Körper nicht. Sind sie aber mit den Gerbstoffen behandelt, die auch den von der Wesenheit früher angewandten Stoffen entsprechen, um damit andere Menschen zu schädigen, so schädigen sie diese Wesenheit selbst.«

Eine andere Art von Karma im physischen Bereich mag man »Organismus-Karma« nennen. Hierbei spielt der Mißbrauch des Organismus in einem früheren Leben eine Rolle, und das Ergebnis ist eine entsprechende Vergeltung in einer späteren Inkarnation. Ein gutes Beispiel für diese Art von Karma ist der Fall eines fünfunddreißigjährigen Mannes, der seit der Kindheit an Verdauungsstörungen litt. Er mußte sich stets gewisser Speisen und bestimmter Zusammensetzungen enthalten; doch nachdem er diese Maßregeln auf sich genommen hatte, hielten die Verdauungsstörungen weiterhin an, und infolge seiner Empfindsamkeit hatte er dauernd Konflikte im gesellschaftlichen Leben dadurch auszustehen.

Die Ursache dieses Übels war nach der Cayce-Botschaft auf eine Inkarnation dieses Mannes am Hofe Ludwigs XIII. von Frankreich zurückzuführen, wo er als Schutzbegleiter und Garderoben-Ratgeber des Königs fungiert hatte. Seine Pflichten hatte er getreulich und gut erfüllt; dennoch hatte er eine ernsthafte Schwäche – nämlich unwiderstehliche Gefräßigkeit. Selbst in einem weiter zurückliegenden Leben als Hofarzt in Persien war er den Freuden der Tafel ergeben gewesen. Somit hatte er in zwei Erdenleben seelische Sünde, Exzessen zu huldigen, betrieben. Diese Gleichgewichtsstörung in seiner Höherentwicklung erheischte also irgendeine Wiedergutmachung, und so stellen wir fest, daß dieser Mann durch seinen körperlichen Mangel nunmehr gezwungen ist, mäßig zu werden.

Eine dritte Art von Karma, die laufend in den Cayce-Botschaften vorkommt, wird am besten »Symbolisches Karma« genannt. Hierbei handelt es sich vermutlich um die überraschendste und eigenartigste Art der karmischen Wirkungen unter den physischen Fällen.

Eine der ersten Lebensbotschaften Cayces wurde einem jungen Mann erteilt, der seit früher Kindheit an Anämie gelitten hatte. Sein Vater war Arzt, und dem Jungen war jede nur bekannte Behandlung seines Leidens angediehen, doch leider ohne Erfolg. Eine Fehlfunktion, die einer Behandlung so hartnäckig widerstand, hat höchstwahrscheinlich eine tiefsitzende karmische Ursache. Und tatsächlich führte die Lebensbotschaft für diesen jungen Mann das Symptom auf seine vor fünf Inkarnationen absolvierte Lebenszeit in Peru zurück, wo die Wesenheit rücksichtslose Herrschaft über das Land ausgeübt hatte und dadurch dessen Herrscher wurde. »Viel Blut wurde vergossen«, hieß es in der Botschaft, »daher die jetzige Folge der Anämie.«

Die Bedeutung dieser Bemerkung tritt erst voll in Erscheinung, wenn wir diesen Fall mit anderen Beispielen physischen Karmas vergleichen. Es handelt sich hier eindeutig um keinen Fall von Karma des Organismus, da des Mannes Sünde nicht im Mißbrauch seines eigenen Körpers durch Unmäßigkeiten irgendeiner Art bestand. Es handelt sich aber auch nicht um ausgesprochenes Bumerang-Karma; denn würde es ein solcher Fall gewesen sein, wäre der junge Mann das Opfer im Kriege bzw. in einer Schlacht eines grausamen Eroberers gewesen.

Statt dessen beobachteten wir hier, daß sein eigener Körper das »Schlachtfeld« wurde; gleichsam auf dem »Altar seines Körpers« wurden seine Bluttaten gesühnt. Dieses lebenslange körperliche Siechtum kann eine viel wirksamere ausgleichende und zugleich erzieherische Gerechtigkeit sein, als wenn dieser Mann möglicherweise selbst auf dem Schlachtfeld getötet worden wäre. Diese Wesenheit vergoß einst das Blut von Menschen, die seine Verachtung als Herrscher hervorgerufen haben; nunmehr ist er selbst ein Wrack, und zwar durch seinen eigenen geschwächten anomalen Blutzustand, und somit hat also sein Körper sein Karma gleichsam symbolisch übernommen.

Hierin könnten wir eine phantastische Behauptung erblicken, wenn wir diesen Gedankenkreis nicht in den Entdeckungen der Seelenkunde bzw. der psychosomatischen Medizin wiederfinden würden. Es ist noch nicht so lange her, daß man glaubte, daß alle Leiden eine physische Ursache hätten. Die fortschrittliche Psychiatrie zeigte uns jedoch, daß letztlich verschiedene körperliche Übel auf entsprechende seelische Störungen zurückzuführen waren. Aus dieser Entdeckung erwuchs jene Therapie, die heute als psychosomatische Medizin bekannt ist (das Wort setzt sich aus zwei griechischen Wörtern zusammen: psyche = Seele; soma = Körper) und einen neuen voll gewürdigten Zweig auf dem Gebiete der ärztlichen Wissenschaft bildet.

Die klinische Praxis der psychosomatischen Medizin hat erwiesen, daß sich Spannungen emotionellen Ursprungs im Körper oft symbolisch durch eine Art von »Organ-Sprache« ausdrücken, wenn sie nicht in Wort oder Handlung ausgelöst werden können. »Wenn ein Patient«, so schreiben Weiss und English, die Verfasser des einschlägigen Standardwerkes ›Psychosomatische Medizin‹, »zum Beispiel nicht richtig schlucken kann und dafür keine organische Ursache zu finden ist, kann das bedeuten, daß dieser Patient mit irgendeiner Lebenssituation nicht fertig wird, ›diese nicht schlucken kann‹. Erbrechen deutet im gleichen Falle demnach auf etwas in seiner Umgebung, das der Patient ›nicht verdauen kann‹... Ein Kranker, der an chronischer Appetitlosigkeit und infolgedessen an schwerer Unterernährung leidet, ist oft seelisch ›ausgehungert‹... Das Organ, welches ›spricht‹, war in voller Funktion, als die Einflüsse der Umgebung ungünstig wirkten und Druck auf das Gemüt ausübten. Aber konstitutionelle Veranlagung, Identifikation mit einem Elternteil oder andere Faktoren können ebenfalls bestimmte Organe befallen.«

Es scheint eine enge Beziehung zwischen der »Organ-Sprache« der psychosomatischen Medizin und dem »symbolischen Karma«, wie wir es nannten, zu bestehen. In letzterem Falle scheint sich ein tiefes Schuldgefühl im Gewissen der Wesenheit verankert zu haben, das nun auf den Körper projiziert wird und in den Organen gewisse symbolisch entsprechende Erscheinungen hervorbringt.

Wir haben hier einige typische Beispiele von zahlreichen ähnlichen, in den Cayce-Akten aufgezeichneten Fällen symbolischer Vergeltung. Einem an schwerem Asthma Leidenden wurde in der Botschaft gesagt: »Du kannst nicht das Leben anderer unterdrücken, ohne nicht eines Tages Bedrückung zu erleiden.« Ein tauber Mensch wurde belehrt: »So verschließe jenen gegenüber niemals wieder deine Ohren, die um Hilfe bitten.« (Diese Wesenheit war zur Zeit der französischen Revolution als Edelmann inkarniert gewesen.) Ein von Rückenmarkstuberkulose Befallener erhielt diese Aufklärung: »Diese Wesenheit behinderte die Existenz anderer und wird nun selbst behindert.« Ein Opfer progressiven Muskelschwundes lernte folgendes: »Es handelt sich hier eigentlich nicht um den Schwund der Nerven und Muskeln der Gliedmaßen, sondern du erlebst das Resultat deiner Handlungen in deinem und im Leben anderer.«

Der vielleicht eindringlichste Fall symbolischen Karmas in den Cayce-Akten ist der eines elfjährigen Jungen, der seit seinem zweiten Lebensjahr ein chronischer Bettnässer war. Der Fall erheischt wegen der Ungewöhnlichkeit der Heilung des Jungen eine etwas eingehendere Besprechung.

Als Baby war dieser Junge sehr ausgeglichen und gab seinen Eltern keinen Grund zur Beunruhigung, bis er zur Zeit der Geburt eines zweiten Kindes zum nächtlichen Bettnässer wurde. Dieses Symptom blieb nun Nacht für Nacht. Die Eltern wurden sich über die Tatsache klar, daß bei ihrem Jungen jenes bekannte Symptom kindlicher Eifersucht der Erstkinder bei der Geburt eines zweiten Kindes vorliegen mußte. Der Junge suchte durch den Rückfall in babyhafte Angewohnheiten seine vorrangige Beachtung wiederzugewinnen. Von der Kinderschwester wurden alle Anstrengungen gemacht, um dem Kind zu zeigen, daß man ihn keineswegs weniger lieb habe; aber das Symptom des Bettnässens blieb.

Als der Junge drei Jahre alt war, entschlossen sich die Eltern, einen Psychiater zu konsultieren. Über ein Jahr blieb er unter psychiatrischer Beobachtung. Als die Eltern auch hierbei keinerlei Fortschritt erlebten, wurde die Behandlung abgebrochen. Fünf weitere Jahre blieb der Junge Bettnässer. Die Eltern suchten jeden bekannten Spezialisten auf und versuchten jede bekannte Behandlung – alles blieb vergebens. Als Achtjähriger war der Junge noch nicht von seinem Leiden befreit, und die Eltern entschieden sich noch einmal, die Hilfe eines Psychiaters zu suchen. Es folgten zwei weitere Jahre der Behandlung, die sich als nützlich für die allgemeine Persönlichkeitsentfaltung des Jungen erwiesen, ohne daß sein Hauptsymptom verschwand. In seinem zehnten Lebensjahr wurde die psychiatrische Behandlung endgültig aufgegeben.

Als der Junge elf Jahre alt geworden war, hörten die Eltern vom Werk Edgar Cayces, und der Vater bat Cayce um eine Botschaft für den besonderen Fall seines Sohnes. Nach dessen Lebensbotschaft war er im Vorleben ein Evangeliumprediger der frühen Puritaner gewesen und hatte sich an der Verfolgung und Folterung sogenannter Hexen in Form von deren Untertauchen in Teiche beteiligt.

Außer dieser karmischen Erklärung enthielt die Botschaft aber auch definitive Heilungshoffnung für den Jungen. Den Eltern wurde Suggestionseinwirkung auf den einschlafenden Jungen empfohlen, und zwar sollte es sich um eine mehr auf das Gemüt des Jungen bezogene Suggestion handeln.

Mit langsamer monotoner Stimme wiederholte die Mutter am Bett des Jungen folgende Einsprachen: »Du bist gut und lieb. Du wirst viele Menschen glücklich machen. Du wirst jedem helfen wollen, mit dem du in Verbindung kommst... Du bist gut und lieb...« Die gleichen Grundideen wurden dem nunmehr fest schlafenden Jungen in abgewandelten Formen für etwa jeweils fünf bis zehn Minuten suggeriert.

In jener Nacht näßte der Junge zum erstenmal nach fast neun Jahren nicht das Bett. Die Mutter wiederholte die Suggestionen in der gleichen Weise einige Monate lang, und nicht einmal in dieser Zeit trat das alte Symptom bei dem Jungen wieder auf. Allmählich brauchte die Mutter die Suggestion nur noch einmal wöchentlich zu geben, und endlich war auch das nicht mehr notwendig. Der Junge war völlig geheilt.

Es gibt viele lehrreiche Einzelheiten in diesem Falle. Daß bereits in der allerersten Nacht der Anwendung der Cayce-Methode die seit neun Jahren hartnäckig bestehende Gewohnheit des Jungen gebrochen wurde, ist eine beachtenswerte Tatsache an sich. Wäre die Mutter nicht eine Frau von Intelligenz und unbezweifelbarer Glaubwürdigkeit gewesen, würde sich einem der Gedanke der Übertreibung aufdrängen. Doch diese Frau ist als geachtete Rechsanwältin über jeden Zweifel abergläubischer Selbsttäuschung erhaben.

Die zweite interessante Einzelheit dieses Falles ist der Umstand, daß in der so erfolgreichen Suggestion überhaupt keine Rede vom Symptom des Bettnässens war. Diese Vorstellung wurde weder in des Jungen normales Bewußtseins noch in sein Unter- oder Überbewußtsein oder wie wir es nennen wollen, gelenkt. Dennoch wurde das Bewußtsein einer Schuld, die er in einer Vorinkarnation auf sich lud, und die sich nun symbolisch ausdrückte, durch eine entsprechende Nierenfehlfunktion in seinem Körper widergespiegelt. Einst tauchte er andere unter oder machte sich daran mitschuldig, und jetzt machte sich bei ihm das gleiche Element »Wasser«, wenn auch in ganz anderer Art, unangenehm bemerkbar.

Obwohl dieses Kind in diesem Leben niemand etwas zuleide getan hatte, zweifelte doch eine gewisse Schicht seines Gemüts an seiner Anständigkeit und an seiner eigenen menschlichen Wertigkeit, da ihn die dauernde unterbewußte Erinnerung an die grausamen Strafmaßnahmen plagte, die er einst auf andere angewandt hatte. Die Suggestion der Mutter hatte eben jene Schicht erreicht und ihn versichert, daß seine Schuld durch tätige Hilfe und Nächstenliebe getilgt werden könne, wodurch notwendigerweise auch die weitere symbolische karmische Vergeltung entfallen würde.

Der Junge paßte sich daraufhin jeder Umwelt gut an; er ist heute wohlgelitten, beliebt, ein guter Student und ein Vorbild. Die ursprüngliche extreme introvertierte Haltung seines Wesens änderte sich so vorteilhaft, daß er in einem psychologischen Test als perfektes Beispiel eines sich gut anpassenden Extrovertierten bezeichnet wurde. Diesen positiven Umschwung in ihrem Jungen glaubt die

Mutter zum Teil der psychiatrischen Behandlung und zum Teil der Cayce-Botschaft zu verdanken.

Eine der markanten Charaktereigenschaften des heute sechzehnjährigen Jungen ist nach den Beobachtungen beider Eltern seine große Toleranz gegenüber den Mitmenschen. Für jeden charakterlichen Mangel bei anderen Leuten findet der junge Mensch irgendeine psychologische Erklärung und Rechtfertigung. Es sieht demzufolge danach aus, daß sich die Unduldsamkeit, deren Ausdruck seiner symbolischen Selbstzüchtigung sein physisches Leiden war, in aktive Toleranz umwandelte. Sein Gleichgewicht ist so gründlich wiederhergestellt worden, daß sein physisches Karma nun mit Recht getilgt werden konnte.

Wenn wir uns diese geschilderten Fälle der Wirkung des Karmas betrachten, können wir bestimmte verallgemeinernde Feststellungen treffen. Karma wurde oft als Gesetz von Wirkung und Gegenwirkung oder Ursache und Wirkung definiert; diese Definition wird auch durch die Cayce-Akten erhärtet. Doch die vergeltende Rückwirkung, die das Charakteristikum allen Karmas ist, kann im allgemeinen weder genau noch wörtlich verstanden werden. Der blinde Professor zum Beispiel, der einst seine Feinde mit glühenden Eisen blendete, wurde diesesmal nicht in einem barbarischen Stamm geboren; er wurde auch nicht als junger Mann das Opfer der Grausamkeit eines fremden Stammes von Wilden, der seine Augen ausbrannte. Statt dessen wurde er bereits in der modernen Gesellschaft des zwanzigsten Jahrhunderts blind geboren, und in keiner Weise waren die Ereignisse seines gegenwärtigen Lebens genaue Entsprechungen jener seines Vorlebens.

Dieses und andere vergleichbare Beispiele führen uns zur allgemeinen Erkenntnis: Karma ist ein psychologisches Gesetz und wirkt sich in erster Linie im psychologischen Bereich aus; die physischen Umstände sind mehr die Mittel, die dem psychologischen Zweck unterstellt werden. Deshalb ist die Rückwirkung des Karmagesetzes auf die objektive physische Ebene nicht exakt, sondern nur annähernd entsprechend; auf dem seelischen Plan hingegen ist die Rückwirkung weitaus exakter.

Ein anderes allgemeines Karma-Prinzip scheint auf die Funktion der Rückwirkung angewandt werden zu können. In keinem einzigen Falle in den Cayce-Akten können wir feststellen, daß ein gegenwärtiges karmisches Leid von dem früheren Opfer des in Frage stehenden jetzt lebenden Karmaträgers direkt verursacht worden ist. Man kann also

sagen, daß nichts darauf hinweist, daß die Eltern des blindgeborenen Professors etwa seine Opfer im vorhergehenden Leben gewesen sind. Die Maniküre, die ein Opfer der spinalen Kinderlähmung wurde, empfing ihr Leiden, soweit das feststellbar ist, auch nicht von ihren früheren Opfern in Atlantis. Der Mann mit Verdauungsstörungen wurde ebenfalls von scheinbar natürlichen Ursachen davon befallen und nicht von seinem früheren Opfer heimgesucht. Kurzum, die Rückwirkung oder Vergeltung einer üblen Tat scheint nicht von demselben Individuum auszugehen oder dasselbe Organ zu befallen, auf das sich diese Tat ursprünglich bezogen hat, sondern vielmehr im gleichen Lebensgebiet zu wirken, auf das die Tat gerichtet war. Einige Diagramme mögen dieses veranschaulichen.
Wenn wir einen Brief an einen Mann namens JOHN DOE in Madison, Wisconsin, 614 Birch Street, richten, haben wir es nicht nur mit der John Doe genannten Person in ihrer gegenwärtigen Umgebung zu tun, sondern er wird von vier jeweils größeren Umgebungen bezeichnet. Genauso wie John Doe finden sich alle geistigen Egos in verschiedenen sie konzentrischen Kreisen gleich umschließenden Umwelten, wenn sie sich auf der physischen Ebene verkörpern. Diese Umwelten umgeben nicht nur das Ego, sondern sie eröffnen ihre Sphären oder Ebenen zur freien Handlung.
Die Analyse der Handlungsebenen der Egos kann auf verschiedenen Wegen und mehr oder weniger genau vollzogen werden. Doch man scheint drei Hauptebenen unterscheiden zu können, in denen das Ego seinen Willen auswirkt. Die erste ist sein eigener Körper (vielschichtig unterteilt in seine zahlreichen Organe und Fähigkeiten und vielleicht auch in seine subtileren und mehr ätherischen Aspekte). Die zweite ist seine natürliche Umwelt im Sinne aller äußeren Umgebungen, und die dritte Ebene ist die soziale Umwelt, womit alle zum Ego in Beziehung stehenden Menschen gemeint sind.
Der Buchstabe X bezeichnet die unsterbliche Wesenheit, die sich am Punkt X' in verkörperter Form wiederfindet. Die Wesenheit XX' wird von den drei Hauptebenen der Handlung umgeben: A, seinem eigenen Körper; B, der natürlichen Umwelt und C, den anderen menschlichen Wesen. Die Pfeile, die von der Linie XX' in die Kreise A, B und C weisen, bezeichnen die willentlichen Taten, die diese Ebenen betreffen.
Diagramm 2 illustriert die Rückwirkungen oder Gegenhandlungen, die von diesen Ebenen ausgehen und als Folge seiner ursprünglichen Taten die Wesenheit XX' angreifen. Wenn somit XX' seinen Körper

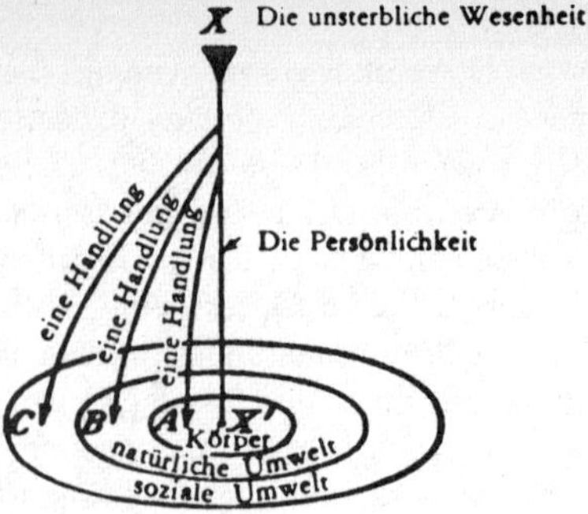

Diagramm 1

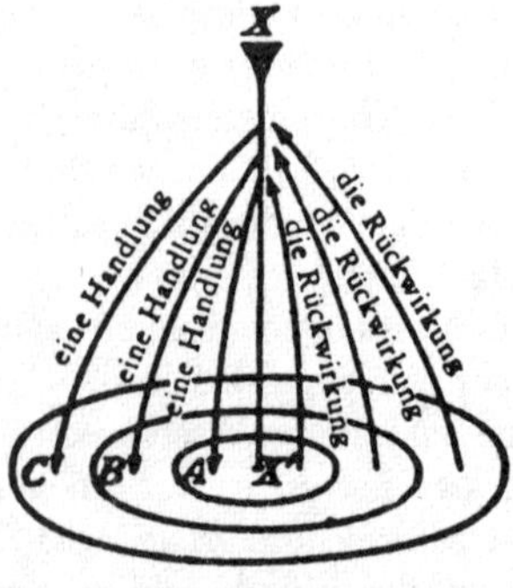

Diagramm 2

A in irgendeiner Weise mißbraucht, wird von der gleichen, nämlich der körperlichen Ebene aus eine Reaktion im gegenwärtigen oder in einem künftigen Leben ausgelöst werden. Die Tatsache, daß die Wesenheit später einen anderen Körper haben wird, spielt keine Rolle; die Handlungsebene bleibt die gleiche, und die Störung des Gleichgewichts kann in diesem Dasein ebensogut wie in einem anderen wieder ausgeglichen werden.

Diese Funktionen mögen viel weniger seltsam anmuten, wenn sie in einfache Analogie zu einem Tennisspiel gebracht werden. Nehmen wir an, daß zwei Menschen bei einem Amateur-Tenniskampf den

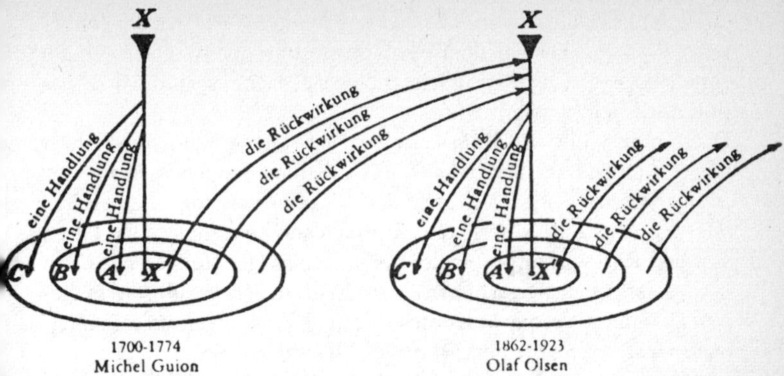

Diagramm 3

entscheidenden Punktstand von 5 zu 5 erreicht haben, als sie wegen Ablaufs ihrer Platzbenutzungszeit das Spiel unterbrechen müssen. Die Begeisterung über ihren Wettkampf zwingt die Spieler, zu einem anderen Tennisplatz zu gehen, auf dem sie eine halbe Stunde später ihr Spiel beenden. Die Umgebung der Handlung ist im letzteren Fall eine andere, während jedoch der vorher erzielte Spielstand der gleiche bleibt, denn die Spielregeln ihres friedlichen Kampfes erfordern, daß ihr Ergebnis durch die Unterbrechung nicht aufgehoben wird. Man muß beachten, daß dieser Spielstand, der ja die Grundlage des Spiels ist, eine unfaßbare, abstrakte Angelegenheit in dem Sinne ist, als man ihn nicht »sehen« kann; doch ist dieser Spielstand ebenso real wie der sichtbare Tennisplatz, auf dem die Spieler agieren. Ähnlich verhält es sich mit dem »Punktstand« des Geistes in seiner Auseinandersetzung mit der materiellen Welt und dem »Tennisplatz« des Körpers (um bei dem Vergleich zu bleiben), auf dem sich dieser Kampf abspielt.

Kommen wir auf unsere Erklärung des Diagramms 2 zurück: wenn die Wesenheit XX' etwa Raubbau durch Abholzung von Wäldern treibt oder aber Mineralien im aufbauenden Sinne anwendet (Ebene B), wird die Rückwirkung sich später auf dasselbe Gebiet erstrecken, indem der Verursacher entweder Unglück oder Glück in Hinsicht auf Wälder oder Mineralien hat. In den Cayce-Akten befinden sich viele Beispiele dieser Art von Karma.

Wenn die Wesenheit XX' seine Mitmenschen (Ebene C) grausam oder unduldsam behandelt, so wird Grausamkeit und Unduldsamkeit auf ihn zurückfallen, und zwar nicht unbedingt von seiten der betroffenen Person, aber auf demselben Auslösungsgebiet. Die Reaktion kann jedoch eine verzögerte sein, indem sie in einer späteren Inkarnation des Übeltäters eintritt.

Diagramm 3 illustriert die karmischen Kräfteverhältnisse in ihrer Auswirkung auf die Persönlichkeit XX', seinen Zeitgenossen als OLAF OLSEN bekannt, wie sie sich aus seiner eigenen Vergangenheit als XX' oder MICHEL GUINON herleiten. Zur gleichen Zeit, in der Olaf Olsen von den Rückwirkungen seiner vergangenen Handlungen getroffen wird, setzt er neue Ursachen in die Welt, die in Fortsetzung des in diesem Diagramm gezeigten Kräftespiels neue Wirkungen auf sein mögliches späteres Selbst hervorbringen können.

Die Cayce-Botschaften führen somit zu vielen aufschlußreichen und anregenden neuen Denkwegen in bezug auf das Problem der Fährnisse, denen der menschliche Körper ausgesetzt ist. Sie scheinen deutlich darauf hinzuweisen, daß wir mit unserer normalen Wahrnehmung durch unsere fünf Sinne nur einen begrenzten Ausschnitt aus dem riesigen und verschlungenen Lebensmuster erfassen können, während jenseits der uns sichtbaren fließenden Oberfläche der Geschehnisse unzählige unterschwellige Verknotungen und Verflechtungen bestehen. Dieses Muster, dieser Lebensteppich, dehnt sich darüber hinaus weit in die eine und in die andere Richtung hin aus. Keiner seiner Fäden beginnt an jener vermeintlichen Grenze, die wir »Geburt« nennen und keiner endet an der gleichfalls vermeintlichen Grenze, die wir »Tod« nennen.

Kapitel 5

Das Karma der Mitleidlosen

Eine der sieben Kardinalsünden der meisten Theologien ist der Hochmut. Wenn wir das Zeugnis der Cayce-Botschaften annehmen wollen, kann sich die Sünde des Hochmuts in ernsthaften physischen Leiden karmisch auswirken. Und besonders ist dies der Fall, wenn sich dieser Hochmut in Form von Spott, Verachtung und grausamer Mitleidlosigkeit zeigt. Rohes Gelächter und herabsetzende Worte kennzeichnen sich als Gegenstück der physischen Handlung des Angriffs und setzen damit das Bumerang-Karma in Bewegung, das die gleichen Leiden schafft, über die sich der Verursacher lustig machte.

Sieben Fälle schwerer körperlicher Behinderungen sind in den Cayce-Akten aufgezeichnet, die in die obenerwähnte Kategorie fallen. Auffallend genug ist, daß sechs von diesen Fällen auf Inkarnationen in der Zeit der Christenverfolgungen in Rom zurückgehen. Hieran erkennen wir wiederum, wie ganze Gruppen von Seelen, die in einer bestimmten Zeit inkarniert werden, augenscheinlich zu einer späteren gleichen Zeit auf die Erde zurückkehren.

Drei Beispiele zeigen Fälle von Kinderlähmung. Der erste ist der einer Frau von fünfundvierzig Jahren, Mutter von drei Kindern und Gattin eines berufstätigen Mannes. Im Alter von sechsundreißig wurde die Frau von Kinderlähmung befallen und konnte seitdem nicht mehr gehen. Sie muß ihr Leben in einem Rollstuhl verbringen und ist völlig auf andere angewiesen, wenn sie an eine Stelle außerhalb des Hauses transportiert werden will. Nach der Cayce-Botschaft liegt die karmische Ursache des Leidens dieser Frau in ihrem Verhalten im alten Rom. Sie hatte zur herrschenden Schicht dieser Zeit gehört und war eng mit Nero bei dessen Verfolgungsaktionen gegen die Christen gewesen. »Und die Wesenheit machte sich über die in der Arena Gepeinigten lustig –«, hieß es in der Botschaft –, »und siehe, jetzt wurde sie selbst zum Krüppel.«

Der zweite Fall dieser Art betrifft eine Frau von vierunddreißig Jahren, die im Alter von sechs Monaten an spinaler Kinderlähmung erkrankte, als deren Folge eine Wirbelsäulenkrümmung und hinkender Gang zurückblieben. Ihr Vater, ein Farmer, betrachtete ihren Zustand ohne besondere Regungen und forderte sie kaltherzig auf, zu seinen Gunsten mitzuverdienen, so daß sie unter manchen Beschwerden Geflügelzucht betreiben mußte. Das Schicksal hatte in Form von zwei unglücklichen Liebesverbindungen noch zwei weitere schwere Schläge für sie bereitgehalten. Ihr erster Bräutigam wurde im ersten Weltkrieg getötet. Danach wurde sie einem anderen anverlobt. Dieser wurde schwer krank; als er genas, heiratete er die Krankenschwester, die ihn gepflegt hatte. Vergegenwärtigt man sich zu allen diesen physischen und seelischen Leiden den Umstand ihrer mürrischen Eltern, das einsame Farm-Leben und einen Sturz von der Treppe, die das Mädchen infolge einer zusätzlichen Rückgratverletzung zeitweilig ans Bett fesselte, so haben wir das Bild nur schwer erträglichen Elends.

Hier finden wir, wenigstens für die physischen Symptome, die karmische Ursache in der vorletzten Inkarnation dieser Wesenheit, die wiederum im alten Rom erfolgt war. Die Botschaft besagt: »Die Wesenheit war zu jener Zeit ein Mitglied am Hofe des Palatius und saß oft in den Logen, um den Kampf der Menschen unter sich oder der Menschen mit wilden Tieren zu beobachten. In der Gegenwart hat diese Wesenheit viele ihrer Leiden aus dem Grunde zu erdulden, da sie sich mitleidlos über die Unterlegenheit jener amüsierte, die für ihr höheres Ziel kämpften.«

Der dritte Fall ist jener eines Filmproduzenten, der im Alter von siebzehn von Kinderlähmung erfaßt wurde und immer noch leicht hinkt, obwohl er heute Reitsport und einige andere aktive Sportarten ausüben kann. Rom zur Zeit der frühen Christen ist abermals die Szenerie seiner Übeltaten. »Die Wesenheit gehörte zu den Soldaten und höhnte über jene Verfolgten, die in Gefahr gerieten oder jene, die sich ergaben, ohne sich äußerlich zu wehren. Die Wesenheit wurde durch dieses gemeine Verhalten gegenüber jenen, die ein Ideal hochhielten, in seiner Entwicklung zurückgeworfen und nicht durch Ausübung gewisser soldatischer Pflichten. Die körperliche Gebrechlichkeit in diesem Leben ist eine notwendige Erfahrung zur Entwicklung des inneren Selbst und der geistigen Kräfte.«

Wir haben hier auch vier interessante Fälle anderer Leiden als Kinderlähmung, deren karmische Ursache auf Zynismus und Herzlosigkeit zurückzuführen ist. Bei dem einen handelt es sich um ein durch Tuberkulose hüftgelenkgelähmtes Mädchen. Eine Inkarnation als amerikanischer Farmer lag davor; das karmisch bedingte jetzige Leiden aber ist wieder auf eine Vorinkarnation im alten Rom zurückzuführen. Hier hatte die Wesenheit als eine der Aristokratinnen am Hofe Neros ebenfalls perverses Vergnügen daran gefunden, die Torturen der Christen in der Arena zu beobachten.

Ein weiterer Fall dieser Art ist ein achtzehnjähriges Mädchen, das anziehend gewesen wäre, wenn es nicht mit einem zu übermäßiger Fettsucht neigenden Körper behaftet gewesen wäre. Die Ärzte führten das Leiden auf Drüsenstörungen zurück. Die Cayce-Botschaft für diese Patientin stimmte damit überein, daß es sich um eine Drüsenstörung handele, doch wird an anderer Stelle in diesen Botschaften die Belehrung erteilt, daß gerade die Drüsen Brennpunkte karmischer Auswirkung sind. Wir müssen danach erwarten, daß die Drüsenfehlfunktion dieses Mädchens und ihr extrem hohes Körpergewicht karmischen Ursprung haben. Die Lebensbotschaft bestätigte auch diese Annahme.

Zwei Inkarnationen zurückliegend war sie eine Leichtathletin in Rom; sie hatte sich sowohl durch Schönheit als auch durch körperliche Geschicklichkeit ausgezeichnet. Doch herzlos verspottete sie alle Frauen von weniger ausgewogener Figur und besonders die Korpulenten.

Weiterhin haben wir in dieser Gruppe den Fall eines jungen Mannes von einundzwanzig; eines Katholiken, dessen Eltern wünschten, daß er Priester würde. Er fühlte sich dazu jedoch nicht berufen und kam den Wünschen der Eltern nicht nach. Das Hauptproblem seines Lebens war eine ausgeprägte homosexuelle Neigung. Die Lebensbotschaft für diesen jungen Mann, die er selbst erbeten hatte, machten ihm klar, daß er in der Vorinkarnation ein Satyriker und Spaßmacher am französischen Hofe gewesen ist, der sein besonderes Vergnügen daran fand, die mit Homosexualität in Beziehung stehenden Hofskandale durch seine Geschicklichkeit als Karikaturist auszumalen und mit Spott zu übergießen. »Verdamme deshab nicht«, schloß die Botschaft, »damit du nicht verdammt werdest. Denn wahrlich, mit welchem Maßstab du mißt, mit dem wirst du wieder gemessen werden. Und was du in anderen verdammst, das wirst du an dir selbst erleiden müssen.«

Beim vierten Falle haben wir es mit einem Jungen zu tun, der im Alter von sechzehn Jahren als Opfer eines Autounfalls eine schwere Wirbelsäulenverletzung erlitt. Die Ärzte zweifelten an seinem Aufkommen; doch der Verunglückte kam durch. Unterhalb des fünften Wirbels war er völlig gelähmt, und er war seitdem an den Rollstuhl gefesselt. Siebenundeinhalb Jahre nach dem Unfall, als er dreiundzwanzig war, erbat seine Mutter für ihn eine Lebensbotschaft von Cayce. Diese Botschaft sagte über zwei Vorinkarnationen des Jungen aus, deren eine er als Offizier in der amerikanischen Revolution erlebte und sich durch Mut und Tapferkeit auszeichnete. Von diesen Erfahrungen brachte er gleichsam in die Gegenwart »die Merkmale des Ordnungssinns, der Fröhlichkeit und der Fähigkeit, das beste aus einer verfahrenen Situation zu machen«, herüber.

Die Inkarnation davor war jedoch die üble, sofern sie seine Leiden betrifft. Im frühchristlichen Zeitalter war er ein römischer Soldat gewesen und nach der Cayce-Botschaft in Fanatismus und herzlose Überheblichkeit verfallen. »Er rühmte sich dessen, gerne die Leiden jener zu sehen, die sich zu den Gesetzen des Nazareners bekannten. Er focht in der Arena und später beobachtete er viele Unglückliche, die er in den aussichtslosen Kampf gegen die wilden Bestien getrieben hatte. Die Wesenheit sah viele Leiden, ohne daß ihm diese zu Herzen gingen. Daher erlebt die Wesenheit jetzt Leiden in sich selbst, da er nun lernen muß, daß man diese Torturen nicht auf die leichte Schulter nehmen kann und es soll ihm zugleich klar werden, was er an Bösem geschaffen hat.«

Bemerkenswert ist die Tatsache, daß keine der sieben geschilderten leidenden Menschen bereits mit dem Übel geboren wurden. In jedem Falle machte sich das Leiden erst einige Zeit nach der Geburt bemerkbar; angefangen vom Alter von sechs Monaten bis zu jenem von sechsunddreißig Jahren, und in einem Falle wurde die Krankheit durch einen Autounfall »verursacht«. Hinter dem Vorhang der scheinbaren Ursachen erscheint nichtsdestoweniger eine andere und tiefere Verursachung. Der unheimliche, scheinbare unentrinnbare Zufall, der Unfällen zugrunde liegt, bei denen der eine Mensch getötet wird und der andere nicht, bei denen der eine ohne Schramme davonkommt und der eine furchtbar verstümmelt wird, scheint keine sinnvolle Erklärung zu finden. Fälle wie diese scheinen aber gerade eine innere, nämlich karmische Notwendigkeit aufzuweisen, da das Karmagesetz sich auch im plötzlich eintretenden chaotischen Geschehen eines Unfalls akkurat auswirken kann. Selbst die Empfänglichkeit für den Polio-(Kinderlähmungs-)Virus kann karmisch bedingt sein.

Obwohl die karmischen Folgen in einigen Fällen auf den ersten Blick nicht zur begangenen Tat im Verhältnis zu stehen scheinen, wird doch bei tieferer Betrachtung die Gerechtigkeit des jeweiligen karmi-

schen Geschehens klar. Jener, der sich an der Not der anderen weidet oder darüber höhnt, verachtet das Lebensrecht der Mitmenschen, und im Falle der Verhöhnung dessen Glaubensbekenntnisse mißachtet er das Gesetz, daß jeder Mensch das Recht hat, sich die für ihn passende Form der Entwicklung zu suchen, selbst wenn diese töricht erscheinen würde. Ein solcher Mensch hat keinerlei Ehrfurcht vor der Würde, dem Wert und der Göttlichkeit, die jeder Seele innewohnt, ganz gleich, wie niedrig und erbarmungswürdig auch die Stufe sein möge, auf die ein Mensch gefallen ist. Jener Spötter behauptet vielmehr, daß seine Selbstsüchtigkeit höherer und edlerer Art sei als diejenige derer, über die er sich erhaben dünkt. Die Handlung hochmütigen Spotts ist eine Tat der Selbstsucht im niedrigsten Sinne des Wortes.
Diese Überlegungen erinnern uns zwingend an bestimmte Wendungen in einem alten Weisheitsbuch. Wir beginnen zu erkennen, daß jener wahrhaft gesegnet ist, der nicht bei der Gruppe der Verächter und Mitleidlosen steht, und wahrlich richtig war die Intuition des Psalmisten, der sich entschied: »Ich werde meine Lippen mit einem Zaum verschließen, auf daß ich nicht mit meiner Zunge sündige.«
»Richtet nicht, auf daß ihr nicht gerichtet werdet!« klingt uns nun plötzlich wie ein apokalyptisches Gebot in Flammenschrift.
»Denn mit welchem Maße ihr richtet, werdet auch ihr gerichtet.«
Und jene anderen Worte Jesu: »Jener, der dich einen Narren nennt, wird in der Gefahr des Höllenfeuers sein!« gewinnen plötzlich in der Beleuchtung dieser geschilderten Fälle von Hochmut, Spott und Grausamkeit tragischen Wirklichkeitsgehalt und eine neue Tiefe psychologischer Bedeutung.

Kapitel 6

Einige Zwischenbetrachtungen

Ein gründliches Studium der Cayce-Akten verschafft uns einen Blick auf menschliches Leid und menschliche Irrungen, der in seiner Vielfältigkeit nicht mit den Krankenberichten und Akten der Ärzte, Psychiater, Psychologen und Fürsorger zu vergleichen ist. Diese Behauptung mag übertrieben klingen; doch sie ist es nicht. Denn das menschliche Elend umfaßt hier, in den Cayce-Akten, alle möglichen Bereiche des Bösen, wie es sich zudem in vielen, fast vergessenen, vergangenen Zeitaltern zeigte.

Die negativen Aspekte des Karma überwiegen in den Cayce-Berichten deshalb, da es in erster Linie die Kranken und Bedrängten waren, die sich um Hilfe an ihn wandten. Der Gesunde hat keinen Grund, einen Arzt zu konsultieren, und der harmonische Mensch hält es nur selten für wichtig, nach der eigentlichen Bedeutung des Lebens zu fragen. Somit wurde die überwiegende Anzahl der Cayce-Botschaften auch für jene Menschen gegeben, die ganz bestimmte und manchmal furchtbare Probleme mit sich trugen, die weder von Ärzten noch von Psychologen noch von Priestern hatten gelöst werden können.

Ein Studium dieser Botschaften könnte also sehr deprimierend sein, wenn wir nicht, entgegen den gewöhnlichen Krankheitsberichten und Leidensgeschichten, den ethischen und geistigen Sinn aller dieser Leiden klar erkennen würden. Deshalb gibt uns ein Streifzug durch diese Botschaften einen vergleichsweise ungeheuren Einblick in Zeit und Raum, wie ihn Dantes Beschreibungen von Hölle und Fegefeuer vermitteln, ohne durch die mittelalterlichen theologischen Vorstellungen des letzteren begrenzt zu sein. Die Cayce-Botschaften zeigen uns den durchgängigen Sinn des Leidens in ethischem, universellem und durchaus verständlichem Lichte; und deshalb ist das Studium der Akten nicht nur erträglich, sondern ermutigend, ergreifend, inspirierend und läßt die großen Zusammenhänge des Daseins begreifen. Vor allem werden Auswege aus dem Leiden gezeigt.

Nun sind keineswegs alle Karma-Berichte in den Cayce-Akten Beispiele von Leid und Elend. Wenn wir später Fälle von beruflicher höherer Führung behandeln, werden wir sehen, daß menschliche Fähigkeiten, Talente, geniale Begabungen und Auszeichnung aller Arten die karmischen Belohnungen für vorbildlich geführte Leben in der Vergangenheit sind.

Eine bevorzugte Umwelt und ein gesunder Körper sind ebenfalls positive karmische Wirkungen, obwohl die genaue Erläuterung dieser positiven Zusammenhänge seltener in den Cayce-Akten enthalten ist. Der Grund dafür mag wahrscheinlich in der Erkenntnis der höheren Mächte liegen, daß das Wissen um leidvolle Zusammenhänge für den Empfänger der Botschaften lehrreicher ist. Die meisten Menschen neigen ohnehin zu der Empfindung, daß gutes Geschick keiner besonderen Erklärung bedarf, sondern daß es sich hierbei gleichsam um ihr Geburtsrecht handelt. Nur wenn der Mensch Unglück erleiden muß, beginnt er für gewöhnlich nach dessen Ursache zu fragen.

Menschliche Schönheit ist ebenso eine gute karmische Auswirkung. Die Botschaften haben gelegentlich angedeutet, daß ein schöner Körper in der Gegenwart das Ergebnis besonderer Pflege ist, die man dem Körper als Tempel des Geistes in der Vergangenheit angedeihen lassen hat. Wir haben hier ein interessantes Beispiel einer weiteren karmischen Ursache, die für Schönheit maßgeblich war. Es handelt sich um den in den Cayce-Akten aufgezeichneten Fall einer hervorragenden New Yorker Modelldame, deren ungewöhnlich schöne Hände den Forderungen der Fabrikanten von Hand-Kosmetikpräparaten und der Juweliere entsprach, so daß sie die Hände des Photomodells in ihren Anzeigen abbildeten. Die karmische Ursache für die Schönheit dieser Hände lag in der unmittelbar vorhergehenden Inkarnation dieser Frau, die damals Nonne in einem englischen Kloster war. Sie hatte ihr Leben mit der Ausführung niederer und wenig ästhetischer mit ihren Händen zu vollbringender Dienstleistungen verbracht, doch das hatte sie mit solcher Selbstlosigkeit und Aufopferung getan, daß ihre Hingabe in diesem Falle mit der ungewöhnlichen Schönheit ihrer Hände belohnt wurde.

Hierin haben wir ein nachdrückliches Beispiel für jene, die sich nach Schönheit sehnen. Es sollte uns auch belehren, die Einsicht zu erfahren, daß Karma nicht notwendigerweise mit »Bestrafung« zu tun hat. Beispiele der strafenden Funktion des Karmagesetzes sind wahrscheinlich eindrucksvoller als die Beispiele seines belohnenden Aspektes, denn die Menschen unserer im allgemeinen wirren und moralisch tiefstehenden Zeit haben die Beispiele der Bestrafung in-

nerhalb der ausgleichenden Gerechtigkeit nötig. Intelligente menschliche Wesen verlangen nach einer vernünftigen moralischen Lebensrichtlinie; die orthodoxen Dogmen der Kirche sind für viele aufgeschlossene kritische Gemüter nicht mehr annehmbar. So sind manche althergebrachte Vorstellungen geschwunden und haben einer neuen wissenschaftlich und gefühlsmäßig befriedigenden Anschauungsweise Platz gemacht.
Fast zwanzig Jahrhunderte hindurch wurde die Moralvorstellung des Westens von einer Theologie bestimmt, welche die stellvertretende Sündentilgung durch Christus, den Sohn Gottes, lehrt. Sogar Skeptiker geben angesichts der eigenartigen Taten und des ungeheuren Einflusses dieses Religionslehrers zu, daß er in gewissem Sinne Sohn Gottes gewesen sei und daß er ein so edles, mitleidvolles Leben führte, daß die Menschen befreit werden könnten. Aber mehr und mehr begannen die Menschen zu fühlen, daß alles Leben im Universum, bis hinunter zu dem winzigen kraftgeladenen Atom, in seinem Wesen mit jeder anderen Erscheinung des Lebens im Universum durch eine gemeinsame Zentralkraft, nämlich Gott, zusammenhängt. In dieser Sicht scheint der Schluß gerechtfertigt, daß alle Männer und Frauen Söhne Gottes sind, so wie die Sonnenstrahlen von einer Sonne ausgesandt werden. Wir vermögen dann zu empfinden, daß die Persönlichkeit, die Jesus genannt wurde, von uns insofern verschieden war, als sie dem Zentrallicht näher stand.

Außerdem ist die Tatsache der Selbstopferung Christi zur Befreiung der Menschheit nicht das einzige Ereignis seiner Art in der Geschichte; denn viele Idealisten haben auch in unserem abendländischen Kulturkreis ihr Leben freiwillig zum Wohle der Menschheit hingegeben. MAZZINI, BOLIVAR, LINCOLN, ST. FRANZISKUS, die heilige THERESE, SEMMELWEIS und weitere hundert und mehr Namen von Männern und Frauen könnten genannt werden, die lebten und starben, damit andere menschliche Wesen befreit werden mögen. Aber niemand empfindet, daß die Opfer jener Menschen uns von unseren Mühen befreien oder uns von unserer persönlichen Schuld erlösen.
Diese beiden Feststellungen, daß Christus der Sohn Gottes sei und daß er zur Erlösung der Menschen starb, zu einem Dogma zu erklären und dann die Erlösung vom Glauben an dieses Dogma abhängig zu machen, war der große psychologische Fehlentscheid einiger christlicher Theologen, also nicht der Christen. Es ist sogar ein psychologisches Verbrechen, wenn man dabei die Verantwortlichkeit für unsere Erlösung von uns abschiebt und sie an den Glauben an die Göttlichkeit

einer anderen Wesenheit knüpft, statt die Selbstumformung durch unseren Glauben an unsere eigene göttliche Abstammung zu betonen. Dieses Dogma verletzt den Gerechtigkeitssinn, da es den Opfertod eines anderen als notwendig erklärt und als Strafe für Nichtgläubige immerwährende Verdammnis androht. Menschen der heutigen Zeit, die mit psychologischen und physikalischen Gesetzen vertraut sind, können eine solche Lehrmeinung schwerlich ernst nehmen.

Trotz des Hemmnisses ihrer unbeugsamen Theologie besitzt die Kirche unfraglich große Kraft, um Gutes in der Welt zu bewirken. Die erleuchteteren christlichen Kirchen der Gegenwart lehren außerdem das besagte Dogma nicht mehr im buchstäblichen und engen Sinne, und die Berufung zum Gläubigen wird nicht mehr als allgemeine Voraussetzung, in den Himmel zu kommen, angesehen. Aber Reste dieser alten unbeugsamen Haltung treten selbst da noch in Erscheinung, wo nicht die orthodoxe Form des Christentums vorherrscht; die christliche Welt ist noch von der Überzeugung durchdrungen, daß unser Leben größtenteils auf den unkritischen Glauben angewiesen ist, um christlich zu sein.

Die grundlegende Bedeutung unseres eigenen Verhaltens als Ursache unserer Erlösung wird unübersehbar deutlich, wenn man die Gesetze von Karma und Reinkarnation studiert. Die meisten christlichen Sekten sind in eine solche Lauheit verfallen, daß sie einer Auffrischung durch die alten Weisheiten dringend bedürften. Durch unsere unentwegten Anführungen von Beispielen negativer karmischer Auswirkung sollen jene, die den Sinn der Reinkarnation anzuerkennen beginnen, nicht ungebührlich geschreckt werden; im Gegenteil soll das Wissen um Karma und Reinkarnation zu Hoffnung, Optimismus und einem erneuerten religiösen Vertrauen auf der Grundlage der allem menschlichen Leben zugrundeliegenden kosmischen Gerechtigkeit führen.

Beispiele negativer Karmaauswirkung sollen jenen Menschen neues Vertrauen geben, die da fürchten, daß doch der sittliche Seinsgrund verschwinden würde, wenn »die Wissenschaft die Religion unterminiere«, und sie sind geeignet, gerade eine von der Beeinflussung durch kirchliche Vorbehalte freie Entscheidung herbeizuführen. Unsere Beispiele aus den Cayce-Akten zeigen, daß Grausamkeit Krankheiten wie Blindheit oder Blutzersetzung, Asthma oder Paralyse zur Folge haben mag; daß sexuelle Ausschweifungen karmisch Epilepsie verursachen können; daß die selbstsüchtige Ausnutzung anderer die Lähmung eigener Glieder nach sich zieht. Tatsachen wie diese, die

eine gerechte, vernünftige, unparteiische und genaue Funktion eines *Gesetzes* aufzeigen, sind dazu angetan, wie nichts anderes die Menschen zu besserem Verhalten, zu besseren Taten aufzurütteln.
Darüber hinaus sollten Fälle wie die in den vorigen Kapiteln geschilderten geeignet sein, eine Erklärung für den tragischen Zustand von Millionen leidender Menschen auf der Erde abzugeben. Für gewöhnlich sehen wir die Lahmen, die Krüppel, die Blinden – die Umnachteten, die Epileptiker, die Aussätzigen – und die zahlreichen Kriegs- und Unfallopfer nicht. Sie sind unseren Augen verborgen und fristen ihr Dasein in tristen Heimen oder geschlossenen Siedlungen oder Anstalten. Wir sehen die schwer Gebrechlichen in unseren von Geschäftigkeit erfüllten Straßen nur gelegentlich; und wir werden ihrer erschütternd großen Zahl nur indirekt gewahr, wenn wir zuweilen einen Zeitungsartikel über dieses Thema lesen.
Doch die Zahl der so Verfolgten ist Legion, und ihr Zustand ist traurig. Es ist dringend notwendig für uns, die Existenz dieser Geplagten zur Kenntnis zu nehmen, um zu sehen, wie tragisch es in Wahrheit um die Menschen steht, die von den normalen Verhältnissen getrennt werden, obwohl uns eben diese normalen Verhältnisse geradezu garantiert erscheinen. Die gewöhnliche christliche Erklärung für solche Tragödien besteht in der Redewendung: »Es ist der Wille Gottes.« Doch es ist kaum möglich, sich einen alliebenden Vater vorzustellen, der so traurige Leiden für unschuldige Menschen bereit hat. Und der Wille Gottes wird als »unergründlich« bezeichnet; doch dieses Wort geht überhaupt nicht auf erwähnten Widerspruch zwischen einem »gütigen Gott« und den argen Leiden ein.
Das Reinkarnations-Prinzip löst diese Problematik durch den Hinweis, daß der »Wille Gottes« wahrhaftig dem Universum zugrunde liegen mag; doch es handelt sich dabei um keine Launenhaftigkeit und Unergründlichkeit. Der Wille Gottes offenbart sich vielmehr als ein Gesetz spiritueller Absicht, wobei nur jene von Leiden befallen werden, die sich diese selbst zugezogen haben, und zwar durch ihr Verhalten in einer Inkarnation. Keinem Menschen wird ein anderes Kreuz auferlegt als das, welches er sich einst verdient hat.
Es ist schwer für Menschen im abendländischen Kulturkreis, nach dem ersten Anhören bereits die Idee der Reinkarnation anzunehmen. Dieses Gesetz erscheint als unglaubwürdig, da es ja weit jenseits der Grenzen der erfahrenen oder erfahrbaren Ereignisse zu liegen scheint. Und doch – wie viele andere »unglaubliche« Dinge gibt es im Leben, denen wir nicht den geringsten Gedanken widmen! Aus einem

Ei entschlüpft zuerst eine Kaulquappe, die zuerst ein Fischchen und dann ein Frosch wird. Eine Raupe spinnt sich selbst in eine Art seidenes Leichentuch ein und erhebt sich nicht lange darauf zu einem herrlichen Schmetterling.
Hier haben wir wirklich verblüffende Beispiele dafür, daß das gleiche Leben, ohne seine Identität zu verlieren, nacheinander verschiedene physische Formen annehmen kann. Wenn man diese Vorgänge sorgsam überdenkt, kann man zu dem Schluß kommen, daß sie nicht weniger natürlich sein könnten als der Vorgang, daß der menschliche Geist nacheinander verschiedene Hüllen bewohnen würde, ohne sein Selbst, den Bestand seines Wesens zu verlieren.
Der Geburtsvorgang ist in sich selbst ein Wunder, an dessen genaues Zustandekommen wir nicht glauben würden, wenn ihn uns unsere Mikroskope nicht genau aufzeigen würden. Daß sich zwei mikroskopisch winzige Zellen vereinigen und sich nach mathematischen Gesetzen zu einem Zellhaufen vervielfältigen, um schließlich ein menschliches Wesen mit Augen, Lippen, Händen, Füßen und einem leitenden Gehirn zu werden, würde Millionen von Ungläubigen zur Umkehr bringen, wenn sie sich nur einmal in diese Gedanken vertiefen würden.
Die Möglichkeit aufeinanderfolgender Leben des menschlichen Individuums sollte auf Grund dieser Betrachtungen wirklich nicht mehr von der Hand gewiesen werden und ist nicht unwahrscheinlicher als nur ein inkarniertes Leben.
Die Lebensbotschaften Edgar Cayces dienen in ihrer psychologischen und ethischen Wahrscheinlichkeit dazu, die Unbeugsamkeit unseres Unglaubens zu mildern. Vielleicht können diese auf so merkwürdige Art zustande gekommenen Dokumente als Vehikel betrachtet werden, das uns von einer Dimension der Wahrnehmung zu einer anderen befördert. Vielleicht können uns diese Botschaften in all ihrer Eigenart lehren, daß unser Leben in ein riesiges Bauwerk des Universums eingebettet ist als in unsere kleine Welt, die wir wahrzunehmen vermögen, und daß unser Leben eine größere Bedeutung hat, als wir bisher zu ahnen imstande waren.

Kapitel 7

Karma im Aufschub

Eine auffällige Tatsache, die man in den bereits besprochenen Fällen körperlichen Karmas beobachten kann, liegt im Aufschub der karmischen Auslösung einer Handlung über manchmal mehrere Inkarnationen hinweg. Die Frage erhebt sich, wozu dieser karmische Aufschub notwendig ist. Weshalb tritt die karmische Rückwirkung einer Handlung nicht unmittelbar ein, wie ein Ball von einer Wand sofort zurückprallt?

Es scheint verschiedene Antworten auf diese Frage zu geben. Eine lautet, daß das Ego auf die richtige Zeit und die Umwelt warten muß, die zu dem Karma passen, das es sich geschaffen hat. Es mögen Jahrhunderte vergehen, ehe sich eine solche passende Situation ergibt, und die dazwischenliegende Zeit wird benutzt, um andere Charakterprobleme zu lösen. Ein gutes Beispiel für diese Art von aufgeschobenem Karma bieten in den Cayce-Akten jene Wesenheiten, die einst auf dem untergegangenen Kontinent Atlantis lebten.

Die Existenz dieses großen alten Kontinents unter dem Atlantischen Ozean ist von der Wissenschaft niemals ganz bewiesen noch widerlegt worden, obwohl auf Grund von historischen, geologischen und kulturgeschichtlichen Hinweisen sehr viel für seine Existenz spricht. Die wichtigste indirekte Quelle ist Plato, der in den Critias- und Timaios-Dialogen sehr ernsthaft auf Atlantis verweist. Einer der geologischen Hinweise, der oft zitiert wird, ist die Entdeckung, die gemacht wurde, als ein Transatlantik-Kabel brach und in eine Tiefe von über 3000 Metern hinabsank; als das Kabel wieder heraufgezogen worden war, hatte es Lavastücke mit sich geschleift, die auf Landgebieten *über* dem Wasser erhärtet waren, wie die mikroskopische Untersuchung bewies. Unter den kulturgeschichtlichen Hinweisen nimmt vielleicht die erste Stelle die Sintflut-Überlieferung ein, die nicht nur in der Bibel, sondern in den Überlieferungen und Religionen fast aller Völker der Erde zu finden ist. Und zweitens sei die bekannte weitgehende Ähnlichkeit der Sprache und Architektur Ägyptens und Mittelamerikas erwähnt, die zu einer Zeit bestand, als keine Verbindung zwischen den Kontinenten Afrika und Amerika bestehen konnte. Alles in allem betrachtet, ist der Schluß auf die Existenz von Atlantis nicht zwingend, aber wahrscheinlich.

Auf jeden Fall muß man sich zur Annahme des Kontinentes Atlantis entschließen, wenn man die Cayce-Botschaften als wahr annehmen will. Diesen Botschaften nach sollen gewisse bis heute verschlossene Kammern in der Großen Pyramide eines Tages geöffnet werden und vollen Aufschluß über die Geschichte und Bevölkerung von Atlantis geben. Diese Berichte wurden in die Pyramide gebracht, sagte Cayce, als einige Einwohner von Atlantis nach der dritten und letzten Sintflut nach Ägypten flohen, die etwa um 9500 vor Christus eintrat. Cayce bezog sich auf die Insel Bimini, vor Miami in Florida, als einen Gebirgsgipfel von Atlantis. Er behauptete, daß auf dem Meeresgrund um diese Insel ein schöner atlantischer Tempel gefunden werden könne, dessen Kuppel zum Einfangen der Sonnenenergie durch besonders gearbeitete Kristalle konstruiert worden sei. Nach den Botschaften haben die Atlantis-Bewohner weit ausgeprägtere wissenschaftliche Kenntnisse als wir gehabt. Elektrische Anlagen, Rundfunk, Fernsehen, Luft- und Unterseereisen und die Nutzung von Sonnen- und Atomenergien hatten einen hohen Standard in Atlantis erreicht. Heizung, Beleuchtung und Transport seien weitaus rationeller durchgeführt worden als heute bei uns.

Alle diese Zusammenhänge sind höchst aufschlußreich, auch wenn man sie nur als Spekulation annehmen mag; bezeichnend ist vor allem folgender Umstand, wenn man den Inhalt der Botschaften ernst nimmt: immer wieder wird in diesen betont, daß die Atlantier durch den Mißbrauch der gigantischen Kräfte, die sie zu entwickeln gelernt hatten, böse gehandelt haben! Die größten Verbrechen begingen sie im Zusammenhang mit gedanklichen und elektrischen Kräften, und besonders mit einer Art der Hypnose, die zur Versklavung anderer angewandt wurde, um Arbeitskraft und sexuelle Befriedigung zu erzwingen.

Kann man diese Darstellungen bejahen, so ist es verständlich, daß derartige Charakterverbiegungen kaum in solchen Zeitaltern wiedergutgemacht werden konnten, in denen weder Elektrizität noch okkulte und psychologische Kenntnisse vorhanden waren. Die eigentliche Prüfung, ob ein Mensch beispielsweise seine Gefräßigkeit, also unnotwendige Eßsucht, überwunden hat, besteht darin, ihm wieder seine bevorzugten Speisen zur Verfügung zu stellen, um zu erfahren,

ob er mäßig bleibt. Erst dann kann man von Zügelung sexueller Begierden sprechen, wenn ein Mann in Gegenwart begehrenswerter Frauen, die ihm auch erreichbar wären, dennoch Enthaltsamkeit beweist. Ebenso müssen auch jene Wesenheiten, die aus Selbstsucht und Machtrausch die ungeheuren wissenschaftlichen Möglichkeiten in Atlantis mißbraucht haben, gleichen Bedingungen gegenübergestellt werden, die sie nunmehr aufbauend anzuwenden haben. Erst dann kann man von einer Charakterwandlung sprechen.
Der periodische Fortschritt der Geschichte hat gerade im zwanzigsten Jahrhundert solche für die Atlantier geeignete Umwelt gebracht; demzufolge sind auch gerade heutzutage so viele Atlantier inkarniert, um wieder den Cayce-Botschaften zu folgen. Die erstaunlich weit entwickelte Technik unserer Zeit kann somit unter zwei Gesichtspunkten verstanden werden. Erstens ist sie eine Folge der technisch begabten erfinderischen Egos, die ihre Begabung aus Atlantis mitbrachten, und zweitens ist eben diese technisch entwickelte Umelt zur Prüfung der gleichen Egos geeignet, um zu erweisen, ob diese in den vergangenen Jahrhunderten Tugenden der Mäßigung und Selbstlosigkeit erworben haben, die sie in der Technik anwenden sollen.
Die Notwendigkeit für die zu inkarnierenden Wesenheiten, eine passende Kulturepoche abzuwarten, erscheint dann als Hauptgrund für den Aufschub der karmischen Auslösung. Das Gesamtbild der in Zyklen verlaufenden Geschichtsentwicklung mit seinen wechselnden menschlichen Charakteren, die in Gruppen auftreten, entspricht ganz der Funktion des »Karma im Aufschub«. Einige Hinweise in den Cayce-Botschaften zeigen trotzdem, daß die Inkarnation von Minderheiten innerhalb der großen Wogen ähnlicher Seelen und selbst von Einzelpersönlichkeiten innerhalb der Gruppen nicht mehr oder weniger eine Angelegenheit mechanischer rhythmischer Vorherbestimmung ist. Seelen und Seelengruppen kehren nicht im automatischen Turnus wieder. Hier wie überall in der Schöpfung herrscht Willensfreiheit, und ein Individuum oder eine Gruppe vermag sich zu entscheiden, sich zu bestimmten Zeiten zu verkörpern.
Hiermit kommen wir zu einem weiteren wesentlichen Grundsatz in unserer Untersuchung über den Sinn des Lebens. Wenn eine Wesenheit die Notwendigkeit empfindet oder einsieht, eine bestimmte gute Charaktereigenschaft zusammen mit einer anderen Seele oder anderen Seelengruppen oder in Anwendung auf diese entwickeln zu müssen, so kann diese Wesenheit den gleichen Zeitraum zur Verkörperung wählen, den das andere bestimmte Einzelwesen oder die andere

Gruppe wählen. Deshalb ist auch oft ein Aufschub der Reinkarnation vonnöten. Sollte die Zeitspanne zu lang werden, so kann sich die Wesenheit zu einer Zwischeninkarnation entscheiden, die ihr Gelegenheit zur Entwicklung anderer Tugenden gibt.

Diese allgemeinen Feststellungen können keinen Anspruch auf wissenschaftliche Exaktheit erheben; sie beruhen lediglich auf vereinzelten, aber doch genau wiederholten Hinweisen in den Cayce-Akten.

Die oben erwähnten Gründe für »karmischen Aufschub« sind rein äußerlicher Art; aber es gibt anscheinend auch innere Gründe. Von gleicher, wenn nicht größerer Bedeutung ist die psychologische Tatsache, daß innere Kraft und Mut dazu notwendig sind, um Karma abzutragen. Der betreffenden Wesenheit muß Gelegenheit gegeben werden, ihren Charakter hinsichtlich Mut, Kampfkraft und Widerstandsfähigkeit zu stärken, da andernfalls die karmische Verpflichtung so überwältigend wirken könnte, daß ein weiterer Rückfall an Stelle von Entwicklung und innerem Wachstum eintreten würde.

Verschiedene von Gebrechen befallene Menschen, die durch die Cayce-Botschaften den Grund ihres Leidens erfuhren, wunderten sich über den Zweck des karmischen Auslösungsaufschubs über manchmal mehrere Erdenleben hinweg. Alle, die über dieses Problem in einer weiteren Botschaft Aufklärung wünschten, erhielten im Prinzip dieselbe Antwort wie das im fünften Kapitel erwähnte gelähmte Mädchen auf ihre Frage nach dem Sinn ihrer langen Wartezeit, die im alten Rom geschaffenen karmischen Ursachen wieder ausgleichen zu dürfen. »Weil die Wesenheit nicht imstande war, diesen Ausgleich früher zu schaffen«, hatte die Antwort gelautet. Der weitere Zusammenhang macht klar, daß diese Unfähigkeit, das Karma eher abtragen zu können, inneres seelisches und charakterliches Unvermögen betraf und weniger auf mutwilliger Zurückhaltung beruhte.

In diesem und in anderen Fällen von körperlichen Gebrechen erweist eine genaue Analyse der dazwischenliegenden Inkarnationen, daß sie notwendig waren, um Erfahrungen zur Stärkung bestimmter positiver Eigenschaften zu sammeln.

Wenn wir zum Beispiel auf den Fall des bei einem Autounfall schwer verletzten sechzehnjährigen Jungen zurückkommen, stellen wir fest, daß auch hier die karmische Ursache im alten Rom geschaffen wurde. Ein Leben in der Zeit des amerikanischen Bürgerkriegs verschaffte ihm jedoch die Möglichkeit, bestimmte positive Eigenschaften des Mutes und der Zuversicht und eine klare Stellungnahme zu seinen

Aufgaben zu entwickeln. Diese Eigenschaften waren gerade notwendig, um die karmisch bedingte Behinderung in der Gegenwart zu ertragen und Nutzen daraus zu ziehen.
Eine lehrreiche Parallele haben wir im gewöhnlichen Verhalten der Menschen in bezug auf Geldschulden. Ein Mann, der sich fünftausend Dollar von einer Bank leiht, ist nicht in der Lage, diese Schulden am nächsten Tage, in der nächsten Woche, im nächsten Monat und wahrscheinlich auch nicht im nächsten Jahr abzutragen. Deshalb wird dem Schuldner Zeit zur Begleichung eingeräumt, denn er muß ja erst die Summe verdienen. Es besteht kein Anlaß und keine Möglichkeit, die Zurückzahlung bereits in der nächsten Woche zu erwarten, wenn offenkundig ist, daß die Summe nicht vorhanden ist. Möglicherweise wird die Tilgung der Schulden im moralischen Bereich in ähnlicher Art geregelt.
Falls das Reinkarnations-Prinzip eines Tages allgemeine Anerkennung gewinnen sollte und falls das Karmagesetz letztlich in seinen Grundzügen von der breiten Bevölkerung bei uns ebenso verstanden würde wie im östlichen Kulturkreis, wird auch das Problem der aufgeschobenen Karmawirkung von vielen Menschen besonders beachtet werden. Der Gedanke, daß irgendeine der Vergangenheit angehörende grausame Handlung eine entsprechende karmische Buße, etwa in Form von Erblindung in diesem oder in einem nächsten Leben nach sich ziehen wird, ist, zugegeben, kein angenehmer; für ein empfindliches und phantasievolles Gemüt scheint die Drohung des Karmagesetzes wie ein Damoklesschwert über dem Haupt zu hängen. Die Vorstellung der aufgeschobenen Karmawirkung vermag in den ersten Jahrzehnten der Annahme dieser Erkenntnis in der westlichen Welt ebenso abschreckend wirken wie heute und früher die Vorstellungen von Teufel und Höllenfeuer.
Um diese Neigung zur Furcht beiseite zu schieben, gehen die Führer der Neugeist-Bewegung so weit, die Möglichkeit aufgeschobener Karmawirkung zu leugnen, wie auch die Vertreter der »Christlichen Wissenschaft« die wirkliche Existenz von Sünde, Leid, Tod, Irrtum und Materie leugnen. Es gibt keinen Zweifel, daß solche Verleugnungen des Übels erhebliche Suggestivkraft haben und, wie im Falle der Neugeistlehre und der Christlichen Wissenschaft allgemein beobachtet, sogar Heilungserfolge durch zweckmäßige Lenkung guter Gedankenkräfte erzielen. Nichtsdestoweniger schafft das buchstäbliche »Leugnen« der Existenz von Materie und Sünde und Karma diese Fakten nicht aus der Welt. Unsere Aufgabe im Leben besteht nicht

darin, vor den oft harten Wirklichkeiten der Welt zu fliehen oder uns wie der Vogel Strauß vor dem Anblick der Gefahr zu verkriechen, sondern es ist unsere Aufgabe, die Materie zu beherrschen und eben dadurch zu höheren geistigen Stufen zu gelangen. In Wirklichkeit wohnt auch der Materie als Schwingungsform Geist inne.

Ähnlich verhält es sich in bezug auf Sünde und Karma. Wenn ein Reinkarnationsanhänger die Existenz des Karma »leugnet«, ob es nun unmittelbar oder verzögert wirke, ist das gleichbedeutend mit der Leugnung von Schulden seitens eines Schuldners, und es ist eine im Grunde unehrenhafte Haltung. Ein Betrüger, der seinen Verpflichtungen nicht nachkommen will, ob diese nun materieller oder geistiger Natur sein mögen, verdient keine Achtung. Auch der Betrugsversuch ist verwerflich, denn immer besteht die Absicht, sich der Verantwortung zu entziehen.

Das besagt jedoch nicht, daß Suggestionen nicht angewandt werden sollten. Im Gegenteil können sich diese als sehr hilfreich bei der Lösung von Komplexen, Schuldvorstellungen oder Starrheit von Verhaltensweisen auswirken. Wir haben einen bemerkenswerten Fall – die Heilung des Jungen vom Symptom des Bettnässens – vernommen, in dem die Suggestion gegen die unterbewußte Schuldvorstellung geleitet wurde. Sein Gefühl der Unwürdigkeit hatte in dem Jungen seine symbolische Bestrafung ausgelöst. Durch die Auflösung seines Schuldgefühls und die dadurch erreichte innerliche Befreiung wurden sowohl seine körperliche Beschaffenheit als auch seine Persönlichkeit im günstigen Sinne umgeformt.

Im Falle der Allergie wurden auch tiefgreifende Suggestion in Verbindung mit Hypnose in der Botschaft als Hilfsmittel empfohlen. Doch in keinem Falle war die vorgeschlagene Behandlung eine Verdrängungs-Suggestion, sondern im Gegenteil bestand deren Prinzip gerade in der Erweckung des Gewissens. Wenn geistige Heiler karmische Symptome oder die bedrückende Furcht vor künftiger Karmawirkung »behandeln« wollen, scheint es vordringlich zu sein, den Leidenden in aller Offenheit über seine karmischen Verpflichtungen aus der Vergangenheit aufzuklären und ihm zum Ausdruck zu bringen, daß er mutig diese Verpflichtung abzutragen gewillt sein muß und der Heiler ihm dabei helfen wird. Vor allem soll auf die Wichtigkeit der Beseitigung der Ursache hingewiesen werden, die das betreffende Karma ursprünglich geschaffen hat.

Wenn dann die Reinkarnationslehre angenommen wurde, ergibt sich die Notwendigkeit, dem jeweiligen Sucher vor Augen zu führen, daß das Menschengeschlecht im allgemeinen geistig unreif ist und daß die Menschen für gewöhnlich ein unangenehmes Karma in späteren Inkarnationen zu erwarten haben. Jedoch sollte diese Tatsache aus zwei Gründen kein Anlaß zu Furcht und Angst sein. »Sich am gewöhnlichen Tageslauf Genüge sein zu lassen, ist bereits Freiheit vom Bösen«, ist ein Grundsatz, der sich nicht auf das Leben in träger Gleichgültigkeit bezieht, sondern uns die ruhige Sicherheit geben soll, daß auch des Tages Last die uns zugemessene Plage ist, die sich nach der individuellen Widerstandskraft richtet. Niemals werden wir in ein Karma verwickelt, das zu schwer ist, um es tragen zu können. Zweitens sollten wir nicht vergessen, daß die Unsicherheit unserer Zukunft immer gegeben ist, ob wir nun an Karma glauben oder nicht; und wenn wir wissen, daß zukünftiges Mißgeschick, das uns befallen wird, karmisch bedingt ist, anstatt »Zufall« zu sein, so sollte doch unsere Furcht dadurch gemildert anstatt verstärkt werden. Denn dieses Mißgeschick wird durch ein Gesetz hervorgerufen, das auf alle Fälle und stets Gerechtigkeit garantiert.

Es ist verständlich, daß Menschen sich grundsätzlich vor künftigem Mißgeschick fürchten. Wenn der Mensch jedoch weiß, daß auch das kommende Mißgeschick rechtmäßig über ihn kommen wird, so wird er weitgehend von Furcht befreit, und der Sinn seiner höheren Erziehung und der weiteren Erweckung seines Gewissens wird statt dessen wirksam. Ein ehrenhafter Mensch, dem eine Schuld unterlaufen ist, wird bemüht sein, diese wiedergutzumachen oder zu bezahlen. Er wird im Falle einer Geldschuld seine finanziellen Ausgaben täglich gewissenhaft prüfen, so daß er am Monatsersten, wenn seine Schuld fällig wird, diese auch bezahlen kann. Er lebt nicht täglich in der Furcht vor dem Tage, an dem er unweigerlich seine Schuldsumme bezahlen muß. Er widmet statt dessen seine Kräfte dem Ziel, seine Verpflichtungen erfüllen zu können.

Mit unserem beschränkten Bewußtsein können wir nicht das genaue Ausmaß der moralischen Schulden kennen, das wir in der unbekannten Vergangenheit verursacht haben; aber jene innere Anständigkeit zu besitzen, die den ehrenhaften Menschen überall charakterisiert, sollte uns selbstverständlich sein, die uns ganz einfach veranlaßt, unsere eigenen Schulden auch zu begleichen.

Doch vielleicht ist das Wort »Schulden« irreführend, und vielleicht kann der Ausdruck »Mängel« oder »Fehlleistungen« als passender empfunden werden. Eine Mangelerscheinung im Körper muß behoben werden, indem dem Körper die mangelnden Vitamine und Mineralstoffe zugeführt werden; ehe der Mangel im Körper nicht behoben worden ist, ist das Leiden nicht geheilt. Ähnlich wird auch in einem wichtigen und grundlegenden Sinne negatives Karma lediglich durch das *Fehlen* spiritueller, moralischer und ethischer Qualitäten geschaffen. Nur die fehlende Wahrnahme der eigenen geistigen Identität vermag negatives Karma auszulösen. Die gemäße Behebung dieser Mängel besteht selbstverständlich in der Belebung jener spirituellen Qualitäten, die den Mangel beseitigen, der den karmischen Zustand erst herbeiführte, und zugleich in der Erweckung der Wahrnehmung der eigenen geistigen Identität des Betroffenen.

Doch ob nun Karma als Schuld, als Mangel oder als irgendeine Art von geistiger Fehlleistung angesehen wird, so bleibt die Tatsache bestehen, daß seine Tilgung im Geiste der Einsicht und des guten Willens statt im Geiste der Auflehnung angestrebt werden muß. Die Existenz des Karma zu »leugnen« entspricht mehr der Natur der Auflehnung als der Einwilligung; denn ein solches »Leugnen« ist der Ausdruck des Eigenwillens und des Strebens nach Bequemlichkeit für die eigene gegenwärtige Persönlichkeit und kennzeichnet nicht jene langmütige Weisheit, die Folge des Wissens um die eigene ewige Identität ist.

Die Cayce-Botschaften geben laufend Ratschläge in bezug auf die richtige Einstellung gegenüber dem Karmagesetz. Die folgende Ausführung aus den Akten ist ein besonders markanter und beachtenswerter Ratschlag:

»Wenn eine menschliche Erfahrung nur zur Selbstbestätigung, Selbsterhöhung oder Selbstbewunderung verwertet wird, handelt die Wesenheit zu ihrem eigenen Nachteil und schafft sich selbst das, was Karma genannt wird, und welchem der Urheber wieder begegnen muß. Und welchem Mißgeschick, welcher Prüfung, welcher Versuchung wir auch immer konfrontiert werden mögen, ob diese nun in geistigen, seelischen oder körperlichen Erfahrungen bestehen, wir sollten niemals vergessen, uns diese Haltung zu eigen zu machen, die in den Worten gipfelt: ›Nicht mein Wille, sondern Dein Wille, o Herr, geschehe in mir und durch mich.‹«

»Dein Wille« kann natürlich in zwei Arten verstanden werden. Entweder ist es der »Wille« Gottes, der sich durch die unpersönlichen Gesetze des Universums kundtut – oder es ist der Wille der ewigen Identität, der »Überseele«, der in esoterischer Überlieferung der VATER ist, an den wir unsere Gebete richten. Wie immer wir auch dieses Wort an Gott ausdeuten mögen, Einwilligung und Vertrauen sollten unsere

Haltung bestimmen, welches auch immer unser Karma sein möge. In einem Universum der Ordnung, Gerechtigkeit und der Güte, wie sie das Reinkarnationsgesetz offenbart, gibt es keinen Grund zur Furcht.

Kapitel 8

Karma und Gesundheitsprobleme

Es ist bedauerlich, daß viele Menschen den Karmabegriff gedanklich mit Untätigkeit, Schicksalergebenheit und hoffnungsloser Vorherbestimmung verknüpfen. Das liegt hauptsächlich daran, daß die Bevölkerung von Indien, wo der Glaube an Karma fast allgemein ist, größtenteils untätig und schicksalsergeben zu sein scheint.

Es ist wahr, daß die sozialen Zustände Indiens erbärmlich sind; es ist ebenso wahr, daß die Untätigkeit der Hindus und ihre stumpfe Ergebenheit, auf ihre Karma zu warten, teilweise beschämend ist. Jedoch müssen wir bedenken, daß die religiösen Überlieferungen Indiens im Laufe der Jahrhunderte mit so vielem Ballast und Aberglauben überlagert wurden, daß sich der Charakter der Lehren ganz veränderte; als diese Lehren erst in die ungebildeten riesigen Volksschichten eingedrungen waren, riefen sie keineswegs die Wirkung hervor, die das psychologische Verständnis der Reinkarnationsgesetze gewesen wäre.

Darüber hinaus müssen wir in Betracht ziehen, daß das entnervende Klima Indiens einen wichtigen Einfluß auf das Verhalten der Bevölkerung ausübt und Gemütshaltung und Charakter beeinflußt.

In Wirklichkeit besteht kein psychologisch gegebener Zusammenhang zwischen Gleichgültigkeit und Karmaglaube – wie es auch keine unbedingte Wechselwirkung zwischen Heuchelei und Christenglaube gibt. Der christliche Glaube hat zwar sowohl in vergangenen Jahrhunderten als auch in der Gegenwart Scharen von Heuchlern als Anhänger gehabt; doch kann man diese Heuchelei nicht als Wirkung der Lehren Christi bezeichnen.

Wenn ein Individuum sich entschließt, die Karmalehre anzunehmen, muß seine innere Haltung von Vertrauen gekennzeichnet sein, wie es auch jedem anderen Gesetz des Universums gegenüber Vertrauen hat. Aber ein Mensch kommt nicht umhin, zu fragen, bis zu welchem Grade sein Vertrauen und seine ruhige Hinnahme gehen soll, wenn ihm Beschränkungen vom Schicksal auferlegt werden. Dieses Pro-

blem drängt sich uns besonders beim Erleidenmüssen von körperlichen karmischen Schicksalsschlägen auf.
Hier wie bei jeder Frage erweisen sich die Cayce-Botschaften als aufschlußreich, da sie auf spekulative Fragen im Zusammenhang mit der Reinkarnations-Theorie eingehende und verständliche Antworten geben. Wir wenden uns also mit folgenden Fragen an diese Botschaften: »Welche Behandlung, wenn überhaupt eine, ist jenen Menschen angegeben worden, die von einem karmisch bedingten Leiden befallen waren? Welche Hoffnung, wenn überhaupt eine, wurde ihnen in bezug auf ihre Heilung gemacht?«
Jede Botschaft in den Cayce-Akten widerlegt die Ansicht, daß untätige Ergebenheit den Karmaglauben begleiten muß. Die durchgängige Feststellung in den Botschaften lautet: »Dieses ist dein Karma. Und jetzt kommt, was du selbst in der Sache tun kannst.«
Eine der faszinierendsten Tatsachen in den Originalakten ist die Art und Weise, wie die Feststellungen über das Karma stets mit den Behandlungsvorschlägen verbunden werden. In vielen Fällen körperlichen Karmas besagt die Botschaft ausdrückliche Heilungshoffnung. In anderen Fällen, in denen ernsthaftere karmische Schuld vorliegt, sagen die Botschaften freimütig, daß eine vollständige Heilung nicht erreicht werden kann, während gewisse Linderung allmählich verschafft werden könne. Die jeweilige Behandlungsart wird dann in den Botschaften genau ausgeführt.
Ein aufschlußreicher Fall ist der eines vierunddreißigjährigen Elektrikers, der von einer Krankheit befallen wurde, welche die Ärzte schließlich als hoffnungslosen Fall von multipler Sklerose diagnostizierten. Drei Jahre lang war der Kranke schon arbeitsunfähig; seine Sehfähigkeit war so schlecht geworden, daß er nicht mehr lesen und schreiben konnte, und oft stürzte er, wenn er zu gehen versuchte. Von verschiedenen Krankenhäusern wurde er in Pflege genommen. Währenddessen arbeitete seine Frau in einem Warenhaus, um sich und den fünfjährigen Sohn zu ernähren. Obwohl er keine Lebensbotschaft erhielt, wurde dem Mann in der Gesundheitsbotschaft eröffnet, daß sein Zustand karmisch bedingt sei. Trotzdem wurde er dringend ermahnt, nicht seine Hoffnung zu verlieren.
»Ja, wir haben den Körper hier«, begann die Botschaft in den gleichen einfachen, aber ungewöhnlichen Worten, mit denen alle Gesundheitsbotschaften begannen. »Wie wir sehen, sind die Symptome hier sehr ernsthaft; aber verliere nicht die Hoffnung. Denn Hilfe ist nahe, wenn du sie nur ergreifen willst.«

Dann folgten drei Seiten voller persönlicher Kraft und Ermutigung. Zuerst wurde eine genaue Diagnose des Leidens in medizinischen Fachausdrücken erstellt. Darauf folgte eine Abhandlung über die heilenden Energien im Körper. Danach wurde auf die Tatsache eingegangen, daß der Zustand des Mannes karmisch bedingt sei; und die eindringliche Ermahnung, daß der Mann seine Gesinnung ändern und jedes Haßgefühl und boshafte Denken aus seinem Bewußtsein verbannen müsse, wurde angeschlossen. Die Botschaft fand ihren Abschluß mit einer sorgsamen Beschreibung der Behandlung.

Etwa ein Jahr darauf schrieb der Mann mit der Bitte um eine weitere Botschaft. Er berichtete, daß er der Behandlungsanweisung gewissenhaft gefolgt sei und unmittelbar darauf eine Erleichterung erfahren habe. Diese Besserung währte beständig über einen Zeitraum von vier Monaten, wonach wieder der alte Schwächezustand eintrat. Offensichtlich hatte der Kranke die materielle Seite der Behandlungsvorschrift angewandt, ohne der geistigen Seite besondere Beachtung zu zollen; denn die Botschaft rief ihn auf, keinerlei unsichere Experimente zu versuchen.

So lautete die zweite Botschaft für den Elektriker: »Ja, wir haben den Körper hier; den gleichen, den wir schon einmal vor uns hatten.

Wie wir sehen, haben bereits körperliche Besserungen stattgefunden; aber es ist viel, viel mehr erwünscht.

Wie bereits früher gesagt, handelt es sich hier um eine karmisch verursachte Krankheit, und die Wesenheit muß sich bemühen, ihr Verhalten gegenüber der Umwelt und seinen Mitmenschen grundlegend zu ändern.

Solange mechanische Behandlungen ausreichten, um körperliche Erleichterung zu schaffen, konnte Besserung beobachtet werden.

Doch da die Wesenheit so selbstzufrieden und so ichbezogen wurde, daß sie geistige Wirklichkeiten ablehnte und ihr Verhalten nicht änderte; solange sie von Haß, Boshaftigkeit, Ungerechtigkeit und Eifersucht erfüllt ist, und solange andere Empfindungen anstatt Geduld, Langmut, Nächstenliebe, Güte und Freundlichkeit vorherrschen, kann auch keine Heilung dieses Körpers erfolgen.

Wozu möchte die Wesenheit geheilt werden? Damit sie ihre Begierden wieder befriedigen kann? Damit sie ihre Selbstsucht noch vergrößern kann? Wenn es so ist, kann es nur besser sein, wenn der Krankheitszustand währt.

Wenn der Kranke aber seine Geisteshaltung und seine Absichten ändert, und wenn er diese Änderung in Wort und Tat zum Ausdruck

bringt, und wenn er alle vorgeschlagenen Hilfsmittel anwenden wird, so werden wir Besserung erzielen.
Aber zuerst muß der Wandel der Seele, des Gemüts und der Absichten vorgenommen werden... Alle mechanischen Anstrengungen, die du nur aufbringen kannst, werden dir keine völlige Genesung verschaffen, *ehe* nicht dein Wollen und deine Seele mit dem Heiligen Geist getauft worden sind... Willst du diese Lehren annehmen, willst du sie zurückweisen? Es liegt bei dir.
Wir haben nun nichts mehr zu sagen – es sei denn, du änderst dich.
Diese Botschaft ist beendet.«
In dieser Botschaft wird auffallen, daß die Hoffnung auf Heilung des Mannes aufrechterhalten wird, wenn dieser seinem Denken eine andere Richtung gibt und seine geistigen und ethischen Pflichten im Leben zu erfüllen bereit ist. *Wozu* möchtest du geheilt werden? Diese offene und eindringliche Frage ist entscheidend in der ganzen Botschaft. Damit du deine Begierden wieder befriedigen kannst? Damit du deine Selbstsucht vergrößern kannst? In dem Falle ist es nur besser, wenn der Krankheitszustand währt!
Diese bedeutsame Aussage kennzeichnet die überragenden ethischen Ansichten eines großen Arztes, der weit mehr erschaut als nur die mehr zeitgebundene Zweckhaftigkeit einer Persönlichkeit. Nicht ein einziges Mal in seinen mehr als 25000 Gesundheitsbotschaften weigerte sich Cayce (oder die durch ihn sprechende Wesenheit! Anmerkung des Übersetzers), Heilungsratschläge für einen kranken Menschen mitzuteilen, ohne Rücksicht darauf, wie lasterhaft oder gemein auch die Sünden des Betreffenden gewesen sein mochten. Aber häufig, wie auch im vorstehenden Beispiel, konnte er auf die Erklärung nicht verzichten, daß Leiden den Zweck der sittlichen Besserung haben und daß die moralische Schuld, die zu dem Leiden geführt hat, getilgt werden müsse. Der Mensch, der an einer Krankheit leidet, sollte auch selbst alle Anstrengungen machen, sie mit allen ihm zur Verfügung stehenden Mitteln zu beseitigen; aber dazu gehört auch, daß der Kranke alle Schicksalswinke aufnimmt, die ihn zur Überwindung seiner seelischen Schwächen aufrufen. Die Schatzkammer der Natur und die Wunderdrogen der modernen Wissenschaft mögen zeitlich begrenzte Entspannung herbeiführen, doch das Sittengesetz der karmischen Gerechtigkeit können sie letztlich nicht aufheben. Notwendigerweise muß die Heilung aus unserem eigenen Geist kommen, wenn sie währen soll.
Der folgende Fall von Blindheit ist ein anderer unter den unzähligen

in den Cayce-Akten, der diesen wichtigen Gesichtspunkt der richtigen Geisteshaltung für den Kranken erläutert.
»Ja, dieser Zustand ist größtenteils karmisch bedingt. Die bessere Verwirklichung und Anwendung der geistigen Ideale in bezug auf die Mitmenschen wird eine große Veränderung in der Lebenserfahrung dieser Wesenheit nach sich ziehen.
Obwohl zunächst kein bedeutender sichtbarer Wandel eintreten wird, werden wir erfahren, daß dem Körper nach Maßgabe der Entwicklung des Geistselbst geholfen werden wird.
Sowohl die Symptome in der Wirbelsäule als auch jene im Mund und am Zahnfleisch haben viel mit dem Augenleiden zu tun.
Dann stellen wir fest, daß man sich zuerst um die Früchte des Geistes bemühen und das Christusbewußtsein im Alltag anwenden sollte. Praktiziere deshalb Nächstenliebe, Güte, Geduld, Langmut und Freundlichkeit.
Chiropraktische Behandlung ist besonders am vierten, dritten, zweiten und ersten Rückenwirbel und am dritten Halswirbel sowie am ersten, zweiten und vierten Halswirbel anzuraten. Die Behandlungen sollten nach den gegebenen Vorschriften durchgeführt werden. Jene Nervenzentren, die mit den Zähnen zusammenhängen sowie die Zentren unmittelbar unter dem Ohr sollen besonders beachtet werden...«

Wir sehen, daß die Botschaft in beiden hier erwähnten Fällen erstrangigen Wert auf den Wechsel der inneren Einstellung und des Charakters als unabdingbare Voraussetzung für die Änderung der physischen Karmawirkung legt. Wenn wir uns erinnern, daß der Sinn des Karmagesetzes ethische Erziehung ist, werden wir erkennen, wie natürlich und unumgänglich die Art der Annäherung an karmisch bedingte Heilmethoden ist. Die »Sünde«, die das Karmagesetz beseitigt, ist natürlich nicht identisch mit jener »Sünde«, im primitiv abergläubischen Sinne, Götter und Dämonen beleidigt zu haben, und sie entspricht auch weder der Sünde in der Definition der meisten Theologen noch auch einem puritanischen Moralbegriff. Es handelt sich vielmehr um Sünde im psychologischen Sinne. Sünde ist ein allumfassender Begriff und unterliegt einem kosmischen Gesetz.
Sünde beruht in dieser Auffassung auf Selbstbezogenheit oder Absonderung. Diese Selbsterhöhung kann verschiedene Formen annehmen. Sie kann in der Verletzung des Willens oder des Körpers eines anderen bestehen; sie kann in der Schädigung des eigenen Körpers

durch Unmäßigkeit oder Körperverleugnung entstehen; und sie kann auch in Eigendünkel und Leugnung des ewigen Geistes bestehen. Diese verschiedenartigen Irrtümer sind möglicherweise auf einen Grundirrtum, auf ein grundlegendes Mißverständnis, auf die grundsätzliche Vergeßlichkeit zurückzuführen. Denn der Mensch besteht in seiner ewigen Substanz aus Geist, nicht aus dem Körper; und die Sünde entspringt aus der Neigung des Menschen, diese Tatsache zu vergessen und sich selbst mit seinem Körper zu identifizieren. Gegen diese Illusion seiner Gleichsetzung mit seinem Körper muß er aber ankämpfen. Und der sicherste Weg, diese Illusion zu zerstören, besteht nicht in dem negativen Vorgang der Ableugnung, des Körpers oder des Geistes, sondern im positiven Vorgang der Gleichsetzung des Menschen mit dem Geist.

In der Erreichung dieses Sinnes für seine Identität mit dem Geist erreicht der Mensch jenen Zustand, den die Cayce-Botschaften und andere mystische Quellen das Christus-Bewußtsein nennen. Es spielt eine Rolle in allen vorstehend zitierten Fällen und in fast jedem anderen Falle physischen Karmas in den Cayce-Akten. Die erstrangige Voraussetzung einer Heilung karmisch bedingter Gesundheitsschäden ist die Erreichung dieses Christus-Bewußtseins.

Das Christus-Bewußtsein ist jedoch nicht eine ausschließliche Eigenschaft der Christen. Christus, so muß erinnert werden, ist nicht der Name des Mannes Jesus, sondern die wörtliche Bedeutung des Wortes ist »der Gesalbte«, und die mystische und psychologische Bedeutung des Begriffes »Christus-Bewußtsein« ist die eines befreiten oder vergeistigten Bewußtseins. Krishna und Buddha waren, wie wir annehmen, gleicherweise dieses Christusbewußtseins inne; und die Menschen in allen Teilen der Erde ringen in dunkler Ahnung nach dem Besitz, nach der Erleuchtung durch dieses Christusbewußtsein – ungeachtet der jeweiligen religiösen Lehrer und des jeweiligen Namens dieses Bewußtseins.

Es ergab sich, daß die Sprache, in der die Cayce-Botschaften eingekleidet wurden, ihren Wortschatz aus der christlichen Überlieferung nimmt. Das geschah aller Wahrscheinlichkeit nach deshalb, weil Cayce selbst im christlichen Glauben aufgewachsen ist und sein Bewußtsein von der christlichen Vorstellungswelt erfüllt wurde, und somit wurde jede Feststellung seines Unterbewußtseins, während er im Trancezustand war, in diesem Lichte getroffen. Wäre Cayce zum Beispiel in einem buddhistischen Land geboren worden, hätte er vermutlich das buddhistische Gedankengut und den entsprechenden

Sprachschatz für seine Botschaften verwendet. Aber die von Cayce angewandte Ausdrucksform und Gedankenwelt beschränken keinesfalls die Anwendbarkeit seiner Botschaften.
Hier zum Beispiel folgt die ermahnende Botschaft, die einem an Rükkenmarkstuberkulose leidenden Mann erteilt wurde:

»Erinnere dich daran, daß der Ursprung dieser Krankheit von dir selbst geschaffen wurde; er ist karmisch bedingt. Diese Ursache kann am besten durch Ihn beseitigt werden, der durch Erfüllung des Gesetzes das Gesetz von Ursache und Wirkung aufhob und dafür das Gesetz der Gnade einsetzte. Somit ist es für die Wesenheit notwendig, den Arm auf Ihn zu stützen, der das Gesetz, die Wahrheit und das Licht ist.«

»Das Gesetz der Gnade« ist ebenfalls kein ausschließliches Merkmal des Christentums oder jener, die »an Jesus Christus glauben«; Gnade kann ein Buddhist, ein Mohammedaner oder ein Jude ebenso erfahren wie ein Christ. »Das Gesetz, die Wahrheit und das Licht« sind Wahrheiten, die von Christen dem Verkünder Jesus zugeschrieben werden. Aber »Gesetz« und »Wahrheit« sind auch die Wesensgrundlagen anderer religiöser Lehrer und ihrer Lehren, und das Licht als ein Symbol der Wahrheit und Gottes und seiner reinsten Verkörperungen ist ein universelles Symbol.
Ähnlich verhält es sich mit der Redewendung »ehe nicht deine Seele mit dem Heiligen Geist getauft worden ist«, die im Falle des Opfers der multiplen Sklerose angewandt wurde. Es handelt sich um typisch christliches Gedankengut. Doch die dahinterstehende Idee – die Erweckung eines neuen Lebens auf Grund der Verwirklichung des göttlichen Selbst – wird in zahlreichen verschiedenen Bildern in allen esoterischen Religionen der Welt zum Ausdruck gebracht. Wenn es nun in den Cayce-Botschaften »Christusbewußtsein« heißt, so wird der Ausdruck gebraucht, der den im christlichen Sinne erzogenen und aufgewachsenen Menschen am geläufigsten und annehmbarsten ist. Der Ausdruck bezieht sich indessen auf einen seelischen Zustand oder eine Stufe, die man auch mit manchen anderen Bezeichnungen benennen kann.
Die Anwendung des Christusbewußtseins als geistiges Bewußtsein ist das »Gesetz der Gnade«, welches den karmischen Vergeltungseffekt auflöst. Das geistige Bewußtsein »erfüllt das Gesetz«, um Jesu Wort anzuwenden, in dem Sinne, daß es die Fehlhandlung aufhebt, mit der

das Karmagesetz in Funktion gebracht wurde. »Ich bin nicht gekommen, das Gesetz aufzuheben«, könnte Jesus gemeint haben, »sondern euch zu lehren, wie es durch das geistige Bewußtsein zu erfüllen ist.«

Doch es erfordert keine geringe Anstrengung, dieses Bewußtsein zu schaffen. »Bedenke«, heißt es in einer Botschaft, »es gibt keinen kurzen Weg, zum Bewußtsein der Gotteskraft zu gelangen. Sie ist ein Teil deines eigenen Bewußtseins; doch kann es nicht durch den einfachen Wunsch dazu zur Auswirkung kommen. Zu oft besteht die Neigung, dieses Gottesbewußtsein zu ersehnen oder zu erwarten, ohne sich durch Anwendung der Kenntnisse ewiger Wahrheit darum bemüht zu haben. Hierin aber besteht der einzige Weg, das ersehnte Tor zu erreichen. Es gibt auch keinen kurzen Weg in der Mystik; auch wenn das von Visionären oder anderen Kündern zuweilen behauptet wird. Das Leben wird im eigenen Selbst gelernt. Du lehrst es nicht; du lernst es.«

Gelübde, Meditation, Gebet und das Studium der Bibel, die Ausübung der Tugenden und der Dienst am Nächsten sind von den Botschaften oft empfohlene Wege, um einen Bewußtseinswandel zu erreichen. Aber echtes Wachstum kann nicht mechanisch erzwungen werden. Ehe nicht das Herz genügend einstimmt, werden diese Praktiken, um Paulus' passendes Wort zu gebrauchen, wie klingendes Erz sein; ohne echte Nächstenliebe sind sie im Grunde wertlos. Als Schulungswege für den Charakter, als Suggestivkräfte und als Erziehungsfaktoren mögen diese von Cayce empfohlenen Praktiken nützlich sein und die Seele auf den richtigen Weg führen. Doch für jene vielen, vielen Seelen, die, bildlich gesprochen, noch im Kindergartenalter sind, können besagte Übungen nicht geradewegs in die Hochschule führen. Nicht alle Menschen sind geistig genügend entwickelt, um in einem Leben jene allumfassende Liebe verwirklichen zu können, die das Kernstück des wahren Christusbewußtseins ist und die Befreiung von karmischen Schulden herbeiführt, wenn sie tätig geübt wird.

Im Falle des an Arthritis erkrankten jungen Mannes war sich die Quelle der Botschaft offensichtlich bewußt, wie unmöglich es für diesen war, bereits jetzt dieses Christusbewußtsein zu entwickeln. Deshalb wurde ihm auch, wie von einem redlichen Arzt, der die äußersten Möglichkeiten des Organismus seines Patienten kennt und diesem keine falsche Hoffnung erwecken will, durch die Botschaft gesagt: »Es mag hier Linderung erreicht werden, aber keine völlige Heilung.«

Doch hiermit ließ man die Sache nicht auf sich beruhen. In diesem und in allen ähnlichen Fällen fuhr Cayce fort, durch die Botschaften konkrete Behandlungsratschläge physischer Art zu geben, so daß die betreffenden Kranken ungeachtet der Möglichkeit oder Unmöglichkeit, direkte Krankheitsauflösung herbeizuführen, dennoch tätige Anstrengungen machen konnten, um ihr Leiden zu überwinden. Geduld, Widerstandskraft und Tapferkeit oder andere gute menschliche Qualitäten wurden somit entwickelt und letztlich zur moralischen Voraussetzung der Abtragung karmischer Schuld beigetragen. Es wird klar, daß die Botschaften niemals ein passives Verhalten gegenüber der karmischen Situation fördern, sondern vielmehr zu lebendiger und kraftvoller Tat raten.

Ein anderer wichtiger therapeutischer Gesichtspunkt liegt darin, daß die Botschaften genau dem Begriffsvermögen der jeweils verschieden entwickelten Menschen angepaßt werden. Sie schreiben solchen Patienten, die dafür gar kein Verständnis aufbringen könnten, auch keine ausschließlich moralischen Heilungswege vor. Der Wissenschaftler Alexis Carrel bezeugt in seinen Büchern, daß viele Menschen von tiefer religiöser Gläubigkeit am Altar von Lourdes Sofortheilungen von Krebs und anderen scheinbar unheilbaren Leiden erfahren haben. Wir können nun sicher nicht annehmen, daß ähnliche Heilungen bei Menschen zustandekommen, denen jedes Maß des Glaubens, jene Gemütshaltung und jene Bereitschaft, des Physischen Herr zu werden, fehlt.

Ein vergleichendes Studium vieler von Cayce übermittelter Gesundheitsbotschaften zeigen deutlich, daß die Urheber der Botschaften die Grenzen der Glaubensfähigkeit bei den jeweiligen Patienten stillschweigend beachten. In manchen Fällen besonderer Krankheiten erkennen die Urheber der Botschaften augenscheinlich, daß die Patienten eine Heilung durch Anwendung bloßer Suggestion erzielen können. In anderen Fällen der gleichen Krankheiten sind die Patienten offenbar ungeeignet, in dieser Weise geheilt zu werden, da zu große Skepsis oder Abhängigkeit von Verstandeserwägungen vorliegt. Für solche Patienten ist es einfacher und zweckmäßiger, wie die Botschaften erkennen lassen, besondere physische Behandlungen zu empfehlen.

Man wird an die klassische Geschichte gemahnt, die von Hindulehrern über den eifrigen jungen Schüler eines großen Yogi erzählt wird. Dem Schüler waren Grundlehren erteilt worden, mittels seines Geistes Wundertaten zu vollbringen. Als folgsamer Schüler zog er sich in

die Einsamkeit zurück und kehrte zehn Jahre später zu seinem Meister zurück. »Was hast du während dieser ganzen Jahre getan?« fragte der Yogi mit gespielter Anteilnahme. »Ich habe meinen Geist so zu beherrschen gelernt, daß ich auf dem Wasser wandern kann,« erwiderte der Schüler mit Stolz. »Mein lieber Junge«, sagte der Meister traurig, »du hast deine Zeit verschwendet. Weißt du nicht, daß dich der Fährmann für wenige Münzen über das Wasser bringen kann?«
Diese Geschichte, die von einem Volk erzählt wird, das sich seit Jahrhunderten der Entwicklung geistiger Kräfte gewidmet hat, enthält eine vernünftige Belehrung, die sorgsam von jenen bedacht werden möge, die alle physikalischen Mittel zur Krankheitsbehandlung ablehnen. Sicherlich ist die Durchführung einer rein geistigen Heilung lobenswert, und sie zeugt von innerer Kraft und gibt Kraft. Christliche Wissenschaft, Unity-Schule des Christentums (»unity« bedeutet Einssein zwischen Gott und Mensch in diesem Falle. Anmerkung des Übersetzers.) und andere religiöse Bewegungen sowie metaphysisch orientierte Bestrebungen leisten einen beachtenswerten Beitrag zur Aufklärung der Menschen darüber, daß der Geist die Quelle vielen Übels ist, und daß er deshalb auch die Quelle der Heilung sein kann. Es bleibt trotzdem wichtig, daß auch in der metaphysisch orientierten Medizin ebenso wie in der psychosomatischen Medizin erkannt werde, daß es Zeiten gibt, in denen Symptome gleich welchen Ursprungs am besten durch physikalische Behandlung beeinflußt werden können, während die geistigen, mentalen und suggestiven Methoden nicht in Frage kommen.
Eine andere bemerkenswerte Eigenschaft der medizinischen Ansichten der Cayce-Botschaften lag darin, daß keine Heilungsmethode als »geistiger« in ihrer Substanz als eine andere angesehen wurde. Allen Heilmethoden wurde der gleiche göttliche Ursprung zugeschrieben.
Eine Frau, die an heftigen Rückenschmerzen litt, fragte, ob für sie wohl normale medizinische Behandlungen oder die Gebete der »Unity-Schule« besser seien. In der Botschaft wurde ihr folgende Antwort gegeben:
»Viele Leiden können geistig beseitigt werden. Doch wähle die Behandlungsmethode nach der Art des Leidens. Wenn heftige Schmerzen bestehen, ist die herkömmliche Behandlungsart zu empfehlen. Es gibt *keinen* wirklichen Unterschied zwischen beiden Behandlungsarten, denn das Gute in jeder Heilungshilfe kommt aus der gleichen Quelle. Geistige und körperliche Heilweisen sind nicht von entgegengesetzter Natur, wie manche Menschen glauben.

Heilte der Meister alle Menschen auf gleiche Weise? Wandte Er nicht bei einigen mechanische Behandlungen an? Und wandte Er bei anderen nicht einfach das gesprochene Wort als Heilmittel an? Merke dir diese Grundlage, diese erste Regel: Der Herr, dein Gott, ist *Einer*. In jedem Bereich, im Geist, in der Seele und im Körper besteht deshalb der Einklang mit der Einigkeit. Jede Stufe hat ihre Eigenarten und Begrenzungen. Nur in Ihm ist die volle Einheit.«

Ein Pressemann aus Pittsburgh, der seit zehn Jahren an Arthritis gelitten hatte, und dem eine metaphysisch fundierte Heilungsmethode mehr gelegen hätte als eine physikalische, wurde dazu angehalten, Wasserkurmittel anzuwenden, um den Kreislauf und die Ausscheidungen anzuregen und sich mit ultravioletter Bestrahlung behandeln zu lassen. In der Botschaft hieß es:

»Der ganze Heilungsvorgang, der vollzogen werden kann, geht von dir selbst aus. Alle Heilung kommt aber von Gott. Wer heilt deine Leiden? Die Quelle der universellen Versorgung.
Alle diese verschiedenen Heilungswege kommen aus Einer Quelle, und die einzelnen Behandlungen dienen mehr dazu, die Atome des Körpers anzuregen. Jede Körperzelle ist wie ein kleines Universum in sich selbst.
Ob nun die Einflüsse dieser Heilmethoden auf den Körper von arzneilichen, mechanischen oder wasserheilkundlichen oder welchen Anwendungen auch immer kommen mögen – sie kommen auf alle Fälle von der Einen Quelle, vom Leben selbst.«

Ein anderer Punkt im Zusammenhang mit der Heilungsphilosophie Cayces muß erwähnt werden: obwohl in einem absoluten und endgültigen Sinne jede Ursächlichkeit im Geiste – entweder in Gottes oder der Menschen Geist – liegt, leben wir in einer Welt derartig überwuchernder Materie und sind mit so vielen verschiedenen Seelengruppen und vielen Tätigkeitsbereichen verflochten, daß wir verschiedene Ursächlichkeiten schaffen und von diesen beeinflußt werden.
Wenn wir, um ein Beispiel zu nennen, in ein Restaurant gingen, verdorbene Torte äßen und eine Magenverstimmung davontrügen, so würden einige Metaphysiker als Ursache einen inneren Gemütszustand diagnostizieren; vielleicht auch eine psychologische Rückwirkung irgendeiner Lebenssituation. Wenn wir diesen Gedankengang

logisch fortsetzen, müßten wir schließen, daß alle anderen 250 Menschen, die in jenem Restaurant von der verdorbenen Torte aßen, ebenfalls Opfer einer solchen psychologischen Rückwirkung geworden sind und folglich, vermutlich durch ihr Unterbewußtsein, in eben dieses Restaurant geführt worden sind.
Beharren wir darauf, daß auch das geringste Ereignis, das uns im Leben widerfährt, auf solche seelischen Ursachen zurückzuführen ist, so müssen wir unvermeidlich zu besagtem Schluß kommen. Und wir könnten sicher sein, daß diese Erklärung auch die richtige ist, wie herbeigezogen sie auch erscheinen möge. In einer Welt, die auf Grund der Zeugnisse der Cayce-Botschaften hauptsächlich von unsichtbaren Kräften und Ursachen gelenkt wird, können wir eine solche psychologische Erklärungsmöglichkeit nicht leugnen. Trotzdem möchte es scheinen, daß die 250 »Opfer« der verdorbenen Torte, um bei dem Beispiel zu bleiben, eher auf die Nachlässigkeit eines Bäckers zurückzuführen sind, und daß die Wirkung des verdorbenen Magens eine rein chemische Ursache hatte, nämlich die verdorbenen oder vergifteten Bestandteile der Torte.
Realistischer und vernünftig erscheint die Betrachtungsweise, unsere Verstrickungen in die Welt der Materie und des Lebens als unvermeidliche Wirkungen chemischer, biologischer, mechanischer, sozialer und ökonomischer Kräfte aufzufassen, für die wir keine unmittelbare Verantwortung haben, außer daß wir gezwungen werden, uns möglichst unverwundbar gegen diese Umwelteinwirkungen zu machen. Deshalb empfahl Cayce laufend eine rein physische (bzw. physikalische) Heilmethode für einen rein physischen Krankheitszustand: ein einfaches Gegengift im Falle einer Vergiftung; einen einfachen heißen Umschlag gegen Blutandrang; einen einfachen Ortswechsel, um günstigeres Klima zu haben.
Ein Sturz auf der Straße, der mit einem gebrochenen Arm endet, ist nach der hinlänglich bekannten Darlegung von Psychiatern und Psychoanalytikern angeblich Folge eines »unfall-geneigten« Wesens; also eines »Defektes« in der Persönlichkeit. Aber dieser Unfall mag auch auf keinen anderen Anlaß zurückgeführt gewesen sein als auf eine Mulde auf dem Gehsteig oder einen achtlosen Radfahrer. In solchen Fällen braucht man keine seelische »Tiefenschürfung« vorzunehmen, um eine angeblich tiefe innere Ursache oder einen Komplex für den Unfall zu finden. Geistige Hilfen wie Suggestion, Bejahung, bildliche Vorstellung, Gebet oder Glaube können in jedem Falle, was auch immer die wahre Ursache des Schadens sein möge, nützlich sein

und die Heilung beschleunigen, denn über die psychosomatischen Hintergründe wissen wir bis jetzt nur wenig. Doch werden wir gut daran tun, einen Gedanken wiederzugeben, den der in Trance befindliche Cayce oft aussprach: »Unfälle passieren oft; selbst in der Schöpfung.« Und dieser eine, ziemlich geheimnisvolle Satz sollte uns zum Nachdenken veranlassen, ehe wir jedes Geschehnis in irgendeine »nahtlose« Theorie einfügen, die alle ursächlichen Zusammenhänge entdeckt haben will.

Abgesehen von den Erörterungen über einzelne Ursachen und Hintergründe sind die physikalischen Heilweisen der Cayce-Botschaften in sich selbst bemerkenswert. Diese Heilmethoden, die ebenso in karmisch verursacht genannten Fällen als auch in denen, die ohne Erwähnung karmischer Zusammenhänge blieben, gleichermaßen empfohlen wurden, wären Stoff für ein Sonderstudium. Der Urheber der Botschaften traf durchaus eine sorgsame Auswahl unter den verschiedenen Heilmethoden und erwies sich als ein vorzüglicher Arzt. Eine Liste sämtlicher in den Akten enthaltener Behandlungsmaßnahmen, die praktisch empfohlen wurden, enthält Diätbehandlung, Körperübungen, Medikationen, Vitamintherapie, Kräuterheilkunde und Kräuterpackungen, Operationen, Massagen, Chiropraktik, Wasserheilkunde, Elektrotherapie und zwei Behandlungsarten, welche die »radio-aktive« und die »Feucht-Zellen-Behandlung« genannt wurden.

Die letzteren beiden Arten sind gleichsam durch »die Botschaften selbst entstanden«; das heißt, die Anweisungen zu ihrer »Erfindung« wurde ebenfalls in den Botschaften erteilt, und ihre Anwendung wurde daraufhin in Hunderten von Fällen empfohlen. Sowohl die vorbeugenden als auch die heilerischen Werte der Chiropraktik wurden ebenfalls laufend genutzt, und einige besonders bemerkenswerte Heilungen und Hilfen wurden notiert, die von der Behebung kindlicher Sehstörungen bis zur Erleichterung des Geburtsvorgangs reichen.

Diese und viele andere Original-Heilmethoden entstammen den Cayce-Botschaften. Für die Aufgabe, alle diese Methoden wissenschaftlich zu untersuchen und ihren Wert in Fällen aufzuzeigen, in denen die medizinische Wissenschaft ihr Urteil »hoffnungslos« gesprochen hat und zur Herausarbeitung der wichtigsten fachlichen Berichte über die einzelnen Heilmethoden, findet sich hoffentlich eines Tages ein qualifizierter Forscher mit medizinischer Ausbildung.

Doch das Material der Cayce-Botschaften umfaßt auch eine neue große Philosophie der Heilkunst, eine neue große vereinigende Weisheit für die Menschheit. Denn die Menschen scheinen eine Einheit zu sein, die aus den drei Grundebenen »Körper, Seele und Geist« besteht. Diese Dreiheit des Menschen wird von der dreifaltigen Natur der Gottheit abgeleitet und wird in der Folge auf die drei großen Wissens- und Erfahrungsgebiete übertragen, welche die Menschheit durch die Jahrhunderte hindurch entwickelt hat: Heilkunde, Seelenkunde und Religion. Diese drei großen Weisheitszweige haben sich oft voneinander getrennt; aber vielleicht ist diese Trennung nur eine Folge der Unkenntnis der Menschen über sich selbst gewesen. Vielleicht sind in Wahrheit der Arzt, der Psychologe und der Priester drei Werker am gleichen Arbeitstisch, drei Bildner des gleichen Werkstoffs, drei Wärter des gleichen göttlichen Feuers.

Kapitel 9

Eine neue Dimension in der Psychologie

Die Lösung von Denksportaufgaben ist eine lehrreiche Freizeitbeschäftigung. Vielen dieser kleinen Rätselfragen liegt ein bezeichnendes logisches Prinzip zugrunde. Vielleicht können wir die Lehren aus einem einfachen Streichholztrick auf das wichtigste aller Rätsel, das Rätsel um das Wesen des Menschen, seine Herkunft und sein Ziel, anwenden.

In diesem Trick werden einer Person sechs Streichhölzer gegeben, und sie wird gebeten, damit die Umrisse vier gleichschenkliger Dreiecke zu formen. Die Person beginnt vertrauensvoll mit der Zurechtlegung von Dreiecken; doch ihre Zuversicht schwindet alsbald. Schließlich gibt sie es auf, die Lösung zu finden. Diese Aufgabe kann nicht gelöst werden, ohne daß drei Dimensionen anstatt nur zwei zur Hilfe genommen werden. Statt der fruchtlosen Versuche, flache Dreiecke zu bilden, muß man die Streichhölzer zu einer Pyramide aufstellen.

Das Rätsel des Menschen ist in gewisser Hinsicht diesem Streichholzproblem vergleichbar. Nur durch Hinzufügung einer weiteren Dimension zu den drei vertrauten, in diesem Falle der Dimension der Zeit, scheint es wahrscheinlich zu werden, daß sich der Mensch selbst verstehen kann.

Geburt und Tod des menschlichen Körpers wird gewöhnlich als Anfang und Ende des Menschen angesehen. Wenn jedoch wissenschaftlich bewiesen werden kann, daß der Mensch nicht nur aus dem Körper besteht, sondern daß eine Seele diesen Körper bewohnt, und daß darüber hinaus diese Seele schon vor der Geburt existiert hat und nach dem Tode des Körpers weiterexistiert, so würde diese Entdeckung die ganze Wissenschaft der Psychologie umformen. Es wäre so, als hätte man einen Schacht bis in tiefe Schichten gesenkt; die moderne »Tiefen«-Psychologie würde sich dagegen nur noch ausnehmen wie der Vorstoß in eine Ackerkrume, um Gemüse zu pflanzen, gegenüber dem Bohrschacht eines Ölturms.

Zunächst würde eine solche hinzugefügte Zeitdimension das menschliche Verständnis für persönliche Wesenszüge erweitern. Psychologen haben vor einiger Zeit ausgedehnte statistische und klinische Untersuchungen über die Zusammensetzung der menschlichen Persönlichkeit vorgenommen. Diese Studien sind Denkmäler des menschlichen Erfindergeistes; sie haben mannigfache praktische Anwendung im Alltag, bei der Berufsberatung und in der klinischen Psychologie gefunden – und doch befassen sich diese ausgedehnten Forschungsunterlagen nur mit einer gleichsam dünnen Oberflächenschicht der menschlichen Persönlichkeit.

Die Annahme des Reinkarnationsprinzips wirft jedoch helles Licht auf den bisher unbeachteten Hintergrund der Persönlichkeit. Die so beleuchtete Landschaft hat ihren eigenen seltsamen und schönen Reiz; doch ihre besondere Bedeutung liegt darin, daß in ihr die verschlungenen Pfade erkannt werden können, auf denen die Eigenarten, Fähigkeiten und Verhaltensweisen der gegenwärtigen Persönlichkeit erworben wurden. Oder, um die Analogie zu wechseln, ist es so, als ob die Erkenntnis der Reinkarnation die bisher unter dem Wasser verborgenen »acht Neuntel des Eisbergs« sichtbar gemacht hätte, welche die Psychologen bisher nicht gekannt haben, aber dafür das restliche sichtbare Neuntel – des menschlichen Charakters natürlich – um so gründlicher erforschten.

Die Cayce-Akten bieten zahlreiche Beispiele für diese hinzugefügte Zeitdimension und für die Art, in welcher diese die gegenwärtige Persönlichkeit verdeutlicht. In einer Botschaft wird von einem Soldaten berichtet, der in die Gefangenschaft Hannibals geriet und zum Ruderdienst in die Galeeren auf die Handelsschiffe gezwungen wurde. Von seinen farbigen Aufsehern wurde er grausam behandelt und von einem schließlich erschlagen. Das hatte sich vor drei Inkarnationen zugetragen; doch ein im Unterbewußtsein tiefsitzender Haß auf die farbige Rasse war durch jene fast zweiundzwanzig Jahrhunderte zurückliegenden furchtbaren Erfahrungen immer noch zurückgeblieben. In seiner letzten Inkarnation war diese Wesenheit Farmer in Alabama gewesen. Sein ganzes Leben hindurch hatte er damals unversöhnlich und unbarmherzig Neger gehaßt und hatte schließlich sogar eine Gesellschaft zur Sicherung der Vorrangstellung der weißen Rasse gegründet.

Dieses Beispiel ist typisch für die Übernahme eines Verhaltens von einem Leben in das nächste. In den Lebensbotschaften der Cayce-Akten sind Dutzende ähnlicher Fälle aufgezeichnet worden.

So hat eine bestimmte einflußreiche Journalistin viele Jahre lang eine ausgesprochen antisemitische Einstellung genährt. Es geht aus ihrer Lebensbotschaft hervor, daß sie diese Haltung in Palästina erworben hat, wo sie den Samaritern angehörte, die in dauerndem scharfen Kampf gegen ihre jüdischen Nachbarn gestanden haben.

Eine achtunddreißigjährige unverheiratete Frau hatte verschiedene Liebeskontakte in ihrem Leben gehabt, ohne daß sie sich, ihres tiefsitzenden Mißtrauens gegenüber Männern wegen, zu einer Ehe hätte entschließen können. Dieser Komplex geht auch auf eine Erfahrung in einem Vorleben zurück. Ihr Ehemann hatte sie verlassen, um sich an den Kreuzzügen zu beteiligen.

Einer Frau, deren Toleranz gegenüber religiösen Bekenntnissen bemerkenswert war, wurde in ihrer Botschaft gesagt, daß sie diese Charakterqualität auf einem Kreuzzug erworben habe, der sie unter die Mohammedaner geführt habe. Als sie diese Bekenner eines fremden Glaubens zum ersten Male traf, hatte sie sogleich erfreut bemerkt, daß auch Nichtchristen die Eigenschaften des Mutes, der Güte, der Barmherzigkeit und des Idealismus besitzen. Dieser Eindruck war so tiefgehend, daß sie die Haltung der religiösen Duldsamkeit fortan beibehielt.

Ein umgekehrtes Beispiel haben wir in einem Büroangestellten von grundlegender Skepsis gegenüber allen religiösen Bekenntnissen. Auch er war in seinem Vorleben ein Kreuzritter gewesen; er war jedoch so schmerzlich von der Kluft zwischen religiösem Bekenntnis und Tat seiner Glaubensbrüder enttäuscht worden, daß sich in ihm seither ein kaum ausrottbares Mißtrauen gegen eben jene äußeren Glaubensbekenntnisse entwickelt haben.

Wir haben es in den geschilderten Fällen also mit Haltungen gegenüber Rasse, Geschlecht und Religion zu tun; deren Ursachen ist wahrscheinlich in jedem Falle in einer früheren Inkarnation gelegt worden. Natürlich müssen in jedem der Fälle bestimmte zeitbedingte Umweltumstände vorgelegen haben, um solche Reaktionen hervorzurufen. Der Mann, welcher Neger haßte, war im Süden der Vereinigten Staaten im Jahre 1853 geboren worden. Die Gebräuche und Überlieferungen seiner Umwelt förderten den Keim seiner rassischen Vorurteile. Ähnlich gelagerte Möglichkeiten zeitbedingter Einflüsse müssen bei den anderen erwähnten Fällen angenommen werden, und sie kommen auch bei vielen der zahlreichen Lebensbotschaften in den Cayce-Akten überhaupt in Frage. Jedoch die Hartnäckigkeit vieler solcher Verhaltensweisen und die Tatsache, daß andere Menschen, die den gleichen Umweltbedingungen ausgesetzt sind, keineswegs in der gleichen Weise reagieren, weist auf eine viel tiefer begründete Ursache als die im gegenwärtigen Leben vorherrschende Umwelt hin.

Psychiater stimmen in der Ansicht überein, daß die hauptsächlichen seelischen Verhaltensweisen im Unterbewußtsein verankert sind. Die verschiedenen Inkarnationen erweitern aber den Erfahrungsbereich des Unterbewußtseins und schließen die ganze Lebendigkeit der Erfahrungen früherer Leben mit ein. Im Falle körperlicher Leiden wird ein längerer Zeitraum berücksichtigt, in dem der Ursprung des Leidens gefunden werden mag.

Gleiche Verhaltensweisen, Vorlieben, Vorurteile und Interessen sind eine wichtige Komponente der menschlichen Persönlichkeit. Die Grundinstinkte des Selbsterhaltungstriebs, des Nachahmungsbestrebens und der Herrschsucht sind insgeheim auch in unsere mehr oberflächlichen Neigungen verflochten. Trotzdem besteht über und jenseits dieser Grundtendenzen, die allen Menschen gemeinsam sind, weitgehende Verschiedenheit in der Art und Weise, wie sich diese primären Triebe bei den einzelnen Menschen zum Ausdruck brachten und auch Formen der Begeisterung und höheren Neigungen annahmen.

In der gleichen Familie mit fünf Kindern mag zum Beispiel das eine Kind ein reges Interesse für Schmetterlinge entwickeln, das andere für Musik, ein drittes für Mechanik und Technik, das vierte an Malerei und das fünfte an Schelmenstreichen. Die hergebrachte Psychologie erklärt diese Verschiedenheit der Begabungen, Neigungen und Ansichten der einzelnen Menschen mit der in erster Linie vorbestimmten Erbmasse, die in den Genen beschlossen liegt; und in zweiter Linie werden psychoanalytisch zu erfassende Faktoren der Stellung und der Erlebnisse im familiären Umraum als Erklärung herangezogen. Diese Erklärungen sind durchaus vernünftig innerhalb ihres Bereiches; doch für einen Forscher, der auch die Möglichkeit der Reinkarnation in Betracht zieht, sind diese psychologischen Deutungen unausreichend. Die Cayce-Botschaften führen Begabungen und Neigungen auf die Erbmasse der Seele selbst anstatt auf die Erbmasse ihrer Großeltern zurück. In unserer angenommenen Familie mit den fünf Kindern hätten nach der Ansicht Cayces Umstände in den Vorleben gewaltet, welche die Grundlage für die jetzigen Eigenarten gebildet haben.

Die Cayce-Akten enthalten die folgenden Beispiele von Begabungen oder Neigungen aus Vorleben. Ein gewisser New Yorker Zahnarzt

wurde in der Metropole geboren und wuchs in der Riesenstadt auf, wo er auch jetzt erfolgreich seinem Beruf nachgeht. Seine Familie war seit vielen Generationen in der Großstadt ansässig. Obwohl dieser Zahnarzt zufrieden in seinem Beruf und auch in der Stadt war, fühlte er von Zeit zu Zeit den unwiderstehlichen Drang, in die Felder und Wälder hinauszuwandern und in der unberührten Natur allein zu hausen. Dieser ausgeprägte Drang zum natürlichen Leben ist, obwohl nicht ungewöhnlich an sich, doch nicht typisch für einen durch und durch städtisch ausgerichteten Menschen. Durch die Reinkarnationslehre wird dieser Vorgang aber klar. Nach den Cayce-Botschaften war dieser Mann in einem früheren Leben ein Däne, der zur Zeit der ersten holländischen Niederlassungen nach Amerika kam. Er hatte in New Jersey in einer Gegend vieler Marschen, Seen und Flüsse gelebt und war Pelztierjäger gewesen. Das Bedürfnis nach Wäldern und Strömen blieb in ihm, obwohl es jetzt der erstrangigen Lebensaufgabe untergeordnet werden muß. (Eine persönliche Folgerung möchte ich hier anknüpfen: Wenn dieser Mann der unbedingt unethischen Tätigkeit, Pelztiere zu jagen, nachgegangen ist, so scheint seine Berufswahl, Zahnarzt zu werden, also einen Helferberuf zu ergreifen, als eine Art »Wiedergutmachungshandlung« angesehen werden zu müssen. Anmerkung des Übersetzers.)
Viele Menschen fühlen sich fast unwiderstehlich von einem bestimmten geographischen Ort, einer Landschaft, einer Stadt angezogen. Solches Anziehungsempfinden wird durch die Botschaften stets auf einen früheren glücklichen Aufenthalt an dem betreffenden Ort zurückgeführt. Eine Geschäftsfrau von der amerikanischen Ostküste sehnte sich beispielsweise viele Jahre nach dem südwestlichen Gebiet der Vereinigten Staaten. Schließlich war sie in der Lage, die Umsiedlung durchzuführen, und sie lebt jetzt in New Mexico, wo sie als Geschäftsführerin eines Hotels wirkt. Ihrer Botschaft gemäß hatte sie bereits zweimal in diesem Landesteil gelebt, und ihre Vorliebe für diese Gegend hatte die dazwischenliegenden Jahrhunderte überstanden.
Vier Menschen, die eine entsprechende ausgeprägte Vorliebe für die Südsee-Inseln, New Orleans, Indien und China hatten, wurde kundgetan, daß sie auch bereits in Vorleben an diesen Orten oder in diesen Gegenden gewesen sind und dort besondere Erlebnisse hatten, weshalb sie sich also nach diesen Gegenden besonders hingezogen fühlten.
Vorliebe für bestimmte künstlerische und berufliche Tätigkeiten wird

in ähnlicher Weise von den Botschaften auf vergangene Erfahrungen zurückgeführt. Das ungewöhnliche Interesse einer Frau für altgriechische Tänze und Dramen entstammte ihrer Beschäftigung mit diesen Gebieten, als diese in Griechenland auf ihrem Höhepunkt standen. Die ungewöhnliche Hinneigung eines Jungen zum Gebiet der Telepathie hatte seinen Ursprung in seiner Inkarnation in Atlantis, während der er als Lehrer für Psychologie und Gedankenübertragung wirkte. Das nahezu fanatische Interesse eines hübschen Mädchens an der Fliegerei stammte ebenfalls von ihrer Tätigkeit in Atlantis als Pilot und Nachrichtenübermittler. Das Bestreben einer Frau, verkrüppelten Kindern zu helfen, hatte seinen Ursprung in Palästina, wo sie unter dem Einfluß der Lehren Jesu, am Leiden der Krüppel und Kranken mitzufühlen begann. Ein forschender Ingenieur, der viele Jahre führende Stellungen innehatte, war einst in Atlantis bei der staatlichen wissenschaftlichen Forschung tätig gewesen.

Diese Neigung, die aus ferner Vergangenheit bis heute erhalten geblieben ist, scheint besonders deutlich in den Lebensgeschichten bemerkenswerter Persönlichkeiten als grundsätzliches Phänomen vorhanden zu sein. Wir beziehen uns hier gar nicht auf den Inhalt der ganzen Cayce-Botschaften, sondern sehen bekannte biographische Fakten im Leben bedeutender Menschen im Lichte der durch Cayce gegebenen Daten.

Betrachten wir zum Beispiel den Fall des deutschen Archäologen HEINRICH SCHLIEMANN, der die Ruinen der Stadt Troja ausgrub und damit die historische Grundlage des epischen Werks des großen Homer bewies. Schliemann war der Sohn eines armen Pastoren in einem norddeutschen Dorf; doch seit früher Kindheit war er von Homers »Ilias« ergriffen gewesen und wurde von dem Ehrgeiz erfaßt, Griechisch zu lernen und die Originalstätte der Geschichte von Troja zu finden.

Während der ersten fünfunddreißig Jahre seines Lebens erwarb sich Schliemann das Rüstzeug, das ihn später befähigen sollte, seine archäologische Absicht zu verwirklichen. Er wurde ein außergewöhnlicher Sprachenkenner; doch besonders war er über das Griechische und alle mit Hellas zusammenhängenden Dinge begeistert. In späteren Jahren gebrauchte er bei Unterhaltungen homerische Anredeformen, und sein Biograph berichtet, daß er ein Exemplar von Homers Werken über den Kopf seines Sohnes hielt und homerische Verse deklamierte, ehe er seinen Sohn dem griechischen Priester zur Taufe übergab. Diese Geschichte ist nur eine von Hunderten ähnlicher Absonderlichkeiten Schliemanns. Eine so ungewöhnliche Hinneigung zu fremden Kulturkreisen wird verständlich, wenn man das Phänomen als eine Art von Heimweh der Seele ansieht, die sich an das Zeitalter und deren Plätze erinnert, wo sie glücklich war und sich nun in die gleiche Umwelt zurückzuversetzen sucht.

Zahlreiche andere Beispiele derselben Art bieten sich in den biographischen Überlieferungen an. Hier haben wir den Fall des Schriftstellers LAFCADIO HEARN. Als Sohn eines irischen Vaters und einer griechischen Mutter wurde er auf einer Ionischen Insel geboren und reiste von Griechenland über England und Amerika nach den Französisch-Westindischen Inseln, um aber schließlich in Japan seine »wahre geistige Heimat« zu finden. Dort heiratete er eine Japanerin, nahm einen japanischen Namen an und wurde Lehrer in einer japanischen Schule. Seine verblüffende intuitive Auffassung der japanischen Lebensart und Mentalität sowie seine außergewöhnliche Fähigkeit, japanisches Wesen den Abendländern und abendländisches Wesen den Japanern zu vermitteln, erscheinen weniger unwahrscheinlich, wenn man ihn als einen früher in Japan Inkarnierten annimmt, der unwiderstehlich gezwungen wurde, seine frühere Welt wieder auferstehen zu lassen.

T. E. LAWRENCE ist ein weiteres Beispiel eines Mannes, der »es in seinem Blut hatte«, wie einer seiner Biographen in bezug auf seine meisterliche Vertrautheit mit dem arabischen Volk und dessen Gebräuchen schrieb. Und wirklich wurde Lawrence auch einer dieses Volkes. Er war niemals »zu Hause« in seinem Heimatland England oder bei seiner englischen Familie; er fühlte sich dort nicht zugehörig. Die Schule langweilte ihn bis auf Erweckung seines Interesses für die Kreuzzüge und das Studium der mittelalterlichen Burgen und Befestigungen. Sein phänomenaler Erfolg als militärischer Anführer der Araber kann vielleicht als die Vervollständigung einiger zurückliegender Abenteuer im Mittelalter erklärt werden, als er selbst ein Araber und Militärstratege gewesen ist, jedoch starb, ehe er seine unterbewußt als damaligen Lebenszweck empfundenen Pläne erfüllt hatte.

Exotische Hinneigungen wie diese kann man nicht nur unter den großen oder quasi großen Menschen finden; sie können auch in den Kreisen unserer näheren Bekannten entdeckt werden.

Charakterzüge in Form bestimmter Vorlieben sind wichtige Faktoren für die Persönlichkeitsanalyse, und die Cayce-Akten tragen einige faszinierende Fälle dieser Art bei, die auf Ursprünge in früheren Leben deuten. Die Frau eines Millionärs im Mittelwesten war extrem

herrschsüchtig veranlagt. Ihre Lebensbotschaft schrieb diese Veranlagung auf ihren Beruf eines Schullehrers in der Frühzeit von Ohio zurück und verkündete außerdem, daß sie Machtpositionen während ihrer Inkarnationen in Palästina und Indien innegehabt habe.
Ein Schuljunge zeigte seit frühester Kindheit eine außergewöhnliche Begabung für logische Argumentation und große Verstandeskräfte. Diese Eigenschaften waren auf seine Inkarnation als Rechtsvertreter zur Zeit König Alfred des Großen und auf eine vorhergehende Inkarnation als Richter in Persien zurückzuführen.
Eine zur Mystik geneigte Frau war im Vorleben das Haupt einer religiösen Geheimsekte im frühen neunzehnten Jahrhundert gewesen.
Ein wohlhabender junger Mann, dessen ausschweifendes Trinkerleben die Schande und Verzweiflung seiner gesitteten Familie war, hatte die Grundlage für diese Schwäche in seinem liederlichen Lebenswandel während der Zeit des amerikanischen Goldrausches gelegt.
Hunderte von Beispielen dieser Art finden wir ebenfalls in den Lebensbotschaften. Jeder, der mit der Psychologie der individuellen Verschiedenheiten des Menschen und den damit verbundenen Problemen vertraut ist, kann nicht umhin, zuzugeben, daß dieses Material der Cayce-Akten, wenn es auf Tatsachen beruht, neues vertieftes Verständnis für die Natur des Menschen und damit neue psychologische Wege erschließt.
Das Problem liegt darin, daß die moderne Psychologie annimmt, daß die Unterschiede der menschlichen Individuen erstrangig von den Erbträgern, den Genen der Eltern und zweitrangig durch Umwelteinflüsse verursacht werden. In der Sicht der Reinkarnationisten hingegen sind sowohl Erbmasse als auch Umwelt selbst das Ergebnis karmischer, vor diesem Leben geschaffener, Ursachen. Jede seelische Eigenschaft entsteht also doch durch uns selbst anstatt durch unsere Eltern.
In der Vererbungstheorie gibt es einen bestimmten Trugschluß, der nicht allgemein erkannt wird. Die Vererbungslehre setzt voraus, daß ein geistiges Phänomen durch einen biologischen Vorgang geschaffen werden kann. Erinnern wir uns hier an Einsteins kühne Antwort auf die Frage, wie er zur Entdeckung der Relativität gekommen sei. »Indem ich ein Axiom umstürzte!« entgegnete er. (Ein »Axiom« ist ein sogenannter »unumstößlicher«, »sich selbst beweisender« Grundsatz.) Es scheint somit angebracht, auch die fundamentale Annahme, auf der die Vererbungslehre basiert, »umzustürzen«. Gewiß steht das

Wissen der Menschheit über den Zusammenhang von Geist und Körper immer noch auf einer Anfangsstufe. Doch es erscheint glaubwürdiger und psychologisch vernünftiger, wenn man folgert, daß Phänomene geistiger Art auch wieder von einer Ursache überwiegend geistiger Art abhängen. Dasselbe Prinzip läßt sich auf die seelische und körperliche Ebene übertragen. »Alles, was du bist«, sagte Buddha, »ist das Ergebnis dessen, was du gedacht hast.« In jener psychologisch konsequenten Religion oder Anschauung, dem Buddhismus, bildet die Reinkarnation natürlich eine Grundlehre. Buddha lehrte, daß eines Menschen Eigenarten die Ergebnisse seiner Denkweisen und seiner Handlungen in vergangenen Inkarnationen sind. Von einem mehr mechanistischen Standpunkt aus gesehen, erscheint die Folgerung vernünftig, daß persönliche Fähigkeiten nur auf persönliche Anstrengungen zurückgeführt werden. Wenn das so ist, ergibt sich notwendigerweise, daß sämtliche Unterschiede zwischen den gegenwärtig lebenden Menschen die Wirkungen von Taten oder Unterlassungen derselben Menschen in der Vergangenheit sind.

RALPH WALDO EMERSON, ein berufener Kenner östlichen Denkens und der Bhagavadgita, der »Hindu-Bibel«, verstand die oben ausgeführte Konzeption durchaus. Sie ist in die meisten seiner Schriften verwoben und wird besonders in seinem Aufsatz über die Erfahrung deutlich. Dieser Aufsatz beginnt:

»Wo befinden wir uns? In einer Reihe, deren Enden wir nicht kennen und glauben, daß es keine gibt.

Wir erwachen und finden uns auf einer Treppenstufe; es gibt Stufen unter uns, die wir bestiegen zu haben scheinen; da sind Stufen über uns, mehr als eine, die weiter aufwärts und aus unserem Blickfeld herausführen. Doch der Genius, der uns nach altem Glauben bei unserem Lebenseintritt erwartete und uns den Trank des Vergessens reichte, damit wir nichts erzählen mögen, mischte einen zu starken Trank – und wir können nun am hellen Mittag unsere Schlaftrunkenheit noch nicht abschütteln.«

Emerson nennt das Wort »Reihe« und meint das Entwicklungsgesetz allen Lebens damit; sein Bild der Treppenstufen ist besonders geeignet, um die Entwicklung der menschlichen Fähigkeiten nach Maßgabe der Anzahl der Inkarnationen darzustellen. In den Daten der Cayce-Akten ist auch eine Art treppenförmiger Entwicklung der menschlichen Wesenszüge und Begabungen festzustellen. Diese Tatsache kann man als »Stetigkeitsprinzip« bezeichnen. In folgender Weise kann es graphisch dargestellt werden:

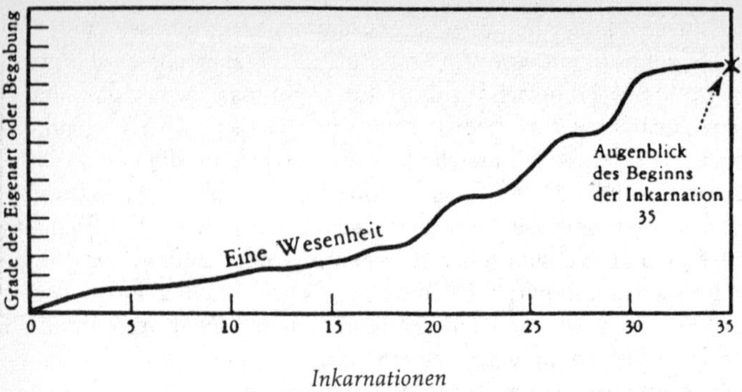

Diese Zeichnung verdeutlicht, wie die Wesenheit durch Entwicklung irgendwelcher Wesenszüge (wie Ehrlichkeit, Mut, Selbstlosigkeit) oder Begabungen (wie Musiktalent, künstlerische oder mathematische Fähigkeiten usw.) stetig fortschreitet. Wenn wir den in diesem Diagramm gezeigten Fortschritt der Persönlichkeit beispielsweise auf musikalische Begabungsentwicklung übertragen, könnten wir etwa ablesen, daß dieser Mensch in seiner ersten Inkarnation ein rudimentäres Instrument, etwa eine Rohrflöte, zu spielen begann. In den Inkarnationen 2, 3, 4 und den folgenden gebrauchte er die Musikinstrumente der entsprechenden späteren Epochen und entwickelte nach und nach die Beherrschung der Tonlage, des Rhythmus, des musikalischen Gehörs und alle die Komponenten, die zusammen die musikalische Begabung bilden. Schließlich wurde er in seiner Inkarnation 35 mit jenem außerordentlichen Talent geboren, das als Genialität bekannt ist. (Selbstverständlich muß auch bedacht werden, daß das Phänomen der echten künstlerischen Genialität außer der notwendigen eigenen Übung der Eingebung aus höheren bzw. göttlichen Quellen zu seiner Bildung bedarf. Intuition und Inspiration konstituieren also gleichsam die geniale Leistung. Anmerkung des Übersetzers.)
Die neue Weite und Tiefe, die der Psychologie der individuellen Unterschiede durch das »Stetigkeitsprinzip« der Reinkarnation gegeben wird, wird durch die folgende Zeichnung noch besser verdeutlicht, in der die Wesenheiten »John« und »Peter« in der Entwicklung ihrer musikalischen Begabung bis zum Augenblick ihrer Geburt in die 40. Inkarnation verglichen werden.

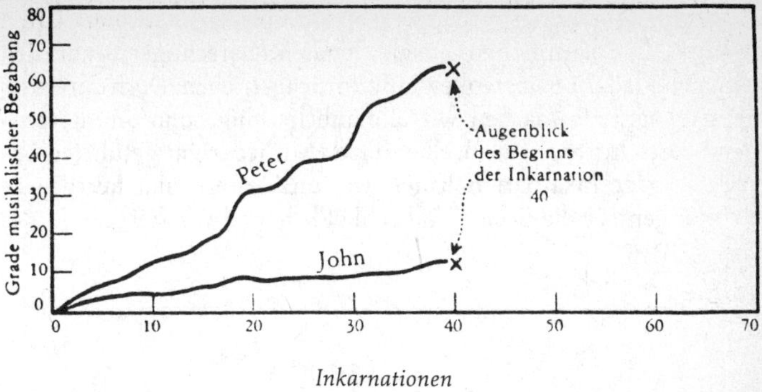

Diese Skizze zeigt, daß die Wesenheit, die Peter genannt wird, sich durch viele Inkarnationen der Musik gewidmet hat. Die Wesenheit namens John hat sich hingegen nur geringfügig der Musik gewidmet. In unserer willkürlich eingesetzten »Begabungs-Skala« für Musik nehmen wir den Grad 60 als Zeichen der einsetzenden »Genialität« an. Zum gleichen Geburtsaugenblick ist Peter dann ein musikalisches Genie, während John nur eine schwache musikalische Begabung besitzt. Ähnliche Diagramme könnten natürlich in bezug auf jede menschliche Begabung aufgestellt werden, und damit wäre eine Grundlage für die Wissenschaft von den individuellen Verschiedenheiten gegeben. Der Grund für die Verschiedenheit der menschlichen Anlagen bei der Geburt wird klar.

Leider stellen sich viele Menschen, welche die Karmalehre angenommen haben, unter Karma nur Begriffe der Bestrafung und des Leidens vor. Es muß deshalb nochmals betont werden, daß »Karma« wörtlich *Handlung* und *Tat* bedeutet; also ein neutrales Wort ist. Alles im offenkundigen Universum untersteht der Polarität bzw. ist positiv und negativ. Das Karma bildet dabei keine Ausnahme. Eine Tat kann natürlich gut oder schlecht, selbstlos oder selbstsüchtig sein. Wenn eine Handlungsweise gut ist, so wird sie normalerweise auch ihre natürliche Entwicklung zum Guten behalten; wie vorgeschlagen, kann man hier vom »Stetigkeitsprinzip« des Karma sprechen. Wenn jedoch die Handlungsweise bösartig oder unsauber ist, so muß sie bereinigt werden; dieses vollzieht sich durch das Gesetz von Ursache und Wirkung und kann das »Vergeltungsprinzip« des Karma genannt werden.

Durch das Vergeltungsprinzip werden wir mittels des schmerzhaften Zwanges der karmischen ausgleichenden Gerechtigkeit auf den schmalen Pfad der Selbstvollendung zurückgetrieben. Doch durch das Stetigkeitsprinzip machen wir allmählich ruhige und ununterbrochene Fortschritte auf demselben Pfad. Mit jeder gut geführten Lebenszeit oder Inkarnation bauen wir uns festere und herrlichere Wohnungen für die Seele. Und schließlich sind wir frei.

Kapitel 10

Psychologische Menschentypen

»Es gibt zwei Sorten von Menschen auf der Welt; solche, die die Welt in zwei Sorten von Menschen einteilen und solche, die das nicht tun«, sagte ROBERT BENCHLEY und formulierte mit seinem geistreichen Humor eine Typologie, die ebenso gültig wie manche andere ist.

Er befaßte sich auch mit der grundlegenden Verschiedenheit in den Ansichten der Psychologen der letzten Jahre in bezug auf die menschliche Persönlichkeit. Es gibt also jene Psychologen, die die Welt in gewisse Typen von Menschen einteilten und jene, die das nicht taten. Die ersteren sind Anhänger der sogenannten »Typenlehre« von der menschlichen Persönlichkeit und die letzteren vertreten die Charakterlehre. Beide Theorien sind Versuche, die Unterschiede zwischen den menschlichen Wesen zu analysieren und zu klären.

In unserem täglichen Umgang mit anderen Menschen erkennt jeder von uns bestimmte verschiedene Typengruppen, die wir nach bestimmten Systemen oder mit unserer eigenen »Methode« bestimmen. Da ist der gesellige, leicht ansprechbare und der zurückhaltende, schwer ansprechbare Typ; da gibt es den selbstsüchtigen, den egozentrischen Typ usw. Viele Psychologen haben auch gefolgert, daß Menschen sich selbst einer bestimmten Gruppe zuordnen, und es leuchtet ein, daß man seitens der Psychologen eine wissenschaftliche Basis für diese sogenannten Typen oder Gruppen zu finden suchte. Von diesem Gesichtspunkt aus sind viele Typologien entstanden. Beachtlich sind jene von Jung, Spranger, Kretschmer und Rosanoff; deren Methoden haben ernsthafte wissenschaftliche Anerkennung gefunden.

Wie SALOMO DER WEISE bestätigt das Reinkarnations-Prinzip sowohl die Charakter- und die Typentheorie über die Persönlichkeit; es zeigt aber zugleich die Schwächen beider Theorien auf. Wenn wir ein solches Typen-System im Lichte der Cayce-Botschaften betrachten, werden wir sehen, weshalb es sich so verhält.

Die dem Laien vielleicht am besten bekannte psychologische Typologie ist jene von Carl Jung – namentlich die »Introversion-Extraversion«-Methode. Nach Jungs Originalformulierung dieser Theorie liegt der wesentliche Unterschied zwischen den menschlichen Persönlichkeiten in ihrem Verhalten zu äußeren oder inneren Wirklichkeiten. In den lateinischen Fachausdrücken, die er für seine Theorie wählte, kann man dieses Prinzip am besten erkennen: »vert« bedeutet »gewendet, gerichtet«; »intro« heißt »innerhalb« und »extra« heißt »außerhalb«. Nach Meinung der Reinkarnationisten haben jedoch weder Jung noch die nach ihm gekommenen Psychologen befriedigende Erklärungen geben können, weshalb ein Mensch nun introvertiert und ein anderer extravertiert ist. Diese beiden psychologischen Grundhaltungen werden von Jung und den meisten anderen Autoren biologischen Ursachen zugeschrieben. Die Ansicht der Reinkarnationisten ist jedoch hier wie auch sonst, daß biologische Ursachen nur als sekundär betrachtet werden müssen, während das Verhalten im vorhergegangenen Leben der entscheidende Faktor für die heutige Seelenstruktur ist.

Die Weise, in der Erfahrungen aus vergangenen Inkarnationen auf die Seelenhaltung einwirken, wird aus vielen Fällen in den Cayce-Akten deutlich. Eine Untersuchung solcher Fälle zeigt, daß das Stetigkeitsprinzip hier offensichtlich in Form von Übertragungen bestimmter Verhaltensweisen oder »Muster« in die Seele arbeitet.

Ein Fall, der dieses klar zeigt, ist der einer einundzwanzigjährigen Studentin mit einiger musikalischer Begabung. Trotz ihres persönlichen Liebreizes war sie abnorm scheu und furchtsam und hatte große Schwierigkeiten, Kontakte zu bekommen. Sie war betrübt, nicht in eine studentische Gemeinschaft ihrer Universität aufgenommen worden zu sein. Die früheren Lebensumstände dieses Mädchens sind nicht bekannt; sehr wahrscheinlich gab es in ihrer familiären Umwelt Bedingungen, die zur Bildung ihres introvertierten (oder, wie Overstreet ihn nannte, kontraktiven, d. h. in sich eingeschlossenen) Typus führten.

Die Lebensbotschaft für dieses Mädchen besagte jedoch, daß ihre Wesenseigentümlichkeit auf eine frühere Inkarnation zurückzuführen sei. Sie war damals eine französische Dame von mancherlei Begabungen gewesen; sie war schön, gesellig und liebenswürdig. Doch ihr Ehemann, hochmütig und hart, konnte ihre Güte zu allen Menschen der Umgebung nicht ertragen. Folglich unterdrückte er jeden aufrichtigen und natürlichen Impuls in seiner Frau durch kalte Tyrannei und schlug sie zuweilen mit einer Peitsche. Die Reaktion war, daß sich die Frau furchtsam einkapselte; die Angst, mißverstanden und gezüch-

tigt zu werden, war in ihrem Unterbewußtsein bis in die Gegenwart verankert geblieben.
Einen ähnlichen Fall des Unterdrückungs-Komplexes haben wir in einem achtundzwanzigjährigen jungen Mann, obwohl die persönlichen und geschichtlichen Umstände völlig andere sind. Er war fleißig und von introvertierter Art. In seinem Vorleben hatte er nach der Cayce-Botschaft auf Grund der Hexenverfolgungen in Salem gelitten. Diese Erfahrungen hatten eine zweifache Wirkung auf seine gegenwärtige Natur. Zunächst blieb in ihm der Haß gegen alle Formen von Unterdrückung; und zweitens bekam er den Drang, zu studieren und die Früchte seines Studiums streng für sich zu behalten.
Es muß hier bemerkt werden, daß die Botschaften an dieser Stelle die Hexenverfolgungen zu Salem etwas anders als die Historiker betrachten. Das heißt, daß aus den Botschaften das damalige Bestehen echter spiritistischer Erscheinungen hervorgeht und daß eine Reihe von Menschen auch echte Erfahrungen übersinnlicher bzw. medialer Art hatten, die natürlich ein Ärgernis für die orthodoxe Auffassung jener Zeit bedeuteten. Im Falle dieses jungen Mannes ging nicht deutlich aus der Botschaft hervor, welcher Art seine Erfahrung gewesen war; doch auf Grund von Rückschlüssen aus anderen Botschaften aus jener Verfolgungszeit mag er den Drang verspürt haben, irgendein seltsames Erlebnis von sich selbst oder von anderen zu erzählen oder einen Verfolgten zu verteidigen, so daß er daraufhin festgesetzt und brutal behandelt wurde. Auch ein Hund oder eine Katze, die mißhandelt worden sind, werden mißtrauisch gegenüber Menschen werden. Somit leuchtet es ein, daß im Unterbewußtsein dieses Mannes das Mißtrauen gegenüber seinen Mitmenschen ebenfalls tief verwurzelt war und daß er bestrebt war, sein Wissen für sich zu behalten.
Die Cayce-Akten enthalten viele Fälle aus der Zeit der Verfolgungen zu Salem (USA), und die sich in diesem Leben alle in Form der gewissen Verkapselungstendenz bemerkbar machten. Wieder andere Fälle zeigen ganz verschiedene Ursachen für diese Kontaktscheu auf. Ein Arzt mit auffälliger Neigung zur Wortkargheit hatte sich diese Haltung in einer Vorinkarnation als Angehöriger der Quäker angewöhnt. Ein New Yorker führender Geschäftsmann zeigte keinerlei Hang zur Geselligkeit. In einem früheren Leben war er ein Forschungsreisender gewesen, der ein abgeschiedenes und genügsames Leben in Südafrika geführt hatte. Eine Studentin litt an schweren Minderwertigkeitskomplexen. Ihre Erfahrung als Indianerin im Vorleben hatte den Grund für ihr heutiges Empfinden gelegt, da sie sich

damals den Weißen hoffnungslos unterlegen vorkam. Ein Arzt aus Ohio war ungewöhnlich ängstlich und zurückhaltend und wurde beständig von Zweifel an seinem Können geplagt, obwohl er in seinem Beruf viel leistete. Die Ursache dieser Veranlagung legte die Botschaft in mißglückten Einsätzen für die Volkswohlfahrt im früheren Georgia dar. Seine Bemühungen wurden ungerechtfertigt belächelt und unterdrückt; seitdem wurde er nüchtern und verbittert und zog sich in sich selbst zurück, indem er an sich und an der Menschheit zweifelte.

Die psychologische Haltung der Introversion setzt sich nach dem Zeugnis der Cayce-Akten von einem Leben ins nächste fort, und das Ego schleppt seine mißlichen Erfahrungen aus einer früheren Inkarnation eine Weile mit.

Ähnlich funktioniert das Stetigkeitsprinzip im Falle der Extraversion. Ein außergewöhnliches Beispiel haben wir im Falle einer geschiedenen Enddreißigerin mit extravaganten Neigungen und von gesellschaftlicher Vielseitigkeit. Der Cayce-Botschaft zufolge lag die Ursache für ihr übersprudelndes Temperament in zwei früheren Leben. Im letzten war sie Tanzsaal-Besitzerin in den frühen Siedlerjahren Amerikas, und im vorletzten Leben war sie eine der Hofdamen beim französischen König Ludwig XIV. gewesen. Diesem Leben am Hofe verdankt sie ihre Gaben der Diplomatie und Faszination und die Fähigkeit, »vom König bis zur Dienstmagd jeden um den Finger zu wickeln«, wie es in der Botschaft heißt. Als Tanzsaal-Besitzerin konnte sie diese Gaben anwenden und weiterentwickeln, bis sie durch Schicksalseinschränkungen und eine dadurch erfolgte Sinnesänderung ihr Glück im Dienst an den Mitmenschen ihrer Gesellschaftsschicht fand.

Ein zweiter bemerkenswerter Fall ist der eines New Yorker Artisten und Zauberkünstlers von großer persönlicher Liebenswürdigkeit, dem leicht Freunde zuflogen und der die Gabe des Humors besaß. Auch diese für viele beneidenswerten typisch extravertierten Eigenschaften sind auf Grund der Cayce-Botschaften zwei Vorinkarnationen zuzuschreiben. Die letzte der genannten Inkarnationen verlebte dieser Mann als Frühsiedler im Mohawk-Tal, wo er die verschiedenen Niederlassungen zu vereinigen suchte. »Obwohl die Wesenheit damals nicht lange lebte«, lautete die Botschaft, »hatte er doch durch seine damalige Umgebung die Entfaltungsmöglichkeit jener einen, doch hervorragenden Charaktereigenschaft, die ihm seinen guten Einfluß auf Menschen in der Gegenwart schuf.«

Zum Teil stammen die Liebenswürdigkeit und die Führungsqualitäten des Mannes von seinen idealistischen Einsätzen im frühen Amerika, während sein Witz, seine Schlagfertigkeit und sein Humor in einem Leben als Hofnarr beim englischen König Heinrich VIII. erworben wurde. Offensichtlich war er auch in der Politik aktiv und nahm ein ernsthaftes Interesse an der Förderung der sozialen Zustände des Landes und entwickelte schließlich diplomatischen Einfluß beim Hofe.

Sämtliche Fälle extravertierter Haltung scheinen nach den Cayce-Akten das Ergebnis irgendeiner besonderen gesellschaftlichen Aktivität in früheren Leben zu sein.

Wichtig ist auch die Untersuchung des Problems, wodurch introvertierte Menschen im Laufe verschiedener Inkarnationen extravertiert werden und umgekehrt. Dabei muß daran erinnert werden, daß die Worte Introversion und Extraversion die nach innen bzw. nach außen gerichtete Haltung der Aufmerksamkeit bedeuten; die Worte selbst zwingen schon zu einer bestimmten psychologischen Empfindungsrichtung. Nach allen Beobachtungen scheint es so zu sein, daß eine seelische Grundhaltung wie jede andere Art von Haltung zum Beharren neigt, falls sie nicht gewaltsam zur Änderung gezwungen wird.

Ein Menschenwesen mag durch viele Inkarnationen mit der indifferenten Seelenhaltung eines Tieres gehen, von dem auch nicht gesagt werden kann, daß es introvertiert oder extravertiert sei. Doch schließlich, nehmen wir an in der 19. Inkarnation, mag irgend etwas geschehen, wodurch die Seele zur Wendung nach Innen veranlaßt wird. Vielleicht macht eine Lähmung oder eine andere körperliche Schwäche dieser Seele ein Leben in der gleichen entspannten, extravertierten Haltung wie seine Mitmenschen unmöglich.

Die nach innen gewendete Haltung wird zunächst durch ein, wenn auch wahrscheinlich unbequemes, gesundheitliches Geschehen ausgelöst. Obwohl es sich hierbei zuerst um ein rein äußerliches Ausgleichsverhalten zu handeln scheint, werden doch die Wahrnehmungsfähigkeiten des Menschen für geistige Werte, sein Sinn für unmaterielle Wirklichkeiten geweckt. Doch das Trägheitsprinzip führt den Menschen zur Beibehaltung dieser Selbstbesessenheit und läßt ihn in seinem Schutzturm verharren, von dem aus ihm die übrige Welt nicht weiter beachtenswert oder wesentlich erscheint. Die Neigung zu kühler Absonderung entfremdet ihn seinen Mitmenschen mehr und mehr, und die Möglichkeit, untätig und ungesellig zu werden, wird größer.

Diese Tendenzen mögen etwa bis zur 20. und 21. Inkarnation fortlaufen, bis schließlich die infolge der unnatürlichen Absonderung von anderen Menschen und damit vielleicht verbundenen Boshaftigkeiten zur Auslösung gebrachten karmischen Gesetze einen Zusammenbruch in dieser oder jener Form bewirken. Solche Zwangslage veranlassen das Ego, seine Haltung von selbst zu ändern. Um einen bildhaften, wenn auch nicht zureichenden Vergleich zu nennen, ist es mit diesem Zwang zur seelischen Haltungsänderung wie mit einem von Hühneraugen geplagten Menschen, dessen Schmerzen ihn endlich dazu treiben, sich die Hühneraugen entfernen zu lassen.
Der Zusammenbruch in der 22. Inkarnation führt dann den Menschen zu verzweifelten Anstrengungen, gesellschaftliche Anknüpfungen zu erringen. Im Leben 23 wird diese Anstrengung durch Anwendung von Tugenden Anfangserfolge zeitigen, die sich in den Inkarnationen 24 und 25 fortsetzen, bis schließlich in der 26. Inkarnation die Wesenheit als ausgeprägter Extravertierter oder Ausdehnungsbestrebter geboren wird.
Doch nun beginnt eine weitere problematische Periode. Kann der nach außen gewendete und der Gesellschaft gut angepaßte Mensch ohne Mißbrauch seiner Haltung zur Selbstzufriedenheit und Selbsterhöhung weiterbestehen? Denn wie die extreme introvertierte Haltung unterschwellige Gefahren der Überschwenglichkeit und Weltentfremdung für das isolierte Ich bereithält, so bringt die extreme Extraversion unterschwellige Gefahren der Selbstbeschönigung und Selbstanbetung für das kontaktreiche Ich mit sich. Und so bleibt es nicht aus, daß »unser« Individuum des Beispiels in der 26. Inkarnation hochmütig und sinnlich wird, so daß wir die selbstbezogene Lebenshaltung der Zufriedenheit mit der eigenen Leistung und unberechtigte Selbstsicherheit feststellen müssen.
Einst kommt es jedoch so weit, daß die Selbstsüchtigkeit das Karmagesetz auf den Plan ruft. So wird unsere Wesenheit in den Inkarnationen 27 oder 28 schließlich trotz großer Begabungen schon durch frühzeitige widrige Umstände von möglicherweise neurotischen Tendenzen betroffen, so daß dieser Mensch wiederum auf selbstloses Verhalten sinnen muß und eine geistigere Lebensbasis zu wählen gezwungen ist, wenn er als Persönlichkeit weiterleben will.
Wiederum ergibt sich also der Kampf um das charakterliche Gleichgewicht. Und hier entdecken wir, daß Hegels klassische Begriffe der *These, Antithese und Synthese* mehr als eine hypothetische Grundlage zur Beurteilung historischer Ereignisse sein mögen; hier finden

wir auch eine Methode zur Verdeutlichung der Veränderungen im Wachstum der Seele. Unter diesem Gesichtspunkt will es denn scheinen, daß die allgemeinen seelischen Verhaltensweisen, die Introversion und Extraversion oder Ausdehnungs- und Zusammenziehungsbestreben genannt werden, wirklich bestehen. Ihre Findung entspringt einer echten Intuition vor allem der Forscher Jung und Overstreet; und es handelt sich um zwei polar entgegengesetzte Verhaltensweisen der Seele. Und diese psychologischen Gruppen bestehen nicht als Schubfächer in einem Schreibtisch, in denen alle Menschen nun säuberlich eingereiht werden können, sondern mehr, um wieder zu bildhaften Vergleichen zu greifen, als Gästehäuser für Reisende, in denen wechselweise zu verschiedenen Zeiten alle Reisenden einmal Herberge nehmen.

Introversion und Extraversion scheinen sich ähnlich polar zu verhalten wie Frau und Mann. Und ebenso wie sich die Seele manchmal in einen weiblichen, ein anderes Mal in einen männlichen Körper inkarniert, um die Tugenden und Eigenschaften beider Polaritäten zu erwerben, um übergeschlechtlich zu werden, so herrscht auch in der inkarnierten Seele zu verschiedenen Lebenszeiten entweder die introvertierte oder die extravertierte Verhaltensweise vor, obwohl das Ziel der Wesenheit darin liegt, die Stärke und den Wert beider »Pole« zu erwerben, wie oben auch erwähnt wurde. Dieser Prozeß scheint sich wie in Pendelschwingungen zu entwickeln, bis die Seele endlich in ihrer Eigenschaft reiner Empfänglichkeit und reiner Ausdrucksbestrebung, reinem Innewerden und reinem Außenwesen derartig vollkommen ausgeglichen wurde, daß die Ausdrücke »introvertiert« oder »extravertiert« ebensowenig auf sie weiterhin angewandt werden können wie auf einem Baum.

In den Cayce-Akten finden sich viele Berichte über erfolgreiche und erfolglose gesellschaftliche Anpassungsbestrebungen, die deutliches Zeugnis für die obengenannten Prinzipien ablegen. Einer solcher Fälle betrifft eine Frau von ausgesprochen geschwätziger, streitsüchtiger und nach außen gerichteter Natur. Ihr Jugendehrgeiz zielte dahin, Schauspielerin zu werden; doch schwierige Familienumstände und ihre ziemlich gedrungene Figur machten dieses Ziel unerreichbar, und sie wandte sich deshalb der Geschäftswelt zu. Ihrer Lebensbotschaft zufolge war sie eine Unternehmerin zur Zeit des amerikanischen Bürgerkrieges gewesen. Sie hatte eine hohe gesellschaftliche Stellung und persönlichen Luxus erworben, dabei aber ihre eigenständigen Prinzipien aufgegeben. Ihre heutigen Fähigkeiten, andere

Menschen zu beeinflussen und ihre Gaben der Unterhaltung und des dramatischen Ausdrucks entstammten jener Umgebung der letzten Inkarnation. Da sie diese jedoch damals »ohne geistige Einsicht« angewandt hatte, wie die Botschaft besagt, wird sie im jetzigen Leben Fehlschlägen und Entsagungen konfrontiert.

Diese Wesenheit befindet sich also jetzt in ihrem entscheidenden Lebenszeitraum. Ihre Körperstruktur und ihre Familienumstände verhinderten die Erfüllung ihrer schauspielerischen Gaben in drastischer Weise. Zwar blieb ihre Unterhaltungsfähigkeit anscheinend ziemlich uneingeschränkt bewahrt; doch wurde sie durch ihre Botschaft ausdrücklich davor gewarnt, ihre Ausdrucksgaben ohne geistige Einsicht anzuwenden, falls nicht noch schlimmere Folgen entstehen sollten.

Fälle wie diese zeigen die Untrennbarkeit der Probleme der geistigen Entwicklung und des Berufes. Regelmäßig tritt berufliche Behinderung, wie auch bei dieser Frau, nicht aus Mangel an Begabung ein, sondern infolge einer geistigen Fehlentwicklung, deren Korrektur unmöglich sein würde, wenn der berufliche Ehrgeiz erfüllt werden könnte.

Die Botschaft riet der zu jener Zeit zweiunddreißigjährigen Frau, Geschichtenvorleserin für Kinder, Gebrechliche und Alte zu werden oder sonst eine aufbauende, Selbstlosigkeit fördernde Tätigkeit zu übernehmen.

Ein anderer Fall, der ein gutes Beispiel für heilsame psychologische Umstände auf Grund von mißbräuchlicher Anwendung extravertierter Begabungen in einer Vorinkarnation abgibt, ist der einer neunundvierzigjährigen Privatsekretärin in Washington, D. C. Ihre Briefe besagen, daß sie sich als unbeliebt in jeder Gesellschaft fühle, in der sie Aufnahme suchte; vermutlich wäre die Ursache darin zu suchen, daß ihre älteren Schwestern und Brüder ihre Gesellschaft als Kind gemieden hätten.

Sie schreibt: »Ich wuchs mit einem Furchtkomplex auf, der mich überall und bis heute begleitete. Sowie ich in einer Gesellschaft bin, fühle ich immer, daß ich nicht erwünscht bin, und ich bin so befangen, nicht zu wissen, was zu sprechen oder zu tun ist. Ich möchte irgendwelche Dinge unternehmen, aber weiß nicht wie... Ich habe immer das Gefühl, ich muß mehr tun, als von anderen erwartet wird, da ich fürchte, nicht gemocht zu werden. So opfere ich meine Bequemlichkeit und Gesundheit, um irgend etwas für irgend jemand zu leisten. Ich möchte gerne beliebter sein.« Sie führte weiter aus, daß sie drei enttäuschende Liebesverhältnisse gehabt habe; in zwei von diesen

Fällen hatte sie der Mann verlassen und eine andere geheiratet, obwohl er sie seiner Liebe versichert hatte.
Die Lebensbotschaft erklärte ihr, daß sie im Vorleben als Frühsiedlerin in Ohio gewesen sei; sie war zuvorkommend gegenüber ihren Mitmenschen gewesen – jedoch nur aus selbstsüchtigen Zwecken. »So enttäuschte die Wesenheit viele, denn sie war zufrieden mit dem jeweils Erreichten. Die Wesenheit übte ihren Einfluß auf solche Menschen aus, die ihr im jetzigen Leben Probleme bereiten. Andere als Stufen zum Aufsteigen zu benutzen bedeutet, sich selbst ein Karma zu schaffen, das nun abgetragen werden muß.«
Das Universum ist gerecht. Es gibt Maß für Maß das zurück, was in ihm geschaffen wurde. Wie in einem getreuen Reflektor erscheinen jene Umstände im Leben dieser Frau, die sie einst anderen angetan hatte. In Wirklichkeit hatte sie nämlich in ihrem vorigen Leben gar keine Gesellschaft anderer Menschen gewünscht; ausgenommen zu ihrem Vorteil. Im gegenwärtigen Leben fühlte sie sich bereits als Kind von den anderen Familienmitgliedern gemieden. Sie kam dadurch zu einer Unsicherheit und introvertierten Haltung, die bisher nicht von ihr wichen. Sie war genügend ansehnlich und genügend gesellig, um verschiedene Menschen anzuziehen; aber obwohl diese sie glauben ließen, daß sie beliebt sei, wurde sie von allen enttäuscht.
Nach ihren eigenen Angaben führte sie ihr Gefühl der Unbeliebtheit dazu, anderen Menschen zu helfen, um dadurch beliebter zu werden. Auf diese Weise trat das wohltätige karmische Gesetz der ausgleichenden Gerechtigkeit in Funktion. Die durch Selbstsucht und Unaufrichtigkeit in der Vorinkarnation mißbrauchten Gaben der Geselligkeit und Freundlichkeit führten zur gesellschaftlichen Vereinsamung in der Gegenwart, aus der sich diese Frau nur durch aufrichtige Selbstlosigkeit wieder befreien kann.
Die Erfahrung, von anderen Menschen enttäuscht zu werden, ist ziemlich verbreitet und scheint fast ausnahmslos dem Bumerang-Karma auf der psychologischen Ebene zuzugehören. Keine bündigere Zusammenfassung dieses Prinzips könnte es geben als die folgende Aussage in der Botschaft, die in gehobenem Tonfall gesprochen wurde:

»Wisse als erste Regel ein Gesetz, das ewig ist: Die Saat, die gesät worden ist, muß eines Tages geernet werden. Du enttäuschtest andere. Heute mußt du durch deine eigenen Enttäuschungen Geduld lernen, die schönste aller Tugenden, oder wenigstens Verständnis.«

Typisch für die Extravertierten ist die Unbekümmertheit um die Gefühle der anderen Menschen; keine bessere Maßregelung gibt es deshalb für solche, als sich selbst eines Tages als Opfer der Gefühllosigkeit anderer zu finden und sich deren Gutdünken ausgesetzt zu sehen.

Dieser und viele ähnliche Fälle festigen die Annahme, daß eine bestimmte seelische Neigung infolge des Trägheitsprinzips so lange ungehindert fortbesteht, bis irgendein inneres Unbehagen eine regulierende Änderung in diese Verhaftung in die alte Gewohnheit bringt. Die Gegenbewegung ist damit eingeleitet, so daß möglicherweise die entgegengesetzte Verhaltensweise erreicht werden kann. Diese regulierenden Änderungsimpulse bestehen so lange fort, bis der Umschwung erreicht worden ist. Dieser Umschwung von der extravertierten zur introvertierten Haltung geht fast immer mit einem Umschwung auch in den Schicksalsverhältnissen einher.

Wir haben die Cayce-Botschaften hier nur nach einem psychologischen Typensystem, dem von C. G. Jung, untersucht; die gleichen Schlüsse über die Funktion des Karmagesetzes kann man aber bei Anwendung aller bisher formulierten typologischen Systeme ziehen. Ob es sich nun um psychologische Typologien handelt wie die Sprangersche Klassifizierung der Menschen auf Grund ihrer Werte, oder um körperliche Typologien wie diejenigen Kretschmers, sie alle befassen sich mit der äußeren Manifestierung der tieferliegenden Wertigkeiten von Geist und Seele – Werte, die sich im Entwicklungsprozeß von Leben zu Leben verändern. Wie auch immer das endgültige Urteil der Wissenschaft über den Wert der Typologien sein werden möge, es scheint festzustehen, daß die Cayce-Botschaften für jene, die sie annehmen, eine Tatsache beweisen: daß die gebräuchlichen Systeme der Typologie nicht die Ewigkeit der Seele erfassen. Der Einfachheit halber mag gesagt werden, daß eine Persönlichkeit zu diesem oder jenem Typ gehört. Doch welcher Typ es auch immer sein möge, es handelt sich nur um zeitliche Fixierung des Bewußtseins und um einen vorübergehenden Zustand im Wachstum der ewigen Ichheit.

Kapitel 11

Beispiele des psychologischen Vergeltungs-Karmas

Wir haben bereits erfahren, wie Hochmut und Gefühlskälte – Sünden des moralischen Bereiches – in Form von Verkrüppelungen harte Folgen im körperlichen Bereich zeitigen können. Die Cayce-Akten enthalten auch viele Fälle, in denen sich moralische Sünden in Form von schweren seelischen Problemen auswirken. Unter diesen befinden sich zwei außergewöhnliche Beispiele von Übelständen, die ihren karmischen Ursprung in der Sünde der Unduldsamkeit haben.

Im ersten Falle handelt es sich um eine Nonne in einem französischen Kloster zur Zeit Ludwigs XIV. Sie war grausam, kalt und unduldsam gegenüber menschlichen Schwächen gewesen. Ihr Verständnis für die Bibel war ein rein buchstabenbezogenes; folglich galt ihre eisige Verachtung allen denen, die gegen einen Buchstaben des Gesetzes verstießen. Die karmische Folge dieser ihrer Härte zeigte sich zuerst in der gegenwärtigen Inkarnation als Drüsenstörung, die sie seit ihrer körperlichen Reife plagte. Die Störung – krankhaft verstärkte Menstruationsblutungen – machten es dem Mädchen unmöglich, regelmäßig die Schule zu besuchen, zwangen sie zur Bettruhe für fast zwei Wochen in jedem Monat, machten sie scheu und verschlossen, und durch ihre Kontaktlosigkeit zu allen Menschen ihres Alters wurde die ganze Persönlichkeit aus dem Gleichgewicht gebracht.

Die Störung hörte endlich auf. Das Mädchen entwickelte eine schöne Figur und wurde Berufsmodell in New York. Später heiratete es einen unglücklicherweise nicht zu ihr passenden Mann. Beide Menschen hatten wenig Gemeinsames – er war kalt und leidenschaftslos; sie war voller Leidenschaft. Der zweite Weltkrieg brach aus, und ihr Mann mußte in Übersee Dienst tun. Nun begann für die Frau eine Zeit schmerzlicher Einsamkeit. Der Druck war zu groß, um ihn ertragen zu können, und die Frau zog sich in eine andere Stadt zurück, wo sie zu trinken und ein lockeres Leben zu führen begann. Sie hatte entdeckt, daß für sie nur ein oder zwei Glas Likör genügten, um sie momentan von den seelischen Bedrückungen zu befreien.

Doch einmal auf diesem Wege begonnen, war sie außerstande, einzuhalten; ihr Trinkbedürfnis wurde größer und größer. Manchmal trank sie ununterbrochen drei Wochen lang, Tag und Nacht, während sie zudem die Nächte mit irgendwelchen Soldaten, Seeleuten oder Fliegern verbrachte, die ihren Gefallen fanden. Während dieser Trinkorgien kümmerte sie sich nicht im geringsten um einigermaßen zivilisierte Kleidung. Sie trug den Küchenabfall auf den Hof, wobei sie zum Beispiel nur mit einem losen Morgenmantel bekleidet war; oder sie ging im Rausch völlig unbekleidet auf den Hausflur.
Schließlich begann ihre Gesundheit durch die Alkoholexzesse brüchig zu werden. Ihre Hände begannen so zitterig zu werden, daß sie nicht mehr imstande war, ihren Namen auf die Geldanweisungen ihres Mannes zu schreiben. In einem Augenblick der Besonnenheit entschloß sie sich, diese Stadt zu verlassen, in deren Nähe ein halbes Dutzend Kasernen lagen und in ihre Geburtsstadt zurückzukehren. Ihre letzten Briefe besagen, daß sie einen verantwortungsvollen Sekretärinnenposten erfüllt; doch gibt es verschiedene Hinweise von anderen Quellen, daß sie weiterhin ziemlich unmäßig trinkt. Von ihrem Mann ist sie geschieden.
Es scheint offenkundig, daß ihr Abstieg durch ihre persönlichen Schwierigkeiten erfolgte; aber daß diese wiederum auf die Drüsenstörung zurückzuführen waren. (Die Drüsen gelten, wie Cayce oft ausführte, als Brennpunkte karmischer Auslösung.)
Diese Fehlfunktion jedoch war die direkte karmische Wirkung des herzlosen Verhaltens gegenüber anderen seitens dieser Frau. Die Schwächen, die sie bei anderen so gefühllos verdammte, wurden nun ihre eigenen Schwächen. Auf diese Weise wurde sie zum Verständnis der dem Irrtum zugrundeliegenden inneren Not gezwungen, und sie erkannte, wie Schwäche und Einsamkeit zu Sünden und zu Sinnesbefriedigungen führen. Die Spötter, die Grausamen und die Unduldsamen haben an sich selbst die Leiden der Opfer ihrer seelischen Sünden zu erfahren.
Einen zweiten Fall dieser Art haben wir in einer Frau, deren beide vorhergehenden Leben ein lehrreiches Beispiel von hochmütiger und im Vorurteil befangener Lebensführung geben. Im ersten dieser beiden Leben war die Frau einem jüdischen Priester in Palästina zur Zeit Christi angetraut. Wegen ihrer sozialen Position beobachtete sie mit Unmut und Unduldsamkeit die Aktivität des jungen unkonventionellen Predigers Jesus, der so viele Unruhe in die orthodoxen religiösen Kreise brachte.

Jene Zeit jedoch schien ihre Freude an Machtpositionen noch nicht erschüttert haben zu können. In einer anderen Inkarnation kam sie in Salem, Massachusetts, zur Welt und war unvermindert bereit, andere Menschen zu verdammen und einzuschränken – ja, sie schien sogar noch unerbittlicher geworden zu sein. Dieses Mal gehörte sie, um die Botschaft zu zitieren, »zu jenen, die sehr hart, sehr zweifelsüchtig, sehr bösartig gegenüber jenen waren, die Beweise für das Überleben und Weiterbestehen der Persönlichkeit brachten... Die Wesenheit verursachte also manches Leid. Wenn in jener Zeit der ›Hexenjagd‹ manche Menschen gequält wurden, so war diese Wesenheit mit Rat und Tat bei den Verfolgern. In der Gegenwart wird nun dieselbe Wesenheit von Zeiten der Bewußtseinsstörung heimgesucht, die durch Bandscheibenschäden und Fehlfunktionen im Nervensystem verursacht werden.«

Die Störungen äußerten sich in einem Nervenzusammenbruch, den die Frau im Alter von neununddreißig Jahren erlitt, worauf vierzehn Jahre periodisch auftretender Depressionen folgten. Die Frau war unverheiratet. Ihre »vornehme« New Yorker Anschrift und die Tatsache, daß sie keiner Erwerbstätigkeit nachging, lassen darauf schließen, daß sie materiell unabhängig war. Zweifellos lagen bei ihr typische Anzeichen von Psychosen vor; Trägheit mag sicherlich eine Mitursache ihrer Depressionen gewesen sein.

Doch wie vorher ausgeführt wurde, handelt es sich hierbei nur um die sichtbaren und unmittelbaren Ursachen und nicht um die eigentlichen, tiefer liegenden. In ihrem Grundwesen war diese Frau unduldsam gegenüber anderen Menschen und zeigte keinerlei Teilnahme an deren Freuden oder Leiden. Die schroffe Unduldsamkeit hatte bereits in Menschen ihrer Umgebung aus früheren Inkarnationen Hoffnungslosigkeit verursacht; es liegt nur im Rahmen der ausgleichenden Gerechtigkeit, daß sie jetzt selbst diese Hoffnungslosigkeit durchmacht.

Es mag sich die Frage erheben, weshalb diese Frau nicht bereits die karmischen Folgen ihrer herrschsüchtigen kalten Haltung in Palästina während ihrer Inkarnation in Salem zu spüren bekommen hat. Es gibt zwei mögliche Antworten auf diese Frage. Die erste lautet, daß ihre Inkarnation in Salem einen anderen Zweck als den der Beseitigung ihrer Intoleranz gehabt haben kann, denn die Wesenshaltung, die in Palästina begonnen hatte, setzte sich in Salem negativ fort, obwohl sie ja auch hätte überwunden werden können, zumal die Wesenheit eine große Lebensaufgabe hätte haben können – nämlich die Prüfung der Beweise der stetigen Erhaltung der Persönlichkeit. Die zweite Antwort liegt darin, daß die intolerante Haltung der Frau, die sie in Palästina zeigte, kein solches Ausmaß angenommen hatte, daß andere Wesen ernstlich dadurch gelitten hätten; es war gleichsam eine erst langsam beginnende Unduldsamkeit, die aber noch kein Karma größeren Ausmaßes schaffen konnte. Darüber hinaus dürfen wir nicht vergessen, daß jeder Augenblick des Lebens eine Prüfung war und ist. In Salem befand sich diese Frau in einer Lage, in der sie gütig oder hart, duldsam oder unduldsam sein konnte. Sie bestand die Prüfung nicht und hatte nun die Grundlage für ihr jetziges schlechtes Karma geschaffen.

In diese Gruppe der Unduldsamen gehören auch die Kritischen. Der folgende Fall ist ein interessantes Beispiel der karmischen Folgen übermäßiger Kritiksucht. Er betrifft einen jungen siebenundzwanzigjährigen Leutnant der Armee, der am Komplex des Gefühls der persönlichen Unzulänglichkeit leidet. Wir haben keine Möglichkeit, die äußeren Ursachen seiner persönlichen Schwierigkeiten in seiner frühen Jugend aufzudecken. Es ist möglich, daß ein Elternteil kritiksüchtig und erzieherisch unvernünftig war. Es ist ebenso möglich, daß er auf Grund seiner physischen Erscheinung die Zielscheibe des Spottes seiner Schullehrer war. Wir ziehen diese Möglichkeiten wegen der Art seiner karmischen Sünde in Betracht.

»Was jemand sät«, wiederholen die Botschaften immer wieder, »das muß er ernten. Wenn du unberechtigte Kritik übtest, wisse, daß an dir selbst Kritik geübt werden muß.«

Schließlich wird in der Botschaft die Mitteilung gemacht, daß der junge Mann in der Vorinkarnation ein Literaturkritiker gewesen ist, dessen Gewohnheit es war, erbarmungslos und mit ätzender Schärfe alles herunterzureißen, was ihm persönlich nicht paßte. Da er das Selbstvertrauen mancher Menschen in der Vergangenheit somit erschütterte, war zu erwarten, daß er selbst jetzt an Mangel an Selbstvertrauen leiden muß. Und hier sehen wir einen weiteren Aspekt der schier unendlichfachen Variationsmöglichkeiten der Auswirkung des Karmagesetzes – einen so wichtigen Aspekt, daß seine moralischen Bedeutungen eine nähere Betrachtung erheischen.

Den Beruf des Kritikers erstreben natürlich nur sehr wenige Menschen; doch auf dem Planeten Erde befinden sich gegenwärtig zweieinhalb Milliarden nicht berufsmäßiger Kritiksüchtiger. Vermutlich hat kein anderer Beruf so viele Nacheiferer als »Amateure« wie der Beruf des Kritikers. Kritik wird praktisch mehr angewandt als man der Notwendigkeit des Essens nachgehen muß. Im Gegensatz zu anderen Arten menschlicher Zerstreuung kann der Kritiksucht praktisch immer und überall und ohne jeden Kraftaufwand gefrönt werden. Wo sich nur zwei oder drei Menschen versammelt haben, wird fast sicher kritisiert werden.

Obwohl aber die Befriedigung der Kritiksucht kein Geld kostet, so kann sie doch ein sehr kostspieliges Vergnügen werden, wenn man an den psychologischen Preis denkt, den man eines Tages dafür zu zahlen hat. Die Quelle der Information, wie Edgar Cayce seine Gabe nennt, erteilt laufend scharfe und ausdrückliche Warnungen an Leute, die eindeutig in dieser Richtung sündigen. Hier haben wir ein typisches Beispiel unter Hunderten ähnlicher Aussagen:

»Wir finden, daß die Wesenheit im Verlaufe der Verschlechterung ihres Charakters auch ziemlich hart in ihrer Kritik über andere geworden ist. Diese Neigung sollte gemäßigt werden; denn was man über andere sagt, wird gewöhnlich einst der eigene Zustand in dieser oder in jener Form.«

Hier haben wir eine ausgesprochene moralisch bezogene Feststellung über Schuld und Sühne, die auch an die verhältnismäßig wenig zitierten Christusworte gemahnt, daß der Mensch über jedes unnütze Wort, das er gesprochen habe, am Tage des Gerichts Rechenschaft ablegen müsse. »Denn durch eure Worte sollt ihr gerechtfertigt und durch eure Worte sollt ihr verdammt werden.«

Es scheint nicht unlogisch zu sein, den »Tag des Gerichts« auf die Zeit zu beziehen, in der die karmische Schuld fällig wird.

Und weiter heißt es bei Christus:

»Nicht, was in den Mund eines Menschen eingeht, sondern was aus ihm herausgeht, verunreinigt einen Menschen.«

Und wieder sei wiederholt:

»Richtet nicht, auf daß ihr nicht gerichtet werdet.«

Diese Worte Christi erhalten in der Beleuchtung der karmischen Gesetze, wie wir nun sehen, eine lebendige, genaue und vernünftige Bedeutung und eine praktische Nutzanwendung, die nicht mißbraucht werden kann.

In diesen Fällen muß, wie überall im Leben, beachtet werden, daß das *Motiv* einer Handlung für die Art der karmischen Wirkung maßgeblich ist. Im Falle des jungen Leutnants wurde nicht etwa sein Beruf des Kritikers im Vorleben als solcher verdammt, sondern vielmehr die üble Grundhaltung, die er durch die Anwendung seines Berufes bewiesen hat, indem er das Selbstvertrauen anderer Menschen erschütterte. Eine ähnliche Lage war im Falle des im 5. Kapitel erwähnten römischen Soldaten gegeben, der die Christen verhöhnte. Sein Karma erwuchs nicht durch die Erfüllung seiner Pflicht als römischer Wachsoldat, sondern durch seinen grausamen Spott gegenüber den Hilflosen. Wie immer, ist es nicht der Buchstabe, sondern der Geist, der zählt; nicht die Form, sondern das Wesen und nicht die Handlung, sondern das Motiv schaffen Karma.

Im Abschnitt über die Charakterzüge ist gezeigt worden, wie die Neigung zur Herrschsucht in Erfahrungen des Vorlebens begründet worden sein kann, die eine natürliche Führungsrolle zum Inhalt hatten. Führerschaft kann eine bewundernswerte Qualität sein; doch oft artet sie in Tyrannei aus. Mehr als einmal in der Geschichte der Menschheit hat die Machtfülle einen Menschen zu Anmaßung und Gewissenlosigkeit getrieben. Mehrere abscheuliche Beispiele des Machtmißbrauches und seiner karmischen Folgen sind in den Cayce-Akten aufbewahrt.

Da haben wir den Fall eines Mannes, der zur Zeit der Hexenverfolgung in Salem als würdige Autorität erschien; er war einer der Hauptverantwortlichen in der Verfolgung von Frauen, die als Hexen verdächtigt wurden. Sein Motiv für diese scheußlichen Verfolgungen bestand nun nicht nur in seinem einerseits strengen puritanischen Sinn, durch den er sich verpflichtet fühlte, angebliches Satanswerk zum Schutz der öffentlichen Moral und des christlichen Glaubens auszurotten, sondern insofern bewies er keine puritanische Gesinnung, als er Gelegenheit nahm, eingesperrte Frauen zur Befriedigung seiner sexuellen Begierden zu mißbrauchen.

Die Cayce-Akten zeigen, daß dieser frühere Übeltäter in der gegenwärtigen Inkarnation als elfjähriger Sohn einer in beengten Verhältnissen lebenden, von ihrem Mann verlassenen Frau von einer schweren Form der Epilepsie befallen wurde. Zur Zeit dieser Botschaft war er linksseitig völlig gelähmt und hatte auch sein Sprechvermögen verloren. Er war nicht imstande, sich selbst an- oder auszukleiden oder körperliche Bedürfnisse ohne Hilfe zu verrichten. Seine Schultern waren gekrümmt, und nach einem Anfall von einigen Tagen Dauer, bei dem ihn die Zuckungen alle zwanzig bis dreißig Minuten überfielen, konnte er weder seinen Kopf gerade halten noch alleine aufrecht sitzen.

Nach den Cayce-Botschaften ist die Epilepsie die karmische Folge sexueller Exzesse. Doch wird sie auch auf den Mißbrauch okkulter

Kräfte zurückgeführt. Die genaue Wirkungsweise des Karmagesetzes bleibt unerkannt. Doch scheint hierbei der »okkulte Teil« des menschlichen Körpers beeinflußt zu werden, und die Chakras oder »Lebensräder« der Seelenlehre der Hindus spielen hierbei eine Rolle. Die Botschaften bezeichnen die Chakras als »Lebenszentren« und schreiben ihnen eine große Bedeutung zu. Sie scheinen eine Art von Energiewirbeln zu sein, die den Kontakt zwischen physischem und spirituellem Körper des Menschen bilden.

Um auf den Fall des kranken Jungen zurückzukommen, so ist bei ihm auch sein Machtmißbrauch in der Vorinkarnation ein wichtiger karmischer Anlaß für sein jetziges Schicksal. Die Armut und der geringe gesellschaftliche Stand seiner Mutter scheinen der passende Ausgleich für seine frühere unwürdig angewandte finanzielle Unabhängigkeit zu sein. Die Epilepsie erscheint also als spezifische karmische Folge der sexuellen Ausschweifungen, die eine Art des Mißbrauchs seiner Macht darstellen.

Im folgenden Fall wird ein Beispiel von Machtmißbrauch genannt, das auf die Zeit der Christenverfolgungen in Rom zurückgeht. Romus war ein Soldat, und er hatte sich einen genügend hohen Rang geschaffen, der ihn eine beträchtliche Geldsumme über seinen Sold hinaus erwerben ließ. Die Lebensbotschaft besagt nicht, ob er durch Erpressung, schwarze Magie oder eine sonstige damals übliche unlautere Weise zu dem Gelde kam; doch irgendwelche gewissenlose Handlungen ermöglichten ihm, materielle Güter aufzuhäufen und statt dessen vom geistigen Weg mehr und mehr abzugleiten. »Und daher kam auch der Saturneinfluß«, heißt es in der Botschaft.

Hiermit soll angedeutet werden, daß dieser Mann das Vergeltungskarma zum erstenmal in einem interplanetarischen Bereich, in der Nähe des Saturn, zu spüren bekam. Es handelte sich offenbar um eine Ebene der Einschränkung und Bestrafung. Hier wird auch Cayces Ansicht über die Beziehungen zwischen den irdischen Inkarnationen und der von ihm so verstandenen Astrologie gezeigt. Er selbst gebrauchte den Ausdruck »Astrologie« mit äußerster Vorsicht und wiederholte immer wieder, daß unser Verständnis für die Planeteneinflüsse bis heute sehr unvollkommen ist. (Hier muß unbedingt erwähnt werden, um bei astrologisch vorgebildeten Lesern keine Mißverständnisse aufkommen zu lassen, daß heute die Symbolische Astrologie besonders von den Geisteswissenschaftlern unter den Astrologen mit Recht vertreten wird. Die Planeten, ihre Konstellationen und sämtliche in der Astrologie auch benutzten astronomischen Begriffe sind hier

Symbole für in erster Linie menschliche Charakter- und Schicksalsmöglichkeiten. Auf naturwissenschaftliche Deutungen der astrologischen Erfahrungstatsachen wird verzichtet, da die Astrologie als geistiges Phänomen erkannt wurde. DR. MRSIC und A. BETHOR, DR. KORSCH, W. KNAPPICH und besonders DR. W. KOCH erkannten und vertieften dieses astrologische Weltbild. Da die »Botschaften« des großen Mediums Edgar Cayce schließlich zum größten Teil einer außermenschlichen, also geistigen Sphäre entspringen, dürfte der Schluß naheliegend sein, die auf astrologische Zusammenhänge hinweisenden Botschaften im Lichte der Symbolischen Astrologie besser verstehen zu können. Anmerkung des Übersetzers.)
Die gegenwärtigen Lebensumstände des früheren römischen Soldaten Romus sind gewiß kläglich genug, um einen astrologisch überzeugten Menschen einen ausgesprochenen Saturneinfluß erkennen zu lassen. Armut, Vertreibung, Heimatlosigkeit und Hunger haben seinen Lebensweg, seit er erwachsen war, ständig begleitet. Seine Tätigkeit als Schneider brachte nicht einmal genügend ein, um seine Frau und seine fünf Kinder ernähren zu können. Nur durch die Großzügigkeit amerikanischer Verwandter sind dieser Mann und seine Familie imstande gewesen, ihre unsichere Existenz in den Armenvierteln von London überhaupt durchhalten zu können.
Hier scheint wiederum die dem Machtmißbrauch entsprechende karmische Vergeltung in einer dieses Mal »machtlosen« Umgebung vorzuliegen. Dieses Mannes wirtschaftlich hoffnungslose Lage stellen das genaue Gegenstück der Leiden dar, die er einst anderen bereitet hat.
Ein anderer Fall mißbrauchter Autorität, der unserer Beachtung wert ist, betrifft eine zur Zeit der französischen Revolution inkarnierte, der bürgerlichen Schicht angehörende Frau, die Gleichgesinnte zum Aufstand gegen die Aristokraten aufstachelte. In dieser Hinsicht erzielte sie sogar einen großen geistigen Fortschritt, da sie sich ihrem Ziel aus echtem Idealismus hingab. Doch als das Blatt sich gewendet hatte und sie nach Beendigung der Revolution in eine Machtstellung gekommen war, entwickelte sie selbst diktatorische Eigenschaften und mißbrauchte ihre Position beinahe so übel wie jene, für deren Entthronung sie gekämpft hatte. »Deshalb«, so heißt es in der Botschaft, »erkennen wir, daß es für die Frau in der gegenwärtigen Inkarnation notwendig ist, den Befehlen anderer zu gehorchen und viele der Bestrebungen zu unterdrücken, die sie zum Ausdruck bringen möchte.«
In der Gegenwart befindet sich diese Frau in schwierigen Umständen.

Zur Zeit dieser Botschaft war sie vierzig Jahre alt, Mutter eines kleinen Mädchens und Witwe seit zehn Jahren. Sie hatte gegen erhebliche Widerstände kämpfen müssen, um sich und ihr Kind durchzubringen. Eine Zeitlang arbeitete sie im Staatsdienst; doch ihre Lage blieb trotzdem unsicher, und ihre Einsamkeit und ihr Mangel an Gelegenheit, ein neues Leben zu beginnen, erfüllten sie mit tiefem Pessimismus. Die aussichtslose eingeengte Lage, in der sie sich befand, war keine Sache des Zufalls, sondern sie war die genaue Widerspiegelung der Zwangslagen, die sie in ihrer früheren Inkarnation anderen durch den Mißbrauch ihrer Macht bereitet hatte. Oberflächlich gesehen, war sie ein Opfer erbarmungsloser wirtschaftlicher Systeme oder eines ungerechten Schicksalsloses geworden; im Lichte der karmischen Wirklichkeit war sie aber nur ein Opfer ihrer selbst geworden.

Solche Fälle bieten einen wichtigen Schlüssel zur Analyse menschlicher Schwierigkeiten und übertreffen an Deutlichkeit der Sinngebung des Schicksals die anderen Versuche, die angestellt worden sind, um von sichtbaren Wirkungen auf mögliche Ursachen zu schließen. Als Äschylus vor zweitausend Jahren in Griechenland schrieb, daß »Charakter Schicksal ist«, formulierte er einen Satz, dessen Umkehrung ebenso wahr ist. Denn es geht aus den vorher betrachteten Cayce-Fällen hervor, daß das Schicksal von heute den Charakter von gestern enthüllt.

Der nachdenkliche Student der Reinkarnationslehre wird zu einer wichtigen Fragestellung kommen. Wenn Armut und Leiden notwendige erzieherisch wichtige karmische Folgen gewisser Arten von Machtmißbrauch sind, weshalb sollte dann irgendeine Anstrengung unternommen werden, die soziale Lage zu verbessern? Würde es zum Beispiel im Falle des Schneiders nicht die karmische Absicht einschränken, wenn er in eine weniger harte wirtschaftliche Lage kommen würde?

Dieses Thema wird in einem späteren Kapitel ausführlicher diskutiert; doch an dieser Stelle soll mit allem Nachdruck festgestellt werden, daß die Annahme der Reinkarnationstheorie keineswegs eine lasche, untätige Haltung im täglichen Leben mit sich bringen darf. Wesenheiten, welche die karmische Lehre harter Entbehrungen nötig haben, werden zu einer Zeit und in eine Umgebung innerhalb der menschlichen Geschichte geboren, wo die Bedingungen für diese Nöte, die sie durchstehen müssen, gegeben sind. Gleichzeitig aber begehen auch die karmisch Gestraften eine Unterlassungssünde, wenn sie nicht aktiv an der Besserung der vielen anderen sündigen Mitmenschen arbeiten. Jene aber, die in der Haltung, andere auszunutzen, leben, begehen ein Verbrechen – und beide Arten von Sünden gegen seinen Nächsten und Bruder werden eines Tages vergolten werden. Richtig verstanden, bietet die Reinkarnationstheorie keinen Zufluchtsweg für Tyrannen oder solche, die ihre Mitmenschen hintergehen. Die Reinkarnationslehre ist in erster Linie psychologisch zu verstehen, weil sie sich mit der individuellen Seele und den Gesetzen und Bedingungen, durch die diese Seele Vollkommenheit erreichen kann, befaßt; doch in erweiterter Bedeutung ist sie auch sozial zu verstehen, weil *Liebe* der Endzweck und die einzige Auflösungsmöglichkeit des Karmagesetzes ist, wodurch die persönliche Höherentwicklung bestimmt wird. In der Sicht der Reinkarnationisten wird für sicher gehalten, daß das kosmische Gesetz niemals durch menschliche Vorkehrungen geändert werden kann. Das Karmagesetz gleicht jedes aus der Ordnung geratende Geschehen wieder aus. Ganz gleich, wie die Struktur der Gesellschaft jeweils ist – jene Seelen, die in ihr inkarniert wurden, fanden genau das richtige Milieu, um den Ausgleich zu finden.

Kapitel 12

Karmische Ursachen seelischer Störungen

Der Name des Psychologen FREUD und der Ausdruck »Unterbewußtsein« sind heutzutage wohlbekannt. Viele Menschen wissen trotzdem nicht, daß Freuds Entdeckung des Unterbewußtseins auf seine Forschungen auf dem Gebiet der Hypnose zurückzuführen ist. Weil die in Hypnose versetzten Menschen Erlebnisinhalte aus ihrer frühesten Kindheit vorbrachten, die sie in ihrem Tagbewußtsein überhaupt nicht mehr hatten, wurde Freud genötigt, das Vorhandensein eines Unterbewußtseins anzunehmen, um das anderweitig unerklärliche Wissen unterzubringen. Freud gab später die Hypnose als medizinische Behandlungsweise auf, da sie sich in vielen Fällen als unzureichend erwiesen hatte und ging dazu über, andere Methoden zur Erforschung der Tiefen des Unterbewußtseins zu entwickeln. Doch die Hypnose muß nichtsdestoweniger als der Ursprung der Psychoanalyse angesehen werden.

Im Bereich der Psychologie der Reinkarnation mag die Hypnose eine ähnliche Rolle zu spielen haben. Die Hellsicht Edgar Cayces scheint zu zeigen, daß es für einen hypnotisierten Menschen möglich ist, die Geschichte der vergangenen Leben anderer Individuen aufzudecken. Doch wichtiger ist die vielleicht vorhandene Möglichkeit, daß ein Individuum durch Anwendung von hypnotischen oder ähnlichen Techniken seine *eigenen* früheren Leben nacherleben kann. Experimente der Zurückversetzung von hypnotisierten Menschen in frühere Lebensalter haben bewiesen, daß in einer bestimmten Sphäre des Bewußtseins eine detaillierte und folgerichtige Erinnerung an jedes einzelne seit der Geburt erfahrene Ereignis aufgespeichert ist. Ein Hypnotisierter, der zum Beispiel in das Alter von zehn Jahren »zurückversetzt« wird und seinen Namen schreiben soll, wird dieses in der genauen Art vollziehen, wie er es als Zehnjähriger getan hat. In das Alter von sechs Jahren zurückversetzt, wird er ein entsprechend kindlicheres Gekritzel zustande bringen, und als »Dreijähriger« wird er lediglich bedeutungslose Linien zu Papier bringen. Diese Experimente der Alterszurückversetzung werden gewöhnlich in der psychologischen Fakultät der Universitäten durchgeführt und sind den Studenten vertraut.

Weniger bekannt wird das Werk des französischen Wissenschaftlers DE ROCHAS sein, der in der zweiten Hälfte des neunzehnten Jahrhunderts behauptete, daß er durch die gleiche Technik der Rückversetzung in frühere Lebenszeiten auch die Erinnerungen an Erlebnisse früherer Inkarnationen erwecken könne. Sein Buch »Die Aufeinanderfolgenden Leben« hat zwar keine wissenschaftliche Anerkennung gefunden; doch wird dieser Forscher eines Tages vielleicht als Pionier auf dem Gebiete der Reinkarnations-Forschung geachtet werden. In jüngerer Zeit betrieb A. R. MARTIN aus Sharon, Pennsylvanien, ähnliche Studien und veröffentlichte ein bemerkenswertes Buch mit dem Titel »Reinkarnations- und Jenseitsforschungen.« (Das Buch ist nur in englischer Sprache erschienen. Der Übersetzer.) Die auf diese Weise experimentell hervorgerufene Rückerinnerung an frühere Leben scheint der Absicht der Natur in diesem Punkte zu widersprechen, denn es könnten dann ja alle von uns spontan unsere Vergangenheit sehen. Dennoch sind Bemühungen wie die erwähnten wesentlich und wertvoll, denn sie mögen seit langem den schließlich fälligen Laboratoriumsbeweis für die Tatsächlichkeit der Reinkarnation vorbereiten.

Um auf die Beispiele seelischer Störungen zurückzukommen, die durch Cayces Hellsicht erforscht wurden, entdeckt man, daß sie geeignet sind, die Natur des Gedächtnisses und des Unterbewußtseins zu beleuchten und zu bestätigen, daß das Bewußtsein bzw. das Seelenleben weitaus tiefer liegen, als selbst von Psychoanalytikern unserer Tage angenommen wird. Diese Fälle sind nicht immer beweiskräftig; das heißt, sie geben uns nicht immer den direkten oder indirekten Beweis, daß Cayces Aussagen über die Vergangenheit richtig waren. Doch einige der Fälle sind wenigstens bis zu einem gewissen Grade beweiskräftig; und jene, die es nicht sind, kann man nur als künftige Bausteine des ganzen vielfältigen Mosaiks ansehen, das, wenn seine Vernünftigkeit einst erkannt wurde, die Einzelheiten der Cayce-Botschaften von selbst glaubwürdig macht.

Eines der merkwürdigsten Symptome seelischer Störung ist die Zwangsfurcht. Eine Zwangsfurcht wird von den Analytikern im allgemeinen als übersteigerte Furcht bzw. als Furchtkomplex angesehen, der seine Ursache in einer komplizierten Reihe von Erlebnissen hat oder durch Haß, unterdrückte Angriffslust, Schuldgefühl oder

ähnliche intensive negative Empfindungen gefördert wird. Diese verdrängten Gefühle brechen später als heftige und scheinbar unbegründete Zwangsängste vor geschlossenen oder hohen Räumen, vor Katzen oder Gewittern oder vor irgendeiner der fast endlosen Gegebenheiten aus, die zum Gegenstand dieser seelischen Störung werden können. Dieser Gegenstand der Furcht hat irgendeine direkte oder indirekte Beziehung zu grundlegenden negativen Eindrücken oder Erlebnissen der Seele, sagen die Psychologen. Die Cayce-Botschaften zeigen indessen, daß in *manchen Fällen* dieser heftigen und scheinbar unbegründeten Ängste eine begründete Ursache in einem Erlebnis einer vergangenen Inkarnation vorzuliegen scheint.
Ein interessantes Beispiel dafür ist der Fall einer Frau, die sich schon als junges Mädchen vor geschlossenen Räumen fürchtete. Bei Theaterbesuchen bestand sie darauf, in der Nähe des Ausgangs zu sitzen. Wenn der Bus, in dem sie fuhr, zu sehr besetzt wurde, stieg sie aus, um auf einen anderen zu warten. Bei Ausflügen ins Land fürchtete sie sich vor dem Betreten von Höhlen, Grotten und jedem kleinen geschlossenen Raum. Weder sie selbst noch ihre Familienangehörigen konnten diese Absonderlichkeit verstehen, da sich auch niemand an irgendein außergewöhnliches Kindheitserlebnis der betroffenen Frau zu erinnern vermochte, das diese Ängste verursacht haben könnte. Der Cayce-Botschaft zufolge war sie in der Vorinkarnation in einer Höhle umgekommen, deren Gewölbe eingestürzt war. Die Erinnerung an diesen furchtbaren Tod wirkte in ihrem Unterbewußtsein noch weiter.
Ein anderer Fall betrifft eine Frau, die von zwei Zwangsängsten geplagt wurde: sie fürchtete sich vor allen scharfen Werkzeugen und vor allen Pelztieren, besonders Haustieren. So wird sie stets von nervöser Angst befallen, sowie sie in ihrer Nähe liegende Messer oder Scheren sieht oder auch nur beobachtet, wenn andere diese Instrumente gebrauchen. Die Lebensbotschaft bezeichnete als Ursache dieser Zwangsvorstellung, daß die Frau in einer Inkarnation in Persien den Tod durch das Schwert fand.
Ihre Abneigung gegen gewisse Tiere ist auf der Grundlage ihres jetzigen Lebens schwer zu verstehen, denn sie stammt aus einer großen Familie, deren Angehörige alle Haustiere besaßen. Besonders ihr Bruder war sehr vernarrt in Tiere. Doch wenn die Frau nur eine Katze oder einen Hund im Hause sah, jagte ihr das solche Angst ein, als erblicke sie eine Schlange. Außerdem war sie nie imstande gewesen, aus denselben Gründen des Widerwillens, einen Pelzmantel oder nur

Pelzbesatz zu tragen. Psychiater mögen diese Zwangsangst auf irgendwelche Beziehungen zu ihren Angehörigen zurückführen – möglicherweise auf ein schlechtes Verhältnis zum Bruder, der Tiere sehr liebte – und sie als Ausdrucksform einer Feindschaft auffassen. Die Cayce-Botschaften teilen jedoch als Ursache ihrer seltsamen Abneigung eine Inkarnation in Atlantis mit, in der sie einige üble Erfahrungen mit bösartigen Tieren gemacht hatte.

Viele andere Furchtzustände wurden durch die Botschaften in ähnlicher Weise auf Grund vergangener Inkarnationen erklärt. Eine unüberwindliche Angst vor der Dunkelheit wurde auf eine Kerkerhaft als politischer Gefangener zur Zeit Ludwigs XIV. in Frankreich zurückgeführt. Die Angst, daß ein geschäftlicher Zusammenbruch bevorstehen könnte, war die symbolische Folge der unterbewußten Erinnerung an eine Inkarnation in Peru, wo das Individuum Überschwemmungen zur Zeit einer der Flutwellen im Bereiche von Atlantis erlebt hatte. Eine überwältigende Angst vor wilden Tieren hatte seine Ursache in einer römischen Inkarnation, wo der Ehemann der betreffenden Frau gegen wilde Bestien in der Arena kämpfen mußte. Zwei Menschen, die krankhaft wasserscheu waren, wurde in der Botschaft gesagt, daß sie im letzten Leben ertrunken seien; eine dritte Person, die an Furcht vor Wasser litt, war während der Zeit der Ausbreitung des römischen Reiches schiffbrüchig geworden.

Betrachtet man diese Fälle kritisch, so mag, vom Standpunkt der üblichen Psychologie aus, merkwürdig erscheinen, daß in keinem einzigen dieser Zwangsfurcht-Symptome eine entsprechende Ursache im gegenwärtigen Leben gefunden wurde. Zugegeben, daß möglicherweise irgendwelche seelischen Verdrängungen aus diesem Leben gefunden werden können, so würde dieser Umstand doch nicht die Annahme widerlegen, daß die wahre Ursache der Furchtsymptome in einer früheren Inkarnation liegt. Zum Beispiel mag die Frau, die von heftiger Furcht vor geschlossenen Räumen geplagt wird, als kleines Kind in ein dunkles Zimmer eingeschlossen worden sein, und sie mag diesen Vorfall vergessen haben. Durch entsprechende Nachforschungen oder durch Hypnose könnte dieses Geschehnis herausgefunden worden sein, und der Psychiater würde diese Entdeckung für das Verständnis aller seelischen Probleme heranziehen.

Eine wichtige Tatsache wird in diesen Fällen oft übersehen. Obwohl zugestanden werden muß, daß statistische Werte im Bereich des Seelischen nicht gelten, fällt es doch auf, daß zahllose Menschen ähnliche emotionelle Erfahrungen durchgemacht haben, die bei anderen jene

Zwangssymptome hervorgerufen haben. Weshalb, fragt man sich, werden nur einige wenige Menschen von den geschilderten Vorstellungen befallen? Wenn jeder, der die Erlebnisse hatte, die zur Angst vor verschlossenen Räumen führte, von diesem Symptom befallen würde, so hätten wir beinahe ein Volk von Zwangsängstlichen, und Telefonzellen, Einzelschlafzimmer und Einzimmerwohnungen müßten als Gefahr für die öffentliche Gesundheit abgeschafft werden.
Die Antwort auf das durch die Cayce-Akten aufgeworfene Problem liegt darin, daß die größere Anfälligkeit für ein seelisches Schockerlebnis bei einigen Kindern gegenüber der Mehrzahl bereits auf eine Erfahrung in früherer Inkarnation zurückgeführt werden *kann*. Jenes bekannte verdrängte Kindheitserlebnis, nach dem die Psychologen schürfen, wirkt mehr als Auslösungsfaktor für die Folgen eines tragischen Eindrucks aus früherer Inkarnation.
Vom Standpunkt der Reinkarnationisten aus wird das Unterbewußtsein also als eine Art Behälter mit falschem Boden erkannt, da es viel tiefer reicht, als gemeinhin angenommen wurde. Gewisse Analytiker – bemerkenswerterweise auch C. G. JUNG – haben stets das Vorhandensein von tieferen Schichten des Unterbewußtseins angenommen, um viele sonst unerklärliche Erscheinungen des Seelenlebens »unterbringen« zu können. Sie haben vom »kollektiven Unterbewußtsein«, vom »Rassenbewußtsein« oder »Rassengedächtnis« auf Grund der Annahme gesprochen, daß es irgendeine Art von Erinnerungsreservoir geben muß, aus dem jedes Individuum abzapfen kann. Obwohl nicht mit Sicherheit gesagt werden kann, daß ein solches Massengedächtnis nicht existiert, scheint es doch schwieriger anzunehmen zu sein als die Theorie, daß das Gedächtnis individuell ist und im Unterbewußtsein die Erfahrungen früherer eigener Inkarnationen gespeichert hat. Zumindest kann man die Theorie des erhaltenen individuellen Bewußtseins durch die Zeiten hindurch nicht als weniger einleuchtend abtun als die Annahme, daß sich alle Gedächtnisinhalte der Individuen wie Getreide in einer großen Scheune speichern und dann von der übrigen menschlichen Gemeinschaft aufgenommen werden können. Wenn ein solches Phänomen gemeinschaftlicher Erfahrung geschieht, scheint es nicht weiterhin als »Gedächtnis« im engeren Sinne des Wortes angesehen werden zu können, sondern vielmehr als ein Erkenntnisvorgang, als eine Wiedererkenntnis von selbsterlebtem Geschick.
Nach dem Standpunkt der Cayce-Botschaften besitzt ein Individuum unterbewußte Erinnerungen, die aus alten Zeiten herauffluten. Alle

seine unterbewußten Ängste und Abneigungen, Vorlieben und Affekte, stellen seine eigene Erbmasse dar und werden sich vom Menschen gleichsam von Leben zu Leben selbst vermacht. Der Mensch war selbst manches Mal ein Primitiver, und gewisse gemeine Impulse aus Urzeiten bestehen meist heute noch. Der Mensch wurde einst selbst von den Schrecken des Dschungels und den Grausamkeiten anderer Menschen bedroht, und so empfindet er noch heute unbegründet erscheinende Ängste und Vorurteile. Der Mensch hatte einst guten Grund, viele der Menschen zu lieben oder zu hassen, mit denen er heute wieder verbunden ist; es ist für ihn nur natürlich, scheinbar unerklärliche Liebesempfindungen und Haßgedanken gegenüber den gleichen Menschen in der Gegenwart zu hegen.
Das abnorme Auftauchen dieser »unterirdischen« Erlebnisströmungen kann offenkundig auch auf andere Weise als durch Zwangsängste erfolgen. In verschiedenen Fällen wurden wiederkehrende Träume von Cayce auf der Grundlage der Erfahrungen in früheren Inkarnationen erklärt. Eines der interessantesten Beispiele hierfür bietet eine Dame, die mit der Frage kam: »Weshalb träumte ich in meiner frühen Kindheit so oft, daß die Welt zerstört würde, und weshalb sah ich dabei stets eine schwarze unheilbringende Wolke?« Die Antwort lautete, daß dieser Traum auf eine Erfahrung in einer atlantischen Inkarnation zurückzuführen sei, wo diese Frau eine Priesterin und Ärztin gewesen war. Sie hatte eine der schrecklichen zerstörerischen Sintfluten in Atlantis erlebt, und dieser Eindruck hatte sich so tief in das Gedächtnis ihrer Seele eingegraben, daß er während ihres Schlafes immer wieder auftauchte.
Ein anderer bezeichnender Fall dieser Art ist der eines vierjährigen Kindes, das seine Mutter fast täglich aus dem Schlaf weckte, wobei es in Tränen gebadet und offensichtlich von seelischem Schock befallen war. Das Kind befand sich in gutem physischem Gesundheitszustand, und die Mutter schrieb an Cayce mit der Bitte um eine Erklärung des krankhaften Nervenzustandes des kleinen Mädchens. Nach der Botschaft hatte das Kind in der letzten Inkarnation einen gewaltsamen Tod während des zweiten Weltkrieges in Frankreich erlitten. Besorgt darum, schnellstens eine neue Inkarnationsgelegenheit zu finden, hatte sie sich nur neun Monate darauf bei amerikanischen Eltern inkarniert. In einem so kurzen Zwischenraum zwischen den beiden Einkörperungen war die furchtbare Erinnerung an die Bombennächte überhaupt nicht von ihr gewichen, und im Schlaf des Kindes stiegen sie hoch und machten sich in Form von Träumen bemerkbar.

Fälle wie diese erheischen unweigerlich eine Untersuchung des ganzen Problems des Gedächtnisses. Der erstrangige Einwand, der von den meisten Gegnern der Reinkarnationslehre vorgebracht wird, ist die Tatsache, daß wir uns an unsere vergangenen Leben nicht erinnern. Hierbei handelt es sich tatsächlich um einen seltsamen Umstand; und doch nicht so seltsam, wenn man bedenkt, daß wir uns nicht an unsere Babyzeit und nur geringfügig an unsere Kleinkinderzeit erinnern können. Das Gedächtnis ist ein so subtiles, schwer faßbares Phänomen, daß der Mangel an persönlicher Erinnerung nicht gleichbedeutend mit dem Beweis ist, daß auch nichts geschah. Wenn wir einen von unseren Freunden beispielsweise fragen, was er genau »um 10.26 morgens am 5. April 1939 getan habe«, könnten wir unser Vermögen dagegen wetten, daß wir eine genaue Antwort erhalten. Dennoch beweist seine fehlende Erinnerung an sein Tun zu eben jener Zeit nicht, daß er etwa zu der Zeit gar nicht gelebt hätte.

Diesem Einwand gegen die Reinkarnationslehre ist also leicht zu begegnen – zunächst mit der Feststellung, daß es in der Art des Gedächtnisses liegt, die Einzelheiten zu vergessen, während das Grundprinzip des Gedächtnisses trotzdem beständig bleibt. Zum Beispiel wird irgendein durchschnittlich intelligenter Erwachsener Ihnen sagen können, daß 7 mal 7 das Ergebnis 49 und 12 mal 12 das Ergebnis 144 ergibt. Er wird sich nicht an alle die anstrengenden Schulstunden erinnern, in denen er diese Rechenvorgänge geduldig zu erlernen hatte. Doch die Fähigkeit, sie zu leisten, ist als nützliches Ergebnis aller Anstrengungen in seinem Bewußtsein haften geblieben.

Ähnlich verhält es sich mit des Menschen Umgang mit dem Feuer, mit seiner Geschicklichkeit bei der Haustierzucht, mit seiner Fähigkeit zum Tanzen oder mit seiner Begabung, irgendeine künstlerische oder handwerkliche Leistung zu vollbringen. Der Fähigkeit zum Gehen ging selbstverständlich eine Zeit voraus, in welcher der Mensch das Gehen üben mußte – obwohl sich aber kaum eine von hunderttausend Personen genau an die besonderen und erschöpfenden Anstrengungen erinnert, die sie zur Erringung dieser als selbstverständlich wirkenden Eigenschaften aufbringen mußte.

Vergessen der Einzelheiten, um es nochmals herauszustellen, stört oder zerstört nicht das Gedächtnis an sich; und die Antwort der Reinkarnationisten auf den Einwand des fehlenden Gedächtnisses an die erlebten Inkarnationen lautet, daß der Menschen Bewußtsein (oder geistige Stufe bzw. ethische Einsicht) und sein Grad der Intelligenz und Begabung die Herübernahme der gesamten gesammelten Le-

benserfahrungen aus früheren Inkarnationen darstellt, während ihm gerade die kleinen Bausteine, die Einzelheiten nicht mehr im Gedächtnis sind.
Der weitere und verfeinerte Einwand von Gegnern der Reinkarnation besteht darin, daß es nicht ethisch sei, eine Persönlichkeit für die Taten einer anderen Persönlichkeit verantwortlich zu machen. Das Bewußtsein, falsch gehandelt zu haben, so führen sie aus, sollte bei der Bestrafung eines Sünders jedenfalls vorhanden sein, damit der ganze Vorgang einen Sinn hätte. Die Antwort der Reinkarnationisten auf diesen Einwurf beruht auf ihrer Überzeugung von der Verbindung der Persönlichkeiten mit ihrer durchgängigen ewigen Identität.
Diese ewige »Identität« oder die ewige Persönlichkeit vermag sich wie ein Schauspieler hinter den Kulissen an seine ganze Vergangenheit zu erinnern; doch sowie er eine vorübergehende andere Persönlichkeit annimmt, also eine Rolle zu spielen übernimmt, dann tritt ein Gesetz der Vorsehung der Natur ein, daß die Persönlichkeit nicht mehr die nunmehr nur störenden Einzelheiten der Vergangenheit erinnert, sondern nur noch das weiß, was für ein möglichst nützliches »Spiel« notwendig ist. Wenn man beispielsweise einen Schauspieler in Shakespeare-Stücken vor sich hat, so vermag dieser außerhalb seines Einsatzes sämtliche Rollen, die er jemals spielte und spielen wird, in sein Gedächtnis zu rufen. Doch wenn er nun auf der Bühne steht und Hamlet zu spielen hat, sind notwendigerweise alle sonst gespielten Rollen aus seinem Gedächtnis verschwunden.
In ähnlicher Weise bewahrt auch die »Über-Seele« oder die ewige Ichheit die Erinnerung an alles auf, was ihr in ihren verschiedenen Rollen widerfahren ist; doch sind diese Erinnerungen normalerweise für die jeweils inkarnierten mehr oder weniger kleinen Persönlichkeiten und selbst im Zustand unmittelbar nach dem Abscheiden aus dem Erdenkörper unbrauchbar, während der Strom des Erlebnisinhalts der ewigen Ichheit von der gegenwärtigen Person nur ausnahmsweise durch eine Abweichung vom Normalen angezapft werden kann. Ob dies nun durch das »Unterbewußtsein« oder das »Überbewußtsein« geschieht, ist nicht von erstrangiger Wichtigkeit, obwohl die zukünftige Forschung in der Lage sein sollte, die Bereiche des Geistes, welche durch diese beiden Ausdrücke bezeichnet werden, klarer zu definieren. Der entscheidende Punkt ist, daß solches Gedächtnisreservoir besteht und daß es manchmal angezapft werden kann – sei es nun durch bewußte Anstrengungen oder zufällig. Hierin besteht zumindest die Ansicht der Reinkarnationisten.

Der Einwand, daß es kein ethisches Prinzip sei, wenn ein Individuum für etwas leiden müsse, das in der Vergangenheit von ihm begangen wurde, und an das es sich nicht mehr zu erinnern scheint, ist bei genauer Analyse ebensowenig stichhaltig wie die Klage darüber, daß ein Erwachsener an den Folgen unterbewußter Kindheitskonflikte leiden müsse. Entwicklungsprozesse folgen ihren eigenen Gesetzen. Wir müssen lernen, unsere Auffassungen von Ethik der Natur zu unterstellen, wie sie ist, anstatt von der Natur zu erwarten, daß sie sich unseren eigenen Vorstellungen anpaßt. Und die Natur als Schöpfung Gottes ist im höchsten Grade ethisch.

Die Scheuklappen des Vergessens verbergen die Vergangenheit vor unserer Wahrnehmung, so daß wir nur einen kleinen Ausschnitt unseres Lebens zu sehen vermögen; doch diese Scheuklappen sind hilfreich und notwendig für uns. Auf den ersten Blick mag uns diese Beschränkung unseres Erinnerungsvermögens als befremdende und ungerechte Einrichtung vorkommen. Doch vielleicht können wir sie mit den Schleusensystemen der Kanäle vergleichen, die beispielsweise den Verkehr der Schiffe vom Atlantischen in den Pazifischen Ozean und umgekehrt durch den Panama-Kanal ermöglichen. Einem unwissenden Menschen mögen die Schleusen überflüssig, behindernd und durchaus unnatürlich vorkommen. Doch die Ingenieure, die das Schleusensystem einrichteten, hatten ein schwieriges technisches Problem zu lösen; nämlich die Beförderung der Schiffe von einer Wasserebene auf die andere. Die Mittel, die sie dazu benutzten, dienten dem Zweck ausgezeichnet und genau.

Diese Verhältnisse können wir auch in den Bereich des Bewußtseins übertragen. Das Bewußtsein fließt, dem Wasser im Panama-Kanal gleich, in ununterbrochenem Strom; doch um den Übergang des Bewußtseins aus dem Körper des einen Individuums in den des nächsten zu leiten, ist es notwendig, Schleusen herunterzulassen und die Bewußtseinsebene so zu verlagern, daß ein Abschnitt des »Flusses« vom nächsten getrennt wird. Diese Antwort haben die Reinkarnationisten auf den Einwurf, daß die fehlende Erinnerung gegen die Theorie spräche.

Außer den Beispielen der Zwangsängste und der wiederkehrenden Träume befinden sich eine Anzahl von Fällen anderer bemerkenswerter seelischer Störungen in den Çayce-Akten. Halluzinationen wurden einige Male als Erinnerungen an vergangene Inkarnationen bezeichnet. In einem Falle stellte die Botschaft fest, daß die fahrlässige Erweckung eines der inneren Körperzentren oder Chakras erfolgt sei, wodurch die Kundalini-Kraft zur Auswirkung gekommen und halluzinatorische Zustände hervorgerufen habe. (Cayce gebrauchte hier wieder Ausdrücke der Hindu-Psychologie. Die »Chakras« sind, wie früher schon erwähnt, die sieben »Räder« oder Wirbel einer Energie, durch die sich mutmaßlich der feinstofflichere Teil des Körpers ausdrückt; »Kundalini« bedeutet eine Kraft, die vermutlich in der Wirbelsäule lokalisiert ist und eng mit der Geschlechtskraft und dem schöpferischen Vermögen im allgemeinen zusammenhängt.)

Schwere seelische Leiden wurden in vielen Fällen auf eine rein physische Ursache durch die Botschaften zurückgeführt, und manche großartigen Heilungen wurden durch rein physische Methoden erzielt. Ein Fall dieser Art wurde bereits im 2. Kapitel erwähnt. Es handelte sich um das Mädchen, das durch die Entfernung eines eingedrückten Zahnes geheilt wurde. Ein anderer erregender Fall ist der eines Postangestellten, der immer unausstehlicher, mürrischer und schließlich gewalttätig wurde. Seine Familie überredete ihn, sich in ein Krankenhaus zur Untersuchung zu begeben. Die Ärzte bezeichneten seinen Zustand als manisch-depressive Psychose, und er wurde an eine Anstalt für Gemüts- und sogenannte Geisteskrankheiten überwiesen. Von der Ehefrau dieses Mannes wurde eine Cayce-Botschaft erbeten. In dieser Botschaft hieß es, daß der Mann vor vielen Jahren bei Glatteis gestürzt sei und sich dabei eine Rückgratverletzung zugezogen habe, die sich in der Folge auf das ganze Nervensystem ungünstig ausgewirkt habe. In der Botschaft wurden besondere chiropraktische Behandlungen in Verbindung mit elektrotherapeutischen Maßnahmen empfohlen. Die Familie hatte Erfolg mit der Anwendung dieser Methoden, und binnen sechs Wochen wurde der Mann als wieder normal erklärt und aus dem Krankenhaus entlassen. Eine karmische Ursache war hier nicht angezeigt; ob der Sturz auf das Eis nun einen karmischen Ursprung hatte, wurde jedenfalls nicht erwähnt. Auf jeden Fall hatte eine rein physische Behandlung Heilungserfolg.

In einigen Fällen aber bezeichneten die Botschaften die Seelenstörungen als Besessenheiten durch entkörperte Wesenheiten. Seit ältesten Zeiten wurden geglaubt, daß einige Arten seelischer bzw. geistiger Störungen auf Besessenheit durch böse Geister zu beziehen sind. Kenner der Bibel werden daran denken, daß von Christus gesagt wird, er habe böse Geister veranlaßt, aus einem besessenen Mann zu weichen; und Katholiken werden auf die Tatsache hingewiesen, daß der Ritus zur Austreibung böser Geister, der Exorzismus, noch heute von katholischen Priestern praktiziert wird.

Diese Tatsachen sind natürlich dem Weltbild der modernen Psychiater im allgemeinen fremd, und sie würden sie als Auswüchse des Aberglaubens von sich weisen. Wenn man jedoch einmal zugesteht, daß die Identität eines Wesens nach dem Tode ungebrochen fortbesteht, so gibt es keinen logischen Gegengrund, weshalb Wesenheiten von böser Art nicht in übler Absicht versuchen sollten, sich des Körpers oder der Persönlichkeit eines lebenden Menschen zu bemächtigen oder diesen anderweitig zu beeinflussen.

In den wenigen Besessenheitsfällen, die in den Cayce-Akten verzeichnet sind, besteht die empfohlene Behandlungsweise im allgemeinen in der Anwendung irgendeiner Elektrotherapie (da außerkörperliche Wesenheiten diese Schwingung nicht aushalten können), die durch Gebete und Meditationen ergänzt wird. In einem Falle folgte die Kranke dem Rat genau und vermochte sich innerhalb weniger Monate selbst von den Stimmen zu befreien, die sie dauernd durch Einflüsterungen belästigt hatten. In einem anderen Falle folgte der Leidende den Anweisungen der Botschaft bis auf Einhaltung der Diätvorschriften nicht; keine Heilung fand statt! Im Falle der zuerst genannten Besessenen kann man auch eine karmische Ursache für die Besessenheit annehmen, denn in einer früheren Inkarnation hatte sich die Wesenheit mit der Anwendung okkulter Mittel, um andere zu beeinflussen, befaßt – also mit schwarzer Magie.

Alle diese Gesichtspunkte weisen wahrscheinlich auf neue Erkenntnisse auf dem tragischen Gebiet der seelischen und geistigen Störungen. Die größte Bedeutung der Cayce-Akten für die Psychiatrie und Psychoanalyse liegt im allgemeinen in der Erweiterung der bisherigen Zuständigkeitsgrenzen des Unterbewußtseins. In den wenigen Beispielen seelischer Störungen, die hier erwähnt wurden, ist naturgemäß von negativen Aspekten die Rede. Man muß sich jedoch stets daran erinnern, daß das Unterbewußtsein mehr als eine dunkle Zelle der Ängste und Schrecken ist. Gewiß ist das Unterbewußtsein ein Gedächtnisreservoir – aber ein Reservoir sowohl der guten als auch der bösen Erfahrungen. Die Cayce-Botschaften nennen es richtig das »Gedächtnis des Seelen-Geistes« im Unterschied zu jenem des »Körper-Geistes«. Der »Geist der Seele« ist demnach an die ewige Seele gebunden, während der »Geist des Körpers« lediglich zu dem jeweiligen begrenzten Erdenkörper gehört. Durch das Unterbewußtsein kann man sich zum Beispiel mit allen anderen unterbewußten Seelen in Verbindung setzen und dadurch ein Wissen gewinnen, das nicht durch Sinneseindrücke erreichbar ist.

Wenn das Prinzip der Reinkarnation jemals wissenschaftlich anerkannt werden sollte, so müßte die Klarlegung und Verbreitung der ganzen Wahrheit über das Unterbewußtsein ein erstrangiges Anliegen der Psychologen sein, und die Formulierung der richtigen Methoden, durch die sich das Bewußtsein nicht nur vom Negativen befreien, sondern auch zur Gewinnung aufbauender Aspekte beitragen könnte, wäre ebenso wichtig.

Kapitel 13

Die Ehe und das Schicksal der Frauen

Eines der wesentlichsten und schwierigsten Probleme der menschlichen Beziehungen ist das der Ehe. Unendlich erhebend in ihrer besten und unsagbar bedrückend in ihrer schlechtesten Möglichkeit bringt die Ehe die äußersten Extreme menschlichen Glücks und menschlicher Knechtschaft mit sich, worin natürlich alle Zwischenmöglichkeiten geringeren Glücks und geringeren Leids einbezogen sind.

Vom Standpunkt des Gesetzes aus ist die Ehe ein Vertrag, eine zivile Institution. Vom Standpunkt der Psychiatrie aus ist sie ein Schauspiel sexueller und emotioneller Triebe und Lüste. Die Kirche behandelt sie als ein Sakrament. Die Psychologie sieht sie als ein Problem der Verhaltensweisen und Anpassungen. Die Zyniker sehen in ihr eine Falle für Narren.

In Anbetracht des erweiterten und umfassenderen Gesichtspunktes des Reinkarnationsgesetzes ist jede dieser Definitionen der Ehe richtig, aber nur eine Teilwahrheit. Der Psychologe Link definierte die Ehe als »ein Unterfangen, in dem sich zwei unvollkommene Individuen vereinigen, um den Kampf um das Glück zu gewinnen«. Falls mit dem Kampf um das Glück auch der Kampf um die Selbstverwirklichung gemeint ist, ohne die es kein wahres Glück geben kann, kommt die Definition dieses Psychologen dem Standpunkt der alten Weisheiten recht nahe. Eine Definition der Ehe vom erweiterten Standpunkt aus könnte die Ehe als Gelegenheit zweier unvollkommener Wesenheiten zur gegenseitigen Hilfe bei der Abtragung des Karmas ansehen, wobei die Ehepartner darüber hinaus neue Seelenqualitäten erringen und im geistigen Verständnis und in geistiger Kraft fortschreiten könnten.

Die Cayce-Botschaften bekräftigen laufend, daß keine andere menschliche Verbindung diese Möglichkeit zur Entwicklung bietet wie die Ehe. Aber auch keine Eheverbindung ist das Ergebnis des Zufalls. Die Ehe scheint hierfür ein Beispiel hohen Grades zu sein. Sie ist eine in eine fortlaufende Lebensgeschichte eingeplante Episode, die bereits lange vorher einsetzte. Die Botschaften erklären, daß auf diese oder jene Weise die für die Ehe bestimmten Pärchen bereits in früheren Leben miteinander verbunden waren. Die Botschaften, die mit gegenwärtigen Eheverhältnissen als Fortsetzungen vergangener Verbindungen zu tun haben, sind von besonders erregender Bedeutung. Die Ehe wird im Lichte der Cayce-Botschaften als die natürliche menschliche Verbindung angesehen:

»Ja, es ist für die Wesenheit gut, verheiratet zu sein; es ist die natürliche Lebensführung auf Erden.
Die Ehe ist immer dann anzuraten, wenn du den richtigen Partner oder die richtige Partnerin findest! Dies hängt wiederum von der Notwendigkeit und vom Sinn der Bindung ab.«
Ein gemütliches Heim ist nach den Botschaften eine Folge des äußersten harmonischen Zustandes, um den wir uns alle bemühen sollen:

»Mache dein Heim zum Ziel deiner ›Laufbahn‹, denn hierin liegt die höchste ›Laufbahn‹, die eine Seele auf Erden durchmachen kann. Einigen wenigen Menschen ist es gegeben, eine besondere Berufung und ein harmonisches Heim zu bekommen – doch die höchste aller ›Laufbahnen‹ ist das Heim, und jene, die diesem Ziel ausweichen, haben noch viel nachzuholen. Denn hierin liegt das naheliegendste höhere Sinnbild, das jede Seele einstmals doch zu erreichen erhofft: ein himmlisches Heim! Darum mache dein irdisches Heim zum Sinnbild eines himmlischen Heimes.

Denn das Heim, in dem Einigkeit und Kameradschaft in bezug auf Erreichung des höchsten Zieles herrschen, ist das auf der Erde entsprechendste Bild des Menschen Verbindung mit seinem Schöpfer. Denn Menschen, die sich zur Erreichung eines höheren Ziels, eines Ideals verbinden, verfolgen stets einen schöpferischen Plan.«

Diese Ideen sind selbstverständlich nicht neu. Der Kernpunkt der Botschaften besteht jedoch darin, auch die modernen Ansichten über Stand und Bestimmung der Frauen mit ihrem letztlichen Schicksal zu verbinden.
Hier fällt besonders auf, daß die Gleichberechtigung der Frauen mit den Männern und das Selbstbestimmungsrecht der Frauen in den Botschaften stillschweigend vorausgesetzt werden, obwohl nicht die

gebräuchlichen genauen Ausdrücke dafür Verwendung finden. Der Standpunkt der Gleichberechtigung erscheint in den Botschaften wohl am klarsten, wenn es sich um Fragen der Ehepartner- oder Berufswahl handelt. Es wird auch verständlich, daß die biologischen und von manchen totalitären politischen Systemen verkündeten Annahmen, daß das Schicksal und die Bestimmung der Frauen darin lägen, eine Familie zu haben und Kinder zu gebären, in der Hellsicht Cayces keine Berücksichtigung finden.

Wie auch in den Gesundheitsbotschaften, in denen keine einzelne Behandlungsweise durchgehend empfohlen wird, wird auch in bezug auf die Eheschließung kein durchgängiger Ratschlag gegeben. Zwar bleiben die zugrundeliegenden psychologischen und geistigen Prinzipien immer dieselben; doch ihre praktische Anwendung kann in jedem Falle eine andere sein. Einigen Frauen wird die Eheschließung empfohlen; anderen wird mit Nachdruck gesagt, daß sie für eine Berufslaufbahn bestimmt sind. Wieder andere sollen Ehe und Beruf miteinander verbinden und eine weitere Gruppe soll zwischen beiden Möglichkeiten wählen, da diese nicht »zwei Herren dienen« kann.

Ein achtzehnjähriges Mädchen, schüchtern und unglücklich, fragte, was aus ihr wohl werden könnte. Ihre Lebensbotschaft beharrte in der Auskunft, daß sie eine Tätigkeit, Kindern zu helfen, ausüben müsse, ehe sie an eine Ehe denken könne. »Wenn sich die Wesenheit ein besseres Los durch die Ehe erhofft, würde sie davon bitter enttäuscht werden, falls sie nicht zuerst etwas zum sozialen und materiellen Wohl von Kindern beiträgt«, hieß es in der Botschaft, und als möglicher Weg wurde ihr die Tätigkeit in einem Mädchen-Fürsorgeheim geraten.

Ein praktischer Psychologe würde diesem Rat auch vom rein psychologischen Standpunkt aus zustimmen. Mit jüngeren und weniger erfahrenen Menschen zu arbeiten und diese zu unterweisen, ist ein vorzüglicher Weg zur Festigung einer verklemmten Persönlichkeit. Die Verantwortung, andere führen und ihnen ein Vorbild sein zu müssen, kann eine Selbstsicherheit verleihen, die man auf andere Weise nicht erwerben kann. Die Ehe kann leicht zu einem Unglück werden, wenn ein introvertierter Mensch in seinem Abgeschlossenheitsgefühl den falschen Partner wählt. Selbst bei der Wahl anscheinend passender Partner sind immer Fehlentwicklungen möglich, wenn einer der Eheleute die Probleme und Verpflichtungen, die eine Ehe aufgibt, nicht genügend erfaßt. In solchem Falle ist die Erziehung in irgendeiner Sozialarbeit *vor* der Ehe ein guter Weg.

In einem anderen Falle wurde einem begabten Mädchen geraten, Berufsarbeit und Ehe zu verbinden; doch wurde sie gleichzeitig gewarnt, nicht zu heiraten, ehe sie nicht den richtigen Partner gefunden hätte. Eine Vielzahl spezieller Aufgaben in früheren Inkarnationen hatte sie sehr vielseitig werden lassen; sie war eine vorzügliche Bildhauerin, Weberin und Töpferin. Darüber hinaus war sie als Lehrerin, Sängerin und Tänzerin begabt. Mit so vielen hervorragenden Gaben war sie die auserwählte Lehrmeisterin im geistigen Sinne, wie es in der Botschaft hieß. In dieser wurde weiterhin gesagt: »Wir erkennen, daß eine Verbindung von Heim und Beruf hier gewählt werden sollte – doch kommt es ganz auf den Partner an, den die Wesenheit wählt. Denn falls es sich nicht um einen vollkommen harmonischen Partner handelt, der zur Erfüllung der Lebensaufgabe der Wesenheit beiträgt, wird es für eine so hoch entwickelte Seele nur Mißklänge und Enttäuschungen geben, die schmerzhafte Narben im inneren Selbst der Persönlichkeit hinterlassen.«

Einen bemerkenswerten Gegensatz zum Beispiel dieses Falles haben wir in einer begabten und schönen jungen Schauspielerin, die im Zweifel war, nachdem sie sich verliebt hatte, ob sie Ehe und Beruf werde vereinbaren können. Die Botschaft gab ihr eine deutlich negative Antwort: »Die Wesenheit hat die Eigenschaften, entweder in der Ehe oder auf der Bühne ihre befriedigende Lebensaufgabe zu finden. Es ist für sie nicht möglich, in beiden Bereichen zugleich erfolgreich zu sein. Sie muß sich entscheiden.«

Nachdem man diese Botschaften geschlossen studiert hat, wird es klar, daß alle ihre Empfehlungen nach dem Ziel des geistigen Wachstums ausgerichtet wurden. Wenn beispielsweise eine Frau eine Berufslaufbahn aus selbstsüchtigen Motiven, wegen Geld, Ruhm, Macht und Eigendünkel, anstrebte, so wurde die Quelle der Cayce-Botschaften dieser Motive sogleich gewahr und verwies die betreffende Frau auf ihre wahre Aufgabe der Familiengründung.

Der letztere Ratschlag wurde nicht aus sentimentalen oder traditionellen Motiven heraus gegeben, die sich auf die Heiligkeit des Heims und der Frau als dessen Mittelpunkt bezogen. Vielmehr gründeten Ratschläge wie dieser auf der Erkenntnis, daß Motiv und Zweck für die einzuschlagende Handlung entscheidend sind, und daß eine selbstsüchtige Handlungsweise stets geringer als eine selbstlose einzustufen ist. Die Verantwortung, die eine Ehe und Familiengründung mit sich bringen, führt ihrem wahren Wesen nach eher zur Selbstlosigkeit als die Befriedigungen durch manche Berufslaufbahnen.

Somit wird der »Beruf der Ehefrau« und die Kindererziehung auch vielen anderweitig begabten Frauen empfohlen, weil darin die bestmögliche Schulung für sie liegt, die notwendigen geistigen Qualitäten zu erwerben und bewußte oder unterbewußte Selbstlosigkeit zu entwickeln. Auf der anderen Seite mögen begabte Frauen den echten Wunsch hegen, ihre Gaben zum Dienst an der Menschheit einzusetzen. Einer solchen Frau mögen ein Ehemann und eine Familie die volle Anwendung ihrer Gaben behindern. Somit ist sie gezwungen, erst spät zu heiraten, oder, wenn es ihre Art erfordert, Familienleben und Beruf miteinander zu verbinden. Der Endzweck bleibt sowohl für die verheiratete als auch für die unverheiratete Frau ihre geistige Entwicklung; und sowohl Männer als auch Frauen, die beide Geistwesen sind, werden gleichberechtigt in jene Situationen geführt, die dem Zweck ihrer Entwicklung am besten zu dienen geeignet sind.

Das Recht zur Selbstbestimmung wird von Cayce nicht nur als ein gesellschaftliches Recht, sondern auch als ein kosmisches erkannt. Metaphysisch ausgedrückt, handelt es sich um die Freiheit des Willens; und mancher bittere Kampf wurde im Laufe der Jahrhunderte bereits um dieses Problem ausgefochten.

Eines der wichtigsten Prinzipien des Gesetzes der Inkarnation ist dessen Bekräftigung der Tatsache des freien Willens. Eine von Anhängern der Karma- und Reinkarnationslehren oft verbreitete irrige Annahme ist die von der Vorbestimmung des ganzen Lebens. Die Folgen einer solchen Annahme bestehen in seelischer Lähmung und moralischer Zersetzung. Die Trägheit und Untätigkeit der Hindus, die größtenteils die fatalistische Deutung des Karmas annehmen, sind beispielhaft für die Gefährlichkeit dieses Irrtums.

Es ist notwendig, daß man sich darüber klar wird, daß nicht jedes Niesen, jeder Mückenstich und jedes Abendessen kosmisch oder karmisch seit Urzeiten vorbestimmt sind. Die meisten Kleinigkeiten, die unser Leben durchsetzen, sind völlig unserem eigenen jetzigen Denken und Willen unterworfen. Aber auch die großen Ereignisse wie eine Eheschließung hängen im wesentlichen genauso von uns selbst ab, sind von uns selbst erwählt, wie die sogenannten alltäglichen Geschehnisse. Die Beschränkungen, die uns heute auferlegt sind, stellen nur das Ergebnis unserer selbstverursachten Fehler in der Vergangenheit dar. Sie scheinen nur gegen unseren Willen über uns verhängt zu sein, da wir unsere Handlungen in früheren Leben vergessen haben und weil unser Blickfeld zu winzig ist, deren enge Verbundenheit mit unserem gegenwärtigen Dasein erkennen zu können. Durch

das richtige Verständnis der Reinkarnationslehre wird also auch das alte Problem des Konfliktes zwischen freiem Willen und Vorbestimmung gelöst. Der Mensch hat einen freien Willen wie vergleichsweise ein Hund an der Leine; das bedeutet, daß der Hund innerhalb der Reichweite der Leine tun kann, was er will. Das Karma jedes Menschen entscheidet über die Länge seiner »Leinen«, innerhalb derer er sich frei bewegen kann.
Diese Ansicht über den freien Willen wird jeder Forscher zwangsläufig gewinnen, der die Botschaften über Ehe untersucht. Wieder und wieder besagen die Botschaften, daß die eheliche Bindung karmisch verursacht wird; das heißt also, daß die Ehepartner alte Bekannte sind, die das nur vergessen haben, und die wieder zusammenfanden, um eine gemeinsame karmische Schuld abzutragen. Wir kommen dann zu der Überlegung, daß die von manchen Menschen zur Einleitung einer Bekanntschaft gebrauchte Floskel »Haben wir uns nicht irgendwo schon getroffen?« möglicherweise eine auf kosmischen Gesetzen beruhende Tatsache ist.
Trotzdem ist es selbstverständlich, daß der Mensch bei der Wahl der Ehebindung wie auf jedem anderen Lebensgebiet auch seinen freien Willen einsetzen kann. Demnach ist also eine Eheschließung nicht immer ratsam oder notwendig, selbst wenn eine karmische Bindung zwischen den sich begegnenden Partnern besteht und selbt wenn die gegenseitige Anziehung stark sein sollte. Zwei Beispiele kurzer Fragen und Antworten, die wir wieder den Cayce-Akten entnehmen, mögen am besten dazu dienen, diesen Punkt zu erläutern.

Frage: »Soll ich den jungen Mann heiraten, der mich jetzt umwirbt?«
Antwort: »Es herrscht ein karmischer Einfluß in dieser Verbindung vor. Doch es ist nicht zum besten, wenn du ihn heiratest.«

Frage: »Würde eine Ehe mit F. S. für unsere gegenseitige Entwicklung ratsam sein?«
Antwort: »Es könnte so sein; doch wie wir sehen, gibt es andere, mit denen eine bessere gegenseitige Entwicklung in der Ehe möglich wäre. Diese anderen gehören insbesondere deinen Nahestehenden in der ägyptischen Zeit an. Doch die Wahl der Ehe müssen wir ganz der Wesenheit überlassen. Du *hast* etliches Karma zusammen mit F. S. abzutragen. Doch als Ehefrau würde es ein harter Weg für dich sein.«

Diese Erschwerung der Beratschlagung in Eheproblemen, selbst in karmisch bedingten Fällen, kann man auf verschiedene Weise erklären. Eine Möglichkeit ist die, daß manche Individuen in der gegenwärtigen Inkarnation andere Aufgaben zu bewältigen haben, die wichtiger als das in Frage stehende Problem der gemeinsamen Erdenwanderung in der Ehe ist.
Eine weitere Möglichkeit besteht darin, daß einer der Partner oder beide momentan geistig außerstande sind, die in der Ehe zu lösende spezifische karmische Aufgabe zu bewältigen. Noch eine andere Erklärung findet sich in der Tatsache, daß sich eine in Aussicht genommene Ehe als zu große Belastung für einen oder beide Menschen insofern herausstellen wird, daß sie nicht mehr im Verhältnis zur gemeinsamen karmischen Schuld stehen würde, falls es sich eben überhaupt um eine Ehe als »Karma-Abtragung« handelt. Und schließlich liegt es noch nahe, daß die zu lernende geistige Lektion allein besser geschafft wird als gemeinsam.
Die Botschaften benennen den genauen Grund, weshalb eine Ehe im Einzelfalle ratsam ist oder nicht, nur selten. Selbst in den Fällen, in denen die Ehe als geeignet angesehen wird, wird die Entscheidung dennoch gänzlich den Individuen überlassen. Die Botschaften folgen stets der besten Führungsabsicht, und selten erhält der Ratsuchende eine klare Entscheidung präsentiert.
Diese Grundhaltung geht deutlich aus folgendem Fall hervor, in dem zwei junge Menschen fragen, ob sie heiraten sollen oder nicht. Die Botschaft eröffnete ihnen, daß sie zweimal innige Erlebnisse miteinander hatten; das eine Mal in Persien, das andere Mal in Ägypten. Deshalb sei auch heute wieder eine gegenseitige starke Anziehung vorhanden. In bezug auf ihre Ehemöglichkeit nahm die Botschaft jedoch keine Entscheidung ab. »Wenn eine Übereinstimmung der Ideale und Zweckrichtungen besteht, kann die Ehe eine angenehme Erfahrung werden.«
Das Mädchen fragte weiterhin: »Gibt es irgend jemand anderen, mit dem jeder von uns ebenso glücklich oder glücklicher sein könnte als wir beide miteinander?« Es kam die Anwort: »O, wir könnten fünfundzwanzig oder dreißig solcher Menschen nennen, wenn du das Problem so ansiehst. Die Ehe hängt in ihrem Verlauf hauptsächlich von deiner Gestaltung ab! Doch es gibt noch eine gemeinsame Eheerfahrung hier auf Erden durchzumachen, ob du sie nun jetzt oder später auf dich nehmen willst. Doch könnt ihr diese Erfahrung auch ebensogut jetzt machen – falls ihr das wünscht...«

In einigen Fällen ist die Antwort durch die Botschaft auch knapp und brüsk, wie im folgenden Beispiel:

Frage: »Ist es für mich ratsam, den Mann zu heiraten, mit dem ich jetzt verlobt bin?«
Antwort: »Nein!«

In der Mehrzahl der Fälle wird jedoch auf des Individuums völliger eigener Verantwortung, seine Wahl zu treffen, beharrt. Doch gleichzeitig gibt die Botschaft auch meist Hinweise, nach denen sich die Auswahl richten kann. Ein Mann fragte: »Würde R. W. meine passende Ehegefährtin sein?« und wurde beschieden: »Das mußt du entscheiden; nicht wir. Besteht denn nicht nur eine seelische und körperliche Anziehung zwischen euch, sondern auch eine geistige? Ergänzt Geist den Geist und entspricht Zweck dem Zweck? Habt ihr dasselbe Ideal? Falls ihr es nicht habt, sei vorsichtig!«
Im folgenden Falle, in dem eine Frau fragte, welchen von vier in Frage kommenden Männern sie heiraten solle, war die Auskunft in diesem Sinne noch deutlicher:

»Das hängt davon ab, wie deine Idealvorstellung beschaffen ist. Sämtliche dieser vier Männer sind mit dir in einer früheren Inkarnation verbunden gewesen – einige als Helfer, andere als Hemmschuhe. Dir zu sagen, daß du dich von diesem Mann zurückhalten oder mit jenem verbinden sollst, würde dich, karmisch gesehen, in eine nutzlose Situation bringen, und das trifft auf die Männer ebenso zu.
Die Wahl muß einzig und allein von *dir* getroffen werden, denn unsere Botschaften sind für ein Leben des Dienstes bestimmt. Wisse aber, daß alle vier Männer in eine Ehe einwilligen würden.«

Ratschläge wie diese sind geeignet, das Gesetz der Wahl eines Ehepartners zu erfüllen. Man darf mit hoher Wahrscheinlichkeit sagen, daß die Mehrzahl der Ehen auf Grund unwiderstehlicher gegenseitiger körperlicher Anziehung geschlossen werden. Nach der Schauung, die den Cayce-Botschaften zugrunde liegt, sollte man als gute Ehegrundlage jedoch nicht nur die körperliche, sondern auch die seelische und geistige Übereinstimmung voraussetzen. Eine gute Ehe muß auf dieser dreifachen Grundlage aufgebaut werden; wenn nur einer dieser Grundpfeiler schwach ist, so wird die ganze Ehe zerbrechen können. Die Ideale eines jeden Menschen müssen zumindest im allgemeinen den Idealen des Ehepartners in allen drei erwähnten Seinsebenen entsprechen; andernfalls sind Gefahr und Mißgeschick in Sicht. Eine gedankenlose Eheschließung, welche diese wichtigen Prinzipien der Wahl nicht beachtet, ist geradezu eine Einladung aller Schwierigkeiten.

Man hat des anderen Schützer zu sein, wenn man sich von einem Menschen des anderen Geschlechts unwiderstehlich angezogen zu fühlen beginnt; man hat stets des anderen Schützer und Behüter zu sein – das gilt besonders als Grundlage der Umwandlung bloßer geschlechtlicher Anziehung in eine glückliche Ehe, von der man von vorneherein empfinden muß, daß sie keinen Anlaß zur Auslösung explosiver karmischer Spannungen bietet.

Kapitel 14

Die Alleinstehenden

Wenn wir die Ehe vom weitumfassenden Standpunkt der Reinkarnation aus betrachten, erhebt sich auch die unvermeidliche Frage, weshalb manche Männer und Frauen in bestimmten Leben keine Ehe erleben dürfen. Obwohl sie körperlich anziehend und temperamentvoll sind, scheinen manche Menschen keine Gelegenheit zu bekommen, zu heiraten. Gibt es hierfür irgendeine karmische Erklärung in den Cayce-Botschaften?

Die Franzosen haben einen treffenden Sinnspruch über Ehe und Ehelosigkeit geprägt: »Die Ehe gleicht einer belagerten Festung: jene, die außerhalb sind, wünschen hineinzukommen; jene, die sich darin befinden, wünschen herauszukommen.« Obwohl sie zynisch erscheint, ist doch viel Wahres an dieser Feststellung. Die Ehe hat vielen Menschen so viele seelische Konflikte geschaffen, daß es beinahe überraschend ist, daß andere Menschen den Ehestand weiterhin als begehrenswert betrachten und daß sie weiterhin die bedrohlichen Möglichkeiten der Ehe ignorieren und nur ihre Verheißungen der Glückseligkeit sehen. Denn die Unverheirateten haben im allgemeinen das Gefühl, um irgend etwas Kostbares betrogen worden zu sein und entbehren zu müssen, obschon die tatsächlichen Schwierigkeiten der Ehe überall bekannt sind.

Das sexuelle Element spielt hierbei natürlich eine wichtige Rolle, und das Gefühl der Entbehrung seitens der Unverheirateten hat zumindest in »zivilisierten« Ländern die Ursache völliger oder verhältnismäßiger sexueller Unerfülltheit. In primitiven Gesellschaften ist das nicht so der Fall. Doch in unserer gegenwärtigen Struktur der westlichen Gesellschaft stellt der Stand des Ledigen eine Art von Entbehrung dar und bringt sogar häufig gesellschaftliche Mißachtung mit sich. Das ist besonders im Falle der unverheirateten Frauen so, und die folgenden Fälle beziehen sich alle auf Frauen, da sie in den Cayce-Akten häufiger behandelt werden und die Ausführungen darüber aufschlußreicher sind. Alleinsein – das ist etwas unsagbar Trauriges in der Welt. Wie die Worte »das letzte Mal« vielleicht die traurigsten in der Sprache der Liebenden sind, so ist die Aussage »ich bin einsam« vielleicht der traurigste Satz, den man in bezug auf sich selbst äußern kann. Ohne höhere geistige Beleuchtung ist das Alleinsein nach erlebter Liebe oder ohne jemals Liebe kennengelernt zu haben, eine der unfruchtbarsten, elendsten aller menschlichen Situationen.

Das entscheidende Lebensproblem der Frau, deren Fall nachstehend beschrieben wird, war ihr beständiges Gefühl der Einsamkeit. Sie erfüllt einen Posten als Fürsorge-Sekretärin in New York und ist eine Norwegerin mit harmonischer Ausstrahlung und beachtlichen körperlichen Reizen. Sie war siebenundvierzig Jahre alt, als sie ihre erste Cayce-Botschaft erhielt. Zu jener Zeit war sie bereits zweimal verheiratet gewesen. Ihr erster Ehemann starb kurz nach der Eheschließung. Sie heiratete nochmals – und zwar einen beträchtlich älteren Mann, und die Ehe wurde so unglücklich, daß sie bald die Scheidung erwirkte. Sie besaß keine Kinder; alle ihre Angehörigen waren von der Erde gegangen; sie war völlig allein. Ihre Berufstätigkeit brachte sie nicht mit Menschen in herzlichere Berührung. Sie würde sich gerne wiederverheiratet haben. Doch es bot sich keine Gelegenheit. Sie wurde einsam.

Ihre Fragestellung in ihrer Bitte um die Cayce-Botschaft kennzeichnen ihre Verwirrung und ihr Einsamkeitsgefühl. »Weshalb bin ich immer so allein gewesen?« fragte sie. »Gibt es irgendeinen besonderen Grund, weshalb ich kein Glück in der Ehe finden soll? Warum bin ich von solchem Mißgeschick verfolgt?« Die Botschaft enthüllte, daß es tatsächlich einen Grund für ihre Einsamkeit gab. Vor zwei Inkarnationen hatte sie in Norwegen die Ursache für ihre gegenwärtige seelische Lage geschaffen – sie hatte sich selbst das Leben genommen. Sie war damals Mutter von zwei kleinen Kindern und die Ehefrau eines Mannes gewesen, der aus einem unbekannten Grunde beim Staat in Ungnade gefallen war. Nach der Geburt ihres zweiten Kindes wurde sie mutlos und stürzte sich in einen in der Nähe liegenden Fjord. »Somit haben wir den Einfluß, der sich in der Gegenwart in Form von manchmal fast unerträglicher Schwermut und Einsamkeit bemerkbar macht«, heißt es in der Botschaft.

Die karmischen Verflechtungen in diesem Falle scheinen ganz klar zu sein. In einer Zeit des Unbehagens nahm sich die Frau ihr Leben und beraubte damit ihren Mann und ihre Kinder der Liebe und Fürsorge, deren sie bedurften. Ihr Mangel an Verständnis für die Bande der Familie und ihr fehlender Sinn für Ehrenhaftigkeit und Verantwortung

brachte sie in die Lage, in der sie sich jetzt befindet. Allein durch schmerzliches Vermissen von Werten lernt man diese schätzen und anerkennen.
Wir haben es hier mit einer nachdenkenswerten Gegebenheit zu tun. Sie gibt nicht nur ein Beispiel für die richtige Ablehnung des Selbstmordes seitens der katholischen Kirche, die ihn als schwere Sünde ansieht, sondern auch für die Wahrheit dessen, daß wir für jede Tat, für jede Gleichgültigkeit, für jede Verleugnung und für jeden Mißbrauch der Gabe des Lebens schließlich »bezahlen« müssen.

Der nächste Fall von Alleinsein weist dieselben Grundlagen wie der eben besprochene Fall auf, obwohl die Einzelheiten entschieden andere sind. Es handelt sich um eine Engländerin, die in einem Kindergarten tätig ist und die sich immer nach einer Ehe gesehnt hat. Sie war das einzige Kind von Eltern in mittleren Jahren, die beide starben, als sie noch sehr jung war. Sie wurde von zwei betagten Tanten in einer steifen und altmodischen Art erzogen. Das Ergebnis war, daß sie erhebliche Kontaktschwierigkeiten mit Menschen ihrer eigenen Altersgruppe hatte. In ihrem ganzen Leben hatte sie sich bereits einsam und von anderen zurückgesetzt gefühlt, so daß sie ausgeprägte introvertierte Tendenzen entwickelte.
Es hatte ein Liebesabenteuer in ihrem Leben gegeben, bei dem die gegenseitige Anziehung jedoch eine rein physische war. Als die seelische Unbefriedigtheit mehr und mehr offenkundig wurde, gab sie die Beziehung auf. Seither erschien ihr das Leben karg und leer. Sie erfreut sich zwar an ihrer Arbeit und ist beruflich erfolgreich; sie ist tüchtig, gebildet und intelligent. In wiederkehrenden Zeitabständen wird sie jedoch von Depressionen befallen, die einige Wochen andauern, um dann allmählich zu weichen. Während dieser depressiven Phasen erwog sie oft den Gedanken des Selbtmordes. Man würde sich niemals vorstellen können, daß diese hübsche Frau mit freudiger Lebensart solchen Tiefständen des Gemüts unterworfen sein könnte.
Ihrer Lebensbotschaft nach war das karmisch ausschlaggebende Ereignis in ihrem Leben ihr Selbstmord in Persien, der vier Inkarnationen zurücklag, und den sie verübte, als Beduinenstämme ihr Land überfielen. Zu jener Zeit war sie die Tochter eines Herrschers gewesen und gehörte zu denen, die von einem Beduinen-Scheich als Geisel festgehalten worden war. Danach wurde sie irgendeinem Mann übergeben, von dem sie ein Kind hatte. Bald nach der Geburt dieses Kindes, eines Mädchens, beging sie Selbstmord. Die Tochter war somit

der Gnade des kriegerischen Volkes, unter dem sie leben mußte, ausgeliefert und war dem Verhungern nahe, als sie von einem umherreisenden Prediger mitgenommen und wieder »hochgepäppelt« wurde.
Die Botschaft besagte, daß die Mutter lediglich deshalb den Freitod wählte, da sie ihre rasende innere Wut nicht zu bändigen vermochte, dem Willen eines anderen unterworfen zu sein; und deshalb »versagte die Wesenheit nur aus dem Grunde, ihre eigenen Annehmlichkeiten nicht erfüllen zu können und nicht aus Selbstverteidigung bzw. Notwehr oder dem Motiv der Landesverteidigung.« Weitere Einzelheiten gibt die Botschaft nicht; doch kann man in diesem Falle zwischen den Zeilen lesen, daß diese Frau hochmütig, stolz, arrogant, eigensüchtig und herrschbeflissen war und daß sie sich eher selbst vernichtete als ihrem Ich irgendeine Demütigung zuzumuten.
Vergleicht man damit ihren gegenwärtigen Charakter – die ausgeprägte Ungebundenheit der Manieren, die beinahe als brüsk erscheinen, und ihre Selbstzufriedenheit wie die der meisten Menschen–, scheint es naheliegend zu sein, daß die seelische Sünde in ihrer persischen Inkarnation auch in der Gegenwart die gleichen Barrieren zwischen sich und den Mitmenschen errichtet. Ein bestimmter Mangel an Anpassungsfähigkeit und ihre Weigerung, ihre Schicksalsbestimmung zu erfüllen, stößt wahrscheinlich die Männer in ihrem jetzigen Leben von ihr ab.
Seltsam genug ist es, daß sie sich in diesem Leben stets nach einem Kind sehnte. Hätten die gestrengen betagten Tanten nicht immer im Wege gestanden, würde die Frau schon lange ein Baby, ein Mädchen, adoptiert haben. Eine andere seltsame übernommene Neigung aus ihrer früheren Inkarnation ist ihre ständige gedankliche Befassung mit dem Selbstmord. Erst seitdem sie ihre Cayce-Botschaft erhalten hat, die ihr eine einleuchtende Erklärung für ihre Lebenslage gab, sah sie den Selbstmord nicht mehr länger als Ausweg aus allen Miseren an, wußte sie doch nun, daß sie zu anderer Zeit genau das nachzuholen haben würde, was sie jetzt nicht erfüllte.
In einer anderen für sie bestimmten Botschaft wurde ihr jedoch beschieden, daß sie, wenn auch viel später, doch noch eine Ehe in dieser Inkarnation erwarten könne. Auf ihre Frage, wann sie dieses glückliche Ereignis denn ungefähr erwarten könne, wurde ihr gesagt: »Wenn du dich selbst bewiesen hast, wird das Ereignis eintreten.« Verschiedene Male wurde ihr klar zu verstehen gegeben, daß die gegenwärtige Zeit eine Prüfungszeit für sie sei. Als sie fragte, weshalb ihr in den letzten fünf Jahren aber auch gar kein Kontakt mit Män-

nern gelungen sei, wurde ihr geantwortet: »Es war eine Prüfungszeit hinsichtlich deines Hauptzieles in dieser Inkarnation.«

Wir finden auch zwei Fälle, in denen der Selbstmord im Zusammenhang mit dem Aussetzen eines Kindes die karmischen Folgen der Einsamkeit und Ehelosigkeit nach sich zog. Und wir finden einen weiteren Fall in den Cayce-Akten, der einen Musiklehrer aus Texas betrifft, der aus den gleichen Motiven als Mitglied des Hofes zu Frankreich Selbstmord beging.

Wir sind natürlich nicht berechtigt, von nur drei Fällen auf allgemeine karmische Folgen der Selbstzerstörung zu folgern. Der Forscher Manly Hall meint, daß die übliche Folge des Selbstmordes der Tod des Sünders zu einer Zeit ist, in der seine Lebenssehnsucht am größten ist. Wir haben in den Cayce-Akten keinen Fall, der diese Ansicht bestätigen würde; doch handelt es sich um eine glaubwürdige Ansicht. Zwar befinden sich etliche andere Fälle in den Akten, die sich auf in früheren Inkarnationen begangenen Selbstmord beziehen – doch in keinem dieser Fälle war irgendeine karmische Folge in der Gegenwart nachzuweisen. Es ist möglich, daß die karmische Auslösung erst in späteren Leben erfolgen wird.

Alleinsein in der gegenwärtigen Inkarnation und die Unmöglichkeit, eine Ehe zu schließen, kann jedoch einer Vielzahl anderer Ursachen entspringen. Das folgende Beispiel zeigt einen ganz anderen karmischen Ursprung.

Beim Studium dieses Falles wird man an das Wahrwort des wissenden Schriftstellers Oscar Wilde erinnert: »Es gibt nur zwei Tragödien im Leben. Die eine ist, nicht zu bekommen, was du wünschst; die andere ist, zu bekommen, was du wünschst.« Der Hauptsinn dieses merkwürdigen Paradoxons liegt in des Menschen armseliger Urteilsfähigkeit – welche die Hindus »avidya« oder Unwissenheit nennen. Die Märchen, in welchen einem Menschen drei zu erfüllende freie Wünsche angeboten werden, zeigen durchgängig, daß der Mensch verkehrt wünscht und hinterher deren Folgen zu tragen hat. Erzählungen dieser Art sind in zwei Hinsichten von tiefem Symbolwert. Erstens wird gezeigt, daß die meisten Menschen nicht wirklich wissen, was sie sich im Leben wünchen sollen; und zweitens erkennen wir, daß ein Großteil der menschlichen Leiden seiner eigenen törichten falschen Wahl entspringt – einer Wahl, die aus mangelnder Urteilsgabe, begrenzten oder materialistischen Standpunkten, übler Selbstsucht oder kurzsichtigem Zweckdenken besteht.

Das folgende Beispiel zeigt, wie eine in weiter zeitlicher Ferne zurückliegende, nämlich in Atlantis getroffene Entscheidung noch heute ihre fühlbaren Folgen hervorbringt. Es handelt sich um eine etwa vierzigjährige Frau. Ihre Figur wirkt stämmig und untersetzt. Doch ist diese körperliche Disharmonie hauptsächlich auf mangelnde Leibesübung und nachlässige Haltung zurückzuführen. Ihr Gesicht entbehrt jeder kosmetischen Behandlung, und ihr Haar trägt sie ohne jede Frisur. Ihre Kleidung ist ausgesprochen unweiblich, denn alle ihre Kleidungsstücke werden nach reinem Zweckmäßigkeitsprinzip ausgesucht, ohne daß Rücksicht auf vorteilhafte Wirkung ihrer Erscheinung genommen wird. Durch Hilfe und Rat guter Kosmetikerinnen und Modefachleute könnte diese Frau zu einer ansehnlichen reifen Erscheinung gewandelt werden; ihre Gesichtszüge sind fein und ebenmäßig, und sie entwickelte vor allem durch ihre religiöse Überzeugung einen liebenswürdigen und ansprechenden Charakter.
Die Frau hatte nur die Grundschule besucht und ihren Lebensunterhalt vor allem mit Fabrikarbeit und durch andere handwerkliche oder mechanische Tätigkeiten erworben. Psychologische Testmethoden ergaben, daß ihr religiöser und gesellschaftlicher Sinn am meisten entwickelt waren. Das war zu erwarten gewesen, da ihr Hauptinteresse im Leben dem Studium religiöser Bücher und der Tätigkeit in irgendeiner Form des Dienstes in der Gemeinschaft galt. Trotzdem führte sie ein zurückgezogenes und einsames Leben. Niemand von ihren Familienangehörigen teilte ihre religiösen Hinwendungen. Nur wenig Romantik hatte es in ihrem Leben gegeben.
Vom Standpunkt der Psychologie aus präsentierte diese Frau einen »klassisch klaren« Fall des Typs, der aus »maskulinem Protest« handelt, also die Rolle der Frau nicht annehmen will. Dieser Protest kennzeichnet sich in ihrer fast kriegerischen »männlichen« Haltung und ihrem unweiblichen Wesen in jeder Beziehung. Er erscheint auch in ihrer fast puritanischen Weigerung, irgendeine Bemühung zur Schönheitspflege zu unternehmen oder sich gar für Männer anziehender zu machen. Die psychologische Struktur dieser Verhaltensweise ist sicher der Analyse wert, und die orthodoxe Psychologie hat auch eine solche bereits vorgenommen. Dennoch scheint die Erklärung der orthodoxen Psychologie unvollständig zu sein. Weshalb sollte diese Frau, so fragen wir, mit einer körperlichen und seelischen »Erbmasse« und in eine »Umwelt« geboren worden sein, die sie in erster Linie zu ihrem maskulinen Protest »geneigt machten«? Die Geschichte ihrer Vorinkarnationen halten die Antwort bereit.

In einem in den Cayce-Botschaften erkannten früheren Leben war die Frau eine nahe Verwandte Johanes des Täufers und wuchs natürlich in einer Atmosphäre religiöser Inbrunst auf. Hier wurde die Grundlage für ihre heutige religiöse Hinwendung geschaffen. In einer Inkarnation davor war die Wesenheit, dieses Mal als Mann, Handarbeiter in einer frühen Epoche Palästinas, der Holz und Metalle bearbeitete. Daher stammen anscheinend die heutigen mechanischen, praktischen Fähigkeiten der Frau. In noch ferner Vorzeit war sie eine Frau hoher Geltung in Atlantis. Ein unglückliches Liebeserleben brachte ihr große seelische Angst und Verwirrung. Das Ergebnis war, »daß sich die Wesenheit entschied, im grobmateriellen Sinne niemals mehr solche zu lieben, die sie enttäuschen und Herzeleid verursachen könnten«, hieß es in der Botschaft. Und damit haben wir den Ausgangspunkt des Entschlusses, sich aus den Umgarnungen und vom Glücksspiel der Liebe zu befreien.
Der gegenwärtige Ledigenstand der Frau ist also keine karmische Vergeltungsfolge. Wir beobachten hier keine Handlung und Gegenhandlung, wie sie in den vorstehend erwähnten Selbstmordfällen gewaltet hat. Wir erkennen hier eher die Gültigkeit des karmischen Stetigkeitsprinzips in Anwendung auf die Wunschkraft. Sie entschied sich einst für ein gewisses Verhalten in bezug auf einen Teil ihrer Mitmenschen. Mit typischer atlantischer Zähigkeit und Ausschließlichkeit entschied sie sich sogar, daß sie *niemals wieder* ihre Liebesempfindungen in »normalmenschliche« Beziehungen legen würde, also besonders in geschlechtliche Beziehungen. Die Entscheidung erfolgte nicht aus dem Motiv geistiger und emotioneller Entsagung, sondern aus dem egozentrischen Wunsch, niemals mehr durch mögliche Liebesenttäuschungen gedemütigt werden zu wollen. In der Zwischenzeit hatte sie niemals Veranlassung gefunden, ihre diesbezügliche Haltung zu ändern. So muß sie nun alle logischen und psychologischen Folgen ihres starrsinnigen Entschlusses tragen, bis sie einstmals ihre Haltung und ihren Entschluß ändern wird. Ob sie in diesem Leben heiraten möge, wird in der Botschaft nicht gesagt. Doch ist zumindest die Neigung in ihr aufgekommen, ihre Teilnahme und ihre Empfindungen für andere wieder auszudrücken. Indem sie Liebe entbehrte, hat sie ihren Wert erkannt. Durch ihre Einsamkeit hat sie ihre Sünde, ihre Zurückweisung der Liebe, objektiv erkannt.

Der nächste Fall betrifft eine Frau, die ernsthaft der gleichgeschlechtlichen Ausrichtung verdächtigt wurde. Obwohl es in den Cayce-Botschaften nicht ausgeführt wurde, ist die gleichgeschlechtliche Veranlagung, besonders bei fast unwiderstehlicher Neigung, die Eigenarten des anderen Geschlechts anzunehmen, auf einen Geschlechtswechsel in einer Inkarnation zurückzuführen.

Die betreffende Frau wurde in England geboren, kam aber in jugendlichem Alter nach Amerika. Als sie die Cayce-Botschaft erhielt, übte sie ihren Beruf in einer großen Stadt der Vereinigten Staaten aus. Ihre Erscheinung und ihr Verhalten wirken extrem männlich. Ihre Stimme ist tief wie die eines Mannes. Sie trägt im Stile von Männermode geschneiderte Kleidung und eine ganz kurze Frisur, und sie gebraucht männliche Gebärden und Redewendungen. Der unter ihren Bekannten weithin verbreitete Verdacht, daß sie gleichgeschlechtlich veranlagt sei, beruhte auf der Beobachtung dieser Eigenarten und der Tatsache, daß sie jahrelang mit einer in Aussehen und Wesen extrem femininen Frau zusammenlebte. Sie waren unzertrennliche Kameraden, und ihr Verhalten wies alle Kennzeichen eines invertierten Verhältnisses auf.

Zwei unmittelbar aufeinanderfolgende Inkarnationen sind die bezeichnendsten in bezug auf die Eigenarten dieser Frau. Im letzten Leben war sie in England zur Zeit der Kreuzzüge. Sie gehörte zu den vielen Tausenden von Frauen, die von ihren kreuzzugbegeisterten Männern zurückgelassen worden waren, und die sich nun der Notwendigkeit ausgesetzt sahen, den Lebenskampf allein zu bestehen. Dieses typische Schicksal aus der Zeit der Kreuzzüge hat seine seelischen Spuren in vielen Menschen hinterlassen. Viele Frauen reagierten auf diese oder jene extreme Weise.

Die Frau unseres Falles reagierte durch Aktivierung ungeheurer, für ihr Geschlecht ungewöhnlicher Energien. Offenbar litt sie unter mancherlei Mühsal, erkannte die traurige Lage anderer Frauen mit ähnlichem Schicksal, raffte sich zu großer Tatkraft auf und organisierte die Frauen zu einer Art von Notgemeinschaft zum Zwecke der gegenseitigen Unterstützung.

»Und seitdem setzte die Wesenheit wenig Vertrauen in Männer; insbesondere in jene, die irgendwelchen unsicheren Unternehmungen anhingen. Ihre Neigung, Groll und Argwohn gegenüber der Tätigkeit anderer zu hegen, wurde ihr durch jene Erlebnisse eingepflanzt«, sagte die Botschaft.

In jener Inkarnation gelangen nun die gewissen männlichen, tatkräftigen, energischen Wesenszüge in die Seele dieser Frau. Wir vermuten das, weil sie in der davorliegenden Inkarnation als Frau in Palä-

stina lebte und in der Botschaft keine Erwähnung über möglicherweise bereits damals bestehende männliche Neigungen zu finden ist. Durch die Erlebnisse zur Zeit der Kreuzzüge sind die männlichen Eigenarten so stark in der Frau entwickelt worden, daß sie sich im nächsten Leben als Mann inkarnierte. Wiederum in England geboren, gehörte die Wesenheit zu jenen unternehmungslustigen Männern, die in der Frühsiedlerzeit nach Amerika kamen. Der Name lautete James Buhanana; sie war Freibeuter und Freidenker und durchquerte sämtliche Länder der Ostküste. Später zog dieser Mann zusammen mit anderen Abenteurern in das Innere des Landes.
Heute finden wir nun ihren mehr männlichen Geist in einen weiblichen Körper inkarniert – einen Körper freilich, der selbst beinahe dem eines Mannes gleicht. Ob sie nun wirklich gleichgeschlechtliche Neigungen hat – genaue Auskunft darüber ist nicht einzuholen – oder nicht, so bleibt dieser Fall psychologisch bezeichnend und für die Reinkarnationsforschung sehr bedeutsam. Denn er stellt uns das ungemein wichtige Gesetz der Polarität vor Augen. (Die Cayce-Akten verzeichnen zwar nirgends das Wort »Polarität« oder nehmen nachdrücklichen Bezug auf dieses Prinzip. Es wird hier von der Verfasserin als bessere Erläuterung der in den Cayce-Botschaften übermittelten Tatsachen angewandt, da es sowohl zu den äußerlichen Gegebenheiten als auch zu den Erkenntnissen der alten hermetischen Weisheiten paßt.)
Der Psychologe JUNG hat die Tatsache ausführlich behandelt, daß jedes Individuum sowohl männliche als auch weibliche Wesenszüge besitzt, wobei einer dieser beiden Pole in seiner Seele überwiegt. Genauso wie der physische Körper auch rudimentäre Geschlechtsmerkmale des Gegengeschlechts aufweist, so hat die Seele des Menschen unentwickelte Fähigkeiten in sich aufbewahrt, die mehr dem anderen Geschlecht zugehören. Diese psychologische Tatsache, die Jung durch jahrelange klinische Beobachtungen sichern konnte, paßt sehr gut zum Standpunkt der Cayce-Botschaften über Herkunft und Entwicklung des Menschen.
Wir wollen diesen Standpunkt kurz erläutern. Alle menschlichen Geister sind als geschlechtslose Wesen und im göttlichen Stande erschaffen worden. Doch die Gesetze der Polarität und der Geschlechtsunterschiede gehörten von Anfang an zu den grundlegenden Gesetzen des Universums. Und als die Geister in die Materie verwickelt wurden, geschah das nach den Gesetzen der Polarität. Zunächst waren sie zwitterhaft und hatten beide Geschlechtsmöglichkeiten latent

in sich; danach wurden sie zweigeschlechtlich in akuter Form. Die ersten Jahrhunderte der Geschichte von Atlantis bietet viele Beispiele grotesker Bildungen, die leider eine Folge durch den bereits einsetzenden Mißbrauch der Geschlechtskraft waren. Die gegenwärtige Trennung der Menschen in zwei isolierte Geschlechtswesen ist freilich nur eine Phase in unserer Entwicklung, die sich wahrscheinlich wieder der latenten Zweigeschlechtlichkeit, aber auf geistiger Ebene, zuneigt.

Jeder der beiden »Pole«, der männliche und der weibliche, weist seine besonderen Merkmale und Qualitäten auf. In unserer Kulturepoche zumindest können die typisch männlichen und die typisch weiblichen Eigenschaften wie folgt unterschieden werden: Stärke, Kampfkraft, Durchsetzungsfähigkeit, Herrschertum, Härte – das sind die männlichen; Hingabe, Duldertum, Güte, Freundlichkeit – das sind die weiblichen Seelenmerkmale.

Nehmen wir nun an, daß ein Geist durch fortgesetzte Vereinigungen mit einem männlichen oder einem weiblichen Körper so ausgeprägte Eigenschaften des betreffenden Geschlechts entwickelt hat, daß er in der Gefahr der Einseitigkeit in dieser Beziehung steht, so ist er nicht nur selbst, sondern auch seine Mitmenschen sind dieser Gefahr ausgesetzt. Ein Beispiel dafür haben wir in allen brutalen Diktatoren. Diese entwickelten die männlichen Charaktereigenschaften der Stärke, Kampfkraft, Härte und des Herrschertums in unnatürlichem Ausmaß. Diese Eigenschaften haben ihren Sinn und ihre Notwendigkeit; doch wenn sie nicht durch die weiblichen Eigenschaften der Liebe und der Opferbereitschaft gemildert werden, so wird bloße Grausamkeit, niedere Lust und Selbstbesessenheit daraus. Die schrecklichen Folgen dieser bösen Einseitigkeiten hat die Welt bereits zur Genüge erleben müssen.

Reine Männlichkeit ist in sich selbst unvollkommen. Ihre Überentwicklung artet ins Böse aus. Hieraus folgt die Notwendigkeit der Ergänzung der männlichen durch die weiblichen Tugenden und Eigenschaften. In gewissem Grade wird diese Ergänzung durch die Ehe vollzogen; das heißt durch die Vereinigung der gegenüberliegenden »Pole«. Jeder Partner dieser Gemeinschaft wird in bestimmtem Rahmen vom anderen beeinflußt und in seiner möglichen Einseitigkeit gemildert. Doch bleibt diese Änderung noch unvollständig. Innerhalb einer Lebensspanne wird eine ausgesprochen männliche Seele nur sehr ungenügend von seiner Partnerin durch weibliche Tugenden beeinflußt und umgekehrt. Doch eine Reihe von Inkarnationen in manchmal männlichen und dann wieder weiblichen Körpern sorgt für die notwendige allseitige Erfahrung. Damit ist wieder einmal gezeigt, daß das Reinkarnationsprinzip eine neue Dimension in der Psychologie bildet; nur durch wiederholte Geburten kann die Vervollkommnung einer Seele ermöglicht werden. Nur auf diesem Wege können Herrschertum und Hingabe in jenes harmonische Gleichgewicht gebracht werden, das den vollkommenen, eingeweihten Geist kennzeichnet, der zugleich im Einklang mit dem Willen Gottes steht.

Ein lehrreiches Beispiel für diesen Ausgleichsversuch der Seeleneigenschaften durch Veränderung des körperlichen Geschlechts in der neuen Inkarnation haben wir in dem gerade untersuchten Fall. Die Wesenheit hatte in zwei Inkarnationen, in der einen als Frau und in der anderen als Mann, die eigenwilligen, männlichen Eigenschaften entwickelt. Sie hatte das auf Kosten von Anmut, Schönheit, Hingabe, Duldsamkeit und Geduld getan. Die Geburt in einen männlichen Körper mag die bereits eingeleitete männliche Wesensbildung nur noch weiter vertieft haben. Die Inkarnation in einen weiblichen Körper, in den sie zwar alle männlichen Eigenschaften, die sie so unharmonisch entwickelt hatte, übernahm, war der Versuch einer seelischen Korrektur. Die Unausgewogenheit ihrer Entwicklung wurde durch den Kontrast ihres Innen- und Außenmenschen, ihrer körperlichen Beschaffenheit mit ihren inneren Werten und durch die körperliche Rolle, die ihre Mitmenschen ihr zuschrieben, um so mehr ersichtlich. Der Mangel an weiblichen Eigenschaften sollte ihr somit doch unbequem geworden sein, und die Aufmerksamkeit des innewohnenden Ichs hätte sich auf Ausgleichung dieser scharfen Kontraste richten müssen. Männlich betonte Frauen und weiblich betonte Männer, die zudem noch eine möglicherweise vorhandene gleichgeschlechtliche Neigung bejahen, ziehen wahrscheinlich den Weg des geringsten Widerstandes vor, indem sie auf ein früheres Existenzstadium zurückgehen. Vermutlich weigern sie sich auch, die Lehre, zur Ausgeglichenheit zu gelangen, anzunehmen, die ihnen durch ihren Körperzustand gegeben werden soll.

Es gibt in den Cayce-Akten eine große Anzahl anderer Fälle von Frauen mit männlichen Eigenschaften, die früheren Inkarnationen als Mann entstammen. Obwohl diese Vorherrschaft männlicher Wesenszüge bei Frauen eine Ehe nicht unbedingt ausschließt, ist die Möglichkeit zur Ehe jedoch schwieriger, und die Fähigkeit, Kinder zu bekommen, scheint solchen Frauen nicht gegeben zu sein. Viele Frauen, die schwere Geburten durchmachen mußten oder gar keine

Kinder zu gebären vermochten, waren nach den Botschaften in der Vorinkarnation Männer gewesen.
Ungeachtet der karmischen Ursache der Ehelosigkeit – mag diese nun Selbstmord, die Unfähigkeit zur Liebe oder die Überentwicklung gegengeschlechtlicher Eigenschaften sein – muß dieser Zustand der Entbehrung wie jeder andere ähnliche als Gelegenheit zur inneren Reifung und Höherentwicklung angesehen werden. Trotz ihrer scheinbaren Einsperrung in die Zelle der Einsamkeit gibt es für alle Männer und Frauen genügend Gelegenheiten, ihr Dasein zu »einem blühenden Garten« zu machen.
Um Gemeinschaft, Kameradschaft, Ehe zu erlangen, muß man deren würdig sein. Um Freunde zu erwerben, muß man freundlich sein; um Liebe erfahren zu dürfen, muß man Liebe geben. Indem sie in sich das entwickeln, was sie für die Erfüllung ihrer Wünsche würdig macht, werden auch die Einsamen und Alleinstehenden viel schneller zur glücklichen Liebeserfüllung kommen.

Kapitel 15

Einige Eheprobleme

Wenn einmal die Wahl eines Ehepartners vollzogen wurde, sind die beiden Menschen auch in eine bestimmte karmische Verbindung getreten und stehen fortan in seelischer Wechselwirkung. Ein gründliches Studium der Cayce-Botschaften, die sich mit dem Problem der Ehe befassen, läßt erkennen, daß diese wichtige menschliche Verbindung sowohl in ferne Vergangenheit als auch in ferne Zukunft reicht. In der Sprache des Theaters ausgedrückt, kann man die Situation wie folgt vergleichen:

Durch ihre Heiratsentscheidung haben ein Mann und eine Frau unbewußt zugestimmt, wiederum mit einem Mitspieler auf der Bühne zu stehen, mit dem sie in der Vergangenheit bereits einmal oder verschiedene Male verbunden waren. Sie haben dadurch eine besondere Spielerfahrung zur Darstellung des Lebensdramas gewonnen. Dieses Drama mag vor zwei oder drei verschiedenen Szenen spielen. In fernster Vergangenheit kann ein Laboratorium in Atlantis mit glitzernden wissenschaftlichen Instrumenten auftauchen; danach finden wir die Hütte von Ziegenhirten in Griechenland, die sich im Schutz einer Felsklippe an den Bergeshang duckt; und schließlich erkennen wir einen eleganten Salon aus dem Zeitalter Ludwigs XVI.

Die Schauspieler beginnen nun die Fäden des Dramas aufzunehmen, das sich zwischen ihnen in der glänzenden und überkultivierten Atmosphäre des Hofes zu Frankreich abspielt. Eifersucht, Heimtücke, Betrug und Treulosigkeit mögen der Lauf der Ereignisse in den verschiedenen Akten bestimmen – bis der Höhepunkt der Auflösung, des unausweichlichen Hassens und Mordens erreicht ist. Oder vielleicht hat sich das Drama im Laufe des Zeitalters auch weniger gewaltsam entwickelt; vielleicht haben die indirekten und raffinierten Arten der seelischen Grausamkeit, der Hochmut, die Selbstsucht, die Menschenverachtung und die Gleichgültigkeit den Zwiespalt herbeigeführt.

Doch wie auch immer der »Fortschritt« des Dramas im einzelnen be-

schaffen sei: Die beiden Hauptspieler haben zu jedem Zeitpunkt der Gestaltung ihrer Rolle auch die Macht, den Verlauf ihrer Handlungen zu ändern. Die Szenerie steht fest; aber der Handlungsablauf ist noch nicht bestimmt. Ähnlich wie in der berühmten italienischen »Commedia dell'arte«, in der die Bühnenbilder und der allgemeine Umriß des zu spielenden Stückes feststehen, die Schauspieler jedoch ihre Einzelhandlungen im Verlauf des Schauspiels selbst bestimmen, sind auch die Spieler auf der Bühne des Lebens zu jeder Zeit imstande, ihre Darstellungen und Handlungen zu verändern und damit die möglichen Schwächen vorhergehender Akte auszugleichen.
Oder, um die Analogie mit dem Drama aufzugeben, so kann behauptet werden, daß jeder Mensch über Willensfreiheit und Wahlfreiheit in bezug auf den Ehepartner wie auf alle anderen Verbindungen verfügt, daß aber die Wahlmöglichkeit auf einen bestimmten Rahmen eingeschränkt ist, die wir etwa mit der Entscheidung, mit einem bestimmten Autobus zu fahren, vergleichen können. Befindet man sich erst im fahrenden Bus, so ist man auf eine bestimmte Fahrtrichtung angewiesen und bestimmten Fahrgästen gegenübergestellt. Diese Bedingungen wären anders gewesen, hätte man sich für die Reise mit dem nachfolgenden Bus entschieden. Der Fahrer dieses anderen Fahrzeugs könnte unfreundlich sein im Gegensatz zum Fahrer des vorhergehenden Busses; die Luft könnte schlecht sein; die Fenster verschlossen; der Mitfahrgast unangenehm geschwätzig. Manche Umstände könnten eintreten, die man nicht vorhersagen konnte, als man sich gerade für diesen Bus anstatt für einen anderen entschieden hatte. Doch das eigene Verhalten während dieser Fahrt und auch die eingeschlagene Richtung werden im allgemeinen beibehalten. Und für das eigene Verhalten ist man, wie auch die Umstände sein mögen, stets selbst verantwortlich.

In den Cayce-Botschaften befinden sich eine Anzahl besonderer Ehefälle, deren karmische Struktur erklärt wird.
Kein altertümlicher Gott oder keine irdische Justiz wäre so folgerichtig vorgegangen wie in dem eigenartigen Fall, den wir jetzt betrachten wollen. Die Hauptperson ist eine sehr hübsche Frau von einundvierzig Jahren, die jenen sinnlichen Typ darstellte, nach der sich noch jetzt die Menschen im Restaurant umdrehten. Ihre eleganten und wohlhabenden Freunde und Freundinnen wären bestürzt gewesen, hätten sie ins Innere dieser Frau blicken können.
Im Alter von dreiundzwanzig Jahren hatte sie, ein höchst anziehendes

und liebenswertes Mädchen, einen bekannten und sehr erfolgreichen Geschäftsmann geheiratet. Es stellte sich heraus, daß dieser Mann keinerlei Bedürfnis für geschlechtliche Beziehungen hatte und deren Bedeutung überhaupt nicht erkennen konnte. Für Frauen, denen dieses Bedürfnis ebenfalls abgehen mochte, wäre eine solche Lage nicht unbedingt tragisch gewesen. Doch für eine so sinnliche und gefühlsbetonte Frau wie diese war es wirklich eine Tragik. Ehescheidung wäre der einfachste Weg gewesen, um die Schwierigkeit zu lösen; doch die Frau brachte es auch nicht fertig, diesen Schritt zu tun, da sie ihren Mann liebte und es nicht ertragen konnte, ihm wehzutun.
In den ersten Jahren ihrer Ehe ging die Frau in ihrer Verzweiflung eine Vielzahl von Verbindungen mit anderen Männern ein, und zwar aus rein physischem Bedürfnis und nicht mit dem Vorsatz der Untreue gegenüber ihrem Mann. Allmählich aber überwand sie eben diese Neigungen, und zwar hauptsächlich durch Befassung mit dem Studium der Theosophie und mit der Praxis der Meditation. Ihr Leben verlief achtzehn Jahre lang in dieser eigentümlichen Form, bis die Krise eintrat. Einer ihrer früheren Liebhaber trat wieder in ihr Leben. »Vom Augenblick an, in dem wir uns wiedertrafen«, schrieb sie an Edgar Cayce, »flammte die alte Leidenschaft zu ihm in voller Glut wieder auf, und ich erwiderte sie abermals. Ich versuche die Verbindung zu lösen, doch statt dessen verschlechtert sich mein innerer Zustand zunehmend... Ich würde die Verbindung mit ihm nicht ablehnen, wenn er nicht verheiratet wäre. Doch würde ich aus verschiedenen Gründen, die Sie kennen, meinen Mann auch nicht verlassen, zumal er auch einen sehr guten Charakter entwickelte...
Vielleicht ist der Grund meiner Leidenschaft für den anderen Mann keine Liebe, sondern entspringt den besonderen Umständen meines Ehelebens. Trotzdem ist dieser andere Mann auch ein feiner Mensch. Er liebte mich seit meiner Kindheit, und ich habe es nicht gewußt. Seine Mutter erzählte es mir. Er ließ es mich nicht wissen, ehe er nicht in der Lage war, eine Frau zu ernähren. Doch dann war es zu spät, da ich gerade meine Verlobung mit meinem heutigen Ehemann bekanntgegeben hatte. Ungewöhnliche Umstände, die uns das Karma aufgeladen hat, haben unser aller Leben erschwert.
Ich komme mit dem anderen Mann in Abständen intim zusammen; doch nur aus dem Grunde, daß er sich nicht ganz verzehrt. Zum anderen dachte ich, es würde ihn von seinem Begehren befreien und also eine Art unbewußter seelischer Klärung erfolgen können. Ich brach aber die enge Verbindung seiner Frau wegen ab. Ich kenne und

schätze seine Frau und habe sie niemals beunruhigen wollen. Die Gesellschaft ist aber gegen solche Beziehungen, und vom Standpunkt jener Frau aus würde es sich um unrechtmäßige Beziehungen handeln. Ich möchte aber niemand verletzen. Der Mann hat kein gutes Verhältnis zu ihr; ich glaube, weil sie, obwohl sie jeden Wunsch erfüllt bekommt, dennoch manchmal wochenlang nörgelt. Sie stellt ihren Mann auch vor anderen Menschen bloß. Trotzdem hat sie manche guten Eigenschaften. Sie kann keine Kinder bekommen... Mein Mann weiß, daß ich Sie um Gesundheitsratschläge bitte, doch kennt er nicht die wahre Lage.«

(Durch diesen Brief mag der falsche Eindruck erweckt werden, als ob alle Empfänger von Cayce-Botschaften vorher ausführliche Informationen über ihre Lage gaben, die Cayce dann im Trancezustand verwertete. Doch handelte es sich bei dieser Frau um einen Ausnahmefall, denn fast alle Ratsuchenden gaben Cayce lediglich ihren Namen, ihr Geburtsdatum und ihren Geburtsort an und erteilten außer gelegentlichen ganz allgemeinen Auskünften keine Informationen.)

Die Lebensgeschichte dieser Frau ist schon dramatisch genug; doch ihre Lebensbotschaft und deren Enthüllungen ihrer früheren Probleme geben einem fast ein Gefühl der Ehrfurcht in Anbetracht der genau entsprechenden Sühne ein, die zwei irrende Seelen jetzt zu leisten haben.

Wir werden auf die vorletzte Inkarnation der Frau in Frankreich zur Zeit der Kreuzzüge gewiesen. Sie hieß damals Suzanne Merceilieu und war bereits mit ihrem heutigen Mann verheiratet. Dieser war eine jener Abenteurernaturen, die von der Idee der Kreuzzügler begeistert waren. Und wie viele andere religiöse Eiferer, führte er ein persönliches Leben, das gar nicht mit den Prinzipien seines Glaubens in Einklang stand. Für ihn war es von höchster Wichtigkeit, die Grabstätte des Heilands vor den Ungläubigen zu retten; doch das erste christliche Geheiß, nämlich die Liebe, auf seine eigene Frau anzuwenden, ist anscheinend niemals in sein Empfinden gedrungen.

Und so hatte er, als er seine Frau verließ, noch den weiteren, von Mißtrauen getriebenen Wunsch, während seiner Abwesenheit die Keuschheit seiner Frau zu erhalten. Da der Mann nicht glaubte, daß sie von solcher Religiosität durchdrungen war wie er selbst und freiwillige Enthaltsamkeit üben würde, wußte er sich dieser ihrer Enthaltsamkeit mit Gewalt zu versichern.

Zu diesem Zwecke zwang er sie, einen sogenannten Keuschheitsgürtel anzulegen, der in Europa bereits in der zweiten Hälfte des zwölften

Jahrhunderts bekannt war und noch 1934 Hauptverhandlungsgegenstand eines ordentlichen Prozesses in Frankreich gewesen ist. Ein solcher Gürtel betand aus Metall und Leder oder aus Metall und Samt und wurde mit einem Schloß versehen, dessen Schlüssel nur der »Eigentümer« der Frau besaß.

Die Cayce-Botschaft lautete in bezug auf diese Frau: »Die Wesenheit gehörte zu jenen, deren Standhaftigkeit man anzweifelte, und sie wurde gezwungen, eine Vorrichtung zu tragen, welche die Verbindung mit anderen verhinderte.« Der Gebrauch des Wortes »zwingen« läßt daran denken, daß Frau Merceilieu von Anfang an dem Gedanken der Enthaltsamkeit nicht sympathisch gesonnen war. Diese Gegenwehr verstärkte sich noch, wie aus den weiteren Sätzen der Botschaft hervorgeht. »... und sie nahm sich vor, irgendwann und irgendwo frei zu sein... Durch den Zwang zur Enthaltsamkeit schmiedete die Wesenheit gerade entgegengesetzte Pläne. Diese innere Haltung hat sich auch auf ihre gegenwärtigen Erfahrungen ausgewirkt.«

Bei der Untersuchung des karmischen Vergeltungsprinzips, das hier waltete, erkennen wir, daß die brutale Methode, die Treue seiner Frau auf mechanische Weise zu erzwingen, dem Manne sein sexuelles Unvermögen brachte. Eine geeignetere Bestrafung kann man sich kaum denken. Doch scheint es auf den ersten Blick von wenig Gerechtigkeit zu zeugen, daß die Frau, die einerseits das Opfer dieser Grausamkeit wurde, in einem weiteren Leben sexuelle Entbehrungen erleiden sollte. Dieser Eindruck der Ungerechtigkeit ist aber nur oberflächlich. Denn Sünde besteht nicht aus überwiegend äußerlichen Handlungen. Sünde besteht aus Absichten, Gemütshaltungen, Seeleneinstellungen. Sicher wurde diese Frau auf ungerechte Weise behandelt. Ihre Reaktion darauf war rachsüchtig und haßerfüllt. Soweit wir es wissen, machte sich ihr Rachedurst und ihr Haß niemals offen bemerkbar; doch die Bereitschaft zur Rache war nichtsdestoweniger immer in ihr.

Wir haben an anderer Stelle gehört, wie jede von der Seele getroffene hartnäckige Entscheidung die Jahrhunderte überdauert. Die Entscheidung dieser Seele drückte sich vor allem im Willen aus, »jetzt gerade untreu zu sein«, und diese Gelegenheit wurde ihr im jetzigen Leben auch geboten. Aber sie mußte auch denselben Mann aus der damaligen Inkarnation wiederum heiraten. Die Frau war dieses Mal außergewöhnlich schön und begehrenswert. Sie hätte Gelegenheit gehabt, sich an ihrem Mann »vollendet« zu rächen, ihn vor seinen Freunden zu demütigen oder die Scheidung zu erzwingen.

Doch in der Zwischenzeit war sie geistig gereift. Sie konnte es nicht länger über sich bringen, zu irgend jemand böse zu sein. Ihre Briefe verraten ihr ausgeprägtes Feingefühl. Sie hätte ein Verhältnis mit ihrem früheren Liebhaber eingehen können, das sogar leicht vor ihrem Mann hätte verborgen werden können; doch sie mochte der Frau des Liebhabers kein Leid antun und verzichtete deshalb auf die Verbindung. Ihre physische und emotionelle Beschaffenheit verlangten nach irgendeiner Form geschlechtlicher Aktivität; doch sie liebte ihren Mann. Sie verließ ihn nicht. Sie opferte ihre physischen Wünsche, ihre Schönheit, ihre Jugend zugunsten von Treue und Hingebung.
»Sie traf sich selbst wieder«, heißt eine tiefe bedeutungsvolle Stelle in ihrer Botschaft, und zwar traf sie auf ihre eigene Bestimmung, auf ihre eigenen Seeleneigenschaften und auf ihr eigenes Selbst aus früheren Leben wieder. Die Untugenden dieses ihres früheren Selbst machte sie nach sechs Jahrhunderten wieder gut.
Das karmische Gesetz wirkt sich erst dann aus, wenn die Situation zur Wiedergutmachung der Sünden gekommen ist. Der Mensch soll die Bestrafung der Sünden nicht selbst rachsüchtig in die Hand nehmen oder »Rache schwören«. Das bedeutet nicht unbedingt, daß die Gesellschaft kein Recht hätte, sich vor Verbrechern zu schützen. Die Verurteilung eines Verbrechens gegen das bürgerliche Gesetz ist eine Notwehrhandlung der Gesellschaft, um einer höchstmöglichen Anzahl von Menschen den höchstmöglichen Schutz zu schaffen. Die bürgerliche Gesetzgebung berücksichtigt freilich nicht die Gesetze des Karmas. Bestenfalls sind sie, obwohl in unpersönlicher Anwendung, eine Widerspiegelung des Gesetzes des Karmas aus dem kosmischen Bereich im menschlichen Bereich.
Noch ein anderer Fall befindet sich in den Cayce-Akten, der eine Ehetragödie betrifft, in der von seiten des Mannes ein Keuschheitsgürtel unter Zwang angewendet wurde. Wieder war es zur Zeit der Kreuzzüge. In diesem Fall ist die karmische Struktur etwas anders. Ihr jetziger Ehemann war nach Angabe der ratsuchenden Frau sehr behutsam, verständnisvoll und zurückhaltend. Doch nach acht normalen Ehejahren bekam die zweiunddreißigjährige Frau eine unwiderstehliche Abneigung vor dem ehelichen Verkehr. Dadurch wurde selbstverständlich eine äußerst schwierige Situation geschaffen, diese wurde noch durch die fast abgöttische Anbetung der Frau durch einen Freund, einen italienischen Opernsänger, erschwert.
Diese Problematik wurde in der Botschaft durch die Tatsache erklärt,

daß der Ehemann sie in der letzten Inkarnation, also auch zur Kreuzzugszeit, durch Anbringung eines Keuschheitsgürtels beleidigt hatte. Wir sehen die geeignete karmische Wirkung dieser Tat in der oben erwähnten Abneigung der Ehefrau vor diesem Manne, mit dem sie in der gegenwärtigen Inkarnation ebenfalls wieder zusammengeführt wurde. Die Tatsache, daß die Frau von dieser Abneigung und Furcht befallen wurde, hat ebenfalls karmische Ursachen. Ihre Reaktion auf die Zwangsmaßnahme ihres Mannes in der früheren Inkarnation war unerbittlicher Haß. Und Haß schmiedet eiserne Fesseln. In der Botschaft wird das so ausgedrückt: »Zweifel und Ängste der Gegenwart sind Folgen latenten Hasses. Die somit geschaffenen Konflikte können nur durch Verständnis gelöst werden. Denn wenn dir vergeben werden soll, so mußt du vergeben.«
Die Anziehungskraft der Frau auf den Opernsänger wurde auf eine Beziehung in einem anderen Leben zurückgeführt. Er war einst ihr Liebhaber in Indochina gewesen. Als Antwort auf ihre Frage, wie sie die Lage nun meistern solle, hieß es in der Botschaft: »Treffe die Entscheidung, die du für dein Ideal hältst.«
Das Element der Furcht erscheint auch in einem anderen Falle, in dem die karmische Ursache völlig andersartig ist. Vom Gesichtspunkt der mit diesem Fall zusammenhängenden persönlichen Leiden aus ist diese Geschichte fast überwältigend tragisch; vom Gesichtspunkt der psychiatrischen Analyse aus bietet der Fall jedoch ausgezeichnetes Studienmaterial über Wechselwirkungen zwischen Karma, Vererbung und Umwelt. Die ratsuchende Frau schrieb im Jahre 1926:
»Ich befinde mich beinahe am Abgrund des Wahnsinns und Selbstmords – und ich bin die erbärmlichste Frau auf Erden und eine Rauschgiftsüchtige. Mein ganzes Leben lang redete mir meine Mutter, die durch die Geburt von sechs Kindern Qualen ausstand, so viel über die Leiden der Schwangerschaft ein, daß ich mich seit meiner eigenen Heirat vor achtzehn Jahren so davor fürchtete, daß ich heute fern von einem lieben guten Gatten lebe, weil ich es nicht ertragen kann, ihn in meinem Blickfeld oder in meiner Nähe zu haben. Ich habe gebetet und Hilfe durch Psychologie, Psychiatrie, Christliche Wissenschaft und die Unity-Bewegung gesucht – alles ohne Erfolg. Glauben Sie, daß es irgendeine Hoffnung für mich gibt? Ich wünschte ja Kinder und *liebte* meinen Mann; doch fürchtete ich den ehelichen Verkehr, und nun bin ich übler daran denn je und, wie ich sagen muß, bereit zum Selbstmord, den ich für diese Woche geplant hatte, als ich von Ihrem Werk hörte.«

Die Lebensbotschaft für diese Frau bezog sich auf ein zwei Inkarnationen zurückliegendes Leben, in dem die heutige tragische Lage verursacht wurde. Zuallererst wurde gesagt, daß sie ein eitles, selbstsüchtiges, materialistisches, vergnügungssüchtiges Geschöpf am französischen Hofe gewesen sei. Ihr Leben war ein amüsantes, schuf ihr jedoch die Leiden ihres nächsten Lebens im Amerika der Frühsiedlerzeit, wo sie ebenfalls Mutter vieler Kinder war, die durch eine Feuersbrunst alle den Tod fanden. »Die Wesenheit verbrachte die weiteren Tage jenes Lebens in Furcht«, hieß es in der Botschaft, »und sie empfand Wut und Mißtrauen gegen die Gottesführung, da sie sich und ihre Kinder nicht geschützt fühlte. Dadurch wurde ihr heutiges Grauen verursacht, Kinder zu gebären und alle Folgen daraus.« Es scheint so, als sei diese Frau in dieser Inkarnation von einer Mutter erzogen worden, die ein ähnliches Schicksal und damit eine ähnliche Schwingung, nämlich die der Furcht besaß. Die dauernde Ausmalung der Schrecken der Schwangerschaft und Geburt seitens der Mutter trug nur dazu bei, das bereits im Unterbewußtsein des Kindes festgesetzte Grauen zu verstärken.

Die Tragödie zur Siedlerzeit, welche die Frau erleben mußte, wird verständlich, da wir wissen, daß abgeirrte Menschen nur durch harte Schicksalseinschnitte auf den geistigen Weg zurückfinden. Doch die Frau hatte die karmische Prüfung nicht bestanden. Das leidvolle Erlebnis ihrer letzten Inkarnation hatte sie nicht demütig und milde gestimmt, sondern sie mit Groll und Furcht erfüllt. Von den drei möglichen Erklärungen des Leids – »Die Tragödie ist der Wille eines unerforschlichen, aber gerechten Gottes«; – »diese Tragödie ist der Wille eines ungerechten grausamen Gottes«, oder »diese Tragödie ist ein sinnloser Zufall im gottlosen Universum« – nahm die Frau die letzte Interpretation als die richtige an.

Und somit hatte sie noch eine wesentliche Lehre anzunehmen. Diese Lehre lautete einfach: »*Vollkommene* Liebe vertreibt Furcht«. Sie hatte sich von ihrer selbstsüchtigen und materialistischen Lebenseinstellung zu trennen; sie mußte eine so große Liebe zu ihrem Ehemann, eine so große Liebe zu den ungeborenen Seelen, die sie als Mutter gewählt haben könnten und eine so große Liebe und Achtung für das göttliche Schöpfungsgesetz aufzubringen lernen, daß sich materialistische Ängste gar nicht mehr bemerkbar machen konnten.

Bedauerlicherweise hat die moderne Psychologie die Kraft der Liebe größtenteils nicht erkannt. Liebe ist nach der Ansicht der meisten Psychoanalytiker ein Ausdruck der Begierde. Seit Watsons vorzüglichen Experimenten des Streichelns und Schlagens von Babies gestehen die Psychologen wenigstens ein, daß Liebe eine der drei seelischen Grundbewegungen des Menschen ist. Doch als positive Antriebskraft des Universums, als wesentliche Eigenschaft Gottes und folglich als wesentliche und notwendige Eigenschaft aller Geschöpfe Gottes und als erstrangiges Heilmittel für alle menschlichen Leiden harrt das Prinzip der Liebe noch immer der offiziellen Anerkennung. Vielleicht liegt das an der Scheu der Psychologen vor der Anwendung des Wortes. Wir könnten diese Zurückhaltung, falls es sich überhaupt um eine solche handelt, verstehen, falls die Psychologen eine allmähliche Befleckung und Entwertung jenes hohen Begriffes durch die Umgangssprache befürchten, wie es bereits mit dem Wort »Dienst« geschehen ist, das für weltliche und unedle Zwecke mißbraucht wurde.

Ein anderer vom Gesichtspunkt psychoanalytischer Behandlung und sexueller Anpassung aus bemerkenswerter Fall ist der eines gemeinsam berufstätigen Ehepaares. Zur Zeit ihrer Bitte um eine Cayce-Botschaft waren beide bereits fast zwei Jahre in psychoanalytischer Behandlung gewesen. Der Mann war ein ausgesprochen introvertierter Typ; die Frau hatte bereits drei Nervenzusammenbrüche erlitten, deren letzten sie nicht mehr überwinden zu können schien. Die Frau war zur Zeit der Botschaft einundfünfzig und der Mann vierundfünfzig Jahre alt. Ihr einziges Kind war in früheren Jahren von der Erde geschieden.

Die eheliche Disharmonie zwischen den beiden Menschen war tiefgehend. Der Psychoanalytiker, der ihren Fall behandelte, hatte von Cayce gehört und um eine Botschaft für die Eheleute gebeten. Diese Botschaft enthielt jedoch keine Angaben über die früheren Leben der beiden außer einer einzigen, aber bedeutsamen Hinweisung in der Botschaft der Frau.

In dieser Botschaft wurde die Frage gestellt: »Weshalb nimmt diese Wesenheit das Leben schwerer als der Durchschnittsmensch?« Die Antwort lautete: »Weil sie es auch in anderen Erfahrungen schwerer nahm.« Es folgte die Frage: »Woher stammt der Minderwertigkeitskomplex der Frau?« Hierauf wurde geantwortet: »Von der Furcht und Abneigung vor den Männern. Du kannst nicht das Gelübde der Ehelosigkeit ablegen und es halten, um dann leicht davon zurückzutreten und die Bedürfnisse eines anderen zu befriedigen zu versuchen, der nicht leicht befriedigt werden kann.«

Hier haben wir eine höchst wichtige Spur zum Unvermögen dieser Frau, einen befriedigenden ehelichen Verkehr zu erreichen. In einer früheren Inkarnation ist sie aller Wahrscheinlichkeit nach eine Nonne gewesen; es ist verständlich, daß ein Mensch, der sich für lange Zeit freiwillig Beschränkungen seiner sexuellen Natur auferlegte, diese Wesenskomponente schwerlich auf natürliche Weise ausleben kann, und sei es unter der Bedingung der Ehe. Das ist ebenso in einer Lebensspanne wie in zwei verschiedenen Leben verständlich.
Es hieße gewiß, den Bogen zu überspannen, wollte man schließen, daß alle frigiden Frauen auch in der Vorinkarnation ehelos oder gar Nonnen gewesen sind. Zweifellos gibt es viele Gründe für die Frigidität der Frauen – organische und außerorganische, karmische und nichtkarmische. Doch ist es möglich, daß in manchen Fällen die geschlechtliche Teilnahmslosigkeit auf einen Grund wie den obenstehend aufgezeigten zurückgeht.
Weiterhin ist es aufschlußreich, daß der Psychoanalytiker in diesem Falle einen Oedipus-Komplex als Erklärung für die Neurose des Mannes in nähere Erwägung zog. In der Cayce-Botschaft wurde ihm jedoch in klaren Worten beschieden, daß dieser Verdacht unbegründet sei.

Frage: »Psychoanalytisch gesprochen, wieviel beträgt das Gemütsalter der Wesenheit?«
Antwort: »Etwa zwei Monate.«

Frage: »Besteht ein Oedipus-Komplex im Seelenleben der Wesenheit?«
Antwort: »Lies, was bereits gesagt wurde. Du suchst nur nach materiellen Erklärungen.«

Frage: »Worin bestehen die Gründe, daß die Wesenheit kein Glück in der Ehe gefunden hat?«
Antwort: »Er sucht die Annehmlichkeit *nur für sich selbst.*«
(Das englische Wort »you« kann mit »du« und mit »Sie« übersetzt werden. In Trance-Reden, mögen diese nun dem hypothetisch »allwissenden« Unterbewußtsein, oder, was wahrscheinlicher ist, einer außerkörperlichen Wesenheit zugeschrieben werden, empfiehlt sich, »du« als Übersetzung zu wählen, weil die Anrede »Sie« in deutschsprachigen Botschaften so gut wie gar nicht vorkommt. Anmerkung des Übersetzers.)

Selbstsucht war also auch die Haupttriebkraft für die Konflikte im vorstehenden Falle. Tatsächlich erweist sich die Selbstsucht in unmittelbarer oder versteckter Form in allen Fällen ehelicher Störungen, die in den Cayce-Botschaften vorkommen, als Hauptursache der Zwiespältigkeiten. Das ist eine Tatsache von nicht zu unterschätzender Bedeutung.

Für die moderne Weltanschauung mag der Ausdruck »Selbstsucht« nicht »wissenschaftlich« genug klingen, und es kann auch noch eine Weile dauern, bis er durch die »offizielle« Wissenschaft anerkannt wird. Doch ist es erfrischend, ein so schlichtes und allgemein verständliches Wort und in Form seiner Umkehrung, nämlich der Selbstlosigkeit, allgemein erstrebenswertes Ziel in den Botschaften überall angewandt zu finden. »Selbstsucht ist die Hauptsünde« lesen wir in den Akten immer wieder. Und von dieser einfachen Feststellung aus kann man einen Wirrwarr psychologischer Fachausdrücke und Labyrinthe durchschauen und die Erkenntnis einer kristallklaren Ordnung menschlicher Werte und einer kristallklaren Philosophie der Heilung gewinnen.

»Liebe will keinen Besitz!« heißt es in einer Cayce-Botschaft in der Art eines Lehrspruches, »Liebe *ist*.«

Die Ehe wird gewöhnlich auf Grund der Illusion der Liebe als besitzergreifendes Moment geschlossen. Die Wechselfälle und Sorgen der Ehe sind lediglich dazu bestimmt, uns die Wahrheit der Liebe als *Sein* zu lehren.

Kapitel 16

Untreue und Scheidung

In allen Ländern, in denen die Einehe üblich ist und zum Gesetz erhoben wurde, ist die Untreue ein weitverbreitetes Eheproblem. Vielleicht ist die Grunderklärung dafür eine biologische, weil die Männer zur polygamen, die Frauen zur monogamen Veranlagung neigen. Zu den biologischen Gründen kommen natürliche psychologische und soziologische Faktoren, die zur Ausbreitung der ehelichen Untreue beitragen. Wenn man aber die Ansicht der Reinkarnationisten annimmt, wird es natürlich ein interessantes Problem, die Erscheinung der Untreue nach möglichen karmischen Ursachen zu untersuchen. Die Cayce-Akten enthalten drei außergewöhnliche Fälle dieser Art, in denen sich das Karmagesetz grundlegend bemerkbar macht.

Im ersten Fall handelt es sich um eine Frau, Mutter von zwei Kindern, deren Mann etwa acht Jahre hindurch ein Verhältnis mit einer anderen Frau unterhielt; die Ehefrau war dieser Untreue ihres Mannes erst in den letzten beiden Jahren jenes Verhältnisses gewahr geworden. Sie hatte Cayce gefragt, weshalb sie diese traurige Erfahrung hätte erleiden müssen. Es war ihr gesagt worden: »Wegen deiner eigenen Untreue in einem früheren Leben.«

Der zweite Fall betrifft eine Frau, die während ihrer Inkarnation am Hofe zu Frankreich auf schamlose Weise untreu war. Sie erlebte nun die gleiche Situation mit ihrem eigenen Manne, der in der Vorinkarnation bereits der »Anlaß« ihrer auf niederer Begierde beruhenden Untreue gewesen war.

Im dritten Fall schließlich haben wir es mit einer Frau zu tun, deren Mann bereits im ersten Ehejahr in hemmungslose Trunksucht verfiel und eine sogenannte Liebesverbindung nach der anderen hatte. Es kam so weit, daß er verschiedene Male andere Frauen mit ins Haus brachte. In allen diesen Leiden blieb die Frau jedoch treu und gewährte dem liederlichen Mann sogar den ehelichen Verkehr – mit dem Ergebnis, daß sie selbst geschlechtskrank wurde. Die Cayce-Botschaft schrieb die karmische Ursache der tragischen Lage dieser Frau ihrer unmittelbar vorhergehenden Inkarnation zu. Damals war sie die uneheliche Tochter eines Matrosen und einer Japanerin gewesen. Möglicherweise kam wegen ihrer unbürgerlichen Herkunft das Gefühl des Ausgestoßenseins in ihr auf, und mit der Erreichung des Reifealters gab sie sich selbst einem ausschweifenden Leben hin. Bald wurde sie für die vielen Männer, mit denen sie verkehrte, zur Krankheitsüberträgerin. »Und so weitreichend waren diese Einflüsse«, hieß es in der Botschaft, »daß sie sogar im gegenwärtigen Leben wieder auftauchen.«

Kurz zusammengefaßt, lassen solche Fälle den Schluß zu, daß die Untreue des Mannes manchmal durch eine karmische Notwendigkeit verursacht wird. Auf Grund dieser Beispiele können wir selbstverständlich nicht annehmen, daß *alle* Fälle von Untreue karmische Ursachen haben. Um ein Beispiel zu konstruieren, mag die Untreue eines Mannes namens Johannes gegen eine Frau namens Maria deshalb geschehen, weil Maria diese Behandlung wegen ihrer eigenen Untreue gegen einen Mann namens Claudius in einer früheren Inkarnation im alten Rom verdient hat; doch auf der anderen Seite kann die Untreue des Johannes auch auf Verfehlungen der Maria im gegenwärtigen Leben zurückzuführen sein; der Fall der Untreue braucht nicht mehr als die gleichzeitige Folge einer gleichzeitigen Verfehlung zu sein – und folglich ein Fall schneller Karma-Auslösung. Der Prüfstein für die Beurteilung, ob eine solche Gegebenheit karmisch ist, besteht bei Mangel von Hellsicht in die Vergangenheit wahrscheinlich darin, festzustellen, ob entsprechende gleichzeitige den Verdacht des Karmas provozierende Ereignisse auftreten.

Nach dem Karmagesetz hat man die Situation, in der Gegenwart das Opfer fortgesetzter Treulosigkeit zu sein, durch eigene fortgesetzte Treulosigkeit in der Vergangenheit bzw. im Vorleben heraufbeschworen. Nur auf diese Weise kann man Treue und Besonnenheit des Charakters erwerben. Wegen dieser erzieherischen Notwendigkeit beharren die Botschaften auch meist in ihrer Verwerfung der Scheidung. Wenn eine geistige Lehre durch eine schwierige Ehe angenommen werden soll, hat es wenig Sinn, aus dieser Ehe auszubrechen, da man früher oder später ohnehin vor die gleiche oder eine ähnliche Situation gestellt wird und sie dann bewältigen muß.

Auf keinen Fall geht aus den Botschaften jedoch ein grundsätzliches Vorurteil gegen Scheidungen hervor, sondern in verschiedenen Fällen wird Scheidung sogar ausdrücklich empfohlen. Bei der Entscheidung über die Berechtigung einer Trennung der Ehepartner erschei-

nen zwei Punkte als die wichtigsten: die Verpflichtung gegenüber den Kindern und die gegenseitige Verpflichtung. Wenn in den Botschaften Scheidungen empfohlen werden, handelt es sich stets um Fälle, in denen entweder überhaupt keine Kinder vorhanden waren oder aber die Kinder Nutzen durch die Scheidung hatten; und außerdem waren es Fälle, in denen die Ehepartner ihre karmische Lehre bereits gelernt hatten, oder aber in denen einer der Partner die Prüfung so schlecht gemeistert hatte, daß er den anderen ganz herabgezogen hatte.
Einen typischen Fall in dieser Richtung haben wir in einer neunundvierzigjährigen Ehefrau aus New Jersey, die keine Kinder hatte und eine unharmonische Ehe erleben mußte. Ihr wurde durch die Botschaft geraten, daß sie ihre hervorragenden Begabungen als Lehrerin entwickeln und ihren Mann verlassen sollte. Weiter hieß es in der Botschaft:

»Ja, es ist für den Menschen gut, wenn er eine Ehe schließt; es gehört zum natürlichen Leben des Menschen auf der Erde. Doch wenn eine Verbindung besteht, welche die Erreichung der Ziele verhindert, wegen derer sie geschlossen wurde, und das wird augenscheinlich, und es gibt auch keine Änderung, so ist eine Trennung besser.
Sei dir dessen im tiefsten Innern gewiß, daß du dein Werk, dessentwillen du die Erde betratest, vollenden mußt. Du beginnst dieses Werk spät; doch du magst immerhin viel in der Unterrichtung junger Mädchen erreichen...«

Ein entgegengesetztes Beispiel bietet der Fall einer Frau, die zwanzig Jahre älter als ihr Ehemann war. Es herrschte schwerwiegende Unverträglichkeit zwischen den Ehepartnern; er war der Trunksucht verfallen und verhielt sich unberechenbar und bedrohlich ihr und ihrem Sohn gegenüber. Eine karmische Erklärung dieser Lage wurde nicht gegeben, und Scheidung wurde auch nicht angeraten. In der Botschaft hieß es:

»Enttäuschungen und Zwistigkeiten sind zwischen euch aufgekommen. Trennt euch nicht, sondern laßt statt dessen eine Haltung liebenden Gleichmuts einziehen. Denkt nicht mehr an die Vorwürfe und Bosheiten; wisset, daß ihr tatsächlich das ernten werdet, was ihr sät. Und das gilt ebenso für deine Verbindung mit ihm wie für seine mit dir. Behandele ihn unter *allen* Umständen so, wie du von ihm behandelt zu werden wünschst.«

In diesem Falle ist zu vermuten, daß noch einige karmische Lehren erworben oder einige karmische Verpflichtungen erfüllt werden müssen.

Wenn keine hellseherische Erkenntnis der Umstände des letzten Lebens vorliegt, so ist das Motiv, auf dem die rechtmäßige Trennung der Ehe beruhen mag, in jedem Falle eingestandenerweise schwer zu entdecken. Ein gewichtiges Argument für die Ansicht der katholischen Kirche, daß die Ehe unauflöslich ist, liegt darin, daß die Verpflichtung zur Weiterführung der Ehe irrende menschliche Wesen an einer Aufgabe festhält, deren Bewältigung sie sonst mittels stets bereiter Selbstrechtfertigungen zu entfliehen versucht wären.

Obwohl in den Cayce-Botschaften die Empfehlung der Scheidung doch verhältnismäßig zu häufig ist, um mit dem Gedanken des absoluten Scheidungsverbots vertraut zu machen, ist dennoch die Möglichkeit der Selbstwertsteigerung durch die freie Entscheidung zur Ehe so hoch und philosophisch so gut begründet, daß ihr ultimativer Charakter zweifellos mehr zur Verringerung der Scheidungsfälle als zu deren Vermehrung beitragen würde.

Die Ehe als eine Institution ist in der Sicht der Reinkarnations-Anhänger weniger geheiligt, als viele Menschen annehmen. Wenn die Gesellschaft die Ehe als unauflöslich zu erklären wünscht, so ist es recht und gut; wünscht sie es nicht, so ist es ebenfalls recht und gut. Das kosmische Gesetz läßt sich durch kein menschliches System beeinflussen – wenn der Mensch eine Verpflichtung in einem Leben zu erfüllen verfehlt, wird er unweigerlich zur Erfüllung eben dieser Verpflichtung in einem anderen Leben aufgerufen werden. Die äußeren Formen, die ein Mensch als Gesetz errichtet, sind in hohem Grade eigenmächtig und unwesentlich. In letzter Hinsicht bedeutet es sehr wenig, welche Regeln für irgendeinen Wettkampf aufgestellt wurden, sondern das Können und die Ehrenhaftigkeit, mit denen der Kampf ausgetragen werden, bilden den eigentlichen Wert.

Auf der anderen Seite ist die Ehe eine *weitaus* ernsthaftere Angelegenheit, als die meisten Menschen denken. Die mit der Ehe zusammenhängenden Verpflichtungen, die jährlich von Vieltausenden Menschen so leichtfertig vernachlässigt werden, sind keine mehr oder weniger bedeutungslosen sozialen Gewohnheiten; sie haben ihre echte bindende Funktion im großen Körper der Menschheit, in dem jeder von uns eine lebende Zelle bildet. Dauernd arbeitet das kosmische Gesetz des Ausgleichs, und welche Art von Selbstsucht uns auch beherrschen möge, es gibt keinen besseren Schmelztiegel zu deren Umformung in Selbstlosigkeit als die Ehe. Wir müssen daher lernen, die Schwierigkeiten und Entbehrungen der Ehe in einer opferbereiten Geisteshaltung auf uns zu nehmen und erkennen, daß unser niederes Selbst in der Läuterung steht, damit unser höheres Selbst geboren werde.

Wenn wir wissen, daß unser Ehepartner uns durch alte Bande der Anziehung zugeführt wurde und daß der sinnvoll ausgerichtete Wille unseres Überselbst uns gerade zu den unerfreulichsten Situationen geführt hat, und wenn wir wissen, daß in der Disharmonie die Gelegenheit zum Fortschritt zur Selbstlosigkeit liegt – dann auch erkennen wir die Scheidung als meist vergebliches Unterfangen. Erinnern wir uns umgekehrt daran, daß uns keine naturgemäße Einrichtung zu Sklaven ungesunder, vergiftender, verzerrter Beziehungen machen sollte und daß selbstlose Liebe, symbolisch gesehen, nicht vor die Säue sündhafter Eigennützigkeit geworfen werden sollte, so können wir die Scheidung als gesunde und vernünftige Lösung eines Vertrages ansehen.

Kehren wir wieder zur Mäßigkeit, zum Ausgleich, zur goldenen Mitte zurück. Hierin liegen Tugenden, die nicht nur von Menschen erheischt werden, die nach geistiger Vollkommenheit streben; es sind Tugenden, die von der menschlichen Gesellschaft in ihrer Anstrengung, die Wege zum Selbstausdruck der Individuen zu finden, überhaupt erstrebt werden.

Kapitel 17

Eltern und Kinder

Für viele Jahrhunderte bildete die Familie in mehr oder weniger ausgeprägtem Grade eine eigene Hoheit, der als Oberhaupt der Vater und in einigen Kulturkreisen die Mutter vorstanden. Solche Hoheiten bestehen weiterhin, und sie sind tatsächlich in der Überzahl. Vom materialistischen Gesichtspunkt aus können Kinder allerdings als Besitztum ihrer Eltern betrachtet werden. Sie wurden durch Opfer und Mühe der Mutter sowie durch Opfer und Arbeit des Vaters großgezogen. Die Eltern sind wirtschaftlich stärker, reifer und zielbewußter als die Kinder – deshalb ist es ihr Recht, zu herrschen.

Im spirituellen Bereich gibt es indessen keine absolute Oberhoheit der Eltern über die Kinder. Alle Lebewesen sind gleichberechtigte Mitglieder einer ungeheuer großen geistigen Gemeinschaft. Geistig gesehen, besitzen die Eltern ihre eigenen Kinder nicht; ja, sie erschufen sie nicht einmal. Sie erweckten sie mehr. Ein geheimnisvoller Prozeß spielt sich in ihren Körpern ab, der ihnen ermöglicht, sich mit einem Ehepartner einen Augenblick zu vereinigen und gleiche geheimnisvolle Prozesse auf den Plan zu rufen, welche die Bereitung und Geburt eines neuen menschlichen Körpers bewirken.

Dieser Körper wird zur Wohnung für ein anderes geistiges Wesen, wie wir es selbst sind. Für eine Zeit ist dieses kleine Wesen hilflos und ohne Sprechvermögen. Die Verantwortung, die wir für das Baby empfinden und die Pflege, die wir ihm geben, sind wesentliche der Mühe werte Erfahrungen. Sie leiten zur Opferbereitschaft und zur Liebe über; sie führen zur Zärtlichkeit und Anhänglichkeit tiefster Art. Und so sollte es auch sein, solange die Hinneigung zu Kindern nicht in Besitzsucht und Machtlust ausartet.

KHALIL GIBRAN schrieb über diese Zusammenhänge folgende eingehenden und wahren Sätze:

»Deine Kinder sind nicht deine Kinder.
Sie sind Söhne und Töchter des sich selbst ersehnenden Lebens.

Sie kommen durch dich, aber nicht von dir,
Und wenn sie auch mit dir sind, sie gehören dir doch nicht.
Ihr seid die Bogen, denen eure Kinder als lebende Pfeile entsandt werden.
Spannt eure Hand zum Bogenschießen freudig an.
Denn wie Er den Pfeil liebt, der da fliegt, so
liebt Er auch den Bogen, der beständig ist.«

Eltern sollten gegenüber ihren Kindern weder das Gefühl beherrschender Überlegenheit noch eifersüchtiger Minderwertigkeit haben; und diese Haltung liebender Unbeschwertheit, die als einzige passende Haltung der Eltern gegenüber ihren eigenen Kindern in Frage kommt, wird nur durch die Erkenntnis der grundlegenden geistigen Wahrheit ermöglicht, daß alle Menschen und alle Geister gleichwertig erschaffen worden sind. Eltern sind die »Kanäle«, durch die das Leben fließt und durch die den Seelen Gelegenheit zu ihrer Verkörperung gegeben wird. Die Menschen sind deshalb dazu aufgerufen, die Eheverbindung mit einem Sinn für die Heiligkeit dessen, was sie tun, einzugehen.

Der Gesichtspunkt geht hier ausdrücklich vom Geschlechtlichen aus; das heißt, daß sich Cayces Ansicht mit jener der Hindus deckt, daß die Geschlechtlichkeit in sich selbst göttlich und ein geheiligtes Geheimnis ist.

Die orthodoxe christliche Theologie hat das Wesen der Geschlechtlichkeit leider seelisch vergiftet, indem sie es als durch und durch sündig erklärte. Infolge einer tragischen Fehldeutung des Symbolismus im Buche der Schöpfung, dem 1. Buch Mose in der Bibel, wird die gesamte Menschheit als Nachkommenschaft der »Ursünde« zwischen Adam und Eva betrachtet. Obwohl durch das Sakrament der Ehe der Geschlechtsverkehr gerechtfertigt wird, bleibt man seitens der Kirche weiterhin bei der Auffassung, daß Kinder »in Sünde empfangen werden«. Solche verzerrten Ansichten in bezug auf die natürlichen von Gott gegebenen Funktionen des menschlichen Körpers sind in ihrer seelischen Wirkung weitreichend und verursachen Hemmungen, Schuldkomplexe und tiefgehende Konflikte schwerster und belastendster Art. Der Ausweg liegt aber nicht in der Entscheidung für die freie Liebe oder für das ungezügelte Ausleben sexueller Begierden. Die Entscheidung liegt in der Entwicklung des vollen Verständnisses für die Tatsache, daß die Zeugungskraft des Geschlechts von Gott eingesetzt wurde. »Die körperliche Vereinigung im reinen Sinne ist die

größte unter den heiligen Erfahrungen im Erdenlebenslauf einer Wesenheit«, heißt es in einer Botschaft.
Dieser Gesichtspunkt wiederholt sich in vielen Botschaften und wird bemerkenswerterweise in Beispielen gefunden, in denen eine Frau nach der Möglichkeit, Kinder zu haben, fragt. Gewöhnlich wurde eine Gesundheitsbotschaft in solchen Fällen verlangt; die Frauen wünschten zu wissen, welche Vorbereitungen sie für Empfängnis und Geburt zu treffen hätten. Stets enthielten die Botschaften Ratschläge in zahlreichen Einzelheiten. Außer Anwendungen von Massagen zur Erzielung größerer Biegsamkeit des Körpers während der Schwangerschaft enthielten diese Botschaften keinerlei außergewöhnliche Ratschläge. Die Vorschläge hinsichtlich der Diät, der Körperübungen und der sonstigen persönlichen Sorgfalt im Zusammenhang mit dem Körperzustand waren von gleicher allgemeiner Art wie sie jeder zuständige Arzt erteilt haben würde. Es bestand lediglich der positive Unterschied, daß sämtliche Cayce-Anweisungen auf hellsichtigem Einblick in die besonderen Bedürfnisse jedes einzelnen Körpers beruhten. Trotzdem wurde in den Botschaften gleicher, wenn nicht größerer Wert auf die Wichtigkeit der seelischen und geistigen Vorbereitung der Mutter für die Geburt ihres Kindes gelegt, da der innere Zustand den Eltern ähnlich schwingende Wesenheiten anziehen würde:
»Die Wesenheit sollte zur Kenntnis nehmen, daß die Vorbereitung der Seele und des Geistes seiner Natur nach schöpferisch und ebenso wichtig wie die rein körperliche Vorbereitung ist, wenn nicht noch wichtiger.«

In einer Botschaft für eine sechsunddreißigjährige Frau, die gefragt hatte, ob sie noch Hoffnung haben könne, ein Kind zu bekommen, übermittelte Cayce:
»Mache dich selbst zu einem besseren Kanal in körperlicher, seelischer und geistiger Hinsicht. Die Menschen neigen zu sehr dazu, die Empfängnis als eine rein physische Angelegenheit zu betrachten. Erinnere dich an die Bibel, wie Hannah und wie Maria geistige Vorbereitungen trafen. Es werden viele solcher Fälle berichtet, und es gibt viele andere, die nicht bekannt sind, und doch fand immer eine lange Vorbereitung statt.«

In einer anderen Botschaft lesen wir:
»Durch die geschlechtliche Vereinigung wurde den Menschen Gelegenheit gegeben, einen Kanal zu schaffen, durch den der Mensch das

Werk des Schöpfers erkennen kann. Seid wachsam, eure innere Haltung mit dieser Schöpfungsabsicht in Einklang zu bringen, denn die Art der eingeborenen Wesenheit hängt teilweise von der Haltung der Eltern ab.«

Aus diesen Botschaften geht auch hervor, daß man die Beziehung von Eltern zu Kindern nie als zufällig ansehen kann. Fast immer haben bereits Verbindungen der Kinder mit einem der Elternteile in einem früheren Leben bestanden. In den verhältnismäßig wenigen Beispielen, in denen keine solche Bande geknüpft waren, bot das Milieu der Familie Gelegenheit zur Entwicklung der Wesenheit. Die Cayce-Akten zeigten also, daß einige Kinder karmisch eng mit dem einen Elternteil verbunden waren, während zum anderen Elternteil keine solche Verbindung bestand. In solchen Fällen war eine ausgeprägte Neigung des Kindes zur Gleichgültigkeit gegenüber dem Elternteil zu beobachten, mit dem es zum ersten Male verbunden worden war. Die nachfolgend beschriebenen typischen Fälle kennzeichnen die Vielfältigkeit der möglichen Verbindungen zwischen Eltern und Kindern in früheren Inkarnationen.

Eine Mutter, die zu ihrem Sohn ein enges Gefühlsband empfand, war bereits in einem Vorleben Mutter dieses Sohnes gewesen; ein Vater und ein Sohn, die ebenfalls in inniger Verbindung zueinander standen, waren im Vorleben Brüder – und zwar war der Vater der ältere Bruder gewesen; eine Mutter und Tochter, die kein gutes Verhältnis zueinander hatten, waren zum ersten Mal miteinander verbunden; in einem anderen Mutter-Tochter-Verhältnis verhielt sich die Tochter gleichgültig – sie waren früher Geschwister in einem höchst ungünstigen Verhältnis zueinander gewesen; ein Vater und seine Tochter im jetzigen Leben waren im früheren Leben Mann und Frau gewesen; eine Mutter und Tochter, zwischen denen auffällige Gegensätzlichkeiten bestanden, waren im Vorleben Konkurrentinnen im Kampf um dieselbe Stellung und um denselben Mann gewesen; eine Mutter-Sohn-Verbindung, in welcher der Sohn die Mutter zu beherrschen versuchte, wurde auf ein genau umgekehrtes Verwandtschaftsverhältnis in der Vorinkarnation zurückgeführt – damals war die Mutter die Tochter, und der Sohn der Vater.

Diese Beispiele zeigen bereits, daß zahlreiche karmische Erklärungsmöglichkeiten für die gegenseitige Anziehung und Ablehnung zwischen Eltern und Kindern vorhanden sind. Wie die Fäden in einem fachkundig geführten Puppentheater sind uns diese karmischen Gesetze in ihrer genauen Funktion jedoch größtenteils verborgen; das Material der Cayce-Akten ist sehr gehaltvoll, enthält aber keine ausreichenden Einzelheiten zur echten systematischen Erkenntnis des Karma-Gesetzes.

Während es auf der einen Seite wahr ist, daß gleiches gleiches anzieht, so scheint es auf der anderen Seite ebenso wahr zu sein, daß sich seit altersher entgegengesetzte Charaktere und Temperamente ebenfalls aus karmischen Gründen anziehen. Ein klarer Fall solcher Wesensverschiedenheit ist der Inhalt einer Botschaft für ein damals fünfjähriges Kind. Dieser Knabe war von eigennützigem Charakter, nicht willig zur Einsicht seiner Irrtümer und gleichgültig gegen seine Umgebung. Seine Wesensart entsprach, um einen Vergleich heranzuziehen, in seiner Unpersönlichkeit und seinem Interesse für rein intellektuelle nüchterne Werte, der eines späteren kalten Wissenschaftlers. In der Vorinkarnation hatte er sich ganz in den Dienst technischer Gewalt gestellt. In den noch früheren Leben hatte er mit chemischen Explosivstoffen, im Bereich der Mechanik und in der ersten geschauten Inkarnation als Elektroingenieur in Atlantis gearbeitet.

Die Beschäftigung in vier aufeinanderfolgenden Leben mit ausschließlich theoretischen Wissenschaften hatte ihn zum sogenannten »theoretischen Typ« im Sinne des Psychologen Spranger gemacht. Dabei war sein Sinn für die eigentlichen Daseinswerte der Liebe, Schönheit und Vereinigung verkümmert, und seine Haltung anderen gegenüber war abweisend und von kalter Gleichgültigkeit geworden. Die Botschaft für ihn besagte ferner, daß er in diesem Leben sehr erfolgreich mit technischen Aufgaben in Verbindung mit Mathematik sein würde. Diese Feststellung hat sich als richtig in jeder Hinsicht erwiesen. Heute ist der Empfänger der Botschaft ein erfolgreicher Elektroingenieur; seine Charakterzüge entsprechen ebenfalls den bereits früher erwarteten, obwohl sich in dieser Beziehung einige Umformungen durch den Einfluß seiner familiären Umgebung abzuzeichnen beginnen.

Man wäre zu erwarten geneigt gewesen, daß er, da gleiches gleiches anzieht, in eine der Wissenschaft zugeneigte Umgebung hineingeboren worden sein müßte – daß sein Vater also beispielsweise ein Ingenieur und seine Mutter eine Mathematiklehrerin hätte sein können. Statt dessen wurde er aber in eine Familie unpraktischer Idealisten geboren. Der Vater war ein ausgesprochen sozialer oder religiöser Typ; die Mutter wurde, obwohl introvertiert, in die Sozialarbeit ihres religiös eifrigen Mannes hineingezogen. Der ältere Bruder des damaligen

Jungen war auch ein Idealist, dessen Hauptanliegen im Leben es war, anderen Menschen zu helfen.

Dieses technischen und kühlen Jungen Wesen würde kaum im gewohnten Sinne der »karmischen Bestimmung« in diese Familie hineinzupassen scheinen. Trotzdem ist hier offensichtlich das korrigierende Prinzip des Karmas am Werke. Die ungesunde Einseitigkeit und Überbetonung der technisch-wissenschaftlichen Seite im Wesen des Jungen sollen ausgeglichen werden. Es scheint hier beinahe das Wissen der Wesenheit um ihre Beschränkungen vorgelegen zu haben, aus dem heraus sie eine Umgebung zur Reinkarnation wählte, die mehr Gelegenheit zur Entwicklung humanistischer Werte bot.

Der Junge wurde nunmehr in beständigen Kontakt mit solchen Menschen gebracht, deren Hauptzweck im Leben es war, anderen Menschen zu helfen. Sein erdwärts gerichteter Sinn für Realitäten veranlaßte die übrigen Familienmitglieder oft zu einer gesunden Zurückhaltung. Auf der anderen Seite erinnerten sie den »Techniker« täglich daran, daß es auch noch andere Werte außer seinen eigenen gab. Obwohl diese Erfahrungen und Ermahnungen das Wesen des Jungen nicht vollständig veränderten und sein wissenschaftliches Interesse bestehen ließen, hatten sie doch eine gewisse Wirkung auf seine Persönlichkeit, indem er weniger selbstsüchtig wurde und sich mehr um die anderen Menschen kümmerte. Somit scheint letztlich der ausgleichende Zweck dieser Elternwahl zum Teil erfüllt worden zu sein.

Daß die neu inkarnierenden Wesenheiten eine gewisse Freiheit in der Wahl ihrer Eltern haben, ist recht gut in den Cayce-Akten dargelegt. Es bestehen Hinweise darauf, daß die Wahlmöglichkeit im ursächlichen Zusammenhang mit der Entwicklungsstufe der Wesenheit steht. Je höher die Entwicklung ist, desto größer ist die Wahlfreiheit. Im allgemeinen scheint jedoch gerade die Wahl der Eltern ein Vorrecht der Menschenseele zu sein. Es ist nicht leicht zu verstehen, weshalb eine ungeborene Seele ausgerechnet eine Umgebung bitterster Armut freiwillig auswählen sollte, oder weshalb sie sich zu charakterlich unterentwickelten Eltern, in einen krankheitsbehafteten Körper oder in ähnliche widrige Umstände drängen sollte. Oberflächlich gesehen, würde eine solche Wahl psychologisch unbegründbar scheinen; aber tiefer betrachtet, besteht hier kein psychologischer Widerspruch.

Um die Lage zu kennzeichnen, ziehen wir wieder einen Vergleich heran. Ein Mann, der zu wohlbeleibt wird, wird vielleicht auf seinen Zustand erst aufmerksam, nachdem ihn seine Versicherungsgesellschaft mahnte, eine Frau zurückwies oder die ihm bisher passende Kleidung plötzlich zu eng wird. Er entschließt sich, etwas zur Verringerung seines Gewichts zu tun, setzt sich mit einem entsprechenden Institut in Verbindung und unterzieht sich einer Reihe von Entfettungsbehandlungen. Ein halbes Jahr später erscheint er mit normaler Figur, und seine Herztätigkeit ist weniger gestört; sein Zweck ist erfüllt. Offenbar sind Seelen (Jenseitswesen) in der Lage, ebenso in bezug auf ihre Entwicklung zu verfahren. Die freiwillige Entscheidung, sich in eine mißliche Situation zu begeben, ist keine unverständliche menschliche Handlungsweise, denn auch verkörperte Menschen unterziehen sich stets freiwillig unangenehmen Prozeduren, wenn ein angenehmes Ziel dadurch erreicht wird.

Seltsam genug, aber diese Wahlfreiheit scheint bei der Kindersterblichkeit eine Rolle zu spielen. Im Normalfalle kann nach den Cayce-Botschaften die neugeborene Seele die Entwicklung ihrer irdischen Umwelt voraussehen, in die sie durch die Wahl ihrer Eltern hineingeraten wird. Natürlich können wegen der Freiheit des menschlichen Willens nicht alle zukünftigen Ereignisse vorausgesehen werden. Nachdem sie ihre Elternwahl getroffen hat und geboren worden ist, mag die Seele entdecken, daß die Eltern in ihrem Lebenswandel doch nicht jene Erwartungen erfüllen werden, die sie vor der Geburt der betreffenden Seele zu versprechen schienen. Da sie wahrnimmt, daß ihr eigener tiefer Sinn ihrer Inkarnation nicht ausgelebt werden kann, wird sich die Seele wieder zurückziehen.

Ein Fall dieser Art betrifft eine junge Frau, der in der Botschaft gesagt worden war, daß sie im Vorleben sehr früh wieder von der Erde gegangen sei. Sie hatte sich ihre Eltern besonders wegen ihrer Anziehung durch die Mutter ausgesucht; nicht lange nach ihrer Geburt begann der Vater jedoch zu trinken, wurde nachlässig und bösartig. Enttäuscht beschloß die junge Seele, in dieser Umgebung nicht weiterzuleben, und nach einer kurzen Erkrankung an einem Kleinkinderleiden kehrte sie in jene Bereiche zurück, aus denen sie gekommen war.

Die Botschaft wies nachdrücklich darauf hin, daß Rückzüge aus der bereits angetretenen Inkarnation ein üblich vorkommendes Phänomen darstellen. Wenn es sich so verhält, kann man, zumindest in manchen Fällen, die Kindersterblichkeit mit dem unauffälligen Fortgang eines Theaterbesuchers nach dem ersten, nicht zufriedenstellenden Akt vergleichen. In einigen Fällen mag das wie im oben erwähnten Beispiel auf dem Verhalten der Eltern beruhen; doch in manchen Fällen mag dieses baldige Verschwinden von der Szenerie des Erden-

lebens mehr an der falschen Einschätzung der Situation seitens des Kindes, der inkarnierten Wesenheit liegen.
In anderen Fällen wieder mag der Tod eines sehr kleinen Kindes als notwendige Leiderfahrung für die Eltern gedeutet werden können. Das Kind hatte nur kurzfristig und im aufopfernden Sinne zu dem Zwecke zu erscheinen, um den Eltern die heilsamen Schmerzen zu bereiten, deren sie zu ihrer seelischen Reifung bedurften. Eine düstere Novelle aus dem letzten Jahrhundert nahm dieses Thema zum Vorwurf. Die junge Frau in dieser Geschichte hat einen Vater, der materialistisch, hochmütig und voll niederen Stolzes auf seine Besitztümer und die Schönheit seiner Kinder ist. Die Tochter liebt ihn, kann aber nichts zur Vergeistigung des Vaters tun. Sie starb durch einen Unfall und kehrte aber nicht lange darauf als verkrüppeltes Kind zu denselben Eltern zurück. Nur aus Liebe zum Vater nahm sie diesen Körper an, um ihm die für seine innere Reinigung notwendige Leiderfahrung zu verschaffen. Diese Geschichte war sicher eine bloße Erfindung; doch sie legt den Gedanken nahe, was manchmal geschehen kann, wenn eine Wesenheit einen erzieherischen Liebesdienst an zwei Menschen auszuüben wünscht, die Leiderfahrung zum Zwecke ihres inneren Wachstums nötig haben. Die Cayce-Botschaften weisen darauf hin, daß solche Fälle vorkommen.
Ein anderer bemerkenswerter Punkt, der in den Cayce-Berichten häufig, aber mehr am Rande erwähnt wird, ist die Tatsache, daß der Augenblick der Empfängnis nicht mit dem Eintritt der Seele zusammenfällt. Die Botschaften raten schwangeren Müttern immer wieder, ihr Gedankenleben während der Schwangerschaft genau zu kontrollieren, da die Art ihrer Gedanken in gewissem Grade auch auf die Art der Wesenheit, die von ihnen angezogen wird und sich durch sie inkarnieren will, wirkt – die Wesenheit fühlt sich also von gleichschwingenden Gedanken meist angezogen. Der folgende Auszug aus den Akten unterstreicht diesen Gesichtspunkt:

Frage: »Welche Seelenhaltung soll ich während der kommenden Monate beobachten?«
Antwort: »Das hängt von der Art der Wesenheit ab, die du dir wünschst. Wenn du dir ein musikalisches, künstlerisch inspiriertes Wesen wünschst, so fühle dich in die Welten der Musik, der Schönheit und der Kunst hinein. Wünschst du eine rein den mechanischen Dingen zugeneigte Wesenheit? In dem Falle denke über den Bereich der Mechanik nach und arbeite in dieser Richtung. Und nimm nicht

an, daß dieses keine Wirkung haben könnte! Über diese Zusammenhänge sollte jede Mutter Bescheid wissen. Die Wesenshaltung der Mutter während der Periode der Schwangerschaft hängt weitgehend mit dem Charakter der Seele zusammen, die durch sie ins Erdenleben treten möchte.«

Außerdem scheint man den Cayce-Akten entnehmen zu können, daß die Seele auch kurz vor der Geburt, kurz nach der Geburt oder direkt im Augenblick der Geburt den Körper betreten kann. Es können sowohl vierundzwanzig Stunden nach der Geburt eines Kindes verstreichen, ehe die Seelenwesenheit endgültig eintreten wird, und in manchen Fällen bleiben nur wenige Minuten zur Vereinigung der Seele mit dem neugeborenen Körper. Das mag auf den ersten Blick zur Grundanschauung der Reinkarnationisten nicht zu passen scheinen, daß ein Körper auch ohne seine belebende Seele bestehen kann; doch liegt hierin kein unbedingter Widerspruch. Von den Theosophen wird der Körper das »Vehikel« der Seele genannt. Es ist durchaus denkbar, um einen Vergleich an das Wort »Vehikel« zu knüpfen, daß ein Automobil mit angelassener Zündung und laufendem Motor bereitsteht, ohne daß der Fahrer schon eingestiegen ist. Ebenso kann man sich denken, daß ein Körper in seiner ganzen Struktur bereits vollständig ist und der Lebensprozeß schon abläuft, ohne daß die Wesenheit, die diesen Körper zu beseelen hat, schon »eingezogen« ist.

Solche Vergleiche anzuwenden ist natürlich kein in jedem Falle wertvolles und schlüssiges Verfahren; doch werden wir zu Spekulationen dieser Art durch die stets und ständig in den Cayce-Akten aufgestellten Theorien in dieser Hinsicht geführt, und im übrigen ist unser Wissen um die verborgenen Vorgänge des Lebens zu ungenügend, um sie mit wissenschaftlicher Genauigkeit beschreiben zu können.

Jemand stellte an Cayce einst die unvermeidliche Frage: »Was hält den physischen Körper am Leben, bis die Seele eingetreten ist?« Die Antwort war geheimnisvoll: »Der Geist! Denn der Geist der Materie, sein Ursprung, ist Gott.«

Weitere hellseherische Erforschung dieses Gebietes und anderer mit den Prinzipien des Karmas und der Reinkarnation zusammenhängender Probleme ist eine Notwendigkeit. Wenn eine solche Forschung betrieben würde, die den vielseitigen Hinweisen der Cayce-Akten über die Kindheit, über das Verhältnis zwischen Kindern und Eltern und über die Geburt folgen würde, erlangte man eine ganz neue Sicht in der Kinderpsychologie und in bezug auf den Fortschritt des ganzen menschlichen Geschlechts. Die Geburt hängt viel weniger von Zufallsumständen ab, als es uns erscheinen mag; die Kindheit ist weit mehr als eine Beiläufigkeit. Auf diesem wie auf so vielen anderen Gebieten sind die Cayce-Botschaften durch ihre Eröffnung neuer Horizonte für die Forschung bedeutsam und erregend.

Kapitel 18

Weitere karmische Familienkonflikte

Zu der Vielzahl der Sorgen, die Frauen und Männer bzw. Ehepaare heimsuchen können, gehört die Bedrückung, ein körperlich oder geistig krankes Kind zur Welt gebracht zu haben. Materiell gesehen, ist es ein Problem, das besondere Mühe und zusätzliche Kosten verursacht; gesellschaftlich betrachtet werden das Kind und die Familie mit einer Art unausgesprochenem Brandmal gekennzeichnet; in geistiger Sicht handelt es sich um ein aufrührendes Problem, das die Urfrage nach dem Willen Gottes mit den Menschen erheischt und mit tiefer Angst um das Wohlergehen des Kindes erfüllt.

Für derartig geprüfte Eltern kann das Wissen um die Reinkarnation eine Quelle der Tröstung und des Mutes werden. Zunächst einmal geht aus diesem Prinzip klar hervor, daß jede Abnormität wahrscheinlich karmische Ursachen hat. Nur wenige Beispiele von angeborenen Leiden finden sich in den Akten, die nicht auf karmische Ursachen zurückgeführt werden. Im allgemeinen zeugen Geburtsfehler von irgendwelchen Vergehen in früheren Inkarnationen. Zweitens hat auch die Verbindung der Eltern mit dem kranken Kind fast immer eine karmische Ursache. Immer wieder finden wir in Botschaften, die an mongoloider Idiotie, Taubheit, Wasser im Hirn oder ähnlichen tragischen Symptomen leidende Kinder betreffen, die Wendung: »Hier handelt es sich um Karma sowohl für die Eltern als auch für das Kind.«

Eines der ergreifendsten Beispiele dieser Art von karmischer Heimsuchung haben wir im Falle eines zwölfjährigen jüdischen Mädchens, das seit seiner frühen Kindheit an Epilepsie litt – einer Krankheit, die sich nicht nur zur Zeit der Anfälle leidvoll bemerkbar machte, sondern auch eine tiefgreifende Depression in dem Kinde hervorrief. Der Cayce-Botschaft gemäß war dieses Familien-Trio, bestehend aus Vater, Mutter und Kind, bereits früher, zur Zeit des amerikanischen Bürgerkrieges, in genau demselben Verwandtschaftsverhältnis vereinigt gewesen. Die Eltern fanden es gewinnträchtiger, sich mit Eng-

land anstatt mit den Siedlern zu verbinden, und sie machten es sich zur Aufgabe, das englische Imperium mit wertvollen Informationen zu versorgen.
Die Tochter war schön, unbekümmert und klug. Diese ihre Gaben waren den Eltern für ihre Zwecke gerade willkommen; anstatt sie in dieser Weise zurückzuhalten, verlockten sie die Tochter, ihre natürlichen Begabungen zur Erreichung gewinnbringender politischer Ziele anzuwenden.
Owohl die Botschaften nichts über den Ausgang dieses besonders bemerkenswerten Dramas aussagen, führen sie doch die Folgen im gegenwärtigen Leben aus; und wir werden wieder zum Nachdenken über die Wahrheit jenes bekannten Spruches veranlaßt, der lautet, daß Gottes Mühlen zwar langsam, aber sehr fein und genau mahlen.
Die Lebensbotschaft für dieses Mädchen beginnt:

»Die Eltern dieser Wesenheit sollten ihre eigenen früheren Erfahrungen durch ihre eigenen Lebensbotschaften wissen und sie mit denen ihres Kindes vergleichen, um ihre günstigen Gelegenheiten zu ihren eigenen Verpflichtungen gegenüber dem Mädchen zu erkennen.
Jede Seele, die das gegenwärtige harte Geschick dieser Wesenheit sieht, sollte erkennen, daß tatsächlich *jede Seele sich selbst wieder trifft;* und Gott läßt Seiner nicht spotten; und was immer eine Seele sät, das wird sie ernten.
Denn die Selbsterhöhung und Selbstzufriedenheit der Vergangenheit findet nunmehr ihren Ausdruck in einer körperlichen Verfassung, die das Ergebnis des selbstentfachten Wirbelsturmes ist...
Jene, die in der Gegenwart für den Eintritt der Wesenheit in das materielle Reich verantwortlich sind, waren eben jene, die im früheren Leben in der Hauptsache daran schuldig wurden, daß die Wesenheit keine Selbstbeherrschung übte, sondern ihre Gaben sogar zum Zweck des Erwerbs materieller Vorteile mißbrauchte. Folglich werden sie in der Gegenwart auch mit negativen karmischen Folgen konfrontiert, die überwunden werden müssen.«

Kurz ausgedrückt, muß auch die Tochter ihre sexuellen Ausschweifungen ihrer Vorinkarnation in Form ihrer gegenwärtigen körperlichen Leiden abbüßen. Es paßt auch völlig ins karmische Bild, daß die Eltern mit der Fürsorge für einen Menschen belastet werden, für dessen Zügellosigkeit im letzten Leben sie größtenteils verantwortlich waren.

Ein zweiter interessanter Fall ist der eines New Yorker Mädchens, das blind geboren worden war. Das kleine Mädchen, nach den vorliegenden Photographien ein hübsches Kind, besaß etwas Lichtempfindlichkeit, konnte jedoch die Formen der Gegenstände nicht unterscheiden. Die Mutter erbat eine Gesundheitsbotschaft für dieses Kind; doch eine Lebensbotschaft wurde nicht gegeben, so daß wir die karmische Ursache für die Blindheit des Mädchens nicht erkennen. Jedoch erhielt die Mutter eine Lebensbotschaft für sich selbst, aus welcher der Grund für ihre Verpflichtung gegenüber dem Kind klar hervorging. Es stellte sich heraus, daß die Mutter in ihrem Vorleben eine Lehrerin gewesen war. Wörtlich heißt es in der Botschaft: »... die Wesenheit zog Vorteile aus einer Lage, die einer Mutter Leid brachte. Und obwohl die Wesenheit sich einen guten Platz in den Herzen und Hirnen vieler eroberte – die Menschen sehen nur den äußeren Schein. Gott aber sieht ins Herz. In der gegenwärtigen Leiderfahrung treffen dein Mann und du auf euer eigenes Selbst. Denn einst stelltet ihr selbstsüchtige Ziele vor Gottes Gesetz.«
Über die genaue Art dieser Verfehlungen, in die der Mann anscheinend auch verwickelt worden war, können wir nur Vermutungen anstellen. Alles, was uns gesagt wurde, besteht darin, daß eine Lehrerin eine Mutter in Konflikte brachte, unterdrückte oder ausbeutete.

Ein dritter Fall betrifft die mongoloide Idiotie. Auch hier erfahren wir nur wieder sehr wenige Einzelheiten. Doch es scheint klar zu sein, daß die Bosheit der Mutter gegenüber hilflosen Menschen während einer Inkarnation in Palästina der karmische Grund dafür ist, daß sie jetzt selbst ein krankes Kind aufziehen muß.

In einem anderen Falle haben wir es mit einer Frühgeburt zu tun, und zwar mit einem Kind, das mit dem ziemlich seltenen Leiden des sogenannten »Wasserkopfes« geboren wurde. Die Mutter starb wenige Tage nach der Geburt des Kindes, und der junge Witwer gab es zur Pflege in ein katholisches Heim. Als dieses Mädchen vier Jahre alt war, bat der Vater um eine Gesundheitsbotschaft für sie durch Cayce. Im Brief des Vaters hieß es: »Sie ist sehr intelligent, versteht alles, kennt die Leute mit Namen und kann eine gut verständliche Unterhaltung eingehen. Wegen des Gewichts ihres Kopfes kann sie nicht gehen und muß darauf achtgeben, den Kopf richtig zu halten.«
Keine Lebensbotschaft wurde für dieses kleine Mädchen erteilt, und deshalb haben wir auch keinen Hinweis auf die karmische Ursache ih-

res Leidens. Jedoch erhielt der Vater eine Lebensbotschaft für sich selbst, da er nach seinem Verhältnis zu dem Kind im Vorleben gefragt hatte. Die Erwiderung lautete knapp und scharf: »In der letzten Inkarnation hättest du helfen können und tatest es nicht. Du sollst nun besser in der Gegenwart helfen.« Leider finden wir im Text dieser Botschaft keine genügenden Angaben, um die genaue Art der Unterlassungssünde dieses Mannes festhalten zu können. Über sein letztes Leben erfahren wir lediglich, daß er ein Kaufmann in Fort Dearborn gewesen ist und daß er »intellektuell und materiell gewann, aber geistig verlor«.

In Verbindung mit diesem Fall drängt sich eine Folgerung auf – nämlich, daß Gleichgültigkeit gegenüber fremdem Leid uns selbst eines Tages mit diesen Leiden unmittelbar konfrontiert. Das menschliche Wesen mag selten so roh sein, ausschließlich grausam gegenüber anderen zu sein; doch es ist geneigt, nicht mehr Gutes als Schlechtes zu tun. Bei Vorherrschen von Schmerzen oder Bedrückungen ist eine solche Haltung vielleicht nicht in dem Sinne eine Sünde, um als karmische Folgen eigene körperliche Leiden hervorzurufen. Doch ein solcher, indifferenter Mensch muß irgendwie empfindsam für das Schicksal der anderen werden, und er muß auf irgendeine Weise lernen, sich mit den Leidenden der Erde zu befassen. Er muß, kurz gesagt, Mitgefühl entwickeln. Und welches bessere Mittel könnte es dafür geben, daß ein solcher Sünder, wie in diesem Falle der Vater des kranken Kindes, nicht etwa selbst körperlichen Schaden erleidet, sondern daß ihm ein körperlich geschädigtes Wesen anvertraut wird. Die lähmende Erfahrung, gegenüber einem schwer heimgesuchten Menschen selbst hilflos zu sein, wird ihm Gelegenheit geben, die Nöte aller Eltern von verkrüppelten Kindern und die Bedeutung menschlicher Seelenpein verstehen zu lernen.

Wenn ein Mensch zwei aufeinanderfolgende ausgeprägte Gelegenheiten, tätige Hilfe und Nächstenliebe zu üben, nicht wahrnahm und weiterhin in Gleichgültigkeit verharrt, wird möglicherweise seine Unterlassungssünde schwerwiegend genug geworden sein, um Leiden in seinem eigenen Körper zu verursachen, und in seinem nächsten Leben mag er also mit irgendeiner physischen Schädigung geboren werden. Eine solche karmische Ereigniskette wird in den Botschaften zwar nirgends ausdrücklich festgestellt, doch liegt deren Wahrscheinlichkeit im vorstehenden und in vielen anderen Fällen außerordentlich nahe.

In diesem eben erwähnten Falle handelt es sich also um ein karmi-

sches Schuldverhältnis zwischen Eltern und Kind. Es können aber auch karmische Verbindungen zwischen Kindern derselben Familie bestehen. Ein eigenartiger Fall der Gegensätzlichkeit zwischen zwei Schwestern findet sich ebenfalls in den Cayce-Akten.
Das Verhältnis dieser beiden Mädchen war seit früher Kindheit durch Eifersucht, Argwohn und Haß gestört worden; fortgesetzt gab es Streit zwischen ihnen, der bei unbedeutendsten Anlässen ausbrach. Zwischen den anderen Brüdern und Schwestern dieser Familie mit fünf Kindern herrschte keine solche Zwietracht. Vom psychologischen Gesichtspunkt der Lehre Freuds aus würde die Feindschaft zwischen den beiden Schwestern vielleicht durch eine Kindheitseifersucht im Kampf um den »Besitz« des Vaters erklärt werden. Der Hellsicht Cayces zufolge gab es aber zwischen den beiden nunmehr erwachsenen Schwestern tatsächlich eine tiefgreifende Eifersucht, und zwar eine auf sexueller Basis. Doch wurde diese Eifersucht nicht durch den gegenwärtigen Vater, sondern durch den Ehemann der älteren Schwester im Vorleben verursacht.
Um die Verhältnisse dieser ziemlich verwickelten Beziehungen besser zu verdeutlichen, geben wir den drei beteiligten Personen am besten Namen: Lou ist die jüngere Schwester, Alice ist die ältere Schwester, und Tom ist der gegenwärtige Ehemann von Lou. Als Lou für ihre Lebensbotschaft um eine Darlegung ihres Verhältnisses zu ihrem Mann und zu ihrer Schwester im Vorleben bat, mit denen sie zur Zeit Schwierigkeiten hatte, wurde sie von folgendem kleinen Drama in Kenntnis gesetzt.
Die drei Menschen hatten sich in der späten Siedlerperiode in Virginia gut gekannt. Tom war damals der Ehemann von Alice. Lou war eine Art mütterlicher Engel in der Gemeinschaft und hatte den erkrankten Tom während der Abwesenheit seiner Frau, deren Gründe nicht näher genannt wurden, gesund gepflegt. Lous Motive waren so selbstlos wie die einer Krankenschwester gewesen, doch ihre Güte schuf ein Band des Verstehens zwischen sich und Tom, wodurch sich Alice bitter gekränkt fühlte, als sie es entdeckte. Das unbegründete Gekränktsein und die Eifersucht entwickelten sich zum Haß; und diese zersetzenden Gefühle fraßen sich so tief in die Seele der verbitterten Frau, daß sie sich selbst im Verlauf der Jahrhunderte hielten.
Vernünftigerweise gab es also keinen Grund für Alice, ihre jüngere Schwester zu hassen oder zu schikanieren. Doch tief in den Schlupfwinkeln ihres Unterbewußtseins lag die Bereitschaft zum Haß. Und in Lou war der ganze Mechanismus der Verteidigungs- und Abwehr-

bereitschaft ebenfalls unterbewußt funktionsbereit. Unbewußt begannen sie das seelische Drama der Vergangenheit wieder aufzurollen; unbewußt wurden sie zu Feindinnen und zu streitsüchtigen Frauen, da sie in ferner Vergangenheit Anlaß zu Feindschaft und Streit schufen.
Ein weiterer Fall, der geschwisterliche Bande karmischer Natur betrifft, handelt von zwei in England geborenen Kindern, die während des zweiten Weltkrieges von einer amerikanischen Dame in Pflege genommen worden waren, die zu jener Zeit eine eigene Aufbauschule in einem Staate Neu-Englands leitete. Zur Zeit der Adoption der Geschwister war der Junge zehn und das Mädchen fünf Jahre alt. Ihr Erzieher, der sowohl mit theoretischer als auch mit praktischer Kinderpsychologie zeitlebens vertraut war, mußte sich über die auffallende Feindschaft zwischen Bruder und Schwester wundern. Offensichtlich war der Bruder in erster Linie der Angreifer. »Er ist außerordentlich aufgeweckt«, schrieb die verantwortliche Frau in einem ihrer Briefe, »aber dabei ist er so ein machtbedürftiges Kind und wendet Unterdrückermethoden an.« Sie bat um eine Lebensbotschaft für beide Kinder.
Die Botschaft enthielt die höchst aufschlußreiche Tatsache, daß die beiden Kinder in einem früheren Leben Mitglieder verfeindeter Geschlechter eines alten und kampflustigen schottischen Stammes waren. Die Verhaltenseigenart erhielt sich auch in diesem Fall wie ein unterirdischer Strom durch mehrere Jahrhunderte hindurch, und sie bricht eines Tages mit solcher Übermacht wieder hervor, daß daraus der Zwist zwischen dem zehnjährigen Jungen und dem fünfjährigen Mädchen entstand.

Diese beiden Fälle erläutern hinlänglich das hier wirkende Prinzip und dienen dazu, Individuen, die von ähnlichen unerklärlichen Konflikten mit sich selbst oder mit ihren Geschwistern gepeinigt werden, und auch Psychoanalytikern, die bei ihren Klienten auf solche Probleme stoßen, eine mögliche Quelle für die Schwierigkeiten und deren Lösung aufzuzeigen. Sicherlich gibt es in fast jeder Familie Gründe für zeitweilige Zwistigkeiten unter den Familienmitgliedern. Der Charakter des Menschen ist aus so vielen Widersprüchlichkeiten zusammengesetzt, die im Kreuzfeuer des engen Familienlebens gelegentlich zu ernsthaften Reibungen und zur »Explosion« führen.
Der Kritiker des Reinkarnations-Prinzips mag auf der einen Seite auf diese Tatsache hinweisen und auf der anderen Seite die Erfahrung ins

Feld führen, daß normalerweise »die einfachste Lösung die beste ist« und daraufhin erklären, daß keinerlei Notwendigkeit bestehe, auf eine Reinkarnationstheorie zurückzugreifen, um Familienhader zu erklären, da sich diese Tatsachen auf natürliche Weise ergäben. Diesem Einwand würden die meisten Reinkarnationisten völlig zustimmen, würden sie nur die Theorie, daß die einfachste Erklärung die beste sei, annehmen können, wie man sie allgemein versteht. Zweifellos hat dieser schlichte »Lehrsatz« von der »einfachen Lösung« einen nützlichen Zweck erfüllt, indem er dazu beitrug und noch beiträgt, die Spekulationen des Menschen über die Gesetze des Universums nicht ins Uferlose wachsen zu lassen; aber die durch die modernen wissenschaftlichen Entdeckungen neu erworbene erweiterte Auffassung vom Universum, um hier einmal von den theoretischen Horizonterweiterungen der Reinkarnationslehre ganz abzusehen, wirft ein helles Licht auf die Notwendigkeit der Forderung, daß diese »einfachste« Lösung auch eine korrekte Lösung sein muß und zeigt, daß eine solche Lösung nur der Einfachheit, der Engstirnigkeit des menschlichen Erkenntnisvermögens, aber nicht der Einfachheit der dem Universum tatsächlich zugrundeliegenden Gesetze entspricht. Was heute als »einfach« angesehen wird, mag sich im Lichte der neu erkannten Tatsachen als mehr oder weniger bruchstückhaft erweisen.

Wenn die allgemeine Vernünftigkeit des ganzen Reinkarnations-Prinzips erst einmal angenommen worden sein wird, fallen natürlich die beweislichen Einzelheiten ins Gewicht. Obwohl auch ein gegenwärtiger Grund für die Konflikte zwischen den menschlichen Wesen eingestandenermaßen gefunden werden kann, ist es zugleich vorstellbar, daß der Grund für diese Zwiespältigkeit bereits viele Jahrhunderte früher geschaffen wurde.

Man muß sich natürlich vergegenwärtigen, daß die bloße Entdeckung der im früheren Leben liegenden Ursache für einen Konflikt noch nicht die Lösung dieses Konfliktes bedeutet. Wenn die Partner einer von Haß geschürten Verbindung in dieser nicht verharren möchten, müssen sie Leben für Leben, Inkarnation für Inkarnation zielbewußte, freiwillige und geduldige Versuche unternehmen, Haß durch Liebe und Feindseligkeiten durch Herzlichkeit zu ersetzen.

Diese Belehrung besitzt ihre echte Gültigkeit nicht nur in bezug auf den Zwiespalt, der sich zwischen Mitgliedern in einer Familie ergeben kann; sie erweist sich in bezug auf alle Zwistigkeiten und alle Gelegenheitsbande als gültig, die uns mit irgendwelchen Individuen verbinden. Die dauernde Verteilung der Rollen, die wir zu spielen haben, sollte uns besonders auf Grund der letzten Analyse verdeutlichen, daß wir in letzter Konsequenz keine Mitglieder einer einzelnen Familie sind. Wir sind vielmehr Mitglieder der einen großen Familie der menschlichen Rasse, und wir sollten in der beständigen Erkenntnis dieser Wahrheit zu leben lernen.

Kapitel 19

Karmische Ursachen der Berufseignung

Die Unsterblichkeit wird in der christlichen Theologie gewöhnlich als Ausdehnung in nur einer Richtung – nämlich in die Zukunft, aufgefaßt. Im Lichte der neuen physikalischen Entdeckungen der Relativität von Zeit und Raum und der vierten Dimension stellt sich diese alte Anschauung als irgendwie unvollständig heraus. Abgesehen aber sogar von wissenschaftlichen Spekulationen, leuchtet es vom Gesichtspunkt des religiösen Glaubens aus ein, daß der Geist in seinem Wesen zeitlos ist und daß aus der Todlosigkeit der Seele mit Sicherheit auch ihre Geburtslosigkeit folgt. Wenn die Seele in aller zukünftigen Ewigkeit bestehen wird, so muß sie auch in aller vergangenen Ewigkeit bestanden haben. Der biologische Zeitraum, den wir durch die Ausdrücke »Geburt«, »Leben« und »Tod« abgrenzen, muß demzufolge mehr den Charakter einer Erscheinung haben oder, um es so zu formulieren, einer Projektion der ewigen nichtmateriellen Seele.
Diese Ansicht wurde, obwohl sie von der neuzeitlichen christlichen Theologie größtenteils zurückgewiesen wird, von den Gnostikern unter den frühen Christen anerkannt. Eine Anzahl moderner Dichter hat diesem Gedanken ebenfalls Ausdruck gegeben, wie etwa Wordsworth in seinen »Zeichen der Unsterblichkeit«. Wordsworths Gefühl, daß unsere Geburt die Vergangenheit wie einen Schlaf vergessen läßt, ist im Lichte der Weisheit der Alten durchaus begründet. Seine Überzeugung, daß die Seele, die wir in unser Erdendasein mitbringen, irgendwo anders ihren Sitz hat und von weither kommt, wurde bereits von hunderten von Bekennern der seelischen Vorexistenz scharfsinnig verfochten. Wenn der erwähnte Dichter aber sagt, daß »wir wie schwebende Wolken der Herrlichkeit kommen«, empfindet ein Reinkarnationist, er hätte sich weniger romantisch und etwas mehr realistisch und psychologisch ausgedrückt. Im letzten Sinne ist es natürlich wahr, daß die Seele ursprünglich von Gott kommt und dadurch, obwohl sie es vergessen hat, an der ewigen Reinheit und am ewigen Glanz teilhat; und im übersinnlichen Bereich der ewigen Seele mag

wahrhaftig göttliche Strahlung und Schönheit herrschen. Die psychologischen Tatsachen der Realitäten, mit denen wir zu tun haben, sind aber doch wohl nüchterner, aber auch bescheidener und lebendiger, so daß wir anstatt schwebenden Wolken der Herrlichkeit eine sehr handgreifliche Fracht angehäufter Fähigkeiten und Schwächen, Mängel und Begabungen, Leiden und Stärken mit uns bringen.

Nirgends kommt das karmische Gesetz des Ausgleichs deutlicher zum Vorschein als in jenen Lebensbotschaften Cayces, die sich mit der beruflichen Führung befassen. Wir haben bereits erfahren, wie das karmische Stetigkeitsprinzip arbeitet, um Eigenschaften, Neigungen und Charakterqualitäten zu entwickeln. Nunmehr wird erkenntlich, daß dasselbe Prinzip auch in bezug auf die Entwicklung der menschlichen Fähigkeiten anzuwenden ist und somit zum wichtigen Faktor im Berufsleben wird.

Ein typisches Beispiel hierfür, das wir den Botschaften entnehmen, haben wir in den Vorinkarnations-Erfahrungen einer führenden New Yorker Kosmetikerin. Ihr Unternehmen arbeitet in einem luxuriösen Salon und widmet sich der Formung einer guten Figur, der Haarmode und der allgemeinen Pflege der äußeren Erscheinung. Die Besitzerin des Unternehmens ist selbst sehr attraktiv und elegant. Drei ihrer Vorleben wurden in der Botschaft genannt, von denen zwei einen direkten Bezug auf ihren heutigen Beruf zu haben schienen. Die eine Inkarnation verbrachte sie am französischen Hofe Ludwigs XV., wo sie großen Einfluß sowohl auf die Menschen des Hofes als auch auf den Herrscher selbst ausübte. Hier lernte sie die Künste der Diplomatie und Koketterie und viele Feinheiten der gesellschaftlichen Etikette, des Betragens, der Mode und der Anwendung von Schmuck. In einer vorhergehenden Inkarnation hatte sie im alten Rom gelebt und gehörte zu den Ersten unter den Edelleuten, die sich des Christentums annahmen. Davor hatte sie, etwa um das Jahr 13 000 vor Christus, als ägyptische Tempelpriesterin gewirkt. Hier hatte sie Körperkultur, Tanz, Musik und andere Künste entwickelt und Hautpflegewässer, Salben und Puder zur Verschönerung des Leibes zubereiten gelernt.

Ihre Erfahrungen in Frankreich hatten den Cayce-Botschaften zufolge eine ähnliche Grundlage wie ihre jetzigen; das heißt, sie führten hauptsächlich zu einer weltgewandten, sicheren Lebenshaltung und zur Begabung für die Feinheiten des gesellschaftlichen Lebens. Die Erfahrungen dieser Frau im ägyptischen Tempel erheischen einige Erklärungen. Es scheint, daß es zu jener Zeit im alten Ägypten zwei verschiedene Arten von Tempeln gegeben hat. Die einen wurden die

Schönheits-Tempel und die anderen die Opfer-Tempel genannt. Ihre Beschreibungen finden sich über Dutzende von Cayce-Botschaften verstreut, und aus allen diesen stückweisen Hinweisen können wir ein recht gutes Bild über die Art dieser Tempel gewinnen.
Der Schönheits-Tempel war in der Weise einer Schule oder Universität aufgebaut. Im Gegensatz zu den meisten Universitäten jedoch befaßte sich ein solcher Tempel nicht hauptsächlich mit der Pflege des Intellekts, sondern mit der Erweiterung der ganzen menschlichen Persönlichkeit. Alle Künste und Wissenschaften wurden in den Dienst der Entwicklung der Größe der Seele und der Schönheit des Körpers der Studenten dieser Tempel gestellt, die somit dazu vorbereitet wurden, diese guten Einflüsse in ihrem eigenen und in anderen Ländern weiterzuverbreiten. Die Tatsache, daß diese Schule ein Tempel genannt wurde, weist auf ihre religiöse oder spirituelle Ausrichtung hin; die Tatsache, daß sie sieben Zentren oder Brennpunkte ihrer Wissenszweige hatte, die den sieben Chakras des Menschen entsprechen, weist darauf hin, daß ihr Lehrplan und ihre Struktur auf der Basis gründlichen okkulten Wissens errichtet worden waren.
Berufliche Führung auf spiritueller Grundlage war eine der vielen Aufgaben des Schönheits-Tempels, und viele Menschen, die sich heute zur Berufsberatung, zu erzieherischen Aufgaben oder zur Entwicklung der Persönlichkeit durch Kunst oder Religion hingezogen fühlen, sind den Cayce-Akten zufolge in jenen alten Tempel-Schulen in früheren Inkarnationen entweder als Lehrer oder als Studenten gewesen. Überraschende Ähnlichkeiten zwischen diesen alten ägyptischen Weisheiten mit den bemerkenswerten Ansichten über Erziehung des Schriftstellers Boris Bogoslovksy, niedergelegt in seinem Buch »Die ideale Schule«, sind unverkennbar.
Die Opfer-Tempel waren mehr eine Art von Krankenhäusern, in denen elektrotherapeutische Techniken, die offensichtlich von den Atlantiern übernommen worden waren, zur besseren Durchführung chirurgischer Eingriffe angewandt wurden, und elektrische Ströme wurden zur Heilung mancherlei Symptome und zur günstigen Beeinflussung von körperlichen Verunstaltungen benutzt. Das Ideal der körperlichen Vollkraft und die Entwicklung der menschlichen Persönlichkeit überhaupt zu erstreben, war in diesen Tempeln das oberste Prinzip – und wiederum weist das Wort Tempel auf die spirituelle Ausrichtung hin.
Wenden wir uns nun der Berufsgeschichte eines erfolgreichen chiropraktischen Arztes zu, die sich auf seine früheren Inkarnationen be-

zieht. Die Cayce-Botschaften gaben Auskunft über vier seiner vergangenen Leben, von denen drei zu seiner Berufsentwicklung als Arzt beitrugen. Im letzten Leben war er Arzt bei den Indianern im frühen Amerika. Durch diesen Kontakt erwarb er sein Interesse an natürlichen Heilmitteln und an Heilkräutern. (Aus den Botschaften geht übrigens hervor, daß Menschen, die in ihren früheren Leben enge Verbindung zu Indianern hatten oder selbst Indianer waren, zur Naturliebe und zum ungezügelten freien Leben neigen, sich für Handfertigkeiten interessieren und naturgemäße Lebens- und Heilweisen bevorzugen.) Im davorliegenden Leben war dieser Arzt Bade- und Massageratgeber in der Zeit des Frühchristentums; sein Beruf im noch weiter zurückliegenden Leben in Persien wurde nicht angegeben; doch davor lebte er als Einbalsamierer um 13000 vor Christus in Ägypten. Hierdurch mag er sich bereits einige Kenntnisse über die innere Struktur des menschlichen Körpers und die Wirkungen verschiedener Kräuter, Gewürze und anderer Naturmittel auf die Haut des Menschen erworben haben.

Im Falle eines Künstlers und Fachmanns für Farbfilme in Hollywood hieß es in der Cayce-Botschaft, daß jener Mann in drei früheren Leben einem Künstlerberuf nachgegangen sei. Auch in seinem Falle wurden vergangene Inkarnationen angegeben. Er war Innenarchitekt in der späten amerikanischen Kolonialzeit; davor war er ein Kosakenoffizier in Rußland; davor arbeitete er als Maler und Ausgestalter für eine Königin in Indochina und schließlich, in weit zurückliegender Zeit, als Innenarchitekt in der Tempelschule in Ägypten. Wenn man die Erwähnung seiner Inkarnation als Kosakenoffizier liest, bekommt man den Eindruck, daß seine Begeisterung, sein künstlerischer Schwung und sein Wahrnehmungsvermögen der Einzelheiten aus jenem Leben stammen, in dem er sich prächtig zu kleiden und seine Persönlichkeit zur Geltung zu bringen liebte. Somit hätte er manchen Antrieb zu seiner künstlerischen Arbeit durch Erfahrungen gewonnen, die beruflich gar keine Beziehung zu irgendeiner Kunst hatten. Der überwiegend technische Einschlag seiner jetzigen künstlerischen Tätigkeit ist eine Folge seiner Tätigkeiten als Dekorateur und Gestalter in drei früheren Leben.

Ein erfolgreicher New Yorker Komponist und Tontechniker hatte nach den Botschaften verschiedenartige, doch zum heutigen Beruf in Beziehung stehende Tätigkeiten in früheren Leben ausgeübt. In der unmittelbaren Vorinkarnation führte er die ersten Gesang- und Musikstunden in den Lehrplan der Schulen des alten New York ein. Da-

vor war er ein deutscher Holzschnitzer und Instrumentenbauer; in fernerer Zeit war er ein Spaßmacher am Hofe des Königs Nebukadnezar in Chaldäa. Und ganz früh war er ein Atlantier, der nach Ägypten auswanderte und als Musikant im Tempeldienst tätig war. Dieses Mannes gegenwärtige Befassung mit der Formung und Vollendung von Musikinstrumenten und Tonträgern stammt offensichtlich aus seiner Tätigkeit als Instrumentenbauer; sein Sinn für Schwung und gute Laune ist auf seine Erfahrungen als Spaßmacher zurückzuführen, und seine beiden Inkarnationen als Musiker bzw. Musiklehrer entwickelten seine eigentliche musikalische Begabung.
Zuweilen ist auch das Hobby eines Menschen das »Mitbringsel« einer früheren Inkarnation. Da ist zum Beispiel der Fall eines Bankpräsidenten, der seit seiner Kindheit eine Leidenschaft für alle Sportarten, besonders aber für Baseball, zeigte. Als der Pastor der Baptistengemeinde, der er angehörte, eine scharfe Mißbilligung des sonntäglichen Ballspielens aussprach, trat der Bankmann sofort aus der Kirche aus.
Das Bankgeschäft betrieb dieser Mann beruflich, und es brachte ihm Wohlstand; seine Freizeit widmete er jedoch dem Aufbau eines erfolgreichen Baseball-Clubs. Es ist aufschlußreich, seine Berufserfahrungen früherer Inkarnationen zu wissen. Zuletzt war er, als amerikanischer Frühsiedler, als Kaufmann mit der Einfuhr und Ausfuhr von Waren beschäftigt. Davor organisierte er Sportspiele im alten Rom. Im alten Persien befaßte er sich als Nomadenführer mit dem Warenaustausch. Und in einer ägyptischen Inkarnation war er Bewahrer und Verwalter des Staatsschatzes. Man wird sofort bemerken, daß drei dieser seiner Inkarnationen einen direkten Einfluß auf seine gegenwärtige Beschäftigung als Bankier hatten, während seine Tätigkeit als Sport-Organisator im alten Rom sein Interesse an sportlichen Wettbewerben erweckten, aber ebenfalls seine Organisationsgabe verstärkten, die er im Bankberuf anwenden muß.
Im Falle eines Verpflegungs-Inspektors in der Marine erklärte die Cayce-Botschaft, daß er seinem Hobby lieber als seinem Beruf der Lebensmittelbeschaffung und -kontrolle nachgegangen wäre. Zeitlebens hatte dieser Mann ein ausschließliches Interesse an Edelsteinen und Gemmen genommen. Er gründete einen Verein für den Edelsteintausch und hatte stets mit Gemmen-Schneidern und -Sammlern in enger Verbindung gestanden. Seit seinem Austritt aus der Marine hatte er seine ganze Zeit seinem Hobby gewidmet, noch mehr ermutigt durch den diesbezüglichen Rat der Cayce-Botschaft. Seine Vorin-

karnationen waren die folgenden: Spirituosenhändler bei den Indianern in Ohio – Kaufmann in Persien, der mit Karawanen reiste und mit Leinen Ägyptens, den Perlen Persiens, den Opalen, Feuersteinen und Lapislazulis Indochinas und den Diamanten und Rubinen der Goldstädte handelte – als Hethiter im Heiligen Land, der die kostbaren Steine zur Ausschmückung der Priestergewänder lieferte.

In diesem Falle gibt es zwei Punkte von besonderem Interesse. Zunächst wird das Grundprinzip der Auswahl ganz bestimmter Leben in den Botschaften besonders augenscheinlich – es werden nämlich mit Vorrang jene Inkarnationen genannt, deren Kenntnisnahme für den Betreffenden *nützlich* ist. Diesem Mann, der zur Zeit der Botschaft etwa das Ruhestandsalter erreicht hatte, wurde keine Nachricht über solche vergangenen Leben übermittelt, die ihn vor allem für eine Tätigkeit in der Marine vorbereitet hatten, sondern er wurde statt dessen mit den Inkarnationen vertraut gemacht, die sein Hobby der Edelsteinsammlungen zu entwickeln beigetragen hatten, denn auf diesem Gebiet konnte er noch viel Gutes leisten.

Es wurde ihm durch die Botschaft gesagt, daß er trotz seiner langen und in die Jahrhunderte zurückreichenden Vertrautheit mit Edelsteinen niemals Verständnis für deren wahren Wert hatte aufbringen können. Er hatte die Steine und Gemmen lediglich als Objekte der Schönheit, als wertvolle Sammler- oder Verkaufsgegenstände oder sogar als religiöse Symbole angesehen. Und damit kommen wir zum zweiten, besonders interessanten Punkt dieser Botschaft, nämlich der Feststellung, daß Edelsteine durch ihre Schwingungszusammensetzung auch gewisse heilende und kräftigende Wirkungen haben.

Außer diesem einen Hinweis für diesen Mann, der im Jahre 1944 gegeben wurde, finden sich eine ganze Anzahl früherer Erwähnungen in den Cayce-Akten, in denen verschiedenen Menschen das Tragen bestimmter Steine, Gemmen oder Metalle des guten Schwingungseinflusses wegen angeraten wurde. In keinem dieser Fälle entsprach der empfohlene Stein allerdings dem traditionellen Stein des Geburtsmonats bzw. des Tierkreiszeichens. Das exakte Prinzip, das dem Phänomen der entsprechenden heilenden und helfenden Steine zugrunde liegt, entzieht sich noch der Entdeckung, doch in den Cayce-Akten wurde an verschiedenen Stellen die Erklärung gegeben, daß jeder Stein und jedes Element ihre eigene Atomenergie besitzen; die wirklichen Bausteine des Körpers sind letztlich auch Atome. Die Entsprechung der Steine zu den einzelnen Individuen könnte nur durch hellsichtige Schau oder durch Instrumente, die noch nicht erfunden wurden, entdeckt werden. (Das Prinzip der talismanologischen Steinwirkung, wie es auch den »Monatssteinen«, in Wirklichkeit dem Sonnenstand, dem Aszendenten oder auch anderen markanten astrologischen Faktoren im Tierkreis zur Zeit der Geburt des betreffenden Menschen zugrunde liegt, gehört jedoch zum Gebiet der bereits erwähnten symbolischen Beziehungen, die sich niemals mit Instrumenten nachweisen lassen. Bei der heilerischen Wirkung der Edelsteine kann es sich natürlich auch um exakt nachweisbare Kräfte handeln. Anmerkung des Übersetzers.)

Der Fall dieses Mannes, des Steinsammlers, ist allerdings der einzige in den Cayce-Akten erwähnte, in dem ein intensives Studium der geheimen Kräfte der Edelsteine empfohlen wurde. Aber da die Bezugnahmen auf die Atomkräfte in den Edelsteinen bereits vor fast zwanzig Jahren *vor* der wissenschaftlichen Entdeckung der Atomenergie zum ersten Male auftauchen, haben wir hier wieder einen sehr verblüffenden Fall der hellseherischen Vorausschau in den Cayce-Akten. Der in unserem Beispiel erwähnte Mann richtete sich übrigens nach dem Ratschlag der Botschaften und entwickelte an der Heil- und Strahlkraft der Steine tiefgehendes Interesse.

Es gibt noch weitere ungewöhnliche Ausgangspunkte auf dem Gebiete der Berufsberatung, die in den Cayce-Botschaften auf der Grundlage von Erfahrungen in früheren Leben erscheinen. Zum einen kommen in den Cayce-Botschaften die sogenannten »Lebens-Siegel« vor, und zum anderen geht es um Elektrotherapie. Beide Faktoren werden als Überbleibsel der alten Wissenschaften und Künste von Atlantis und Ägypten bezeichnet.

Die Priester und Priesterinnen, die im Schönheits-Tempel Ägyptens entweder mittels hellsichtiger Wahrnehmung oder durch Analysen, die denen der zeitgenössischen Psychologie vergleichbar waren, lehrten, vermochten zu bestimmen, welche Lebensarbeit für jeden Studenten hinsichtlich seiner karmischen Schulden und karmischen Vergünstigungen die geeignetste war. Die Berufswahl, die der Student auf dieser Basis traf, bestimmte seinen Ausbildungsweg, den er im Studientempel gehen würde.

Diese Kurse umfaßten übrigens die Gebiete der Diätlehre, der Körperausbildung, der Heilung in allen Aspekten; die Körperpflege; Kunst und Wissen der richtigen Bekleidung; Pädagogik; geistig-esoterischen Dienst; Musik; bildende Kunst; Redekunst; Kunsthandwerke und Meditationen unter Berücksichtigung von Musik und Duft.

Wenn vom Studenten die endgültige Entscheidung über den Wissenszweig, den er zu studieren beabsichtigte, getroffen worden war, so wurde für ihn von einem künstlerisch ausgebildeten Menschen ein »Lebens-Siegel« angefertigt. Es handelte sich dabei um ein Symbolbild, das die Entwicklung der Wesenheit in der Vergangenheit kennzeichnete und es an seine Verpflichtungen in dieser Existenz erinnern sollte.
Dieses Lebens-Siegel oder -Abzeichen bestand gewöhnlich aus einem in drei oder vier gleiche Teile getrennten Kreis, dessen jede Abteilung eine Szene, ein Bild oder ein Symbol aus einer vergangenen Inkarnation des Studenten enthielt, wodurch ihm vorhandene Talente und Fehler, die zu entwickeln bzw. zu vermeiden waren, beständig vorgehalten wurden. Die Betrachtung dieser Siegel diente dazu, die im inneren Selbst der Studenten verborgen liegenden Fähigkeiten wachzurufen; sie diente ebenfalls dazu, das Verständnis für seine Beziehung zur Schöpferkraft des Universums zu erwecken. Die Cayce-Botschaften behaupteten, daß eines Tages im späten zwanzigsten Jahrhundert einige dieser Siegel oder Plaketten in Ägypten ans Licht gebracht werden würden.
Einer bestimmten jungen Frau wurde durch Cayce gesagt, daß sie im Schönheits-Tempel in drei verschiedenen Aufgabengebieten tätig gewesen sei: in der Anwendung der Musik zur Entdeckung der Körperschwingungen zur Meditation und Heilung; in der Beratung der richtigen Diät zur Erzielung von Körperschönheit und in der Zeichnung der eben erwähnten Lebens-Siegel. Es wurde ihr gesagt, daß sie in diesem Leben entweder als Ernährungsberaterin oder als Musikerin beruflich erfolgreich werden könne; durch die Praxis der Meditation würde sie überdies den gleichen Grad der Entwicklung des Überbewußtseins erlangen, die sie im alten Ägypten die Vergangenheit eines Wesens zu sehen und seine geistigen Entwicklungsstationen in Form von Symbolen aufzuzeichnen befähigt habe. Dieses Mädchen setzte alle diese Vorschläge in die Tat um. Die Musik machte sie zu ihrem erfolgreichen Beruf; durch Meditation kultivierte sie ebenfalls die Gabe, die passenden Elemente für das Lebens-Siegel zu erfühlen – eine Fähigkeit, die sie rein idealistisch und niemals als Verdienstquelle anwandte.

Ein dritter ungewöhnlicher Punkt in den Berufsberatungen Cayces ist die immer wieder in den Botschaften zu findende Empfehlung, daß die Ratsuchenden das Studium der Elektrotherapie in Verbindung mit

Chemie, Wasserheilkunde oder Musik aufnehmen mögen. Die Elektrotherapie ist selbstverständlich bereits in unserer Zivilisation allgemein bekannt. Ihre Bedeutung wird durch Cayce nichtsdestoweniger in einem ungewohnten Licht gesehen, indem die Botschaften ihr Studium für manche Menschen mit deren Erfahrungen in atlantischen oder ägyptischen Inkarnationen begründen.

Es scheint, daß zur Zeit der letzten der drei großen Überschwemmungskatastrophen in Atlantis, etwa 10000 Jahre vor Christus, die Flucht vieler Atlantier nach Ägypten stattfand. Diese Flüchtlinge brachten natürlich ihr hochentwickeltes Wissen auf den Gebieten der Kunst und Technik mit; und obwohl sie aus verschiedenen Gründen nicht in der Lage waren, ihre in alle Winde zerstreuten Errungenschaften wieder völlig zu einer Kultur aufzubauen, so vermischte sich doch ein Restbestand ihres Wissens mit der Kultur der Ägypter. Alle jene in den Cayce-Botschaften vorkommenden Fälle, in denen das Studium der Elektrotherapie für den Beruf empfohlen wird, weisen folgende bemerkenswerte Gemeinsamkeit auf: sie schlagen ein Arbeitsgebiet vor, das für unsere heutige Zivilisation verhältnismäßig neu ist, aber im »ganz fernen« Altertum wohlbekannt war. Die Kenntnis dieses Wissenszweiges ist im Laufe der Geschichte dem Bewußtsein verlorengegangen. Es hat sich jedoch latent im Unterbewußtsein derer erhalten, die zu jener alten Zeit, in Atlantis, inkarniert und auf diesem Gebiet tätig waren.

In den meisten Fällen leidenschaftlicher Hinwendung zum Flugwesen, zur Elektrotechnik, zum Fernsehen, zur Hypnose, Telepathie, Atomenergie und so weiter ist die Ursache in der Tatsache zu finden, daß nach den Cayce-Botschaften die betreffenden Individuen bereits in Atlantis beruflich auf diesen Gebieten tätig waren. Will man die Inhalte der Botschaften verallgemeinern, so scheint man mit Sicherheit sagen zu können, daß ein jeder Mensch mit außergewöhnlich ausgeprägter Neigung zu einem oder mit großem Erfolg in einem Beruf eine oder mehrere frühere Inkarnationen mit der Ausübung desselben oder eines nahe verwandten Berufes zugebracht hat.

Der Begriff »nahe verwandt« muß natürlich angewandt werden, weil es ja viele Fälle außergewöhnlicher Berufserfolge in der Gegenwart gibt, die in den Cayce-Botschaften auf ihren vorgeburtlichen Ursprung hin analysiert werden, und denen aber dennoch keine gleiche frühere Berufserfahrung zugrunde liegen kann. So wurden einer erfolgreichen Artikelschreiberin für eines der besten und beliebtesten Frauen-Magazine Amerikas vier vergangene Inkarnationen enthüllt, von denen nur eine mit Schreiben zu tun hat, und auch das mehr auf nichtberuflicher Grundlage. Die Inkarnationen waren folgende: die eine als Schauspielerin einer Wanderbühne im frühen Amerika; eine andere als Christin, die anderen Christen über die Vorgänge in Antiochien berichtete; die dritte als Mutter und Hausfrau in Palästina, und schließlich die am weitesten zurückliegende als Lehrerin im Schönheits-Tempel Ägyptens und Gesandte im »Gobi-Land«.

Der Schreibstil dieser Frau ist schlicht, geradlinig und lebendig. Die Cayce-Botschaft schreibt ihre Fähigkeiten als Geschichtenschreiberin und Unterhaltungsreporterin ihren Erfahrungen als Schauspielerin zu; ihr Verständnis für Fragen über Mutter und Kind wird auf ihre Palästina-Inkarnation, und ihre intuitiven Fähigkeiten auf ihre Inkarnation in Ägypten zurückgeführt. Die genaue Art ihrer »Berichter«-Tätigkeit in Antiochia wurde nicht geschildert; doch bestand diese wahrscheinlich in der Abfassung von Briefen. Der knappe, schlichte Stil ihrer Berichte stammt vermutlich aus jenen alten Erfahrungen, obwohl die Botschaft nichts dazu ausführt.

Da wir aber wissen, daß die Cayce-Botschaften nicht auf alle durchlebten Inkarnationen eingehen, können wir folglich nicht wissen, ob die Frau nicht doch einmal als berufsmäßige Autorin tätig war. Aus den gegebenen Inkarnationsberichten können wir jedoch folgern, daß ihre heutige Fähigkeit eher eine Zusammensetzung aller in diesen vier verschiedenen Leben erworbenen Fähigkeiten darstellt.

Viele andere ähnliche Fälle in den Botschaften führen zu dem Schluß, daß neue berufliche Ausgangspunkte keineswegs einem Erfolg im Wege stehen, wobei es Voraussetzung ist, daß die Hinneigung zu dem jeweiligen Beruf in der Vergangenheit im Prinzip vorhanden war und genügend tief verankert wurde und gewisse erforderliche Fähigkeiten entwickelt worden sind.

Da ist zum Beispiel der Fall eines einunddreißigjährigen Mannes, der sich, obwohl bereits verheiratet, noch zur Aufnahme des Medizinstudiums entschied. Aus irgendwelchen aus seinen Briefen nicht klar hervorgehenden Gründen hatte er in jüngeren Jahren das Medizinstudium nicht unternommen, obwohl sein Vater Arzt war und wahrscheinlich die Möglichkeit und der Anreiz zu diesem Studium gerade bestanden haben.

Dieser Mann erbat eine Botschaft von Cayce, wobei ihm die Frage besonders auf dem Herzen lag, ob sein Entschluß, das Medizinstudium noch so spät aufzunehmen, klug war und Erfolg versprechen würde. Die Botschaft bestärkte ihn nachdrücklich in diesem Vorsatz und führte aus, daß seine Bestimmung, Arzt zu werden, bereits während des amerikanischen Bürgerkrieges begründet worden sei. Sein Rang war damals der eines Krankenwärters und Meldegängers; doch offensichtlich waren die menschenfreundliche Art und seine Begabung als Ratgeber der Anlaß, daß der vorgesetzte Offizier den jungen Mann mit bestimmten Aufgaben der Stärkung der Truppenmoral betraute. Zu dieser Zeit begann seine Sehnsucht zu erwachen, Arzt zu werden. Er wurde offensichtlich vom Mitleid mit den körperlichen Leiden erfüllt und wurde vom Wunsche beseelt, das Wissen haben zu mögen, den Kranken Erleichterung zu verschaffen.

Interessant ist die Feststellung, daß sich die Wesenheit einen Arzt zum Vater in diesem Leben wählte, um die eigene Einführung in den Medizinerberuf besser ermöglichen zu können. Der Grund für den Aufschub des Studiums wurde, wie erwähnt, nicht angegeben, obwohl die frühe Ehe des jungen Mannes dafür verantwortlich sein mag. Zwischen ihm und seiner Frau mag eine so starke karmische Anziehung bestanden haben, daß er dem Drang zur Ehe vor der Erfüllung seines beruflichen Zieles nachgab. Natürlich gibt es andere Möglichkeiten zur Erklärung seiner Lage; uns interessiert hier als wichtigster Punkt die Tatsache, daß ihm die Cayce-Botschaft den Erfolg in einem Beruf versicherte, den er praktisch zum ersten Male aufnehmen wollte.

Zusammengefaßt können wir also sagen, daß die Analyse der Berufstätigkeiten in früheren Leben andeutet, daß die Befähigungen für die entsprechenden Berufe bereits in einem oder mehreren Leben erworben wurden, in denen gleiche oder ähnliche Beschäftigungen ausgeübt wurden. Ein leidenschaftlich verfolgtes Hobby weist oft darauf hin, daß es sich in irgendeinem früheren Leben um den Beruf des betreffenden Individuums handelte. Viele anscheinend neue Berufe beruhen in Wirklichkeit auf alten, bereits in Atlantis und Ägypten geübten Künsten und Wissenschaften. Manche Menschen wiederum scheinen in der Geschichte ihrer Seelenentwicklung gegenwärtig zum ersten Male einen bestimmten Beruf zu ergreifen. Wenn sich die Neigung dazu bereits in vergangenen Leben von Grund auf entwickelt hat und bestimmte Grundfähigkeiten für diesen Beruf bereits erworben wurden, so ist auch ein Erfolg in solchem ersehnten Beruf sehr gut möglich.

Kapitel 20

Gedanken über Berufswahl

Die mit dem Berufsschicksal zusammenhängenden Berichte in den Cayce-Akten werfen viele Fragen für den nachdenklichen Forscher auf. Zunächst haben wir das Problem der Ursprünge – ein Problem, das die meisten Reinkarnationisten verwirrt, da sie den Weg der Seele bis zu ihrem ersten Auftauchen aus dem Schoße Gottes zurückverfolgen möchten. Was veranlaßte ursprünglich eine Seele, sich in dieser beruflichen Richtung, und eine andere, sich in jener beruflichen Richtung zu orientieren? Wenn die Geister der Menschen doch einst in Gleichheit und Nichtunterschiedenheit aus Gott hervorgingen, weshalb sollte das eine Wesen dann auf die Betreibung des Ackerbaues, das andere auf den Handel oder auf Bekleidungsherstellung oder auf Musikausübung oder auf mathematische Wissenschaften zustreben? War bei seiner Erschaffung in jedem Wesen dennoch ein kleiner Baustein individueller Prägung vorhanden, der zur Verschiedenheit der menschlichen Beschäftigung führte, die sie wählten – und wenn es so war, was bestimmte jene Individualität?

Obwohl die Cayce-Akten keine fertige Antwort auf diese Frage bereit haben, versorgen sie uns doch mit recht befriedigenden Informationen in bezug auf eine weitere Frage, die sich von selbst stellt – nämlich: was bestimmt eine Seele später dazu, von einem Beruf zum anderen zu wechseln? Wir haben Beispiele für viele solcher Berufsveränderungen in den Akten, und eine Untersuchung der dazugehörigen Daten zeigt uns, daß diese Veränderungen zwei Grundursachen zugeschrieben werden können: dem eigenen Wunsch oder dem Druck durch das Karmaprinzip.

In verschiedenen vorher angeführten Fällen haben wir Wünsche und Sehnsüchte als zur Intensität des Karmas passend erkannt. Es scheint auch klar zu sein, daß ein Wesen den Wunsch zur eigenen Entwicklung einer neuen Gabe oder Charakterqualität zum erstenmal durch den Kontakt mit einem Menschen verspürt, der eben diese Gabe oder Qualität besitzt.

Den Cayce-Botschaften zufolge sind viele Menschen, die Zeugen von Jesu Lehrtätigkeit und Heilungswirken gewesen sind, durch eine Art positiver geistiger Ansteckung dazu angeregt worden, ebenso wie Jesus zu handeln. Die Kraft dieses Wunsches trieb diese Menschen in mehreren aufeinanderfolgenden Leben dazu, alle Bemühungen aufzunehmen, um die Lehr- oder Heilgabe ebenfalls zu erwerben. Manchmal entsprang dieser Wunsch erstrangig nicht dem Einfluß irgendeiner vorbildhaften Persönlichkeit, sondern eher dem drückenden Gefühl des Versagens in einer Lage, die Fähigkeiten von dem betreffenden Menschen forderte, die er nicht besaß. Hieraus erhellt, daß die Wunschkraft als wichtiger Antrieb zur Bestimmung des Schicksals der menschlichen Seele gelten muß. Diese Wunschkraft gibt der Seele mehr und mehr Schwung und Richtung und führt sie schließlich zur Wahl passender Eltern und einer passenden Umgebung. Die Seele ist nun in die Lage versetzt, eine neue Seite ihres Wesens zu vervollkommnen.

Vielleicht bedarf es mehrerer Lebenszeiten, um den Wechsel von einer Berufsbeschäftigung zur anderen unter dem Antrieb des Wunsches zu vollziehen, so wie es auch beim Übergang von der introvertierten zur extravertierten Haltung der Fall ist. Wenn diese Folgerung richtig ist, sollte sie den Menschen, die sich in ihrem Beruf unbefriedigt fühlen, Trost bringen. Vielleicht sind die mittelmäßigen Leistungen mancher Menschen im Vergleich zu den überragenden Leistungen anderer auf die Tatsache zurückzuführen, daß es sich erst um den ersten oder zweiten Versuch auf einem neuen Tätigkeitsgebiet bei diesen »Mittelmäßigen« handelt.

Außer der Wunschkraft scheint auch das Karma ein wichtiger Faktor zur Bestimmung der Berufswahl zu sein. Es ist klar, daß die Auswirkung eines bösen Karmas, das einen Menschen etwa zum Krüppel macht, beispielsweise den beruflichen Fortschritt eines Tänzers unterbrechen würde, auch wenn dieser Beruf bereits seit mehreren Leben ausgeübt wurde. Infolge der Verhinderung, einen bestimmten Beruf weiterhin erfüllen zu können, wird das Wesen notwendigerweise gezwungen, einen anderen zu wählen und möglicherweise irgendeine andere lange schlummernde Begabung damit zu erwecken.

Der Fall des an Tuberkulose des Hüftgelenkes leidenden Mädchens, der im 5. Kapitel geschildert wurde, ist ein Beispiel hierfür. Für lange Zeit war das Mädchen untätig und machte sich darüber Gedanken, welchen nützlichen Beruf sie nun ergreifen solle. Es wurde ihr in der Cayce-Botschaft geraten, das Harfenspiel zu erlernen, da sie bereits in einer frühen Inkarnation in Ägypten Saiteninstrumente gespielt habe. Das Mädchen folgte dem Rat und entdeckte tatsächlich, daß sie ein ausgeprägtes Talent zum Spielen auf diesem Instrument besaß, obwohl sie es in diesem Leben niemals vorher geübt hatte. Seitdem hat sie zusammen mit ihrer Schwester zahlreiche Konzerte gegeben, und obwohl sie nicht berühmt geworden ist, hat sie doch einen Beruf verwirklicht, der ihr Glück und Erfüllung brachte. Die unmittelbar vorhergehenden Inkarnationen verbrachte dieses Mädchen mit anderen Beschäftigungen, so daß es in diesem Fall klar wird, daß ein physisches Karma hier einwirkte, um einen Berufszyklus zu unterbrechen und einen anderen zu beginnen oder wiederzuerwecken.

Eine weitere Frage, die sich hier erhebt, lautet: wie viele Beschäftigungen muß ein Wesen in diesem Entwicklungsgang, in bezug auf unser Planetensystem, zu seiner Vervollkommnung erfüllen? Hierzu ist zu sagen, daß es für die wohlabgerundete Entwicklung jeder Seele erforderlich zu sein scheint, daß diese auf vielen verschiedenen Gebieten gearbeitet haben muß, denn es ist sehr unwahrscheinlich, daß jemand aus dem Sonnensystem weiter aufsteigen kann, der Vervollkommnung auf einem künstlerischen Gebiet erreicht hat, aber beispielsweise überhaupt nicht von den Bereichen der Mechanik, der Medizin oder der Gesellschaftskunde weiß. Es ist anzunehmen, daß die Ordnung der Kosmischen Herrscher einen gewissen Grad der Fertigkeit auf allen diesen Gebieten fordert. Wie im einzelnen jedoch der Entwicklungsplan für einen so ungeheuren Studienweg beschaffen ist, wissen wir nicht.

Aber auch ohne dieses spezifische Wissen muß uns zumindest klar geworden sein, daß eine enge Wechselwirkung zwischen beruflichen und geistigen Problemen besteht. Das bedeutet, daß berufliche Schwierigkeiten in vielen Fällen gewissen Charaktermängeln entsprechen, die beseitigt werden müssen. Ein Fall in dieser Richtung ist der eines achtundvierzigjährigen Junggesellen, der wegen bestimmter persönlicher Schwierigkeiten seinen Beruf des Grundstücksmaklers als zunehmend unangenehm empfand. Er empfing von Cayce eine Botschaft, die ihm den richtigen Berufswechsel anraten sollte. In dieser wurde ihm erklärt, daß er im vorigen Leben ein Lehrer von herrschsüchtiger und harter Charakterbeschaffenheit gewesen sei. Diese Härte des Wesens sei in dieses Leben übernommen worden und habe die Grundlage für seine gesellschaftlichen Kontaktschwierigkeiten geschaffen. In der Botschaft wurde diesem Mann geraten, bei seinem Beruf zu bleiben, obwohl dieser ihm nicht behagte; »denn«, so

hieß es, »obwohl es nicht immer leicht ist, lernst du eine notwendige Lektion«.
Es gibt viele ähnliche Fälle in den Akten, und eine Botschaft bezieht sich auf eine Überlegung des Denkers und Dichters Tolstoi. Dieser bemerkte, daß die Lebensumstände mit dem Gerüstbau eines Hauses zu vergleichen seien. Der Zweck dieser hölzernen Plattformen ist mehr der eines äußeren Skeletts, durch das die Arbeit an der inneren Konstruktion besser bewerkstelligt werden kann. Doch dieser äußere Rahmen besitzt für sich selbst weder eigentliche Bedeutung noch Dauer. Sobald das Gebäude vollendet worden ist, wird das Gerüst entfernt. Vielleicht können die Berufstätigkeiten in diesem Lichte verstanden werden – als die äußere Form, durch die sich einige Seiten des spirituellen menschlichen Wachstums vollziehen.
Auf der anderen Seite hängen Berufsausübungen vielleicht nicht immer von der Höhe der ethischen Qualität eines Menschen ab. Vielleicht ist die Bewältigung berufsmäßiger Aufgaben für sich eine unabdingbare Notwendigkeit, um dem Geist Gelegenheit zu geben, die Materie zu bemeistern. Vielleicht lernt der Mensch sogar, die Materie durch jede Art von Tätigkeit in ihrem Wesen zu verstehen und zu bemeistern, indem er auch das Prinzip des Lebens versteht, das allen Manifestationen zugrunde liegt. Vielleicht ist die Meisterschaft auf den Gebieten der Medizin, der Musik oder der Landwirtschaft für den Menschen auch insofern wichtig, als er als sein höchstes Ziel Mitschöpfer mit Gott und ein harmonischer, reiner und wesentlicher Geist werden soll und ein edler, ausstrahlender, liebender und schöpferischer Mittelpunkt des Ausdrucks, der selbst imstande ist, Gestalten und Leben und Welten zu erschaffen.
Eine solche kosmische Perspektive wie diese ist gewiß erregend. Wenn wir indessen zu den sehr spürbaren Bedrängnissen des täglichen Lebens zurückkehren, werden wir nichtsdestoweniger wieder mit der sehr praktischen Frage konfrontiert: Wie können jene Menschen, die nichts über ihre Berufe in Vorleben wissen, und die auch keinen hellsichtigen Einblick in die zentrale geistige Lehre ihrer Leben besitzen, eine weise Berufswahl treffen? Ein berufsmäßig an diesem Problem interessierter Mann erbat einst von Cayce eine Forschungs-Botschaft über dieses Thema. Es wurde die Frage gestellt, ob eine psychologische Testmethode gefunden werden könne, die eine systematische Erforschung der Impulse des Vorlebens der verschiedenen Individuen und damit eine Berufsberatung für solche Personen ermögliche, deren Vorinkarnationen nicht in allen Einzelheiten be-

kannt seien. Die Antwort besagte, daß eine astrologische Geburtskarte, also ein Horoskop, in vielen solcher Fälle nützlich sei, obwohl die Astrologie allerdings nicht die früheren irdischen Einkörperungen in Betracht ziehe. »Bei einem Großteil der Bevölkerung«, hieß es in dieser Botschaft, »ist der geeignete Beruf davon abhängig, was die Individuen aus ihren astrologischen Einflüssen während ihrer Erdenverkörperungen gemacht haben. In manchen Fällen entspricht die Handlung dem Horoskop, in anderen besteht nur teilweise Übereinstimmung, und wieder in anderen treten infolge der Gegenhandlungen keine Übereinstimmungen mit dem Horoskop auf.«
Diese Belehrung ist besonders bemerkenswert und kann, wenn sie ernst genommen wird, zu fruchtbarer Anwendung bisher unentdeckter Bezüglichkeiten des astrologischen Weistums führen. Doch ehe diese Gebiete ganz entdeckt sein werden, bleiben wir demselben Grundproblem gegenübergestellt, das heißt, unserer Unfähigkeit, ohne hellsichtige Begabung die vergangenen Inkarnationen jedes Individuums zu erkennen und unserer daraus folgenden weiteren Unfähigkeit, jenes Individuum zu einer seinen schlummernden Fähigkeiten gemäßen Berufswahl zu führen.
Unsicherheit in bezug auf die Berufswahl ist äußerst weit verbreitet. Ähnlich einer tatsächlichen physischen Hemmung, mag die Unentschlossenheit einen erzieherischen Zweck haben; sie mag zur besseren Erkenntnis der Bedeutung des Lebens und der Arbeit notwendig sein und die geistige Beschaffenheit des Selbstes in seiner Beziehung zu den anderen Menschen besser beleuchten. Während manche Wesenheiten den Erdenplan mit einem bereits in jungen Jahren klar umrissenen Berufsziel zu betreten scheinen, befinden sich andere in einer Art Übergangsstadium, das die Umänderung der Berufspläne erheischt. Zu diesem Zwecke haben letztere eine Periode des Zweifels und der Verwirrung durchzumachen, denn diese Zustände des Unbehagens sind die notwendigen Vorstufen zur Erreichung von Klarheit und Stärke. Diese Erklärung des Sinnes der beruflichen Unentschlossenheit trifft höchstwahrscheinlich für alles in den Cayce-Akten verfügbare Material zu, obwohl die Botschaften zu dieser Theorie wie zu anderen keine ausdrücklichen Ausführungen machen.
In einer Hinsicht haben die aus den Cayce-Akten hervorgehenden Informationen unverkennbaren Wert: Sie deuten neue Richtlinien sowohl für die psychologische Forschung als auch für die Behandlung des Berufsproblems an. Jemand fragte einmal einen Iren, ob er Violine spielen könne. »Ich weiß es nicht«, erwiderte der Ire, »ich habe es

niemals versucht.« Diese schlagfertige Antwort ist nicht so abwegig, wie sie erscheinen mag. Sie wurde freilich als reiner Volkswitz gegeben, doch das Studium der Cayce-Botschaften würde erweisen, daß in dieser Antwort zugleich der echte Kern unbewußter Weisheit steckt. Denn kein Mensch weiß, welche Gaben in den geheimen Vorratskammern seines Geistes schlummern.

Es ist eine merkwürdige Tatsache, daß in den Banken des ganzen Landes viele Dollarmillionen auf Sparkonten verstreut sind, deren Eigentümer die Existenz des Geldes in den meisten Fällen vergessen haben. Nachdem die Konten eine gewisse Zeit nicht mehr benutzt wurden, bemühen sich die Verantwortlichen der Bank, die Konteneigentümer über ihre letzten bekannten Adressen aufzufinden. Wenn dieser Versuch fehlschlägt, ist die Bank verpflichtet, den Betrag zu bewahren und in ein sogenanntes »schlafendes Hauptbuch« aufzunehmen. Diese Tatsache ist vielleicht verblüffend, zumal sie in einem Volk vorkommt, dessen Interesse am Gelde bekannt ist. Und doch ist es Wahrheit. Diese »schlafenden Konten« kennzeichnen eine Situation, die offensichtlich der Lebenslage der Menschheit vergleichbar ist.

Die Cayce-Akten enthalten zahlreiche Beispiele, daß eine Fähigkeit oder eine Begabung sichtlich schlummerte, seit langem vergessen worden war und in den Gewölben des Unterbewußtseins des Menschen lagerte. Die betreffende Botschaft diente dazu, die Aufmerksamkeit der Person auf eben jene schlummernde Fähigkeit zu lenken; die Bemühungen der Individuen, diese Fähigkeiten zu erwecken, führen in einer überraschend hohen Anzahl von Fällen zu einer echten Berufseignung. Die Lernfähigkeit bietet in diesem Falle einen als Beweismaterial dienenden Baustein für die Existenz von Erfahrungen, die in früheren Leben erworben wurden. Die Kenntnisse dieser Tatsache kann uns allen das Empfinden geben, daß wir eine Reservekraft in unserem Unterbewußtsein haben, die ebenso wertvoll ist, als wenn uns von einem vergessenen Sparkonto berichtet würde, das für uns in der Stadt unserer Kindheit eingerichtet worden sei. Selbst für den allgemeinen Lebensweg sollte dieser Gedanke hilfreich sein; um jedoch für die Berufswahl von irgendeinem praktischen Wert zu sein, bedürfen wir der genauen Information. Wenn hellseherische Hilfe wie diejenige Cayces für uns erreichbar ist, so können wir uns glücklich preisen; wenn nicht, so sollte es für uns möglich sein, die tieferen Schichten unseres Bewußtseins durch Suggestion, Hypnose oder Meditation anzuzapfen, um herauszufinden, auf welchen Gebieten unsere Begabungen in den Vorleben lagen.

Eine andere Methode der Entdeckung und freien Entfaltung unserer unbewußten Fähigkeiten scheint die Befolgung der Ausübung von Lieblingsbeschäftigungen zu sein. Jede ganz zwingende, ganz besondere Vorliebe ist sehr wahrscheinlich in einer Vorinkarnation begründet. Ein außergewöhnliches Interesse an spanischen Dingen läßt eine frühere spanische Inkarnation vermuten; ebensolches Interesse an der Welt Chinas weist auf eine chinesische Inkarnation hin. Die Pflege solcher Vorlieben in Form der Erlernung der spanischen Sprache oder die Teilnahme an Vorlesungen über China mögen dazu dienen, die Tiefenschichten des Unterbewußtseins aufzurühren und Fähigkeiten wiederzuerwecken, die in jener früheren Inkarnation erworben wurden. Wir mögen durch die Pflege dieser Neigungen auch mit solchen Menschen zusammengeführt werden, mit denen wir bereits in demselben früheren Leben verbunden waren, das unsere jetzigen heimweherfüllten Neigungen verursacht. In erster Linie sind es Menschen, die Veränderungen unseres Lebenslaufes veranlassen. Das Wiedertreffen von Personen, mit denen uns alte karmische Bande verknüpfen, mag unser Leben von Grund auf verändern, indem uns Tätigkeitsbereiche eröffnet werden, die uns sonst verschlossen geblieben wären.

Unsicherheit in bezug auf die Berufswahl kann nicht nur durch Mangel an Begabungen verursacht werden, sondern auch durch Vielseitigkeit. Es scheint so, daß manche Menschen so viele Inkarnationen in so vielen verschiedenen Lebensbereichen verbrachten und sich durch intensive Betätigung so große Kenntnisse verschiedener Berufsarten erwarben, daß sie von einer zur anderen gezogen werden. Manche begabten jungen Männer oder jungen Frauen werden vom Gefühl der Unentschlossenheit und Ziellosigkeit gequält, obwohl sie so reich begabt sind.

Der logische erste Schritt bei der Wahl des Berufes besteht natürlich in der Prüfung seiner Fähigkeiten, mögen diese nun vielfältig oder gering sein, und in der Wahl der ausgeprägtesten dieser Fähigkeiten. Dies ist die sehr vernünftige Antwort der Psychologen, die genaue Wertigkeits-Skalen ausgearbeitet haben, durch die menschliche Anlagen gemessen werden können. Die Cayce-Botschaften teilen dieselbe Grundansicht der Berufsberatungs-Psychologen, obwohl sie auf diesem Gebiet nicht mit Zahlenwerten rechnen. Im allgemeinen zeigen sie aber die außergewöhnlichen Möglichkeiten des Individuums in völlig klarer Form auf.

In Fällen von Unsicherheit bezüglich der Berufswahl oder in Fällen,

die eine besondere Ermahnung erheischen, tritt jedoch die den Botschaften zugrundeliegende Philosophie der Berufswahl deutlich hervor.
Drei Sätze dieser Philosophie werden so häufig wiederholt, daß sie sich als die Kernpunkte erweisen. Der erste dieser Sätze lautet:

»Bestimme dein Ideal, dein inneres Lebensziel, und suche es zu erreichen.«

Die Formulierung »Ideale« ist ein durchgängiger Bestandteil der ganzen Cayce-Philosophie der Anpassung. Sie trifft indessen besonders auf die berufliche Selbstleitung zu. Die Botschaften beharren darauf, daß man seine Ideale offen darlegen solle; als Hilfsmittel zu klarem Denken wiederholen sie beständig den Vorschlag, drei Spalten mit den Überschriften »Körperlich«, »Seelisch« und »Geistig« aufzustellen und das erstrebenswerteste Ziel in die jeweils entsprechende Spalte zu schreiben. Hier sind einige typische Anweisungen aus den Botschaften:

»Um dich selbst und dein Ideal kennenzulernen, trage es nicht mehr in deinem Geist mit dir umher, sondern lege es schriftlich auf einen Bogen Papier nieder. Schreibe ›Körperlich‹, ziehe eine Linie, schreibe ›Seelisch‹, ziehe eine Linie, schreibe ›Geistig‹. Schreibe unter jedes dieser Worte, indem du mit dem Geistigen beginnst (denn alles, was im Bewußtsein ist, muß zunächst von einem geistigen Plan herkommen), wie deine geistige Auffassung des Ideals beschaffen ist – ob es Jesus, Buddha, der Geist, die Materie, Gott sein mag – oder welches Wort auch immer deine geistigen Ideale kennzeichnen möge.
Danach schreibe unter die Bezeichnung ›Seelisch‹ die ideale Seelenhaltung, die aus deiner geistigen Vorstellung in bezug auf dich selbst, auf dein Heim, deine Freunde, deine Nachbarn, deine Feinde, deine Dinge und Verhältnisse auftauchen.
Welche materiellen Ideale hast du nun?... Auf diesem Wege analysiert sich ein Individuum selbst. Danach wende nun das Wissen an, das du erworben hast.
Der Beginn liegt in der Bestimmung deiner Ideale. Schreibe sie schwarz auf weiß nieder. Zeichne von dir selbst ein Bild. Hast du jemals ein Bild von dir selbst gezeichnet? Wie weit bist du noch wirklich von dem entfernt, was du sein möchtest? Oder von dem du möchtest, daß es andere von dir denken sollen? Worin liegt dein geistiges Ideal?

Erinnere dich daran, daß auf dem materiellen Plan der Geist dennoch der Schöpfer ist.«

Zusammengefaßt, erkennen die Botschaften an, daß unsere Ideale notwendigerweise verschiedenartig sein müssen; doch daß die echte Vollkommenheit des Wesens und die echte Selbstführung nur durch die klare Formulierung der Ziele ermöglicht werden kann. Auf Grund dieser Planungen sollte unsere Berufswahl erfolgen.

Der zweite »Lehrsatz« der Cayce-Philosophie der Berufswahl ist dieser: »Bemühe dich, anderen zu dienen.« Wie man der Menschheit am besten dienen kann, sollte letztlich das Ausgangsmotiv aller Menschen sein, die ihre Berufswahl treffen. In letzter Konsequenz müssen wir alle lernen, uns als Zellen eines Körpers zu sehen, und zwar nicht eines militanten Staates, sondern als Teil des »Körpers« der Menschheit selbst. »Anderen zu dienen, ist der höchste Gottesdienst«, ist ebenfalls eine immer wiederkehrende Wendung der Botschaften. »Jener, welcher der Größte unter euch ist, wird der Diener aller sein«, ist eine andere Belehrung.
Daß die Botschaften diese Wahrheiten als das höchste Ideal ansehen, dem sich alle zeitgebundenen Ideale neigen müssen, erhellt sehr deutlich aus der folgenden Feststellung:

»Denn es gibt nur ein Ideal, und dieses besteht darin, die Schöpferkraft des Universums (die mit vielen Namen benannt wird) zu deinem Ideal zu machen – und deinen Körper, deinen Geist und deine Seele zu einer Tatkraft zum Dienst an jener Schöpferkraft und deinen Mitmenschen zu machen.«

Eine natürliche Folgerung dieses Lehrsatzes ist die Annahme, daß finanzielle Sicherheit, Glück und Erfolg im weltlichen Sinne dem Ziel des Dienens untergeordnet werden müssen und daß sie diesem Ziel folgen müssen, wie der Wagen den Pferden folgt. Ein dreizehnjähriger Junge, der mit einer Vielzahl von Begabungen ausgestattet war, unter denen er seine Berufsgrundlage zu wählen hatte, fragte: »Welcher meiner Fertigkeiten sollte ich als Erwachsener am meisten Beachtung schenken, um den größten finanziellen Erfolg zu erzielen?«
Er bekam die Antwort: »Vergiß den finanziellen Gesichtspunkt und überlege statt dessen, welches der beste Ausgangspunkt für deinen größten Beitrag zu dem Problem ist, der Menschheit eine bessere

Welt als Lebensraum zu schaffen. Keine Anstrengungen sollten jemals zu rein gewinnbringenden Zwecken unternommen werden. Finanzielle Erfolge sollten als Ergebnis des Gebrauches der Fähigkeiten des Wesens, anderen nützlich zu sein, eintreten.«

Ein anderes Individuum fragte: »In welchem Tätigkeitsbereich werde ich am sichersten finanziell erfolgreich sein?« Ihm wurde folgende Antwort gegeben: »Nimm Abstand vom Gedanken des ›Finanziellen‹. Lasse das Finanzielle das Ergebnis ehrenhafter Haltung und aufrichtiger Wünsche sein und lebe so, daß anderen ebenfalls der richtige Weg klar wird. Gott schenkt den Wohlstand.« Einem Export- und Importkaufmann wurde gesagt: »Lasse denn deine Losung sein: Ich diene meinen Mitmenschen so, daß jene, denen ich begegne, mich als Leiter ihres Aufstieges benutzen mögen und ich sie nicht als Stufen benutze.«

Man wird hier an die über den großen britischen Architekten Sir Christopher Wren erzählte Geschichte erinnert. Es wird gesagt, daß er eines Tages an der Seitenfront der großen neuen Kathedrale von London, für die er die Baupläne entworfen hatte, entlangging. Das Gebäude befand sich bereits in fortgeschrittener Bauphase. Gespannt darauf, zu wissen, wie die Arbeiter die ihnen aufgetragene Aufgabe erfüllten, sprach der Architekt auf seinem Rundgang etliche dieser Arbeiter an und richtete an alle dieselbe Frage: »Was arbeitest du?« Der erste Mann blickte auf und bemerkte kurz: »Ich schichte Mauersteine auf.« Der zweite sagte: »Ich verdiene mir ein paar Schillinge.« Der dritte erwiderte: »Ich helfe mit, eine große Kathedrale zu bauen.«

Die Cayce-Botschaften versuchen ihre Berufsberatungen ebenfalls nach dem Ideal des dritten Arbeiters auszurichten, der bei der Erfüllung seiner Aufgabe weder die körperliche Arbeit noch den finanziellen Verdienst, sondern einzig und allein das Ziel der Errichtung sinnvoller Schönheit und Harmonie für alle Menschen im Auge hatte.

Der dritte Grundsatz in der Berufsphilosophie Cayces ist dieser: »Gebrauche das, was du in der Hand hast; beginne dort, wo du bist.« Dieser Rat mag ebenso selbstverständlich wie unnötig erscheinen. Und dennoch fällt er wie viele andere offenkundigen Wahrheiten in den Bereich der schlichten Notwendigkeiten, die erneut zum Ausdruck gebracht werden müssen, weil der Mensch zur Geringschätzung des Einfachen neigt, zumal wenn komplizierte und hintergründige Fakten so »greifbar« nahe liegen, die doch viel erregender wirken.

Viele Menschen, die einmal eine Ahnung vom Dienst an der Menschheit bekommen haben, werden entweder vom Nebel eines unbestimmten Idealismus eingehüllt oder geraten in den Strom besorgten Eifers. Die neue Lebensperspektive über den Sinn ihres Daseins mag manchen Menschen in der Mitte einer Berufslaufbahn aufgehen, von der sie sich praktisch nicht trennen können; ihre Verpflichtungen gegenüber einer Familie oder finanzielle Hindernisse verhindern die Aufnahme einer Spezialschulung und scheinen sie von der Erfüllung ihres neu erworbenen Sendungsbewußtseins auszuschließen. Menschen wie diesen wird nun durch die Botschaften immer wieder gesagt, daß »man nur das anwenden kann, was man in der Hand hat«. Eine Reise von tausend Kilometern beginnt mit einem Schritt, und dieser Schritt muß von dem Platz aus gemacht werden, auf dem man steht.

Die folgenden Zitate aus den Botschaften bieten beispielhafte Erläuterungen. Eine neunundvierzigjährige Frau fragt: »Worin liegt meine wahre Lebensaufgabe?« und erhält die Antwort: »Gib den Schwachen und Elenden Mut und stärke jene, die gestrauchelt sind.« – »Wie kann ich diese Aufgabe beginnen?« fragt sie weiter. Und die Antwort lautet: »Tue *heute* die Dinge, die du zu tun vorfindest!« – »Welche Dinge liegen in der Zukunft für mich bereit, und wo würde ich der Erfüllung meiner Bestimmung am besten nachkommen?« fragt die Frau hartnäckig weiter. »Was hast du heute in der Hand?« wiederholt die Botschaft. »Gebrauche das, was du hast und an dem Ort, wo du bist. Laß Ihn deine Wege führen. Lege dich selbst in Seine Hände. Sei du der Kanal, aber sage Ihm nicht, wo du arbeiten oder wirken oder dienen oder bedient werden möchtest! Sage statt dessen: ›Herr, ich bin Dein. Verfüge über mich, wie es Dich gutdünkt.‹«

Eine andere Frau wird von dem gleichen Problem bewegt. Sie ist einundsechzig und die Ehefrau eines früheren Konsuls in einem der skandinavischen Länder. Ein Leben abwechslungsreicher und langer Reisen führte sie auch in den Orient, und sie betrieb auch viele künstlerische und religiöse Studien. »Bitte geben Sie mir einen ausführlichen Rat, wie ich der Menschheit am besten dienen kann«, ist ihr Anliegen an Cayce. Die ihr erteilte Antwort ist im Wesen die gleiche: »Auf solche Weise, die dir Tag für Tag offensteht. Jenes Individuum, das irgendeine große Tat zu vollbringen plant, leistet nicht immer die größte Tat. Es ist derjenige, der die Gelegenheiten und Vorrechte zum Guten wahrnimmt, die sich Tag für Tag bieten, dem sich bessere Wege eröffnen. Denn was wir zum Nutzen anderer anwenden, wird in sich selbst größer.« – »Beginne, wo du bist!« wird einem anderen

Menschen gesagt. »Sei, was du an deinem Platz sein solltest! Und wenn du dich bewährt hast, so wird Er dir bessere Wege zeigen!«
Diese Philosophie der praktischen Wirtschaftlichkeit – die von jeder vernünftigen Hausfrau angewandt wird, die das meiste aus den ihr gegebenen Mitteln machen muß – ist nicht nur auf Menschen anwendbar, die plötzlich entdeckt haben, daß sie der Menschheit dienstbar sein möchten, sondern sie ist auf alle Menschen anwendbar, die sich nach einer großen Aufgabe irgendeiner Art sehnen. Es scheint tatsächlich die Absicht der beständigen Wiederholungen der Lehren »gebrauche, was du in der Hand hast« und »beginne dort, wo du bist« zu sein, einen Mittelweg zwischen den beiden extremen Neigungen der menschlichen Natur zu schaffen: der Lähmung durch kurzsichtigen Unverstand und der Lähmung durch langfristiges Vorauswissen.
Mancher Mensch weiß genau, welche Aufgabe er in der Kunst, Wissenschaft oder Politik gerne vollbringen würde; doch infolge seiner materialistischen Kurzsichtigkeit wird er entmutigt und untätig; sein Ziel scheint unmöglich erreichbar zu sein. Seine Unkenntnis über die Unendlichkeit des Lebens und der Möglichkeiten der Tätigkeiten und des Tuns läßt ihn nicht wahrnehmen, daß die Zeit unbedeutend ist und daß ein in einem Leben begonnenes Werk oft im nächsten Leben vom Erfolg gekrönt wird. Durch die gauklerischen Einschränkungen durch die Zeit mag es für einen solchen Menschen zugestandenermaßen unmöglich sein, beispielsweise im gegenwärtigen Leben ein großer Musiker zu werden; wenn er jedoch diesen Vorstellungen einen so bedeutsamen Platz einräumt, daß sein Wille derartig gelähmt wird, die Neigung zur Musikausübung völlig zu unterdrücken, bringt er seine Entwicklung selbst zum Stillstand und häuft die Verpflichtungen für kommende Inkarnationen an. Wenn er jedoch die Weisheit anwendet, die in den Lehren »gebrauche, was du in der Hand hast« und »beginne dort, wo du bist«, beschlossen liegt, wird seine Lähmung gelöst, und seine Kräfte werden in die passende Richtung freigesetzt.
Auf der anderen Seite gibt es viele Menschen, die sich intellektuell bei dem Gedanken an die ungeheuren neuen Ausblicke berauschen, die ihnen durch das Reinkarnationsprinzip eröffnet werden, aber diese Begeisterung nicht in die alltägliche Praxis umsetzen. Viele Theosophen und Anthroposophen werden durch das Studium der kosmischen Gesetze, unter denen sich die geistige Entwicklung im allgemeinen vollzieht, so in Anspruch genommen, daß sie vergessen, daß ihr

eigener geistiger Fortschritt nicht automatisch durch das Wissen um die Gesetze über diesen Fortschritt erfolgt. Diese Menschen sind mit einem Manne zu vergleichen, der so völlig vom Studium einer Straßenkarte in Anspruch genommen wird, daß er niemals eine Reise unternimmt. Für solche Menschen sind die Theorien in solchem Ausmaß zum Lebensinhalt geworden, daß sie, wenn es für sie wirklich einmal gilt, Charakteränderungen zu vollziehen oder irgendeinen nützlichen Dienst für die Menschheit zu leisten, durch geistige Abwesenheit glänzen. Natürlich sind es nicht nur Theosophen und Anthroposophen, die dieser Fehleinstellung schuldig werden; auch vor der Zeit Hamlets war die Unterlassungssünde die typische Untugend der Philosophen.

In den drei Prinzipien, die das Kernstück der Berufs-Philosophie der Cayce-Botschaften darstellen, erkennen wir die kosmische Betrachtung der menschlichen Bestimmung als völlig übereinstimmend mit dem gesunden Menschenverstand. Weshalb sollte es auch einen Grund geben, daß das Wissen um die Reinkarnation irgend jemandes Gemüt aus dem Gleichgewicht bringen könnte; im Gegenteil besteht aller Grund, daß dieses Wissen jedermanns Unterscheidungsgabe klarer und gesünder macht, weil es ihn mit dem ethischen und kosmischen Bereich in Beziehung bringt. Es ist wahr, daß die erste Bekanntschaft mit der Reinkarnations-Idee und die dadurch verursachte ungeheure Horizonterweiterung in manchen Fällen so überwältigend ist, daß sie Menschen dazu verführt, geistig zu »schweben« zu beginnen, ohne die notwendige Ladung gesunden Menschenverstandes beizubehalten. Ein Studium der Cayce-Philosophie über das Berufsproblem sollte alle diesbezüglichen Fehlannahmen richtigstellen und darlegen, daß ohne Rücksicht darauf, wie begeisternd und umfassend auch die Vorstellung der menschlichen Bestimmung werden möge, die Tatsache bestehen bleibt, daß die Selbstvervollkommnung ein langsamer, Tag für Tag und Schritt für Schritt zu bewältigender Vorgang ist.

Darüber hinaus wird man durch die Cayce-Botschaften beständig daran erinnert, daß die Lebensumstände eines Menschen, wie immer diese auch beschaffen sein mögen, genau zu seiner inneren Entwicklungsstufe passen. Selbst wenn diese Umstände ein Hindernis auf dem Wege zur Erfüllung des wahren Lebensberufes sein sollten, muß man sie als Treppenstufen statt als »Steine des Anstoßes« ansehen. Der einzige Weg zur Änderung äußerer Umstände liegt in der geduldigen Änderung des Selbst auf der Grundlage der Überwindung der widrigen Umstände, um damit reif zu werden, bessere Bedingungen zu erlangen. In einer Botschaft heißt es dazu:

»Wisse dieses: daß jede Situation, in der du dich befindest, notwendig für deine Entwicklung ist. Eine Wesenheit muß seinen Mitmenschen Tag für Tag, in dieser oder jener Weise, mit Wort und Tat, in dem Sinne Hilfen zu geben bemüht sein, auch zu ihrer eigenen Selbstentwicklung beizutragen.
Schritt für Schritt, Baustein auf Baustein, wird der ganze Bau errichtet. Durch seine Worte und täglichen kleinen Taten gibt ein Individuum seiner Einsicht Ausdruck und baut mit Sicherheit einen vollständigen Ausdruck seines Wissens, seiner latenten Fähigkeiten und seines wahren Daseinszweckes auf. Wenn sich eine Wesenheit durch beständige Fortschritte hinsichtlich ihres Dienstes am Nächsten bemüht hat, werden ihr die notwendigen für die Änderung der Lage entscheidenden Umstände auf die Weise zugeführt, daß die Wesenheit den nächsten Schritt, die nächste Gelegenheit zu dieser Änderung plötzlich sehen wird.
Baue deshalb mit den Mitteln, die dir zur Verfügung stehen, Stein auf Stein und Schicht auf Schicht auf. Sei dabei nicht hastig und nicht überängstlich; denn ist nicht das ganze Bauwerk Seine Schöpfung?...«

Kapitel 21

Folgerungen aus den Cayce-Berichten über menschliche Fähigkeiten

Die Folgerungen aus den Cayce-Berichten über die menschlichen Fähigkeiten und ihre beständige Entwicklung von Leben zu Leben sind von beachtlicher praktischer Bedeutung. Zunächst einmal eröffnen sie einem den Sinn für die unbegrenzten Möglichkeiten der Ausdehnung, die jeder Mensch auf der Grundlage seiner persönlichen Anstrengung vor sich hat.

Wir haben bereits von den schlummernden Fähigkeiten gesprochen, die in mehr oder minder großer Intensität bestehen. Natürlich hängt auch die Größe der Reserve dieser »schlummernden Fähigkeiten« ganz und gar von den in Vorleben geleisteten Anstrengungen ab. Es ist klar, daß das Prinzip der »unbegrenzten Möglichkeiten« sowohl Gültigkeit in bezug auf die Zukunft als auch auf die Vergangenheit hat. Ebenso, wie wir gewiß sein können, daß unsere gegenwärtigen Möglichkeiten das Ergebnis der Vergangenheit und unserer früheren Bemühungen sind, so können wir mit einer Zukunft rechnen, die das Ergebnis unserer gegenwärtigen Bemühungen sein wird. Welche Zeit, Kraft, Gedanken und Aufmerksamkeit wir heute der Erarbeitung einer Fähigkeit widmen, wird gleichsam in unserem »Kontobuch« der Zukunft stehen.

In der ganzen Welt gibt es Tausende sehnsüchtiger, zwiespältiger Menschen, die irgendeinen Jugendtraum verfolgen, obwohl sie Gewißheit haben, daß sie diesen Wunsch doch nicht ganz erreichen werden. Betrachtet man diese Menschen und ihr Sehnen vom gewöhnlichen Standpunkt aus, empfindet man große Trauer über ihre vergeblichen Bemühungen. Doch im Lichte des karmischen Stetigkeitsprinzips können wir die Leidenschaftlichkeit dieser Menschen nüchterner und hoffnungsvoll zugleich betrachten.

Die liebevollen Bemühungen eines alten Mannes in der Blumenzucht mögen ihm keine Zuchtpreise oder nationale Anerkennung in den Gartenbau-Magazinen bringen; doch ist es gut denkbar, daß er in diesem Leben die Basis für ein botanisches und Gartenkultur-Wissen legt, das ihn eines Tages, in irgendeinem späteren Leben, den Pflanzenzüchtermeister seiner Zeit werden lassen kann. Die verschwommenen Versuche einer Frau in mittleren Jahren, als Malerin tätig zu sein, waren nur unfehlbarer Gegenstand der Belustigung für ihre Familie und ihre Freunde; aber auch diese Versuche können der Grundstein dafür sein, daß sie einst eine berühmte Malerin in einer späteren Epoche werden mag. Die Musiklehrerin, die jahraus und jahrein geduldig Klavierunterricht erteilt und sich schwunglos durch den Anfängerstoff hindurchbüffelt und ihre zeitlebens gehegte Hoffnung, einmal eine Konzertpianistin zu werden, zu Grabe trägt, mag in ihren Bemühungen erfolgreich fortschreiten, wenn sie nur erst den Pfad weiß, der zu Leistung und Ruhm führt. Die Schläge des Metronoms haben in ihrem Unterbewußtsein einen guten Sinn für Rhythmus ausgebildet; die stetige Wiederholung von Schnelligkeits- und Fingerübungen, Einleitungen, Sonaten, Improvisationen und Fugen hat ein tiefgehendes Harmoniegefühl in ihr musikalisches Gedächtnis geprägt. In einem nächsten oder übernächsten oder dritten Leben wird sie vielleicht die Virtuosin ihrer Tage sein und ihre Zeitgenossen mit ihrer Begabung für Variationen und Improvisationen in Erstaunen setzen.

Zusammengefaßt gesagt, ist vom Gesichtspunkt der Karmalehre aus *keine Mühe jemals vergebens.* Wenn das Karma freilich mit unbestechlicher Genauigkeit im strafenden Sinne als Folge unserer bösen Handlungen auf uns zurückfällt, so wirkt es mit ebensolcher Genauigkeit, um uns für unsere aufbauenden Anstrengungen zu belohnen. Die Kenntnisnahme dieser höchst wichtigen Tatsache kann unser Bewußtsein so harmonisieren, daß Verzweiflungen unmöglich werden. In jedem Augenblick erschaffen wir unsere eigene Zukunft und bestimmen die Ziele jener Zukunft. Ob diese nun positiv oder negativ sein wird, hängt ganz von unserem augenblicklichen Handeln, unseren aufbauenden oder niederreißenden Taten ab und davon, ob wir vor dem Trugbild der äußeren Schicksalsformen kapitulieren oder nicht.

Dieser Plan zeitigt verschiedene wichtige Folgerungen. Zunächst erkennen wir klar, daß jene meist beengte Lebenszeit, die wir als »Lebensabend« bezeichnen, kein durch Resignation, Untätigkeit und das Gefühl allgemeiner Nutzlosigkeit gekennzeichneter Abschnitt zu sein braucht. »Hohes Alter« oder der »Lebensabend« sind eine abergläubische Vorstellung, wenn wir diese Bezeichnungen in der herkömmlichen Art verstehen. Im alten Ägypten um etwa 10000 vor Christus betrug nach den Cayce-Botschaften die allgemeine Lebenserwartung weit über hundert Jahre, und die Kenntnis der richtigen Nahrung und des richtigen Gedankenlebens ließ das Greisenalter viel später und weitaus unauffälliger als heute in Erscheinung treten. Neuzeitliche wissenschaftliche Entdeckungen liefern zunehmend bestätigendes Material zur Unterstützung dieser scheinbar übertriebenen Aussagen. Unsere Laboratorien vermitteln grundlegende Erkenntnisse auf dem Gebiete der Nahrungswirkung auf den menschlichen Gesundheitszustand, die Widerstandskraft und die Langlebigkeit. Zweifellos wird bald bewiesen werden, daß Altersschwäche und Gebrechlichkeit zum großen Teil auf falsche Denk- und Eßgewohnheiten und auf eine falsche Lebensweise zurückzuführen sind, während die Entdeckungen auf psychosomatischem Gebiet ebenfalls Ursachen für körperliche und seelische Gebrechlichkeit aufzeigen: nämlich die Zwangsvorstellung, im Leben überflüssig zu sein, die »Existenzgrenze« erreicht zu haben und von der nachwachsenden Generation »verdrängt« zu werden.

Diese Geisteshaltung entspringt der Gewohnheit, sich mit anderen Menschen nur auf der »horizontalen« Ebene von Zeit und Raum zu vergleichen. Doch das Reinkarnationsprinzip führt die einzig richtige »vertikale« Lebensanschauung ein, die unsere Höherentwicklung im Auge hat. Sich mit jüngeren Menschen zu vergleichen, wird dadurch nicht nur als unwürdig, sondern auch als unnötig erkannt. Alle ringen wir eigentlich nur darum, uns selbst zu übertreffen. Unseren Fortschritt können wir in gewissem Sinne nicht durch Vergleich mit anderen Menschen messen, sondern er bezieht sich auf uns selbst und auf Gott.

Die vollständige Vergegenwärtigung dieser Wahrheiten befreit uns von aller Angst und von jedem Verzagen, wenn wir uns mit Menschen einer anderen und wahrscheinlich fortgeschritteneren Entwicklungsstufe unserer eigenen Zeit vergleichen. Uns mit anderen zu vergleichen, ist eine der materialistischen Auffassung entspringende Sucht. In der geistigen Wirklichkeit geht es nur darum, unser niederes Selbst zu überwinden.

Obwohl die gesellschaftliche Struktur der Zukunft nicht genau vorhergesehen werden kann, wird man sagen können, daß die Gewohnheit des Rückzugs aus dem lebendigen Arbeitsprozeß bei Erreichung einer bestimmten Altersgrenze zumindest so lange bleiben wird, bis unsere Möglichkeiten längerer Jungerhaltung besser entwickelt sein werden. Auf jeden Fall sollte sich ein alternder Mensch, abgesehen nun von den sozialen Gepflogenheiten, als nützlich und wertvoll ansehen und sich nicht selbst »zum alten Eisen werfen«. Er sollte seine Zeit vielmehr der Aneignung und Entwicklung neuer Begabungen und Beschäftigungen widmen oder sollte Gebiete studieren, die er bisher seiner Familien- und Berufspflichten wegen vernachlässigen mußte. Er sollte das in der sicheren Zuversicht unternehmen, daß er damit eine wertvolle Grundlage für seinen inneren Reichtum zukünftiger Inkarnationen schafft. Hierin liegt auch eine der möglichen Erläuterungen der Ermahnung Jesu, Schätze nicht für die Erde, sondern für den Himmel zu sammeln. »Himmel« bezieht sich auf den Zustand des befreiten Bewußtseins, und dessen Schätze sind die Fähigkeiten der Seele und des Geistes.

Diese Ansicht wird auch von den Cayce-Botschaften sowohl stillschweigend als auch betont vertreten. Wir haben bereits den Fall des fast sechzigjährigen Mannes besprochen, der sich mit der Erforschung der Heilkräfte der Edelsteine intensiv beschäftigte. Fälle wie dieser werden in den Cayce-Akten häufig berichtet. Einem Polizeibeamten, der seiner Pensionierung entgegensah, wurde in der Botschaft geraten, das Chemiestudium im Hinblick auf seine spätere Tätigkeit als Detektiv aufzunehmen. Einer Großmutter von dreiundsechzig wurde geraten, jungen Leuten bei der Suche nach deren Lebensaufgabe zu helfen. Einer anderen, ebenfalls dreiundsechzigjährigen Großmutter riet die Botschaft, nicht nur ihr bereits seit einer guten Reihe von Jahren bestehendes Blumengeschäft zu erweitern, sondern auch ihre schriftstellerischen Fähigkeiten zu entwickeln – ein Gedanke, der ihr niemals gekommen war.

Die Botschaften nehmen laufend und ausdrücklich Stellung zu unserer Verpflichtung, unser Alter in diesem Leben selbst mitzubestimmen. Hier folgen einige typische Anweisungen:

»Sei mäßig in allen Dingen, verfalle in keinerlei Exzesse, und du wirst eine Lebenserwartung von achtundneunzig Jahren in dieser Inkarnation haben – das heißt, wenn du so lebst, daß du es verdienst. Doch was kannst du anderen geben? Ehe du nicht irgend etwas zu geben hast, welches Recht hast du auf dem Lebenswege? Sei bereit, irgend etwas zu geben, und du wirst entsprechend lange leben.«

Frage: »Wie kann ich mich am besten auf mein hohes Alter vorbereiten?«

Antwort: »Durch Vorbereitung für die Gegenwart. Lasse dich durch das hohe Alter nur reifen. Denn man ist immer so jung wie sein Herz und sein Lebensinhalt. Bleibe liebenswürdig; bleibe freundlich und ströme selbst Liebe aus, wenn du dich jung erhalten willst.«

Frage: »Wie kann ich die Angst vor dem hohen Alter und dem Alleinsein überwinden?«
Antwort: »Indem du losgehst und irgend etwas für irgend jemanden tust; das bedeutet, indem du etwas für die Hilflosen tust, andere glücklich machst und dich selbst dabei ganz vergißt. Wenn du anderen hilfst, wirst du deiner Furcht Herr werden.«

Frage: »Welches Hobby schlagen Sie für mich vor?«
Antwort: »Das Hobby, irgend jemandem zu helfen. Gärtnerisch tätig zu sein, mit Blumen zu arbeiten, würde auch ein gutes Hobby für dich sein; doch plane jeden Tag eine gute Tat für irgend jemanden, der nicht imstande ist, sich selbst zu helfen. Und wenn es nichts weiter ist, als daß du dich mit einem Niedergeschlagenen unterhältst oder ihm Gesellschaft leistest, so wirst du auch selbst große Hilfe dadurch empfinden.«

Die Unendlichkeit des persönlichen Lebens, die vom allgemeinen Unsterblichkeitsdenken so unbestimmt formuliert wird, wird vom Gesichtspunkt des Reinkarnationsprinzips aus in bezug auf menschliche Begabungen und Bemühungen psychologisch bedeutungsvoll.
Eine zweite wichtige Folgerung aus jener Wahrheit, daß alle Begabungen selbsterschaffen wurden und von Leben zu Leben fortbestehen, ist die Erkenntnis, daß Neid eine überflüssige Gefühlsregung ist. Emersons Bemerkung, daß eine Zeit kommen wird, in der jeder Mensch in seinem Entwicklungsweg einmal erkennen wird, daß Neid Unwissenheit ist, ist nur im Lichte der Reinkarnation voll zu verstehen. Nur solche Menschen können neidisch sein, die nichts von der Tatsache wissen, daß Menschen das leisten können, was sie schon geleistet haben. Die Schönheit, Begabung, das Liebesglück, der Ruhm oder der Wohlstand anderer sind ebensogut für mich erreichbar, sowie ich die notwendigen Bemühungen auf mich genommen haben werde, diese glücklichen Bedingungen zu verdienen.
In unserer gegenwärtigen Stufe der Zivilisation und des geistigen Verständnisses ist der Neid oft ein Antriebsmotiv zu Handlungen, wo andere Antriebe zu schwach sind. Der Neid bleibt aber eine böse An-

triebskraft, denn er führt zu Bosheit, Haß, Verleumdungen, Groll und allen ähnlichen Gemeinheiten. Vielseitige Begabung eines anderen Menschen ist vielleicht die am meisten beneidete Eigenschaft; jene Männer und Frauen, die der Welt ihren Wert auf mehr als einem Gebiet zu beweisen versuchen und einen gewissen Grad an Bedeutung auf allen diesen Gebieten erreichen, werden entsprechend heftiger und von mehr Menschen beneidet, als jene Persönlichkeiten, die nur auf einem Gebiet Bedeutung erlangen. Der Vielseitige sucht Bewunderung eben durch seine Vielseitigkeit, und bis zu einem gewissen Grade bekommt er sie auch. Zumindest heimst er »Lippenbekenntnisse« ein – doch in der meisten anderen Menschen tiefstem Innern erweckt er Feindschaft und Haß, weil er sie – in ihrer Einbildung – der Erreichung ihrer eigenen Bedeutungen beraubt.

Wenn es jedoch erst allgemein bekannt ist, daß Begabungen für uns alle erreichbar sind, dürfte sich auch die Verbreitung des Neids verringern und echte Vielseitigkeit unter den Menschen mehr verbreitet werden. Das spirituelle Grundgesetz des Universums läßt im Gegensatz zu gewissen Wirtschaftssystemen nicht zu, daß eine geringe Anzahl von Menschen auf Kosten ungeheuer vieler geistig Armer ihre geistigen Schätze besitzen. Alle göttlichen Quellen fließen zum Gebrauch für alle Menschen; vorausgesetzt, diese benutzen sie selbstlos und in reiner Absicht.

Darüber hinaus sollte die Kenntnis der Tatsache der Begabungsentwicklung nicht nur dazu beitragen, den zerstörerischen Sinn des Neides zu beseitigen, sondern den einigenden Sinn der Anerkennung anderer zu verbreiten. Die Tatsache, daß andere menschliche Wesen letztlich Aspekte unseres eigenen Selbst ausdrücken, die wir eben mit der Verwirklichung anderer, uns in der gegenwärtigen Inkarnation erreichbarer Möglichkeiten beschäftigt sind, verdient wirklich Anerkennung. Die Frau, deren gegenwärtige Lebenspflicht sie beispielsweise an die Hausarbeit bindet, mag sich in ihrer innersten Seele danach sehnen, eine Tänzerin zu werden; es gibt in ihrem Leben Augenblicke, nachdem sie vielleicht eine Ballettszene im Film oder Photographien von Tänzerinnen in der Zeitung gesehen hat, in denen sie bitteren Groll gegen ihr Schicksal hegt, das sie am Kochtopf und im Küchendunst zu verharren zwingt, anstatt tanzen zu dürfen. Doch wenn sie sich ins Gedächtnis ruft, daß sie in einigen Jahrhunderten oder vielleicht eher auch Tänzerin sein kann, so sollte ihr bohrender Neid verschwinden, und sie sollte statt dessen einen Strom der Dankbarkeit gegenüber den Tänzerinnen empfinden, die ihr eigenes Selbst in der Zwischenzeit vertreten. »*Erkenne dich selbst*« ist eine Hindu-Weisheit von tiefer und verschiedenartig anzuwendender Bedeutung; eine ihrer mehr offenkundigeren Bedeutung liegt darin, daß wir bei der Betrachtung der verschiedenen menschlichen Fertigkeiten mehr unserer eigenen Möglichkeiten eingedenk sein sollten, anstatt nur den äußeren Anschein zu sehen...

Eine dritte wichtige Folgerung aus dem Gesetz unserer beruflichen Entwicklung von Leben zu Leben ist die Erkenntnis, daß gleich dem Neid auch unser Gefühl der Vergeblichkeit unserer Bemühungen in gewissem Grade unnötig ist. Solange der Geist an die Welt der Formen gebunden ist, wird natürlich auch das Gefühl der Vergeblichkeit unseres Tuns nicht fehlen; solange ein Teil der göttlichen Schöpfung zum Beispiel die Gestalt eines Gänseblümchens annehmen muß, wird keine Dahlie daraus werden. Eine Lilie mag sich, um bei dem Bild zu bleiben, nach der lebendigen Farbe der Rose sehnen, während die Rose wiederum leidenschaftlich die klassischen Linien einer Lilie aufweisen möchte. Alles Geschaffene, und mag es auch vollkommen in seiner Art sein, muß dennoch innerhalb der Grenzen seiner eigenen ihm zugewiesenen Form bleiben.
Doch in Wirklichkeit welken und sterben Blumen nicht vor Sehnsucht, anders zu sein, als sie es sind; und nur in der dichterischen Phantasie kommen diese Gedanken vor. Männer und Frauen sterben auch nicht an ihren Sehnsüchten; aber sie leiden darunter. Und wenn ihre Entbehrungen sehr groß werden und ihre seelische Struktur empfindsam ist, so können solche Menschen gemütskrank und sogar körperlich krank werden.
Auf der anderen Seite haben die Vergeblichkeit, Vereitelung und das Entbehrenmüssen ebenso wie der Neid eine wichtige psychologische Funktion. Wenn die Notwendigkeit die Mutter der Erfindung ist, so können wir mit gleichem Recht sagen, daß die Entbehrung die Mutter der Schöpfung ist. Aus dem Vergeblichkeitsempfinden heraus sind Lieder geschrieben, Arzneien entdeckt und Länder erforscht worden. Als Bulwer-Lytton von seinem utopischen Land schrieb, daß dieses keine Literatur kenne, weil niemand Entbehrungen irgendwelcher Art erleide und deshalb auch keinen Wunsch hege, über das Leben anderer zu schreiben oder zu lesen, berührte er eine bezeichnende Möglichkeit. Entbehrung schafft ebenso wie Druck eine Energie, die sich Bahn in Form von Gestaltungen schafft, welche die in Freiheit und Zerstreuung lebenden Menschen gar nicht aufgebracht haben wür-

den. Wie alle anderen Wirklichkeiten des offenbarten Universums weisen auch die Entbehrung und das Gefühl der Vergeblichkeit einen guten und einen bösen Pol auf. Wenn sie die Menschen zur Entwicklung neuer Charakterqualitäten und zur Erschaffung neuer künstlerischer Formen zwingt, ist die Entbehrung gut; wenn sie den Menschen zum Verlust seines inneren Gleichgewichts treibt, so daß die Lebenskräfte in ihm stillstehen, ist die Entbehrung schlecht. Diesem letzteren, bösartigen Aspekt der Entbehrung vermag der Glaube an die berufliche Entwicklung von Leben zu Leben entgegenzuwirken.

Es gibt eine Fabel von einer Schnecke, die an einem bitterkalten Januarmorgen den gefrorenen Stamm eines Kirschbaumes hinaufzuklimmen begann. Während sie sich langsam aufwärts bewegte, steckte ein Käfer seinen Kopf aus einem Riß im Baumstamm und sagte: »He, Kumpel, du vergeudest deine Zeit. Es wachsen keine Kirschen dort oben.« Doch die Schnecke setzte ihre Wanderung fort. »Sie werden wachsen, wenn ich angekommen bin«, sagte sie.

Etwas von dieser unbeirrbaren, geduldigen, langmütigen Zuversicht der Schnecke wird auch zur inneren Wesenshaltung des Menschen, der ganz von der Richtigkeit des Gesetzes der ununterbrochenen beruflichen Entwicklung durchdrungen ist. Ein anderes bezeichnendes Beispiel für die richtige Geisteshaltung finden wir in einer Episode im Leben des großen Geigers Paganini. Zwei Jahre lang, so geht das Gerücht, hatte er im Schuldnergefängnis sitzen müssen. Auf irgendeine Weise kam er während dieses Aufenthaltes in den Besitz einer alten mit drei Saiten bespannten Geige; unaufhörliche Übung auf diesem Wrack einer Geige war der einzige Weg, während dieser Zeit überhaupt mit seiner Berufung in Berührung zu bleiben. Als er endlich aus seiner Zelle entlassen wurde und wieder auf der Bühne erschien, spielte er mit einem Feuer und einer Vollendung, wie er nie zuvor hatte spielen können. Er faszinierte seine Hörerschaft mit seiner nie zuvor erlebten Geigenkunst. Das unerhörte Vorkommnis, daß ihm einst beim Spiel eines schwierigen Stückes eine Geigensaite riß, und er das Stück dennoch makellos auf nur drei Saiten weiterspielte, war ein Ergebnis seiner beiden Jahre erzwungener Abkapselung.

Paganinis Gefangenschaft legte ihm zwar eine tatsächliche Entbehrung auf; doch seine Reaktion darauf war eine positive. In der Zukunft wird der Mensch notwendigerweise Vergeblichkeiten und Entbehrungen als selbstgeschaffene Regelungen des Karmas erkennen und dadurch dem Einblick in die wahren Bedingungen des Daseins näherkommen. Doch Entbehrung braucht uns niemals einzuschränken oder zu ducken oder zurückzuwerfen; wir können selbst in Fesseln tanzen lernen und auch in Gefängnismauern singen lernen. Wo die Vergeblichkeit akut wird und keinen Ausweg mehr erlaubt, können wir sie geduldig, hoffnungsvoll, ja sogar freudig gestimmt ertragen und damit die Anlage für unsere eigenen zukünftigen Siege in Kulturbereichen schaffen, die noch im Schoße der Zeit verborgen liegen.

Kapitel 22

Antriebskräfte der Persönlichkeit

Wie die gut geschriebene Erzählung wegen ihrer Höhepunkte, ist das Leben reizvoll wegen seiner Konflikte. Für primitive Menschen bestehen Konflikte hauptsächlich im Kampf gegen andere Menschen oder gegen die Mächte der Natur. Mit fortschreitender Entwicklung des Menschen verlagerten sich seine Konflikte mehr und mehr in die Bezirke seines Innern. Dieser innere Kampf wurde in verschiedenen Zeitaltern als der Widerstand zwischen Gut und Böse, zwischen Geist und Materie, zwischen Gewissen und Trieb oder zwischen Bewußtsein und Unterbewußtsein beschrieben.

Alle diese Beschreibungen enthalten Wahrheit; doch sie erklären den Konflikt nicht im vollen Sinne des Gesichtspunktes der Reinkarnationisten. In deren Sicht ist die erste Ursache des Konfliktes in dem Irrtum zu suchen, den ein Geist begeht, wenn er sich mit der Verdichtungsebene, die »Materie« genannt wird, identifiziert; denn durch diese Materie muß er sich lediglich im Zuge der Entwicklungsgesetze ausdrücken. Diese falsche Gleichsetzung führt zu selbstsüchtiger und trennender Lebenshaltung, und diese wiederum setzt das Vergeltungsprinzip des Karmas in Tätigkeit. Die Karmaentwicklung objektiviert eines Menschen böse Lebensführung derartig, daß er Gefangener seines eigenen üblen Tuns wird; diese Gefangenschaft ist damit die erste und grundlegende Ursache der menschlichen Furcht. Sein Kampf gegen die unsichtbaren Mauern seiner selbstgeschaffenen Gefangenenzelle stellt die Ursprungsform des menschlichen inneren Konflikts dar.

Die Cayce-Botschaften stellen deutlich fest, daß es noch eine andere Ursache des Konflikts gibt. Es muß daran erinnert werden, daß Karma zwei Aspekte hat, den der Vergeltung und den der Stetigkeit. Durch den letzteren Aspekt können sich viele einander zuwiderlaufende Eigenschaften oder Antriebskräfte aus der Vergangenheit gleichzeitig im Menschen bemerkbar machen und eine andere Quelle innerer Konflikte schaffen.

Ein Antrieb bedeutet in den Cayce-Botschaften einen heftigen Drang oder Wunsch, der aus irgendeiner Erfahrung des Vorlebens stammt. Ein Individuum mag zum Beispiel den Wunsch zum musikalischen Ausdruck aus einem früheren Leben mitgebracht haben, während aus einem anderen Leben der Wunsch zu lehren herrührt. Diese verschiedenartigen Antriebe verursachen einen Konflikt im Bewußtsein jenes Menschen, der sich natürlich auf die Berufswahl bezieht. Soll er nun Musiker oder Lehrer werden? Jahre hindurch mag er von verzehrendem inneren Kampf um das Problem, was er nun tun soll, zerrissen werden; der Kampf mag schließlich durch eine Kombination beider Antriebe beendet werden, oder aber es werden beide Wünsche zugunsten eines anderen Zieles zurückgestellt.
Ein viel schwierigerer innerer Kampf entsteht, wenn ein Antrieb negativer Art nur unvollständig überwunden wurde. Zum Beispiel: ein Mann mag den Hang zur Arroganz haben, der aus irgendeiner früheren Lebenserfahrung stammt, in der er willkürliche Macht über eine unterdrückte Person ausübte. In einer späteren Inkarnation als verkrüppeltes Kind im Elendsviertel kam die Arroganz karmisch zum Stillstand, und die entgegengesetzte Eigenschaft der Duldsamkeit und des Mitleids wurde bis zu gewissem Grade erworben. Die Aufhebung oder Überwindung der alten Schwäche der Arroganz war indessen unvollständig. Als Folge zeigen sich nun zwei entgegengesetzte Impulse auf der Grundlage dieser beiden Eigenschaften der Vorinkarnationen im Bewußtsein des Mannes. Aus diesem Grunde stellen wir in seiner Persönlichkeit eine auffällige Unbeständigkeit fest, die sich in wechselnden Verhaltensweisen der Arroganz und Toleranz bemerkbar macht. Das Individuum wird allmählich selbst seiner Unbeständigkeit und Zwiespältigkeit gewahr; wenn nun die Ideale und das Wissen um die Bruderschaft aller Menschen in ihm die Oberhand gewinnen, so wird er auch bewußter den Kampf gegen den alten Trieb der Arroganz aufnehmen. In vielen Menschen jedoch vermißt man deren Fähigkeit, ihre eigene Unbeständigkeit wahrzunehmen.
Diese verallgemeinernden Folgerungen aus den unvollständigen Überwindungen negativer Antriebe aus früheren Leben konnten auf Grund ausgedehnten Studiums der Fälle in den Cayce-Akten gezogen werden. Zahllose einzelne Anhaltspunkte und verschiedene Fälle von Lebensläufen, die über einen langen Zeitraum im Lichte ihrer Lebensbotschaft verfolgt werden konnten, bestätigen diese Folgerungen. Das vielleicht eindringlichste Einzelbeispiel wollen wir nachfolgend wiedergeben.

Es handelt sich um einen Mann, dessen Persönlichkeit in zwei entgegengesetzte Gruppen von Grundwesenszügen gespalten ist. Die erste Gruppe umfaßt seine Neigung, zeitweise weltabgewandt, introvertiert, schweigsam, kühl, ungesellig, lerneifrig und egozentrisch zu sein, die im Gegensatz zu seiner zeitweisen Neigung zur Großzügigkeit, Extraversion, Ausdehnungsbestrebung, Geselligkeit und Sinnlichkeit steht. Der Botschaft zufolge ist dieser besondere Zwiespalt auf zwei verschiedene Grundströme der Erfahrung aus der Vergangenheit zurückzuführen. Eine Inkarnation als Mönch in einem englischen Kloster verursachte die ungesellige Neigung dieses Mannes; eine vorhergehende als Kreuzzügler während des Mittelalters legte den Grund für seine Menschenfreundlichkeit. Diese seltsame Zwiespältigkeit seines Verhaltens erschien manchen Menschen so unbegreiflich, daß sie ihm entfremdet wurden; sie zögerten, ihr Vertrauen in einen Mann zu setzen, der heute ein fröhlicher Kamerad war und morgen mit kalter Zurückhaltung reagieren konnte.

Die zweite Gruppe der Widersprüchlichkeiten scheint eindeutig einer unvollständig überwundenen Triebstruktur zu entspringen. In einer seiner Inkarnationen war dieser Mann ein Herrscher in Ägypten. Ein Anflug herrischen Wesens, von herablassendem und fast verächtlichem Stolz hat seinen Ursprung in jenem Herrscherleben. Doch in einer darauffolgenden Inkarnation lebte er in Palästina und schloß sich eng jenem Zimmermann mit Namen Jesus an. So überwältigend und eindrucksvoll war die Persönlichkeit des großen Lehrmeisters für ihn, daß der Mann durch diese Verbindung den starken Antrieb erwarb, Dienst an der Menschheit zu leisten und von der Wahrheit der Bruderschaft der Menschheit überzeugt wurde.

Im gegenwärtigen Leben herrscht dieser letztere Antrieb vor; als seine Lebensaufgabe wählte er eine führende Arbeit auf dem Gebiete des religiösen und sozialen Dienstes. Als Initiator neuer Methoden, der Bevölkerung Licht zu bringen, sind seine Bemühungen unermüdlich; als Ratgeber ist er freundlich, hilfsbereit und äußerst erfolgreich. Und doch wird er von Zeit zu Zeit von dem brennenden Machtbedürfnis seiner ägyptischen Zeit belästigt, von jenem Trieb, der von seiner Inkarnation in Palästina und späteren nur unvollständig ausgeglichen worden ist. Da er der stets lauernden Anwesenheit dieser niederen Eigenschaft bewußt ist und sie als Mißklang zu seinen Idealen erkennt, kämpft er um die Unterdrückung des Bösen. Im Verlauf dieses Kampfes wird er eher eine ausgeglichene Persönlichkeit statt eine zwiespältige, und somit schwindet seine Versklavung an sein eigenes früheres Dasein mit dem Grade der Entwicklung seiner neu angestrebten Ziele der Selbstvervollkommnung und Dienstbarkeit.

Das Bewußtwerden einer Unbeständigkeit wie dieser ist für die Bildung der Persönlichkeit höchst wünschenswert, und die geeignete Methode, jeden tiefsitzenden Konflikt zu überwinden, besteht darin, die an diesem Zwiespalt beteiligte negative Eigenschaft zu überwinden zu suchen. Bei der Untersuchung von Fällen wie dem obenstehenden vermögen wir klarer zu erkennen, weshalb die Botschaften in der Wiederholung des Ratschlages beharrten, daß man *zuerst* sein *Lebensideal* klar zum Ausdruck bringen möge. Auf den ersten Blick scheint dieser Rat zwar verständlich, doch allgemein formuliert zu sein und auf der Stufe von begeisterten Schwüren der Mitglieder von Jugendbünden zu stehen. Doch nach reiflicher und sorgsamer Analyse entdecken wir, daß dieser Rat von erstrangiger Bedeutung für jeden Fall von Disharmonien Erwachsener ist, die sich um inneren Ausgleich bemühen.
Wenn wir einmal ein Ideal formuliert haben, sind wir im Besitz eines seelischen Reisekompasses, durch den wir jedwedes in unserem Unterbewußtsein wucherndes widersprüchliches Gedankengebilde ausgleichen, überwinden und unschädlich machen können. Diesen Kampf kann man sich tatsächlich als den Ur-Kampf zwischen Licht und Dunkel, zwischen Geist und Materie oder zwischen Gut und Böse vorstellen. Anders und neuzeitlicher ausgedrückt handelt es sich um den Kampf zwischen dem erleuchteten Bewußtsein und den unerlösten Trieben einer vergangenen unerleuchteten Wesenheit, die tief im Unterbewußtsein verankert sind.
Das von einer Persönlichkeit intuitiv empfangene Ideal mag genau der Grundabsicht entsprechen, zu deren Erreichung sich die Seele inkarniert hat – ein Ideal, das man treffend als das überbewußte Lebensziel bezeichnen kann. Doch oftmals mag das bewußt formulierte Lebensziel, obwohl es letztlich immer der Entwicklung dient, den von der Wesenheit vor ihrer Geburt überbewußt gewählten Lebenssinn nur annähernd erreichen. Diese Folgerung können wir am besten am Fall der Dichterin und Denkerin GEORGE ELIOT erläutern, der ein vorzügliches Beispiel für das Phänomen der einander entgegengesetzten Antriebe bietet. Viele mitfühlende Beobachter beachten gewisse tiefsitzende Widersprüche in der Persönlichkeit dieser großen englischen Schriftstellerin. Die folgenden Zitate stammen aus zwei verschiedenen Biographien. MINORY TOYODA schreibt:

»George Eliot war halb Puritanerin, halb Heidin, und obwohl sich diese beiden Wesenszüge nie in ihr vermischten, war sie die Beute fortgesetzter Leiden und Schwermut. GEORGE MEREDITH sagte einmal von ihr: ›George Eliot besitzt das Herz der Sappho. Doch ihr Gesicht mit der langen Nase, den vorstehenden Zähnen wie die eines apokalyptischen Pferdes, verraten das Animalische.‹«

Und MATHILDE BLIND schreibt: »George Eliot... eine zerbrechlich aussehende Frau, die gerne auf ihrem dicht an den Kamin gezogenen Stuhl saß, und deren gewinnende frauliche Haltung und Art jedermann in ihren Bann schlug, der das Vorrecht hatte, bei ihr eingeführt zu werden... Sie vermochte angenehm zu lachen und zu lächeln, ihre Stimme war tief und deutlich und von mitfühlender Wärme...
Neben D'ALBERTS Porträt von George Eliot haben wie eine Zeichnung von Mr. BURTON und eine andere von Mr. LAWRENCE, die letztere kurz nach der Schrift von ADAM BEDE angefertigt. In seiner Kritik des letzteren Bildes bemerkte ein scharfer Beobachter der menschlichen Natur, daß es keinen Eindruck der unendlichen Tiefe ihrer beobachtenden Augen vermittele noch auch jenen kalten, klugen und unbewußt grausamen Ausdruck, der bei ihr gelegentlich entdeckbar war.«

Diese Beobachtungen können in eine Hypothese auf der Grundlage des Reinkarnationsprinzips zusammengefaßt werden. Ihre Antriebsgegensätze, wie sie sich in der Bezeichnung »halb Puritanerin, halb Heidin« ausdrücken, weisen darauf hin, daß sie eine Inkarnation als Heidin – vielleicht als sinnenfreudige griechische Hetäre, Sängerin, Tänzerin und Dienerin eines Herrschers in Athen verbrachte, während eine andere Inkarnation der Askese geweiht war – vielleicht als Mönch in einem mittelalterlichen Kloster. In der Persönlichkeit der George Eliot war der heidnische Trieb durch ihr Gesicht und ihre Figur gehemmt und konnte sich nicht frei ausdrücken. Diese Tatsache in Verbindung mit dem Umwelteinfluß einer ihrer weiteren Inkarnationen als Tochter eines Geistlichen zur viktorianischen Zeit mochte die Vorherrschaft ihrer Rechtschaffenheit aus ihrem Mönchsdasein bewerkstelligt haben, während die sinnlichen Triebe zurückgehalten wurden. Die »rohe Tierhaftigkeit« ihrer Gesichtszüge mag sehr gut die karmische Folge des sinnlichen Mißbrauchs ihrer Schönheit in ihrer heidnischen Inkarnation gewesen sein.
Niemand, der den Edelmut und die tätige Menschenliebe der Persönlichkeit der George Eliot kannte, würde sie der möglichen Grausam-

keit beschuldigt haben; und doch hatte ein guter Menschenbeobachter einen gelegentlichen »kalten, klugen und unbewußt grausamen Ausdruck« bei ihr bemerkt. Bezeichnend ist hier das Wort »unbewußt«. Tatsächlich zeigt auch die Deutung der Reinkarnationisten auf, daß tief im Unterbewußtsein dieser außerordentlich menschenfreundlichen und edelgesinnten Frau ein Trieb zu kalter, nüchtern berechnender Grausamkeit liegt, der in irgendeinem früheren Leben entstanden ist. Doch dieser Trieb wurde fast ganz, wenn nicht ganz, im Laufe der weiteren Inkarnationen zur Menschenfreundlichkeit umgewandelt.
Das bewußte Lebensziel der Persönlichkeit George Eliot mag durchaus darin gelegen haben, »Bücher zu schreiben« oder »der Menschheit zu dienen« oder »in anderen Menschen den Sinn für moralische Verantwortung zu wecken«. Aber das Lebensziel des Überselbst, der Ewigen Selbstheit, mag mit keiner dieser vorläufigen Ziele identisch sein; die Absicht der Wesenheit durch ihre Inkarnation als heimliche Tochter eines viktorianischen Geistlichen mag darin gelegen haben, daß sie die Umwandlung der Grausamkeit in Menschenfreundlichkeit vervollständigen konnte, oder daß sie von ihrem Hang zu sinnlichen Ausschweifungen abkam, oder daß sie den rechten Ausgleich zwischen mönchischer Gelehrsamkeit und einer mehr humanistischen Einschätzung der Werte herbeiführte.

Das überbewußte Lebensziel ist also das zentrale und einigende Lebensprinzip, durch das alle äußeren Verhaltensweisen und vorläufigen Scheinziele einer Persönlichkeit verständlich werden. Sollte dieser Gesichtspunkt jemals voll anerkannt werden, so würde die Kunst der Biographie viel tiefgründiger und verfeinerter werden. Der Biograph würde seine Bemühungen dafür aufwenden, mehr als nur eine genaue Lebensgeschichte einer Persönlichkeit oder ein Lebensbild auf Grund der äußeren Ziele einer Persönlichkeit zu bieten; seine vorrangige Aufgabe läge darin, das überbewußte Lebensziel der Persönlichkeit ebenso wie das bewußte aufzudecken. Seine weitere Aufgabe läge in der Aufspürung der karmischen Kräfte, die sich in der Wahl des Lebenszieles der Wesenheit bemerkbar machen. Die Erforschung des Zwischenspiels der aus verschiedenen früheren Inkarnationen herkommenden Antriebe würde dazu dienen, andere sonst unverständliche Charakterzüge der betreffenden Persönlichkeit zu erklären. Wenn natürlich der Biograph keine hellseherische Begabung anzuwenden hat, wird er diesen karmischen Bedingtheiten auf intuitive

Weise näherzukommen versuchen müssen, indem er aber die greifbaren Daten aus des betreffenden Menschen Lebenslauf mit heranzieht. Er wird sich auch ein gründliches Verständnis der karmischen Prinzipien erwerben müssen, wie wir auf den vorhergehenden Seiten darzulegen versuchten.
Die Feststellungen, die wir hier über den Biographen und seine Aufgabe trafen, würden natürlich ebenso gültig für den Psychiater und jeden anderen Berufsangehörigen sein, der sich mit der Ergründung und Leitung der menschlichen Persönlichkeit befaßt. Es ist sehr wichtig, daß ein Unterschied zwischen dem überbewußten Lebensziel der Reinkarnationisten und dem unterbewußten Lebensziel gemacht wird, wie es im allgemeinen von den Psychoanalytikern angenommen wird. Um diesen Unterschied klarzumachen, mag es gut sein, einen Beispielsfall zu konstruieren.
Nehmen wir an, daß sich eine Frau entscheidet, wegen ihres Nervenzusammenbruchs einen Psychoanalytiker aufzusuchen. Bei der Analyse entdeckt der Psychologe, daß diese Frau ihr ganzes Leben hindurch den Wunsch gehegt hat, andere Menschen zu beherrschen. Sie hat diese Tyrannei an ihrem Mann und ihren vier Kindern unter dem Vorwand besorgter Liebe praktisch angewandt; doch nunmehr ist ihr Ehemann abgeschieden, und ihre vier erwachsenen Kinder weigern sich, tyrannisiert zu werden. Die Frau bezeichnet die Haltung der Unabhängigkeit ihrer Kinder als »gefühllose Undankbarkeit« und fühlt sich selbst mißhandelt, unerwünscht, einsam und ohne Lebenssinn.

Der Analytiker deckt einige Begebenheiten aus ihrer Jugend oder Kindheit auf, die erweisen, daß ihr Gefühl der Unsicherheit in ihr den Wunsch hervorrief, Kraft durch die Beherrschung anderer zu gewinnen. Nachdem er ihr dargelegt hatte, daß diese Herrschsucht ihr unterbewußtes Ziel während ihres ganzen Lebens gewesen sei, empfiehlt ihr der Psychologe, ihre Versuche, ihre Kinder und andere Menschen zu beherrschen, einzustellen und ihr Leben in dieser oder jener Form der Wohltätigkeit zu widmen und allen Menschen die gleiche Freiheit der Selbstbestimmung zuzugestehen, die sie sich selbst wünsche. Zum ersten Male ist die Frau ihrer unterbewußten Absicht ohne Maske gegenübergestellt; sie erkennt des Heilers Analyse als richtig an, folgt seinen Empfehlungen und überwindet die Neurose, die sie ganz zu überwältigen drohte.
Laßt uns den gleichen Fall nun vom Standpunkt der Reinkarnations-Psychologie aus betrachten. Der gewichtigste Unterschied unserer Interpretation des Falles liegt in der Tatsache, daß wir tieferliegende

Ursachen des Konfliktes dieser Frau anerkennen, als es Kindheitserfahrungen gewesen sind. Wir nehmen als richtig an, daß diese Frau in einer früheren Inkarnation einige Erfahrungen machte, die ihr einen mächtigen Antrieb gaben, persönliche Macht über andere Menschen auszuüben. Entweder hatte sie eine besondere Herrscherposition inne und versucht nun schmerzlich, die Unumschränktheit ihrer verlorenen Macht wieder aufzurichten, oder aber sie wurde in einem Vorleben unterdrückt, wodurch ein solches Gefühl der Demütigung in ihr blieb, daß sie sich heute gedrängt fühlt, ihre Würde durch Beherrschung anderer aufzurichten. Auf jeden Fall nahm sie einen Antrieb zur Herrschsucht aus einem früheren Leben mit in die Gegenwart. Es handelt sich dabei um einen unbewußten Antrieb und vielleicht um ein unbewußtes Lebensziel; doch dieses ist *nicht* mit dem überbewußten, allumfassenden Lebensziel identisch, wie es die Reinkarnationisten sehen.

Das allumfassende Ziel, das diese Frau vor dieser ihrer Inkarnation ins Auge gefaßt hatte, mag sehr gut folgendes gewesen sein: sich zu vergegenwärtigen, daß andere Menschen nicht als persönliche Besitztümer oder als gewöhnliche Gegenstände meiner Willkür angesehen werden können; oder einfach die Lehre zu erfahren, »leben und leben zu lassen«.

Der Widerstand ihrer Kinder, verursacht durch die Übertragung ihrer Tyrannei in ihre kleine Welt und der aus allem resultierende Nervenzusammenbruch waren insofern für ihren Lebensplan bestimmte Ereignisse, durch die sie den machtvollen Antrieb zur Herrschsucht überwinden lernen konnte.

Die Psychoanalyse der Reinkarnationisten unterscheidet sich von der gewöhnlichen Psychoanalyse ferner dadurch, daß die Abhängigkeit aller Lebenserfahrungen von einem Lebensplan angenommen wird, der vom Überselbst oder von der Ewigen Ichheit vor der Geburt aufgestellt worden ist. Wenn die Persönlichkeit die ihr durch die Lebensumstände zu lernen bestimmten Lehren *ohne Widerstand* annimmt, ergibt sich daraus kein Zusammenbruch; denn körperliche und seelische Zusammenbrüche entstehen nur dadurch, daß durch äußerste Bedrängnis die Boshaftigkeit oder Hartnäckigkeit der Person gewaltsam aufgelöst und die innere Haltung in Gleichklang mit dem vorgenommenen Lebensplan des Überselbst gebracht wird.

Das unbewußte oder unterbewußte Lebensziel, wie es von der Psychoanalyse angenommen wird, hat gewöhnlich einen selbstsüchtigen und materialistischen Zweck, der von der von ihrer Ganzheit abgetrennten Persönlichkeit oder dem Ich zu ihrer eigenen eingebildeten Sicherung oder Selbsterhaltung angestrebt wird, während das überbewußte Lebensziel von nichtmaterieller Art ist, denn es beruht auf der Erwerbung von seelischen Werten und der Erlernung geistiger Lektionen. Wenn die Persönlichkeit des inneren Zweckes gewahr wird, aus dem heraus sie sich inkarniert hat, und wenn das bewußte Lebensziel mit dem Ziel des Überbewußtseins identisch wird, dann kann sich der Fortschritt der Persönlichkeit viel schneller vollziehen, da der Mensch den erzieherischen Erfahrungen des Lebens weniger inneren Widerstand entgegensetzt.

Das Vorhandensein tiefsitzender und sich oft widersprechender Antriebe im menschlichen Unterbewußtsein, die wir zu überwinden lernen müssen, ist in der Psychologie des Reinkarnationismus ein Faktum größter Bedeutung. Dieses Gebiet läßt verschiedene wichtige Rückschlüsse zu und ist dazu geeignet, Licht auf etliche Sparten der heutigen Psychologie zu werfen. Insbesondere trägt es zu einer möglichen Lösung des wichtigen Problems der gespaltenen Persönlichkeit bei.

Die Spaltungspersönlichkeit ist der Allgemeinheit durch die weit verbreitete romantische Erzählung »Dr. Jekyll und Mr. Hyde« des Autors Stevenson großenteils bekannt. Nicht so allgemein bekannt ist die Tatsache, daß nicht nur zwiegespaltene, sondern auch in drei oder mehrere verschiedene Persönlichkeiten zerfallene Menschen laufend in den Akten der Psychiater vorkommen und daß außerdem viele dieser tatsächlichen Persönlichkeitsveränderungen eine fast ebenso dramatische Widersprüchlichkeit aufweisen wie die Widersprüchlichkeit zwischen Jekyll und Hyde im Roman. Führende Psychologen in Europa und Amerika haben an diesem Problem Interesse bekommen; doch eine wirkliche Erklärung des Phänomens wurde niemals geboten.

Beispiele dieser Art von Abnormität befinden sich nicht in den Cayce-Akten, und deshalb kann auch nicht mit Sicherheit gesagt werden, wie die Erklärung Cayces gelautet haben würde. Wollen wir indessen auf Grund aller anderen greifbaren Angaben der Cayce-Akten folgern, mag eine von zwei Möglichkeiten für den Persönlichkeitswandel zuständig sein: entweder die Besessenheit durch eine oder mehrere entkörperte Wesenheiten oder eine abnorme Überwältigung durch die Erinnerung an seine eigene Persönlichkeit in einer früheren Inkarnation. Wir neigen zur Annahme der ersteren Möglichkeit, weil verschiedene Fälle psychischer Abnormität in den Akten aufgezeichnet sind, die Cayce auf die Besessenheit durch Geistwesen zurückführte. Obwohl es sich bei diesen Fällen um Teil- und Einzelbesessenheit handelt, gibt es doch keine Anhaltspunkte, die gegen eine unter gewissen Bedingungen mögliche vollständige und vielfache Besessenheit sprechen. Die zweite Erklärungsmöglichkeit für den Zwiespalt im Menschen, das heißt das Aufbrechen von Erinnerungen an ein oder mehrere frühere Leben, stellt sich selbst als lediglich eine Erweiterung des Phänomens der Übertragung von Antrieben von einem Leben in das nächste dar.

Die zweite wichtige Weiterung aus dem Phänomen der aus früheren Leben stammenden Antriebe steht mit der Tatsache der spezifischen Charakterzüge in Verbindung. Die Psychologen haben entdeckt, daß die Wesenszüge des Menschen spezifisch anstatt allgemein sind. Zum Beispiel wurde erkannt, daß Ehrenhaftigkeit keine absolute, allgemeine Qualität, sondern vielmehr eine Anhäufung von Einzelzügen ist. »Ehrenhaftigkeit«, das ist klar, ist eine wertvolle ethische Eigenschaft; doch wenn diese Eigenschaft von den Menschenwesen in akute Verhaltensweisen umgesetzt wird, handelt es sich schon um keine einheitliche Charakterhaltung mehr. Da gibt es die »Ehrenhaftigkeit in bezug auf das Geld«, die »Ehrenhaftigkeit in bezug auf die moralische Haltung«, die »Ehrenhaftigkeit in bezug auf Spiele«, die »Ehrenhaftigkeit in bezug auf die Konversation«, die »Ehrenhaftigkeit in bezug auf die menschlichen Beziehungen« und beliebige weitere Arten von einseitigen, abgetrennten Ehrenhaftigkeiten, Würden und moralischen Verhaltensweisen an Stelle der einen einigenden absoluten Ehrenhaftigkeit.

Psychologen erklären diese Spezifitäten der Reaktionen der Ehrenhaftigkeit durch die Tatsache, daß der Mensch durch seine Eltern und Erzieher dahingehend erzogen wurde, auf diese und jene Situationen in dieser und jener Weise zu reagieren, und daß er Befriedigungen und Enttäuschungen erlebt hat, die seine zukünftigen Reaktionen auf die gleichen Reaktionen bestimmt haben. Diese Erklärung ist vernünftig und macht die Unbeständigkeiten verständlich, die in uns in bezug auf unsere Qualitäten herrschen.

Dennoch ist nach der Ansicht der Reinkarnationisten die Besonderheit der Charakterzüge nicht nur mehr oder weniger den Lust- und Leiderfahrungen einer Person in ihren früheren Lebensjahren zuzuschreiben, sondern auch ihren erzieherischen Erfahrungen vieler vergangener Inkarnationen. Es ist möglich, die Anständigkeit in bezug auf Geld vielleicht sehr gründlich durch eine schandbare demütigende Erfahrung erworben zu haben, in der jemandes Unehrlichkeit entdeckt und verbreitet wurde, während der gleiche Mensch in Hinsicht auf zwischenmenschliche Beziehungen keineswegs ehrenhaft handelt, da er auf diesem Gebiete noch keine entsprechende drastische Erfahrung machte. Es ist möglich, die Achtung vor der Unantastbarkeit des menschlichen Lebens erworben zu haben, während man sie in bezug auf das Leben der Tiere nicht erworben hat.

Derartige Widersprüchlichkeiten des menschlichen Charakters sind allgemein verbreitet und können im Lichte der Reinkarnations-Psychologie besser verstanden werden. Ein durchaus aufrichtiger und von gutem Willen durchdrungener junger Mann mag zum Beispiel tiefe Anteilnahme an allen Fragen des Weltfriedens und der allgemeinen menschlichen Gerechtigkeit zeigen. Er wird ganz verwirrt, wenn ihm jemand in der Hitze der Diskussion vorhält, daß sein Wesen im Grunde grausam ist. Ehrlicher Überzeugung weist er diese Anschuldigung zurück und verachtet seinen Beleidiger zutiefst. Doch einige Monate später vermag ihn ein Zusammentreffen ungewöhnlicher Umstände davon zu überzeugen, daß tatsächlich ein gewisser Zug von Grausamkeit in seinem Wesen *ist*, dessen er bisher bloß nicht gewahr geworden war. Dieser negative Zug zeigt sich in seinen bestimmten Bemühungen, andere Menschen zu beherrschen und jeden Glauben in ihnen zu unterdrücken, der ihnen Trost gibt. Diese plötzliche Selbsterkenntnis entsetzt den jungen Mann; er kann das gleichzeitige Bestehen seiner idealistischen Gesinnung und seines Wohlwollens für die Menschheit im allgemeinen mit seinen herrschsüchtigen und grausamen Anwandlungen gegen Menschen im besonderen nicht verstehen. Er beginnt darüber nachzugrübeln, ob er tatsächlich »im Grunde« grausam ist, wie sein Gegner behauptete, und ob alle seine idealistischen Pläne nicht Heuchelei und Selbsttäuschung gewesen sind.

Oder nehmen wir den Fall einer wohlhabenden Frau, die sich stets für großzügig gehalten hat. Plötzlich entdeckt sie zu ihrer Bestürzung, daß sie zwar großzügig in bezug auf Verteilung materieller Güter wie Nahrung, Kleidung, Geld oder anderer persönlicher Besitztümer ist, daß sie jedoch sehr engherzig über die Lebensführung anderer Menschen urteilt.

Solche Entdeckungen wie diese kommen unter Menschen seelischer Reife allgemein vor, und sie sind zunächst sehr beunruhigend. Sie erschüttern das Selbstvertrauen, veranlassen uns, an unserer Lauterkeit zu zweifeln und können so weit führen, unsere Tatkraft lahmzulegen. Doch sind solche Niederbrüche und Zwänge zur Selbstbetrachtung zweifellos wertvolle Stufen zu unserer Entwicklung. Das Wissen um die Ursachen unserer Zwiespältigkeiten in verschiedenen Erfahrungen früherer Inkarnationen aber ist letztlich dazu geeignet, unsere Verwirrung zu zerstreuen. Wenn wir dieses Wissen voll annehmen, werden wir dazu kommen, diese inneren Unausgeglichenheiten leidenschaftslos zu betrachten, da wir die beruhigende Gewißheit haben, daß es in unserer Macht steht, die Widersprüche auszugleichen – und wirklich führen die schmerzlichen Lebenserfahrungen zu solchem inneren Ausgleich. Alle Seelenqualitäten müssen zwangsläufig nach und nach erworben werden, denn wir können nicht erwarten, Vervollkommnung auf einmal zu erreichen. Nicht ohne guten Grund dauert unsere Ausbildung in der Schule jahrelang, und desgleichen geschieht es nicht ohne guten Grund, daß wir mehrere Leben dazu benötigen, um das von uns selbst in uns angerichtete Unheil wiedergutzumachen.

Ob diese unsere inneren Verhältnisse nun »Charakterzüge« oder »Zwänge« oder »Antriebe« genannt werden mögen, ist nicht von erstrangiger Bedeutung. (Obwohl der in den Cayce-Botschafen angewandte Ausdruck »Antrieb« vielleicht die lebendigste Beschreibung für die hier wirksam werdende Kraft sein mag.) Wenn die Unausgeglichenheit der Antriebe, ihre entgegengesetzte Wirksamkeit oder ihre unvollständige Überwindung im Falle negativer Eigenschaften von Grund auf verstanden worden ist, so wird sowohl das Verständnis der eigenen Person als auch das Verständnis anderer unermeßlich verfeinert werden.

Eine weitere selbstverständliche Folgerung erwächst aus unserer Kenntnis der Existenz der Antriebe früherer Leben, und diese hat mit der Tatsache zu tun, die wir gut als die Illusion der Unschuld bezeichnen können. Viele Jahrhunderte lang haben sich Menschen mit dem Problem der Unschuld und dem Sündenfall befaßt. Viele Philosophen waren ernsthaft davon ergriffen, die wahre Natur des Kleinkindes zu ergründen – nämlich herauszufinden, ob dieses nun als gutes oder als sündiges Wesen auf die Welt gekommen ist. Plato sah den Geist des Kindes als erinnerungsträchtig in bezug auf frühere Seinszustände an; Locke betrachtete des Kindes Geist als »unbeschriebenes Blatt«, auf das sich erst Gefühle und Eindrücke aufprägen mußten, um in Ideen umgesetzt zu werden. Theologen erachten alle Neugeborenen als »von der Ursünde Adams und Evas befleckte Seelen«, die nur durch die entsprechenden Sakramente reingewaschen werden können.

In der Sicht der Reinkarnation sind sicherlich alle Menschen mit einer Erbsünde geboren, deren Ursprung jedoch in ihnen selbst und nicht in den gleichnishaften Charakteren Adams und Evas liegt. Die Sünde ist eine Folge unserer früheren Selbstheiten. Wir sind also unsere eigenen Ahnen, und unsere Sünde kann durch die Taufe oder andere theologische Rituale nicht beseitigt werden. Solche Riten haben ihren symbolischen Sinn und Wert, das ist sicher –, doch sie können nicht als Ersatzmittel für den Vorgang unserer Gewissensänderung, als deren symbolische Darstellung sie gedacht sind, betrachtet werden.

ALDOUS HUXLEY erwähnt, daß Peter Claver, der heilige spanische Mönch aus dem siebzehnten Jahrhundert, der sein Leben dem Dienst an den unmenschlich behandelten von Afrika verschleppten Negern widmete, oftmals die Sklaven ermahnte, an ihre eigenen Sünden zu denken. Solche Ermahnung scheint wirklich fehl am Platze zu sein; »und doch«, schließt Huxley, »war Peter Claver wahrscheinlich im Recht... Insofern im Recht, indem er darauf bestand, daß ein menschliches Wesen stets Versäumnisse wiedergutzumachen habe, in welchen Umständen es sich auch immer befinden möge, und daß der Mensch möglicherweise die Folgen von Verbrechen zu tilgen habe. Und er war in dem Glauben im Recht, daß es selbst für jenen gut ist, sich der eigenen Verfehlungen zu entsinnen, gegen den am brutalsten gesündigt wird.«

Huxley berührte hier einen sehr wichtigen Punkt – nämlich jenen, den wir die Illusion der Unschuld genannt haben. Die meisten von uns halten sich eher für Opfer von Sündern als für eigene Sünder, und sie fühlen sich mehr mißbraucht, als sie selbst mißbrauchen. Die meisten von uns glauben selbst, unschuldig und gut zu sein. Zum Teil mag dieses der angeborenen menschlichen Einbildung zugeschrieben werden können; doch zum größeren Teil ist unsere Illusion die Folge dessen, daß wir unsere vorgeburtliche Vergangenheit vergessen haben. Diese unsere üble Vergangenheit wurde vor uns durch wohltätige Gesetze verborgen.

»Ich bin immer gut zu den Menschen gewesen«, hören wir eine Frau klagen, »und jetzt seht, wie mich die Leute behandeln. Menschen sind so undankbar!« Ja, tatsächlich – könnten wir antworten –, Sie sind in diesem Leben gütig gewesen, weil Sie in früher Jugend feststellten, daß Sie keine Schönheit besaßen und daß die einzige Möglichkeit, die Gunst der Menschen zu gewinnen, in freundlichen Handlungen lag.

Doch Sie müssen erkennen, daß es sich hierbei nur um eine einzige neu erworbene Tugend handelt. Blicken Sie auf Ihr letztes Leben als schöne herzlose ganz der Sinnenfreude hingegebene Frau; Sie ernten jetzt die Folgen dessen, was Sie damals säten. Wenn Sie heutzutage von den Leuten nicht gut behandelt werden, so liegt darin kein Beweis für die Undankbarkeit der Menschen; Sie haben sich Ihre herben Erfahrungen überwiegend selbst zuzuschreiben; die Behandlung, die Sie früher anderen zuteil werden ließen, fällt jetzt auf Sie selbst zurück. Sie haben in diesem Leben Gutes gesät, aber müssen die im letzten Leben gesäten Disteln heute ernten. In den Gezeiten des Lebens werden Sie schließlich auch die Früchte ernten, die Sie heute pflanzten; in der Zwischenzeit nehmen Sie die Disteln als Ihre gerechte Ernte an und bleiben Sie tapfer dabei, nichtsdestoweniger Gutes zu säen...

Ein aufmerksamer Charakterbeobachter kann genau die verräterischen Zeichen erkennen, die von negativen Eigenschaften künden, die deren Trägern meist gar nicht bewußt sind. In manchen Menschen bemerkt man verborgenen Haß, in anderen zurückgedrängte Herrschsucht, in wieder anderen eisige Kälte. Die Person, die sich von Jugend auf durch ihre Schönheit, ihren Wohlstand, ihre intellektuelle Begabung, ihre erotischen Erfolge, ihr weltliches Glück oder ihren äußeren Anstrich konventioneller Höflichkeit selbst betrügt, wird ihrer inneren Bosheiten nicht gewahr; wenn aber die äußere Sicherheit eines solchen Menschen, der sich damit tarnte, einmal gewichen oder erschüttert ist, wird die Person das zum Ausdruck bringen, was bisher tief in ihr verborgen lag, und sie wird in Situationen kommen, die ihre Überwindung ihrer Bosheiten erzwingen.

Wenn ihn eine schmerzliche Erfahrung heimsucht, sind die meisten Menschen versucht, zu klagen, daß *sie* niemals etwas taten, ein solches Schicksal zu verdienen. Doch dieses Gefühl der Unschuld des Menschen ist nur eine Illusion, und seine Logik ist nicht stichhaltiger als die jenes Mannes, der, des Elternmordes angeklagt, diesen auch gestanden hatte, doch um Gnade unter Berücksichtigung des Umstandes bat, daß er doch eine Waise sei. Im Falle des von Unglück heimgesuchten Menschen im allgemeinen bekennt dieser zwar keine Schuld, weil er sich einer solchen nicht bewußt ist; doch er bittet ebenfalls um Gnade, weil er gleichsam ein »Waisenknabe« ist – und doch war es sein eigenes Verbrechen, das ihn zu einem solchen gemacht hat. Daß solcher Mensch aber irgendeiner bösen Tat oder einer Schwäche schuldig ist, kann er versichert sein, denn andernfalls hätte

ihn kein Mißgeschick befallen. Das Übel kommt zu keinem Menschen, in dem nicht selbst verborgenes Böses liegt, von dem es auf Grund der Gleichschwingung angezogen wird.
Änderung des Charakters ist die erzieherische Absicht der Wechselfälle des Lebens – ob diese nun sichtbare, äußere Plagen wie Kriege, Seuchen, Überschwemmungen oder subtile innere Spannungen und Konflikte sein mögen. Wenn die Psychologie erst einmal die diesen Wechselfällen des Lebens zugrundeliegende Absicht der Naturforschung auf der Basis der Entwicklungsspirale anerkennen wird, so wird sie einen beträchtlichen Schritt vorwärts getan haben.
Ebenso dürften auch die praktischen Religionsdiener, ob sie nun Christen, Juden, Mohammedaner oder Brahmanen sein mögen, ein vertieftes Verständnis für die Antriebe des Lebens gewinnen, die innerlich und äußerlich Veränderungen des menschlichen Charakters hervorrufen. Wenn Menschen im Zustand der Verzweiflung nach der Bedeutung der Tragödien in ihren persönlichen Leben fragen, so können sie auf einer echten wissenschaftlichen Grundlage getröstet und ermutigt werden, indem ihnen Erklärungen gegeben werden, welchen sowohl die Eindeutigkeit und Klarheit einer algebraischen Gleichung als auch die Erhabenheit und beschwingende Kraft eines Sonnenuntergangs in den Bergen eigen ist.

Kapitel 23

Was uns die Karmalehre noch zu eröffnen hat

Eine Frage, die gewöhnlich von Menschen gestellt wird, die zum ersten Male von Karma und Reinkarnation hören, lautet: »Und wie verhält es sich mit der Vererbung?« Fast ausnahmslos werden die bekannten Tatsachen über die Vererbung als Widerspruch zu den mutmaßlichen Tatsachen der Karmalehre angesehen. Trotzdem gibt es hier keinen echten Widerspruch. Cayce gebrauchte in diesem Zusammenhang einmal einen sehr aufschlußreichen Sinnvergleich. Nachdem er seine Botschaft empfangen hatte, fragte irgend jemand: »Von welchem Zweig meiner Familie erbte ich die meisten Eigenschaften?« Die Antwort lautete: »Du hast das meiste von dir selbst geerbt und nicht von deiner Familie! Die Familie ist nur mit einem Strom zu vergleichen, durch den die Seele flutet.«

Die Tatsache, daß die Vererbungsgesetze gegenüber den Karmagesetzen eine untergeordnete Rolle spielen, kann noch durch einen anderen Vergleich erläutert werden. Nehmen wir an, daß ein Eingeborener aus dem afrikanischen Dschungel nach New York gebracht worden wäre, wo er zum ersten Male ein Zelt-Theater beobachtete. Seine Aufmerksamkeit würde von der Lichtreklame in Form der sich dauernd bewegenden und flutenden kleinen weißen Lichter gefesselt werden, welche die Firmenbezeichnung umrahmen. Es würde ihm fast so erscheinen, als wenn jede Lichtkugel die nächste anzünden würde und somit das Licht, gleich einer Fackel, von einem Lichtpunkt zum andern getragen würde. Kurz gesagt, es könnte scheinen, als ob die Ursache des Aufglühens jedes Lichtes das Fortlaufen des Lichtes selbst sein würde. Doch dieser Eindruck gibt nur die *Erscheinung* des Vorgangs wieder; in Wirklichkeit liegt die Ursache der sich scheinbar »gegenseitig entzündenden Lichter« in einer elektrischen Regulierung, mittels derer jedes Licht blitzschnell nach dem anderen aufleuchtet und damit der gewünschte Effekt der fortlaufenden Lichterkette erzielt wird.

Diese Analogie ist selbstverständlich nicht vollständig – keine Analogie ist vollständig – doch der Vergleich reicht aus, um zu verdeutlichen, daß die oberflächliche Betrachtung eine Scheinursache vorspiegelt, die der tiefgründigeren Wirklichkeit des Falles nicht entspricht. Der Fluß der körperlichen Erbmasse existiert, wie auch der Fluß der Lichtreklame existiert; doch in Wirklichkeit herrschen beim Menschen andere Gesetze, und zwar solche gewisser magnetischer Anziehung; und deren Funktion bringt eine sich inkarnierende Seele unfehlbar in jene familiäre Umwelt und verschafft ihr jene körperlichen Bedingungen, die am besten den inneren Erfordernissen dieser Seele entsprechen.

Die Vererbung und mit ihr ähnliche Arten physischer Bedingtheiten sind also in Wirklichkeit dem magnetischen Zwang des Karmagesetzes unterworfen. Jene, die sämtliche menschlichen Eigenschaften und alles menschliche Leid auf die »Erbmasse« oder entsprechende physische Ursachen zurückführen, können vom Gesichtspunkt der Karmagesetze aus mit dem Gast an einer großen Tafel verglichen werden, der sich dem Dienstpersonal zuwendet, um für die Speisen zu danken, mit denen die Tafel gedeckt wird. Um das klar herauszustellen: es *sind* die Bediensteten, die ihm die Speisen servieren; doch sie tun das auf Grund der Anweisung ihres Arbeitgebers.

Ein weiterer Punkt, der gewöhnlich im Zusammenhang mit dem Karmagesetz zur Sprache kommt, ist ein ethischer. Im Falle des im Kapitel 4 beschriebenen Musikers wurde der karmische Ursprung seiner Blindheit seiner üblen Tat zugeschrieben, als Mitglied eines barbarischen Stammes im alten Persien andere mit heißen Eisen geblendet zu haben. Mit Recht mag sich hier die Frage erheben: Wie kann ein Mann für die Gewohnheiten seiner Zeit verantwortlich gemacht werden? Weshalb sollte ein Mann dafür bestraft werden, der eher seine soziale Pflicht erfüllte?

Ein französischer Guillotine-Henker ist zum Beispiel vom Staat angestellt; ebenso verhält es sich mit den Leuten, welche die Hinrichtungen mittels des elektrischen Stuhls in Amerika durchzuführen haben. Können diese Personen selbst für die Ausführung jener Hauptstrafen zur Rechenschaft gezogen werden, die im Rahmen eines bestehenden Gesetzessystems vollzogen werden? Haben sie dafür in irgendeinem späteren Leben eine karmische Bestrafung zu erleiden? Wenn diese Frage verneint werden muß, weshalb wird dann der persische Barbar, der die Kriegsgefangenen blendete, anders als die erwähnten Henker behandelt?

Diese Fragen sind berechtigt. Eine Teilantwort wurde im Kapitel 11 aufgezeigt, wo dargelegt wurde, daß es nicht die Handlung, sondern das Motiv, nicht der Buchstabe, sondern der Geist ist, der karmische Ursachen schafft. Darüber hinaus scheint es so gut wie sicher eine Art Kollektivschuld zu geben. Das bedeutet, daß alle Mitglieder eines Volkes, einer Gesellschaft bis zu einem gewissen Grade mitschuldig sind, wenn die Gepflogenheiten dieses Volkes, dieser Gesellschaft oder Gruppe von Grund auf böse sind. Wenn es aber in ethischer Konsequenz falsch ist, menschliche Wesen zu versklaven, zu verstümmeln oder zu töten – und in Anbetracht der Weisheit der Alten ist solche Vergewaltigung des freien Willens anderer absolut böse –, so sind alle Mitglieder solcher Gesellschaft schuldig; wenn nicht aktiv, so aber doch passiv. Je mehr die Menschen ethische und moralische Unterscheidungsfähigkeit entwickeln, desto größer wird ihre Schuld, wenn sie böse Handlungen weiterhin billigen und nichts versuchen, diese zu beseitigen. Wenn sie sogar aktiv an der Begehung von Verbrechen beteiligt sind, wächst ihre Schuld entsprechend an.

Andere Menschen zu blenden, die bei einem Stammeskrieg in Gefangenschaft gerieten, ist gewiß eine grausame Tat. Wenn der erwähnte Mann, dessen Aufgabe diese Blendung gewesen ist, selbst ein Grauen vor dieser schrecklichen Tat gehabt hätte und sie nur unter dem zwingenden Befehl des Vorgesetzten durchgeführt hätte, so würde er möglicherweise keine karmische Bestrafung zu erleiden gehabt haben. Doch wenn er diese seine sogenannte Pflicht *innerlich bejahte* und sich damit als aktiv grausam erwies, dann schaffte er eine karmische Ursache.

Diese Gesetze werden in der »Bhagavad Gita« großartig behandelt – in jenem hervorragenden und tiefschürfenden ethischen Weisheitswerk, das jedem wärmstens empfohlen werden kann, der bestrebt ist, eine neue ethische Lebenshaltung als Grundlage des karmischen Planes anzunehmen. Die wesentliche Botschaft dieses indischen Weisheitsbuches ist folgende: nur die unpersönliche, in beherrschtem Abstand vollzogene Durchführung aller Handlungen schließt künftiges Karma aus. Selbst Liebe muß zur unpersönlichen Liebe, zur selbstlosen Liebe, zu liebendem Abstand werden – andernfalls werden neue karmische Bande für die Zukunft geschmiedet.

Der blinde Mann unseres Falles wurde, wie wir nur schließen können, wegen seiner eigenen Grausamkeit bei der Ausführung des Befehls der Blendung der Gefangenen karmisch bestraft, und weil er auf der gleichen niederen ethischen Stufe gestanden hatte wie seine Vorge-

setzten und die Mehrzahl seiner Volksgemeinschaft oder seines Stammes.
(Will man das Karmagesetz nach indischer, d. h. buddhistischer und hinduistischer Auffassung als eine Art »Naturgesetz, das keine Ausnahme kennt«, annehmen, so dürfte es sich von selbst verstehen, daß sich die »unpersönliche« Handlung aber *nicht* auf eine *böse* Handlung beziehen kann. »Unpersönlich böse zu handeln« scheint ein Widerspruch in sich zu sein. Aber unbewußt böse Handlungen, die ja zweifellos leider allzuoft und bis heute geschehen – »Massenbosheit« in Form von Kriegführung usw. – ziehen nach der m. E. richtigen Ansicht der meisten Denker und Forscher durchaus persönliches Karma nach sich. Anmerkung des Übersetzers.)

Im Kapitel 19 haben wir gesehen, daß die Cayce-Botschaften ausdrücklich feststellen, daß manche Fälle von Mißgeburten keine karmische Ursache haben. Dieses Problem ist einer näheren Untersuchung wert, da es für das völlige Verständnis der Karmalehre bedeutsam ist. Verschiedene Anhänger der Reinkarnationslehre nehmen irrtümlicherweise an, daß die Ursachen heutiger Zustände *immer* in vergangenen Leben liegen, weil sie in vergangenen Leben liegen *können*. Das bedeutet, daß sie glauben, das Unglück oder die Krankheit der Gegenwart stelle das äußere Anzeichen irgendeiner Sünde aus früherem Leben dar. Dieser Glaube ist grundsätzlich falsch. Die Verursachung gegenwärtigen Geschehens kann entweder in der unmittelbaren Vergangenheit dieses Lebens oder in der mittelbaren Vergangenheit früherer Leben liegen; außerdem gibt es verschiedene Ursachen-Bereiche – physische, seelische, geistige, ethische.
Ein weiterer Punkt liegt – wenigstens den Cayce-Botschaften zufolge – in der Tatsache, daß Zufälle und Unfälle, »selbst in der Schöpfung«, durchaus möglich sind. Es geschieht zuweilen, daß ein angeborenes Leiden oder eine Schädigung im späteren Leben rein zufällig in dem Sinne ist, daß hier keine eigentliche Beziehung zu Ursachen besteht, die vom Betroffenen selbst geschaffen wurden.
Hier haben wir zum Beispiel den Fall eines von Geburt an auf einem Auge blinden und seit früher Kindheit völlig tauben zehnjährigen Mädchens. Die Cayce-Botschaft für dieses Kind bemerkt in ihren Einleitungssätzen folgendes:
»Ja, welch ein trauriger Zustand. Und kein karmisches Geschehen, sondern ein Unfall oder der Mangel ausreichender Sorgfalt der Kinderschwester in den ersten Erdentagen des Babys.«

Die hier angewandten antiseptischen Mittel wirkten ungünstig auf das Nervensystem des Kindes und verursachten Entzündungen, welche die gesunde Funktion des Nervensystems zerstörten...

Ein anderer Fall betrifft eine auf Verletzung bei der Geburt zurückgeführte Geistesstörung, verursacht durch eine Geburtszange:

»Ja, ja, wir haben den Körper hier.

Wie wir erkennen, kann hier weitgehend geholfen werden. Es handelt sich hier um eine Pfuscherei des Arztes und um keine Schuld der betroffenen Wesenheit. Jemand wird wahrscheinlich für die Herbeiführung dieses Unglücks Wiedergutmachung leisten müssen.

Das Zustandsbild hier erfordert lange und ausdauernde Behandlung; doch sollte diese in einer anderen Umgebung vorgenommen werden, sobald das möglich ist...«

Laufend fragten Menschen, die an irgendeiner Verkrüppelung oder Krankheit litten, bei Cayce an, ob ihr Zustand karmisch bedingt sei oder nicht. Hier sind einige Beispiele direkter Zitate aus den Botschaften.

Im Falle eines Blutsturzes fragte der Betroffene: »Ist dieser Zustand karmisch bedingt, oder ist er auf eine Ursache in meinem jetzigen Leben zurückzuführen?« Die Antwort lautete: »Dieser Zustand ist auf den Verzehr zu vieler stark gewürzter Speisen zurückzuführen.«

Ein von Ohrensausen befallenes Individuum stellte eine ähnliche Frage und erhielt folgende Antwort: »Das Leiden ist rein physisch und nicht karmisch bedingt. Beseitige das Übel durch die Kopf- und Nackenübungen.« (Dieser Hinweis bezieht sich auf die einfache Übung dreier Kopfdrehungen, die in den Botschaften laufend zur Verbesserung von Gesicht und Gehör empfohlen wird.)

Ein Mann, der als fünfzehnjähriger Junge ein Bein durch einen Unfall verloren hatte, fragte: »War der Verlust meines Beines karmisch verschuldet, und wenn es so war, durch welche Schuld?« Es erfolgte die Antwort: »Dieser Unfall war für deine bessere Entfaltung notwendig. Nicht als irgendeine karmische Schuldenabtragung, sondern damit du die Wahrheit erkennen kannst, die dich frei macht.«

Ein anderes Individuum, das eine Verletzung an der rechten Hand erlitten hatte, fragte: »Gab es eine geistige Ursache für die Verletzung meiner rechten Hand, oder war es ein bloßer Unfall?« Die Antwort lautete: »Es war ein bloßer Unfall – ohne geistige Ursache.«

Eine Botschaft für einen Mann, der von fortschreitendem Muskelschwund befallen war, beginnt:

»Die Symptome hier sind großenteils vorgeburtlich entstanden; doch sie können nicht auf ›die Sünde der Väter‹ noch auf Verschulden der Wesenheit selbst zurückgeführt werden. Vielmehr mag die Wesenheit durch diesen Zustand die Tugenden der Ruhe und Beständigkeit erwerben.
Deshalb werde nicht wegen dieser behindernden äußeren Erscheinungen pessimistisch. Denn erinnere dich – der Geist ist der Schöpfer.«

Aus dieser Art von Fällen können wir folgern, daß manche Unfälle tatsächlich »zufällig« im Sinne des Wortes sein mögen, indem die Ursache nicht vom Opfer selbst geschaffen worden ist. Es kann weiter gefolgert werden, daß solche Zufallsleiden die Ausnahme und nicht die Regel sind; doch daß auch diese »Zufälle« der Seele Gelegenheit zu innerem Wachstum und zur Aneignung neuer Kraft geben.
Tatsächlich erinnern die in den beiden vorerwähnten Fällen gemachten Aussagen sehr deutlich an die von Jesus den Jüngern gegebene Antwort, die ihn über den blinden Mann befragten. Bei Johannes 9, 1–3 heißt es da:

»Und als Jesus vorüberging, sah er einen Mann, der blind geboren war.
Und seine Jünger fragten ihn und sprachen: Meister, wer hat gesündigt, dieser oder seine Eltern, daß er blind geboren wurde?
Jesus antwortete: Es hat weder dieser gesündigt noch seine Eltern; sondern daß die Werke Gottes offenbar würden an ihm.«

Dieser Abschnitt ist von verschiedenen Standpunkten aus äußerst aufschlußreich. Die bloße Tatsache, daß Jesu Jünger fragten, ob »dieser oder seine Eltern« gesündigt haben, daß er blind geboren worden sei, zeigt die Vertrautheit der Jünger mit dem Gedanken der Vor-Existenz der Seele.
Jesu Antwort – die zuweilen als Argument gegen die Reinkarnationshypothese von ihren Gegnern zitiert wird – scheint keine klare Deutung zuzulassen; sie scheint vielmehr irgendwie zweideutig zu sein.
Die Bibel stellt die Übersetzung einer Übersetzung, einer Übersetzung von Aufzeichnungen, einer Reihe von erinnerten Ereignissen dar. Im Verlaufe ihrer Bearbeitung durch so viele Schreiber müssen in den Bibelübersetzungen laufend Bedeutungsveränderungen vorgekommen sein. Daraus folgt, daß unsere heutige Bibel wahrschein-

lich nicht die vollständigen genauen und ursprünglichen Lehren Christi wiedergibt. Psychologische Studien über die Ungenauigkeit der menschlichen Zeugenschaft sollten uns allein schon von der Tatsache der Ungenauigkeit der biblischen Überlieferungen überzeugen. Der zitierte Bibelabschnitt mag demnach nur einer unter Hunderten von Abschnitten sein, die absichtliche oder zufällige Entstellungen des ursprünglichen Inhalts wiedergeben.
Wenn jedoch die Antwort Jesu auf die Frage der Jünger nach dem blinden Mann eine mehr oder weniger genaue Übertragung der Originalaussage Jesu ist, können wir nur folgern, daß Er genau dasselbe feststellte, wie es Cayce in seiner Botschaft hinsichtlich der vorerwähnten Männer tat, deren einer ein Bein verloren hatte, und deren anderer an Muskelschwund litt.

In einem früheren Kapitel beschrieben wir den Fall eines Mannes, der aus karmischen Gründen der Vater eines mißgebildeten Kindes wurde, der nicht irgendeiner früheren aktiven Grausamkeit angeschuldigt wurde, sondern mehr die Unterlassungssünde der Gleichgültigkeit auf sich geladen hatte. Wir stellten fest, daß diese indirekte karmische Folge möglicherweise die erste mehrerer nachfolgender und nachdrücklich charakterbildender Erfahrungen für diesen Mann sein mochte, die ihn mitfühlender mit dem Leide anderer machen sollte. Nach dieser Deutung ist es wahrscheinlich, daß dieser Mann in einem späteren Leben selbst von irgendeinem Gebrechen befallen werden mag, falls er nicht dieses Leiden stellvertretend durch sein Erleben als Vater eines verkrüppelten Kindes vorweg erfuhr; eine solche physische Heimsuchung würde nicht deshalb über ihn kommen, weil er dieselbe einstmals anderen zugefügt hätte, sondern weil er einer schmerzlichen erziehungswirksamen Erfahrung bedurfte, einen Mangel in seinem Charakter, nämlich die Gefühllosigkeit, zu beheben.
Es ist weiterhin denkbar, daß der blinde Mann, den Jesus und Seine Jünger trafen und die beiden erwähnten gebrechlichen Männer der Cayce-Botschaften aus einem ähnlichen Grunde heimgesucht wurden. Auf jeden Fall muß anerkannt werden, daß eine Lebensschwierigkeit stets Gelegenheit zur geistigen Vervollkommnung gibt, ob nun karmische Ursachen dahinterstehen mögen oder nicht. Karma an sich braucht nicht fatalistisch begründet zu werden; das heißt, es muß nicht als blindwirkende, unerbittliche Macht angesehen werden. Das Karmagesetz arbeitet nicht mit der automatischen Präzision einer

Maschine, die durch einen Kontrollknopf in Bewegung gesetzt worden ist.

Karma ist sicherlich ein genaues Gesetz; doch dessen Zweck ist es, der Seele Gelegenheit zu geben, sich selbst auf die Linie der kosmischen Wahrheit des Seins zurückzubringen. Wenn die Seele deshalb ihrer eigenen Mängel gewahr wird und gewissenhaft die Initiative ergreift, sich selbst wieder in die gerade Richtung zu bringen, kann sie durch den karmischen Zwang nur neuen Boden zur weiteren Entfaltung gewinnen.

Der Zweck des Karmas liegt darin, die Seele zu *rechtfertigen,* in die rechte Ebene zu rücken, ihr den rechten Weg zu weisen. Wenn man die wahre Absicht des Karmas in diesem Sinne als erzieherisch und rechtfertigend anerkennt, erkennt man ebenfalls an, daß die karmischen Strafen weder willkürlich noch unerbittlich sind. Folglich hat man auch nicht resignierend eine sinnlose Bestrafung zu erleiden, sondern kann Gelegenheit nehmen, eben durch diese karmische Beschränkung positive Fortschritte in Richtung auf die Erlernung geistiger Lektionen zu erzielen.

Die Bewegungsgesetze sind in diesem Zusammenhang sehr lehrreich. Nachdem ein Körper in Bewegung gesetzt worden ist, bewegt er sich in einer gewissen vorbestimmten Bahn weiter. Wenn eine andere Kraft auf diesen Körper in Anwendung gebracht wird, die von der Richtung, die der Körper ursprünglich genommen hat, abweicht, so wird auch der Körper einer anderen Richtung in seiner Fortbewegung folgen, die sich aus beiden verschiedenen Bewegungsimpulsen ergibt. Keine Energie geht dadurch verloren; kein Gesetz wurde verletzt. Eine Kraftrichtung wurde vielmehr durch die Anwendung einer anderen Kraft geändert.

Ähnlich verhält es sich mit dem Karma. Dessen Wirkungsrichtung kann ebenfalls umgeändert und seine Kraft verringert werden, indem eine neue Wirkungslinie eingeführt wird – in diesem Falle die neue Kraft richtiger Gedanken und richtiger Handlungen. Damit erkennen wir, daß eine ängstliche Haltung in bezug auf das Karmagesetz völlig unnötig und selbstbehindernd ist.

Diese Zusammenhänge mögen schon für einen Menschen in bezug auf sich selbst genügend einleuchten; doch eine ganz neue verfeinerte ethische Ansicht wird er gewinnen, wenn er über das Verhalten nachdenkt, das er der karmischen Situation anderer Menschen entgegenbringen sollte. Im Kapitel 11 wurde dargelegt, daß die Anerkennung der Karmagesetze unweigerlich zu einem gewissen sozialen Dilemma führen wird. Es wurde gezeigt, wie der Autoritätsmißbrauch in vergangenen Inkarnationen in verschiedenen Fällen zu Armut und eingeschränkten Verhältnissen in der Gegenwart führte. Wenn wir glauben, daß die meisten tragischen Gegebenheiten ihre Ursache in einer moralischen Verfehlung dieser oder jener Art in früheren Leben haben, welche Haltung sollen wir vom Schicksal geschlagenen Menschen entgegenbringen? Welches Verhalten haben wir gegenüber der sozialen Lage anderer Menschen aufzubringen?

Sollten wir mit wissenschaftlicher Logik sagen: »Du leidest, was du zu leiden verdienst, mein Freund. Ich kann mich in die Auswirkung der Gerechtigkeit nicht einmischen«, und sollen wir dann unserer Wege gehen? Sollen wir zu dem Urteil kommen, daß Mitleid ein sentimentales Gefühl ist, das seine Zeit überlebt hat, und daß Wohltätigkeit eine durch die Vernunft des Karmas überholte Tugend ist?

Diese Fragen sollten wir weder hastig noch mit Gefühlsüberschwang beantworten. Wir wissen, daß ein bösartiger Mörder keine notwendige Strafe erhalten hat, wenn kurzsichtige und sentimentale Menschen entscheiden, ihn nach sechs Monaten probeweise aus der Gefangenschaft zu entlassen. Wir wissen, daß die Ziele eines Schultages nicht erreicht werden können, wenn ein unangebracht milder Lehrer jeden Schultag um drei Stunden kürzt. Wir wissen, daß einem Kind kein Gehorsam gelehrt werden kann, wenn die gutmütige Mutter jedesmal die gerechten Strafen mildert, die ihm vom Vater zugesprochen wurden. Wir wissen um alle diese Umstände, und wir wissen auch, daß die Behinderungen, die der Mensch in Form von Krankheit und Unglück zu erdulden hat, in Wirklichkeit die erzieherischen Absichten des Universums verkörpern. Wie können wir uns dann in die Funktion eines kosmischen Gesetzes einzumischen wagen?

Wir sehen zum Beispiel einen in den Niederungen unaussprechlicher Armut lebenden Menschen und bedauern ihn als das Opfer fürchterlicher erbärmlicher Umstände; wir können nicht anders, als ihm tiefes Mitgefühl entgegenzubringen. Doch wenn wir die Gesichtspunkte der Karmalehre annehmen, werden wir jenen von Armut Heimgesuchten in anderem Lichte sehen. In der Vorstellung können wir uns in die Vergangenheit zurückversetzen und den heute eine so klägliche Rolle auf der engen Bühne der Gegenwart spielenden Menschen in einer ganz anderen Rolle, in einem anderen Kostüm und in einer anderen Epoche sehen.

In Analogie zu den vielen anderen Fällen solcher Art in den Cayce-Akten können wir uns vorstellen, daß ein gelähmter Krüppel der Gegenwart in einem früheren Leben ein zaristischer Höfling im alten Rußland gewesen ist – groß, stark, voller Lebenskraft, wollüstig, grausam und entartet. Sicher in seinem großen Wohlstand; kalt gegenüber den Arbeitsleuten, die seinen Wohlstand schafften; anmaßend im Bewußtsein seiner physischen Kraft; gewissenlos in der Befriedigung seiner sinnlichen Gelüste; unmenschlich in seiner Mißachtung der Frauen, die er mißbrauchte und mitleidlos in seiner Verfolgung jener, die in seine Mißgunst fielen – dieses ist das Bild, das wir von seiner früheren Person sehen. Und zugleich können wir uns die in der sibirischen Einsamkeit frierenden und hart arbeitenden Menschen, die eingefallenen Gesichter und hohlen Augen hungernder Frauen und Kinder vorstellen, die Opfer solcher Despoten wie dem beschriebenen Höfling sind. Denn dieses Bild unbarmherziger Zeitalter und Länder wiederholte sich immer wieder, überall in der Welt und in jedem Jahrhundert, und auch unser eigenes Zeitalter hat noch keine Wandlung gebracht. Wir haben alle den Wunsch, um auf den Fall des geschilderten grausamen Menschen zurückzukommen, ihn eines Tages zur Verantwortung für seine Taten gezogen zu sehen. Wenn wir nun von dem beschriebenen Krüppel der Gegenwart, den wir vor Augen haben, wüßten, daß er in einem Vorleben viele andere Menschen aus Boshaftigkeit zu Krüppeln gemacht hat, würde dann noch unser ungeteiltes Mitgefühl mit ihm sein?

Übertragen wir nun dieses einzelne Beispiel in allgemein gültige Bedingungen, wie es getan werden müßte, wenn man die Reinkarnationslehre überhaupt anerkennt. Wir entdecken damit eine psychologische, ethische und soziale Frage von großer Bedeutung, die in vollem Ausmaß und unmittelbar in unseren Alltag gehört. Der Leser, der mit Gesellschaftssystemen vertraut ist, wird sich erinnern, daß diese Frage, »wie mit den Opfern des Karmagesetzes umzugehen ist«, eine mögliche Lösung zumindest in indischen Ländern gefunden hat. Obwohl uns dieses Problem erst durch die Beschäftigung mit dem Karmaprinzip, und das ist noch nicht lange her, vertrauter geworden ist, so ist es doch in Indien seit Jahrhunderten bekannt gewesen.

Die Bevölkerungsmassen in Indien haben die Frage in Form ihrer Nichteinmischung in karmische Gesetze entschieden. Aus diesem Grunde behandeln die Inder die meisten Leidenden mit scheinbarer Gleichgültigkeit und stoßen die der unteren Kaste zugehörigen sogar aus der allgemeinen Sozialordnung aus.

Das Kasten-System Indiens beruht auf den alten Gesetzen des Manu, eines großen Philosophen und Gesetzgebers, der wie Plato feststellte,

daß die Gesellschaft von Natur aus unter gewisse notwendige Gesetzesordnungen fällt. Die philosophische Belehrung wurde in der indischen Gesellschaft eingeführt und wurde schließlich zur gesellschaftlichen Pflicht. Tradition und Aberglaube herrschten jedoch in einer zu 90 Prozent aus Analphabeten bestehenden Bevölkerung vor und trugen dazu bei, daß diese philosophischen Belehrungen engstirnig und starr wurden.
Die unterste Kaste, die aus jenen Menschen zusammengesetzt war, die niederste und schmutzigste Arbeit zu verrichten hatten, wurden einfach aus dem Grunde als »unberührbar« erklärt, da sie nach der Karma-Philosophie in einer früheren Inkarnation hochmütig und böse gewesen sind und folglich in eine so niedere Gesellschaftsschicht hineingeboren wurden. Aus allen diesen Überlegungen bildete sich die Ansicht, daß man sich in die freie Erfüllung der karmischen Gesetze nicht einzumischen habe.
Wollen wir den Hindus ihre erste Voraussetzung zugestehen, daß uns das Karmagesetz unweigerlich auf jenen Platz im Leben stellt, den wir verdient haben, und wollen wir auch ihre Folgerung des Bestehens einer sozialen Rangordnung zugestehen – die auf einer okkulten Wahrheit über die Struktur des Universums beruht, wie sie, wieder in anderer Artung, auch von der katholischen Kirche erkannt wird – so sehen wir, daß die Schlüsse der Inder gewiß logisch sind.
Und doch will uns diese Lösung trotz aller ihrer Logik irgendwie als eine traurige Lösung erscheinen. Unter deren Gesichtspunkt gleichen die Menschen, wie Leibniz' Monaden, kleinen Kapseln ohne Fenster, die jede ihre eigenen Absichten verfolgen und sich durch selbstbezogene Teilnahmslosigkeit in bezug auf den Fortschritt der anderen Monaden kennzeichnen.
Wenn man über dieses schwierige Problem nachgrübelt, wird man an jene eindringlichen bündigen Gedanken WALT WHITMANS erinnert, die den Titel tragen »Ich sitze und schaue hinaus auf alle die Leiden der Welt«:

> »Ich sitze und schaue hinaus auf alle die Sorgen der Welt und auf all ihren Schmerz und Gram,
> Ich höre das verborgene zuckende Schluchzen junger Menschen aus Furcht vor sich selbst, reuevoll nach vollbrachter Tat,
> Ich sehe in ärmlichem Leben die Mutter, mißbraucht von den Kindern, und sterbend, verleugnet, umdüstert und trostlos,
> Ich sehe die Frau, mißbraucht von dem Manne, ich sehe die

schmähliche Verführung junger Frauen,
Ich erkenne die Schwären der Eifersucht und unerwiderten Liebe, die zu verbergen versucht werden, ich sehe dieses alles auf Erden,
Ich sehe das Wirken des Krieges, der Seuche und Gewaltherrschaft, ich sehe Märtyrer und Gefangene,
Ich sehe eine Hungersnot auf See, ich sehe, wie viele Seeleute über Bord geworfen werden, um die Leben der anderen zu erhalten,
Ich sehe die Verachtungen und Erniedrigungen, erduldet von Werkleuten, Armen und Negern und ähnlichen von seiten der Anmaßenden;
Alles dieses – alle Gemeinheiten und Todeskämpfe ohne Ende erschaue ich, während ich hier sitze,
Sieh, höre und schweige.«

Whitman glaubte an die Reinkarnation. Wir wissen das aus seiner Biographie und aus dem für Kenner unmißverständlichen Erweis in seinen Dichtungen. Und wir können es aus seiner erhabenen und ausgeglichenen Ausschau auf das endlose Leiden der Welt erkennen, worin sich die glaubhafte Weisheit eines Menschen spiegelt, der die Ursache in jeder Wirkung, und die Wirkung aus jeder Ursache erkennt. Untätigkeit ist eine charakteristische Grundhaltung mancher Philosophen, und zwar keine Untätigkeit aus Gleichgültigkeit oder Trägheit, sondern eher eine solche, die aus der Fähigkeit erwächst, die Kette von Ursache und Wirkung und deren notwendigen Sinn zu durchschauen. Die zitierte Dichtung Whitmans klingt beinahe wie eine gültige Verkündung der Weisheit der schweigenden Untätigkeit angesichts der notwendigen Heimsuchungen der Menschen.
Und doch wissen wir, daß Whitman einige Jahre als Krankenpfleger auf den Schlachtfeldern des amerikanischen Bürgerkrieges wirkte; sein ganzes seltsames und ziemlich einsames Leben war eines der großzügigen Selbstaufgabe. Die zitierte Dichtung zeigt demnach nur einen Teil seiner Weltanschauung. Sie ist gegenüber dem energischen Grundton seines Alltagslebens vielleicht mehr mit der kühlen Perspektive von den Berggipfeln aus zu vergleichen. Denn Whitmans Leben war keineswegs ein untätiges im Hinblick auf seine leidenden Mitmenschen; und der Grund dafür lag in seiner hochgradigen Erfülltheit von der großen Tugend der Liebe.
Es ist wahrlich die Liebe, welche die Teilnahmslosigkeit am Geschick der anderen von sich weist, die intellektuell so vernünftig erscheint. Hier liegt wahrlich die wesentliche Bedeutung Christi, dessen aufop-

ferungsvoller Dienst an der Krankenheilung und der Belehrung beispielhaft die Überzeugung erläutert, daß man seine helfende Hand für jeden Leidenden ausstrecken solle, welche Sünde dieser auch immer auf sich geladen haben möge. Der überbewußte Geist Edgar Cayces (oder auch dessen hochstehende jenseitige Führer, die durch ihn gewirkt haben mochten, Anmerkung des Übersetzers.) kann sicherlich nicht auf eine Stufe mit Christus gestellt werden; und doch verkörperte Cayce in seinen vierzig Jahre währenden tatkräftigen Bemühungen, den Verwirrten im Geiste und den körperlich Gebrechlichen zu helfen, die christushafte Gesinnung des Mitleidens.

Eine der verblüffendsten Folgerungen aus den Cayce-Botschaften ist die, daß ausdrücklich verdeutlicht wird, daß die dem Leben zugrundeliegende Struktur identisch mit dem im östlichen Kulturkreis akzeptierten Karmagesetz ist und daß gleichzeitig zur tätigen Liebe und zum Dienst am Nächsten aufgerufen wird, womit ein Bekenntnis zur ebenso wahren Kernlehre Christi abgelegt wird.

Ohne Rücksicht auf die vergangenen Sünden anderer Menschen müssen wir die Anstrengung unternehmen, diesen zu helfen, denn wir wissen, daß die unsichtbaren Schranken des Karmas jede Übertretung ethischer Gesetze durch Beschränkung ihrer Wiederholbarkeit ahnden sollen und keine Strafe aus irgendeiner »Rachsucht« auferlegt wird; und deshalb wissen wir auch, daß Gleichgültigkeit gegenüber den Leiden anderer in sich selbst eine karmisch strafbare Sünde darstellt.

In gewissem Sinne bilden die äußere Welt und die anderen Menschen nur den Übungsplatz, auf dem wir die Tugenden des Geistes erlernen können, die zu lernen wir nötig haben. Wir selbst stellen gleichfalls einen »Übungsplatz« dar, auf dem die anderen Menschen ihre Tugenden erwerben können. Die Erinnerung an die erstere Tatsache sollte uns von der Wahnvorstellung befreien, daß wir der Menschheit unnötig geholfen hätten; und die Erinnerung an letztere Tatsache sollten uns zu eigener Demütigung und Bescheidenheit führen. Unsere eigenen Fehler sind für andere ebenso schmerzlich, wie es die Fehler anderer für uns sind; aber die anderen lernen ebenso aus unseren Fehlern, wie wir aus den Fehlern anderer lernen.

Eine weitere Seite dieser vielschichtigen Zusammenhänge liegt in der wichtigen Tatsache, daß der Wille des Menschen *frei* ist und daß der gesamte Geschichtsverlauf nicht bis in die letzte Einzelheit im fatalistischen Sinn vorherbestimmt ist. Unsere Bemühungen, einem bedrängten Menschen zu helfen – ob diese Bedrängnis nun körperlich, wirtschaftlich, gesellschaftlich oder seelisch sein mag – ist nicht nur eine persönlich notwendige Erfahrung, um uns in der Tugend der Liebe zu vervollkommnen; sie ist auch eine Erfahrung, welche die Änderung des charakterlichen Verhaltens der anderen Menschen beschleunigen mag, zu deren Gewissenserweckung damit das Beschreiten einer neuen Lebensbahn beitragen mag.

In letzter Hinsicht muß man sich vergegenwärtigen, daß jedes Karma vom Geist geschaffen ist. Ein Fehler in der Verhaltensweise ist die Folge eines Fehlers in der Erkenntnis; und ein völliger Wandel des Verhaltens kann nur eine Folge des völligen Bewußtseinswandels sein. Demnach sind die Cayce-Botschaften in jeder Hinsicht wegweisend, indem sie erklären, daß der Geist der Schöpfer ist; denn ehe ein Mensch nicht seine Geisteshaltung und insbesondere sein Verhältnis zur Schöpferkraft ändert, kann er niemals sein negatives Karma beseitigen.

Wir haben bereits auf die in den Botschaften laufend vorkommende Wendung »Du triffst dich selbst wieder« Bezug genommen. Es handelt sich um eine bedeutungsvolle Wendung, denn sie offenbart eine Art einem Spiegel vergleichbare Eigenschaft des Karmas, indem jede erschreckende Erfahrung nur mehr als seltsame Begegnung seines eigenen Selbst mit einer früheren Form eben dieses Selbst betrachtet wird. Noch bedeutsamer ist die folgende von den Botschaften unterbreitete Idee, möge sie auch nur als spekulativ aufgefaßt werden.

Die Theorie von der Krümmung des Weltraums – wie auch immer sie in den modernen wissenschaftlichen Kreisen betrachtet werden möge – entspricht auf folgende Weise der Karma-Idee weitgehend: Wenn das Universum in seiner Struktur als kreisförmig angesehen werden kann und demzufolge auch sämtliche kosmischen Bewegungen kreisförmige sind, dann könnte es fast so erscheinen, als ob das Karmagesetz, wie wir es nennen, nur das Endergebnis der kreisförmigen, das heißt auf ihren Ausgangspunkt zurücklaufenden, Bewegung jeglicher Handlung ist. Die Handlung irgendeiner Form bedarf der Anwendung von Energie. Die Tatsache des Karmas mag deshalb möglich sein, weil die durch das Bewußtsein gegen ein Objekt gerichtete Energie direkt durch dieses Objekt hindurchdringt so wie ein Röntgenstrahl durch feste Materialien, während aber diese Bewußtseinsenergie ihren kreisförmigen Verlauf im Universum beibehält, bis sie schließlich, trotz der weiten Reise unvermindert in aller Stärke, zum Urheber zurückkommt.

Somit wird beispielsweise eines Menschen Guttat gegenüber einer

Katze objektiv die Katze erreichen, während aber die dieser Tat zugrundeliegende Energie nach außen fortzustreben beginnt, bis sie schließlich zum Urheber wieder in Form einer nunmehr auf ihn angewandten freundlichen Handlung zurückkommt. Dasselbe Prinzip gilt natürlich für alle bösen und grausamen Handlungen ebenso.

Obwohl es sich hierbei nur um eine phantastische und spekulative Annahme handelt, ist sie doch mit den meisten der karmischen Fälle vereinbar, die wir in den vorhergehenden Kapiteln untersucht haben, und gilt vielleicht, mit Variationen und weiteren Feinheiten, für das Karmagesetz überhaupt. Auf jeden Fall hat diese Idee eine gewisse suggestive Kraft, wie jedermann, der nach ihr zu leben versucht, bereits nach wenigen Tagen entdecken wird. Wenn wir uns vorstellen wollen, daß jede von uns in bezug auf andere Personen und Wesen vollzogene Handlung eine Rundreise antreten wird, die als Endziel auf uns selbst in voller Wirksamkeit zurückkommt, werden wir feststellen, daß einige unserer Handlungen eine züchtigende Wirkung auf uns haben werden, während andere uns in überraschender Unmittelbarkeit veredeln werden.

Die Karmalehre ist weiterhin wichtig, weil sie das wissenschaftliche Verständnis für die Ermahnungen zum Gutsein fördert, die wir im Christentum und in allen anderen Weltreligionen finden. Paul Brunton übertreibt wahrscheinlich nicht, wenn er sagt, daß die Bewahrung und das Überleben der westlichen Zivilisation von der Wiederherstellung der alten Karma-Idee im Denken der Massen abhängt; denn das Wissen über das Karma gibt, richtig verstanden, eine reifere Einstellung gegenüber dem Leben – eine Einstellung, die religiös, aber nicht abergläubisch, und die wissenschaftlich, aber nicht materialistisch ist. Das Karmagesetz gibt den Menschen sowohl den Mut zum Ertragen als auch den Mut zum Wagen. Er wird in die Lage versetzt, die Folgen seiner eigenen früheren Taten mit Energie anstatt in untätiger Resignation zu ertragen, da er nun weiß, daß er in jedem Augenblick die Kraft besitzt, neue Wege zu beschreiten, neue und bessere Handlungen zu vollziehen und sich eine neue und bessere Zukunft zu schaffen.

In letzter Hinsicht erschuf selbstverständlich Gott die Menschen. Aber in nächster Linie ist der Mensch sein eigener Schöpfer. Das Karma repräsentiert den Bereich, innerhalb dessen des Menschen Selbstbestimmung und Selbstschöpfung stattfindet. Karma ist die begrenzende und die bestrafende Kraft; doch Karma ist gleichzeitig der große Befreier und Freund. Diese Tatsache wissend, sagt der Buddhist, heimgesucht von den Wechselfällen des Lebens, in Gelassenheit: »Ich nehme meine Zuflucht zum Gesetz.« Und für jene Menschen, welche die kosmische Wohltätigkeit aller höheren Gesetze verstehen, wie scheinbar unpersönlich diese auch immer sein mögen, sind diese Worte ebenso ergreifend, ebenso tröstlich und ebenso erhebend wie die gleichsinnigen Worte der Christen: »Ich nehme meine Zuflucht zu dem Herrn.« Denn das Gesetz verkörpert den Herrn – und der Herr verkörpert das Gesetz.

Kapitel 24

Eine Philosophie zum Leben

Die Briefträger, die im Laufe der Jahre die Post für Cayce ablieferten, waren die Übermittler mancher herzzerreißender Bitten um Hilfe. In späteren Jahren kamen Briefe aus aller Welt in das Cayce-Heim – von Menschen aus Südamerika, Kanada und England; von den Soldaten auf den Schlachtfeldern Europas oder auf den Außenposten im fernen Pazifik, in Alaska und Australien.

Es ist unmöglich, diese Briefe zu lesen und nicht tief gerührt zu sein. Die Probleme in diesen Briefen umfassen die ganze Skala menschlichen Elends. Man beginnt zu verstehen, wenn man nur irgendeinen dieser Briefe als Stichprobe liest, daß Cayce sich bis zur Erschöpfung seiner Mission der Durchgabe seiner Botschaften widmen mußte. Seine Eigenschaft des echten Menschenfreundes wird offensichtlich, wenn man sich vergegenwärtigt, daß ihm kein Opfer an Zeit und Kraft zu groß war, wenn er sich der wahren Flut menschlichen Elends und den entsprechenden Bitten um Hilfe gegenübergestellt sah, die ihn Tag für Tag mit der Post erreichten.

Briefe von Menschen aller Bildungsschichten, alle Arten von Kummer, vordergründigen, profanen, hintergründigen, religiösen Kummer oder auch Plattheiten und Verwirrungen kündend, erreichten Edgar Cayce. Manche konnten sich kaum richtig ausdrücken – aber jeder einzelne dieser Hilfesuchenden war in Not.

»Ich bin gespannt, ob es möglich für mich ist, eine Botschaft über mein Liebesleben zu bekommen. Ich scheine sehr verwirrt zu werden. Ich möchte wieder heiraten und ein Heim haben und alles, was dazu gehört, aber ich habe Angst, daß ich den Falschen wähle oder es mag sein, daß ich nicht wieder an eine Ehe denken sollte und nach allen Erfahrungen mag sein, niemand möchte mich wirklich haben.«

Eine andere Frau schreibt: »Wie kann ich meinen Mann und meine Umgebung wechseln, um Gesundheit, Glück und eine charmante Persönlichkeit zu bekommen?«, und ein junger Student schreibt lapidar: »Ich wünsche mir eine persönliche, annehmbare Lebensweise.«

Aber ob reich oder arm, gebildet oder ungebildet, kompliziert oder einfach, alle diese Menschen offenbarten in ihren Briefen fast einmütig die Verwirrung und Verlegenheit, von der die Erdenmenschheit im allgemeinen heimgesucht ist. Ob sie nun schüchtern, kontaktarm, einsam, krank, beruflich unzufrieden oder unglücklich verheiratet waren – alle diese Menschen waren um die Verbesserung ihres Lebensloses bemüht.

Für solche Menschen wie die zuletzt zitierten Briefschreiber ist es nicht weiter möglich, einen persönlichen Rat zur Lösung ihrer Probleme durch eine Cayce-Botschaft zu erhalten, doch ein Studium der in vergleichbaren Fällen gegebenen Ratschläge kann nützlich sein, um eine Lösung in einer unmittelbaren Schwierigkeit zu finden. Fast ausnahmslos wird den Ratsuchenden eröffnet, daß die eigentliche Quelle ihrer widrigen Situation *in ihnen selbst* liege. Dieses ist die erste Tatsache, mit der sich, den Botschaften nach, jene in Schwierigkeiten befindlichen Menschen vertraut machen müssen. Wir sind geneigt, unseren Charakter mit der gleichen Selbstverständlichkeit hinzunehmen wie die Luft, die wir atmen. Mit seltenen Ausnahmen sind wir geneigt, unserem eigenen Charakter mit Nachsicht zu begegnen; unser Unterbewußtsein ist versucht, unsere eigene Charakterstruktur als Maßstab der Vollkommenheit anzuwenden.

Wenn wir zu der Einsicht kommen, wie es nach den Botschaften unsere Pflicht ist, daß eben die Tatsache, daß wir uns unglücklich oder unzufrieden fühlen, der Beweis dessen ist, daß irgend etwas mit uns nicht stimmt, dann erwachen wir aus unserem Wahn der Selbstnachsicht. Wir unterlassen es, äußeren Umständen die Schuld zu geben; wir unterlassen unsere ruhelosen Wiederherstellungsversuche äußerer Gegebenheiten; wir wenden uns statt dessen unserer Selbstbeobachtung zu, um herauszufinden, wo unser Fehler liegt und welche Lehre wir anzunehmen nötig haben.

Ungeachtet der Art unserer Schwierigkeit – ob es sich um Einsamkeit, einen unpassenden Ehepartner, ein geistesgestörtes Kind, einen Minderwertigkeitskomplex oder eine beengende Umwelt handelt – müssen wir erkennen lernen, daß nur durch die Umwandlung unseres Selbst die Lage überwunden werden kann. Unsere eigenen Gewohnheiten müssen geändert werden; unsere eigene Lebenshaltung muß verbessert werden. Wir können keine Änderung unserer Lage erhoffen, wenn wir kritiksüchtig, unduldsam, rachsüchtig, hochmütig, gleichgültig und verneinend sind, und wenn unsere Lebenshaltung selbstsüchtig, rücksichtslos und asozial ist. Äußere Schwierigkeiten

können auf die Dauer nur durch den Erwerb entsprechender Tugenden des Geistes und der Seele behoben werden.
Die Veredelung und Umwandlung des Selbst kann indessen am besten innerhalb eines systematischen Planes des Universums und der menschlichen Beziehungen zu diesem Universum vollzogen werden. Ein solcher systematischer Plan liegt den Cayce-Akten zugrunde und durchzieht die Hunderte von Lebensbotschaften wie ein buntes Band. Befreit man dieses Band von den individuellen Einzelheiten, die durch die Botschaften ebenfalls vermittelt werden, so kommt ein bestimmtes durchgängiges Muster zum Vorschein.
Dieses Muster ist in dem Sinne religiöser Art, als es als Ausgangspunkt die Existenz einer höchsten Schöpferkraft oder Gottes annimmt. Es ist philosophisch in dem Sinne, als es eine klare und systematische Lebensanschauung vermittelt sowie den Sinn des Universums und des Menschen Bestimmung in diesem Universum verdeutlicht. Und es ist in dem Sinne psychologisch, als es die praktischen Probleme der Seele in ihrer Reaktion auf die Lebenslage konkret behandelt.
In wenigen Stichworten ausgeführt scheint dieses Cayce-Konzept wie folgt auszusehen:

Gott besteht.
Jede Seele ist ein Teil Gottes.
Du *bist* eine Seele; du bewohnst einen Körper.
Das Leben ist sinnvoll.
Das Leben ist unendlich.
Jedes menschliche Leben verläuft nach einem Gesetz.
Das Gesetz ist Karma und Reinkarnation.
Liebe erfüllt jenes Gesetz.
Der Wille des Menschen schafft sein Schicksal.
Der Geist des Menschen besitzt gestaltende Kraft.
Die Antwort auf alle Probleme liegt im *Selbst*.

Um obenstehenden Grundwahrheiten zu entsprechen, hat der Mensch folgende Wege zu beachten:

Werde dir zuerst deiner Beziehung zur Schöpferkraft des Universums oder zu Gott bewußt.
Setze deine Ideale und Lebensziele fest.
Sei bestrebt, diese Ideale zu erfüllen.

Sei tätig.
Sei geduldig.
Sei freudig.
Überlasse die Ergebnisse Gott.
Suche keinem Problem auszuweichen.
Sei ein Werkzeug des Guten für andere Menschen.

Gott besteht

Die Theorie der Psychoanalyse lautet, daß Gott eine kindliche Phantasie des menschlichen Geistes sei. Diese Ansicht weisen die Cayce-Botschaften kompromißlos zurück; sie bestehen ausdrücklich darauf, daß Gott *ist.* Häufiger noch sprechen sie von der Schöpferkraft oder Schöpferenergie des Universums, denn diese Ausdrücke passen zur Bewußtseinshaltung unseres Zeitalters.
Wir leben in einer Epoche, in der wir uns mehr und mehr von den Zwängen der Naturkräfte lösen; wir entdecken im Atomkern unvorstellbare Energien. In einer Welt derartig erweiterter wissenschaftlicher Ausblicke, ist der Ausdruck »Schöpferkraft des Universums« als Beschreibung einer zentralen, einheitlichen Quelle des Seins vielleicht verständlicher und von eindringlicherer Wirkung als das traditionelle Wort Gott, das durch mißbräuchliche Anwendung in weiten Kreisen so mißverstanden wird.
Das ganze offenbarte Universum ist ein Ausdruck der göttlichen Schöpferkraft; in ihm leben wir, bewegen wir uns und haben wir unser Dasein. Wir haben an seiner Kraft und an seiner Göttlichkeit teil, und wir müssen unsere Einheit mit ihm verwirklichen.

Es gibt zahlreiche Ausdrucksformen dieses Weltbildes in den Cayce-Botschaften. Die nachfolgenden Beispiele sind bezeichnend:

»Und was ist das Leben? Gott offenbarte sich in der materiellen Ebene. Denn weiterhin liegt es bei Ihm, daß wir leben und uns bewegen und unser Dasein haben. Das Leben ist eine stoffliche Sichtbarmachung jener universellen Macht oder Kraft, die wir Gott nennen.«

»Wisse, wenn du dich selbst analysierst, daß dieses unveränderliche Wahrheiten sind: *Gott* ist, und Ihm schuldest du in erster Linie alle Treue. Entweder arbeitest du mit dem Göttlichen in dir oder dagegen.«

»Welche Bedeutung auch immer die Elektrizität für die Menschen haben möge, so ist sie doch Gottes Kraft.«

Jede Seele ist ein Teil Gottes

Jeder einzelne von uns *ist* nach den Cayce-Botschaften eine Seele, ein Teil jener göttlichen Energie, die uns zum Dasein erweckte. Wir stehen zu Gott oder zur schöpferischen Kraft des Universums so, wie sich der Sonnenstrahl zur Sonne oder der Wassertropfen zum Meer verhält. Wir stehen zu unserem Körper in der gleichen Verbindung wie ein Mensch zu seinem Haus oder seiner Kleidung.

»Eine Seele ist ein Teil der göttlichen Energie und ist ebenso unvergänglich wie diese Energie selbst. Wenn die Wesenheit nun längere Zeit hindurch alle Kraft zu ihrer Selbsterhöhung verwandte, dann wird von ihr gesagt, sie habe sich selbst gelöst oder ihre Beziehung zu Gott verloren. Jene indessen, die der Ersten Ursache dienen und diese verherrlichen, sind des ersten Gebotes an die Menschheit eingedenk, das lautet: ›Du sollst nicht andere Götter haben neben mir‹ – neben dem göttlichen ›Ich bin‹ der Seele.«

»Wisse, daß du eine Seele bist, und trachte nicht, eine zu erlangen.«
»›Andere mögen tun, was ihnen beliebt; aber was mich und mein Haus betrifft, wir wollen dem lebendigen Gott dienen.‹ Verstehe das nicht so, als ob die Mitglieder deines Haushaltes gemeint seien. Dein Haus ist dein Körper – dieser ist der Tempel des lebendigen Gottes. Dieser ist das ganze Haus, das im Einklang mit dem Willen Gottes geführt werden soll.«

Das Leben ist sinnvoll

Das Leben ist keine zufällige Gegebenheit; weder im individuellen noch im allgemeinen Sinne. Der letzte Sinn und Zweck unseres Lebens ist unsere Vereinigung mit Gott in bewußter Teilhaberschaft an der Göttlichkeit. Wir waren ursprünglich mit Ihm eins; wir trennten uns von Ihm aus unwissender Neigung zur materiellen Welt und aus einem Gefühl des Sonderseins, des Hochmuts oder der Selbstsucht.

»Die Wesenheit wurde nicht mehr oder weniger durch einen Zufall geboren. Denn die Erde ist eine Welt der Ursache und Wirkung, die

hier ein Naturgesetz bilden. Und indem jede Seele diese materielle Ebene betritt, ist sie auch verpflichtet, die Wahrheit dieser Gesetze anderen auf solche Weise weiterzugeben, daß andere Seelen ebenfalls mehr Wissen über den Erdenlebenszweck erwerben.
Im Anfang hattest du Gemeinschaft mit Gott und verlorst diese Gemeinschaft durch die Wahl dessen, welches deine materiellen Wünsche ausschließlich befriedigen sollte. Somit betrittst du die Erde wieder und wieder; du kommst, das Gesetz zu erfüllen – das Gesetz, das deine Seele in Tätigkeit setzte, um mit Ihm eins zu sein.
Die Erbschaft jeder Seele ist es, selbst zu wissen, daß sie ein Selbst ist – doch eines mit schöpferischen Kräften.«

Das Leben ist unendlich

Unsere Vereinigung mit Gott als würdige, vollberechtigte Teilhaber in voller Erkenntnis unserer göttlichen Selbstheit ist nicht das Werk eines Augenblicks. Die Vollendung des Bewußtseins geht in langsamem Wachstum vor sich, das Äonen von Zeit bedarf. Im absoluten Sinne gibt es keine Zeit; doch für unseren dreidimensionalen Sinn ist sie vorhanden. Von unserem Gesichtspunkt aus müssen wir erkennen, daß das Leben unendlich ist.

»Du gehst nicht in den Himmel; du *wächst* dem Himmel zu!
Denn das Leben ist unendlich! Es gibt keine Grenze. Wir schreiten entweder fort oder zurück.
Das Leben ist unendlich und wechselt nur seine Stufen gemäß dem Bewußtseinszustand oder der Schwingungsebene des Daseins.
Was die Wesenheit heute ist, stellt das Ergebnis ihrer Erfahrungen in vergangenen Tagen und Zeitaltern und Äonen dar. Denn das Leben ist unendlich; und ob es auf dem materiellen Plan oder in anderen Bewußtseinsbereichen offenbart sein möge, es bleibt ein und dasselbe.
Lerne dieses gut: Zuerst gilt die Unendlichkeit des Lebens. Es gibt keine Zeit – keine Zeit. Es gibt keinen Raum – keinen Raum. Es gibt keine andere Kraft als die Eine Kraft in ihren verschiedenen Stufen.«

Jedes menschliche Leben verläuft nach einem Gesetz

Einbezogen in den Ausdruck »Unendlichkeit des Lebens« ist die rhythmisch fortschreitende Erfahrungsänderung, die wir von der irdischen Perspektive aus die Reinkarnation nennen. Das menschliche

Leben verläuft unter dem Gesetz der Wiederverkörperung, und die Bedingungen dieser Wiederverkörperung werden von den verschlungenen, aber unfehlbaren Karmagesetzen geschaffen.

»Wisse, daß es unwandelbare geistige Gesetze auf Erden gibt. Lerne zuerst: Gleiches erzeugt Gleiches. Was du säen wirst, das wirst du ernten. Gott läßt seiner nicht spotten; denn was du deinem Nächsten antust, das wird dir von den Mitmenschen angetan werden.
Nicht alles im Leben bedeutet wirkliches Leben, und nicht alles Sterben muß wirklich ausgekostet werden; denn das eine ist die Geburt aus dem anderen, wenn man es vom absoluten Standpunkt aus ansieht und den Mittelpunkt des Seins zum Ausgangspunkt der Beurteilung macht. Denn die Erfahrung der Wesenheit auf ihrem Wege zu und von jenem Mittelpunkt des Seins ermöglicht sämtliche sich strahlenförmig ausbreitende Wirkungen.
Erinnere dich daran – was du einst geschaffen hast, du wirst diesem jetzt begegnen! Lebe stets mit dieser Wahrheit in deinem Bewußtsein (und jede Seele soll hier Obacht geben): Du hast alle und jede Verfehlungen gegen das Gesetz des Herrn einst zu bezahlen.«
Lies das vierzehnte, fünfzehnte, sechzehnte und siebzehnte Kapitel Johannis. »›In meines Vaters Hause sind viele Wohnungen.‹ Baue an dieser Wohnung – nicht für eine Stunde oder für eine Minute, sondern Tag für Tag, wie du deiner täglichen Arbeit nachgehst. Wer ist dein Vater? Was bedeutet der Ausdruck ›Wohnungen‹?
Es ist dein Körper – und dieser ist der Tempel. Viele Wohnungen befinden sich in diesem Körper – die vielen Tempeln entsprechen. Denn der Körper hat immer und immer wieder Erfahrungen auf der Erde gesammelt; diese Erfahrungen gleichen manchmal Herrensitzen, manchmal schlichten Wohnungen und manchmal Baracken.«

Als eine natürliche Folge der Wahrheit, daß das menschliche Leben nach einem Gesetz verläuft, ergibt sich die Feststellung, daß unsere gegenwärtige Lage, wie immer diese auch beschaffen sein möge, durch eigene in Bewegung gesetzte Ursachen entstanden und deshalb notwendig für unser geistiges Wachstum ist.

»Wisse, daß, in welchem geistigen oder körperlichen Zustand du dich befinden mögest, dieser dein selbstgeschaffenes Werk und notwendig zu deiner Entfaltung ist.«

»Beginne niemals, dich selbst zu bedauern oder zu denken, daß irgend jemand dich ungerecht behandelt habe. Was du säest, das wirst du ernten. Rufe dir ins Gedächtnis, daß andere dich niemals übel behandeln werden, wenn du niemanden übel behandelst. Das ist ein Naturgesetz – denn Gleiches schafft Gleiches.«

»Lasse keine Zeiten herzloser Gleichgültigkeit in deinem gegenwärtigen Leben aufkommen. Wisse, daß alles Bestehende zur Förderung deiner eigenen Entwicklung bestimmt ist, wenn du den Situationen mit der Anwendung der schöpferischen Prinzipien begegnest.«

»Wisse, daß jeder Zustand, den du vorfindest, im Augenblick der beste für dich ist. Denke nicht darüber nach, was hätte sein können. Vielmehr erhebe deine Gedanken, schau hinauf – jetzt und wo du bist.«

Liebe erfüllt jenes Gesetz

Das Gesetz des Karmas ist unfehlbar in seiner Wirkung, da es auch das Gesetz der Wiedergeburt ist, bis wir vollkommen in der Liebe geworden sind. Liebe erfüllt jenes Gesetz.

»Die Kinder des Lichtes pflegen zuerst die *Liebe;* denn möge ich auch die Gabe der Weissagungen besitzen, möge ich auch in fremden Zungen sprechen können, möge ich auch meinen Körper auf dem Scheiterhaufen opfern – habe ich den Geist des Menschensohnes nicht, das Christusbewußtsein, den Christusgeist, so bin ich nichts.
Deshalb folge dem Beispiel deines Ideals, der nur schlicht sagte: ›Liebe den Herrn, deinen Gott mit all deinem Herzen, deinem Geist und deiner Seele, und deinen Nächsten, deinen Verwandten und sogar deine Feinde wie dich selbst.‹ Dies ist der ganze Inhalt des Gesetzes.«

Der Wille des Menschen schafft sein Schicksal

In diesem Universum der Gesetzlichkeit und Ordnung ist der Mensch mit freiem Willen zur Handlung ausgestattet und nimmt an der schöpferischen Kraft der großen Antriebskraft des Universums teil. An ihrer dreifaltigen Struktur nimmt er teil: an der Liebe, an der Vernunft und am Willen. Durch seinen Willen »sündigt« der Mensch oder widerstrebt dem einigenden Willen Gottes. Mit seinem Willen vermag der Mensch die Entwicklungsrichtung seiner Seele zu ändern und sie wieder in Harmonie mit dem All-Willen zu bringen.

»Der Wille ist jene Kraft, die entweder gegen den Willen der allerschaffenden Energie arbeitet oder mit diesem in Einklang steht. Nenne ihn Natur, Gott oder wie auch immer – man kann nur mit dieser oder gegen diese Urkraft arbeiten! Man kann sich nur zu ihr hin oder von ihr fort entwickeln!
Das Schicksal entsteht durch die willentlichen Taten einer Seele in bezug auf die Schöpferkräfte.
Wisse in erster Linie, daß kein Trieb, kein Einfluß wirksamer als der Wille des Selbst ist, irgendeine vorgenommene Tat durchzuführen – möge diese nun körperlich, seelisch oder geistig fundiert sein.
Wisse, daß kein astrologischer, kabbalistischer, symbolistischer Einfluß den Willen der Wesenheit abändern kann.
Denn im Selbst ist das schöpferische Element enthalten; und dieses, diese schöpferische Kraft, die sich mit der Göttlichkeit verbindet, ist imstande, sein Leben auszuwählen. Und wenn diese Wahl getroffen worden ist, dann kann man einen astrologisch oder anderweitig gewonnenen Überblick über den möglichen Verlauf dieses Lebens gewinnen. Doch jeder Seele wurde das Geburtsrecht der Wahlfähigkeit verliehen – unter jeder Umgebung, unter allen Begleitumständen und unter allen möglichen Erfahrungen!«

Der Geist des Menschen besitzt gestaltende Kraft

Der Mensch ist also innerhalb des Rahmens der kosmischen Gesetze im Besitze freien Willens. Nur wenn er diese Gesetze verletzt, wird der Mensch von Strafen heimgesucht. Sein Wille wirkt als Antriebskraft für sein Schicksal; sein Geist wirkt nichtsdestoweniger als die richtunggebende und gestaltende Kraft. Aus allen diesen Gründen muß auch der erste Schritt in jedem Vorhaben der Selbsterkenntnis und Selbstverwirklichung in der spezifischen Formulierung der Ideale des strebenden Menschen bestehen.
Und übrigens ist *der Geist der Schöpfer*. Das bezieht sich auf den Geist des Universums, aus dem jeder einzelne unserer menschlichen Geister stammt und ein Persönlichkeit gewordener Teil jenen großen Geistes ist, der auf allen Seinsebenen das Leitbild schafft, nach dem die materiellen Dinge geformt werden.

»Denn jede Wesenheit schafft sich eine Urkunde über ihr Tun in Zeit und Raum, wobei als Schreibstift die Handlungen des Geistes dienen.
Im Fleisch und in der Seele ist der Geist der Schöpfer. So, wie das Selbst mit sich selbst umgegangen ist, fällt die Gestaltung des Lebens aus.
Gedanken sind Dinge; der Geist ist ebenso fest wie ein Felsblock oder ein Baumstamm.«

Die Antwort auf alle Probleme liegt im Selbst

Die Wendung »die Antwort liegt *im*« zieht sich wie ein Refrain durch die ganzen Cayce-Botschaften und ist offensichtlich in verschiedenen Bedeutungen angewandt. Zunächst einmal ist gesagt worden, daß der Grund für jede Schwierigkeit im Selbst gefunden wird, weil alle uns widerfahrenden Dinge durch das Karmagesetz selbstgeschaffen und selbstverdient worden sind. Äußere Umstände sind nur als eine Art Spiegel-Reflexion irgend etwas Wesentlichen in uns selbst zu betrachten. Wir treffen immer wieder auf uns selbst, ungeachtet aller uns betreffenden Geschehnisse, und demzufolge würde uns eine gründliche Selbstanalyse den roten Faden in die Hand geben, der diesen Geschehnissen zugrunde liegt.
Zweitens ist in unserem Unterbewußtsein die Erinnerung an alle Geschehnisse haften geblieben, die uns seit dem Beginn unserer Ichwerdung widerfahren sind. Somit ist in unserem Innern eine Art Warenhaus des Wissens aufgebaut, zu dem wir durch die Einschläferung der äußeren Sinne und unsere ausschließliche, durch den Prozeß der Meditation durchführbare Innenschau Zugang bekommen können.
Drittens befindet sich tief in uns der eingekapselte, gleichsam exilierte Glanz, die göttliche Herrlichkeit, durch die wir mit der Schöpferkraft des Universums eins sind. Die Lösung jeglichen Problems liegt demnach in unserer Hinwendung zu jener Strahlungsenergie in unserer göttlichen Selbstheit.

»Studiere dich selbst, denn im Selbst mag man die Antwort auf alle Probleme finden, denen du gegenübergestellt wirst. Der Geist des Menschen ist mit allen seinen körperlichen und seelischen Eigenschaften ein Teil des allumfassenden großen Geistes. Daher sind alle Antworten im Selbst zu finden. Wisse dieses – daß alle Kraft, alle Heilung, alle Hilfe von innen kommen muß.

Alles, was die Wesenheit von Gott und auch von weltlichen Dingen wissen mag, liegt bereits im irdischen, menschlichen Bewußtsein vor, so daß es zur gegebenen Zeit offenkundig werden kann. Gewiß muß man die materiellen Quellen des Wissens benutzen – doch im Glauben und Vertrauen auf das universelle Wissen. Denn es gilt, wie es bereits von dem großen Gesetzgeber aufgezeigt worden ist: ›Glaube nicht, daß eine Botschaft von jenem gebracht werden mag, der über das Meer kommt; denn siehe, die Botschaft ist in deinem eigenen Selbst. Denn der Geist und die Seele sind von Anbeginn.‹«

Hierbei handelt es sich nach den Cayce-Botschaften um die Grundwahrheiten über den Menschen und seine Beziehung zum Universum. Ohne sich von den Mühen des täglichen Lebens und den umfassenden Problemen der seelischen Eigenarten des Menschen zu distanzieren, sind diese Schlußfolgerungen und Anweisungen geeignet, zu einer praktischen Lebensphilosophie zu führen, zu einer Philosophie zum Leben.
Bei der Bemühung, diese philosophischen Grundsätze zu verwirklichen, muß man sich zunächst seine Beziehung zur Schöpferenergie des Universums vergegenwärtigen. Gleich einem Strom kann der Mensch nicht höher als seine Quelle aufsteigen; ob er sich dessen nun bewußt ist oder nicht, immer handelt der Mensch unter gewissen Voraussetzungen bezüglich seines Ursprungs und seiner Identität. Sind diese Voraussetzungen verkehrte – mechanistische, materialistische oder atheistische –, so kann sein Leben nur in falscher, verzerrter Weise geführt werden.
Der Mensch, das »Ebenbild Gottes« in verschiedener Bedeutung dieses vielmißbrauchten Ausdrucks, entspricht eher dem mikrokosmischen Abbild, wenn er den makrokosmischen Ursprung richtig erkennt. Seine Vorstellung von seinem Ursprung und seine Beziehung zu diesem beeinflussen des Menschen Leben in all seinen innerlichen und äußerlichen Verzweigungen. Tatsächlich hängen seine Behandlung seines Körpers und seiner Mitmenschen, sein Gebrauch seiner Zeit und die Anwendung seiner Kraft letztlich alle von seinen Annahmen oder festen Vorstellungen bezüglich seines Ichs und seiner Verbindung zum All ab.

»Dieses ist das Geburtsrecht jeder Seele, die sich auf der materiellen Ebene verkörpert: anderen ihre Auffassung ihrer Beziehung zu den Schöpferkräften kundzutun.«

Frage: »Bitte raten Sie mir, wie ich meinem Vater am besten helfen könnte?«
Antwort: »Der beste Weg, irgend jemandem zu helfen, besteht darin, dein Leben eine Widerspiegelung deiner Vorstellung von Gott sein zu lassen. Dies geschieht durch ein Leben des Dienstes oder eine solche Lebensführung, daß auch unser aller Vater auf Erden wie auch im Himmel verherrlicht werden möge. Rufe dir ins Gedächtnis, daß alles Eines ist und blicke in dich selbst, wenn du deinen Nachbarn, deinen Freund und deinen Feind verstehen willst. Denn wie du dich deinem Nachbarn, deinem Freund und deinem Feind gegenüber verhältst, spiegelt deine Gedanken über deinen Schöpfer wider.
Halte an diesen Wahrheiten fest und wisse, daß dein Leben ein Ausdruck des Göttlichen, daß deine Gesundheit ein Ausdruck deines Glaubens und deiner Hoffnung in die göttliche Kraft in dir ist.«

Nachdem man die Gleichschaltung seines Ichs mit der universellen Energie und in der Folge mit allen anderen lebendigen Geistern, die ebenfalls an ihr teilhaben, zu verwirklichen gesucht hat, sollte man seine körperlichen, seelischen und geistigen Ideale festzusetzen und zu erreichen trachten. Die *Tat* ist dabei von größter Bedeutung; Lippenbekenntnisse und intellektuelles Wissen allein sind nutzlos. Die Tat ist das Merkmal der Echtheit, der Maßstab und die Methode wahren Wachstums. »Nicht gelebtes Wissen ist Sünde« ist ein beständig wiederholtes Thema der Botschaften.

»Erkenne dein Ideal – und sei *tätig*! Es ist besser, sogar etwas Falsches zu tun, als gar nichts zu tun. Erinnere dich, daß der Mann, der sein Talent verbarg, über seine Anwendung Rechenschaft ablegen mußte, und die Gabe wurde ihm dann genommen.
Es genügt für eine Wesenheit nicht, Kenntnis über das Gesetz zu haben – möge es sich um das karmische, das geistige, das strafrechtliche, das gesellschaftliche oder irgendeine andere Art des Rechts handeln. Der entscheidende Punkt liegt darin, was die Wesenheit über das bloße Wissen vom Gesetz hinaus *tut*. Wird das Wissen dazu angewandt, dem Gesetz von Ursache und Wirkung auszuweichen oder dazu, andere Menschen zur Beharrung in ihren selbstsüchtigen Gedanken zu zwingen? Oder wird es dazu angewandt, anderen zum besseren Verständnis des Gesetzes zu verhelfen?
Die Bestimmung oder das Karma hängt davon ab, was die Seele aus dem gestaltet hat, was ihr bekannt wurde.

Wisse, daß jedes andere Individuum dasselbe Lebensrecht auf Erden wie du selbst hat – selbst wenn dieses in mancher Hinsicht nicht so fortgeschritten sein mag. Doch merke dir, daß Erkenntnis oder das Suchen nach dem ›Baum der Erkenntnis‹ für sich allein Sünde ist. Die *Anwendung* deiner Kenntnis zur Verherrlichung Gottes ist der rechtschaffene Weg.
Wissen und Erkenntnis soll man nicht wie einen Mantel anziehen, sondern es muß langsam in stetigem Wachstum in Richtung auf jenes Ideal erworben und angewandt werden, das man sich bestimmt und erwählt hat.«

Wenn man diese Lebensleitregeln in ihrer Bedeutung vollständig begriffen hat, kann man nicht anders, als in jeder Lebenslage geduldig zu sein, in der man sich auch befinden möge. Geduld ist in dieser Bedeutung keine passive Eigenschaft mehr; sie ist im Gegenteil aktiv. Sie kommt einem wachen Abwarten gleich und ist eine positive statt eine negative Haltung. Sie ist die angemessene Haltung jener Seelen, die wissen, daß Zeit und Raum in gewissem Sinne eingebildete Größen sind. Wenn das Bewußtsein von den Fesseln der Zeit und des Raumes befreit wird, dann ist die Gelassenheit vollkommen geworden.

»Geduld ist weder eine passive noch eine negative Eigenschaft; sie ist eine konstruktive, positive und aktivierende Kraft. Denn wenn dir jemand einen Hieb auf die Wange gibt, rät Er, diese zurückzuziehen? Nein! Statt dessen sollst du die andere hinhalten. Sei aktiv in deiner Geduld; sei aktiv in deinen Beziehungen zu deinen Mitmenschen. Dann beginne jetzt damit, die Saat des Geistes in deiner inneren Haltung aufgehen zu lassen, und die erste daraus erwachsende Tugend ist die *Geduld*. Denn in der Geduld besitzt du deine Seele. In der Geduld bemerkst du, daß der Körper einem Tempel, einer äußeren Erscheinung gleicht; daß der Geist und die Seele deine beständigen Inhalte sind. Denn jede Seele befindet sich auf dem Wege zur Entwicklung ihrer völligen Erkenntnis, mit ihrem Schöpfer in Beziehung zu stehen.«

Freude und Fröhlichkeit werden auch in jenen einziehen, der um seine göttliche Herkunft weiß und das Gesetz kennt. *»Sei fröhlich!«* ist vom Gebot *»sei gut«* untrennbar.
»Behalte im Gedächtnis, daß Er ein Gott der Liebe ist, denn Er *ist* die Liebe; und daß Er ein Gott der Freude ist, denn er *ist* die Freude!

Jene, die ihren Lebensweg in engerer Beziehung zu den Schöpferkräften weiterschreiten, sollten wahrlich von innerer Freude und Fröhlichkeit, von Frieden und Harmonie erfüllt sein. Denn das Leben ist eine Offenbarung Gottes, und die Art der Lebensführung kennzeichnet des Wesens Vorstellung von seinem Schöpfer.
Du mußt auf jedes müßige Wort achtgeben. Nicht daß du nicht fröhlich sein solltest – im Gegenteil. Denn wenn du die Fähigkeit zum Lachen verlierst, so verlierst du die Fähigkeit, fröhlich zu sein. Und das Grundprinzip des christlichen Lebens ist Fröhlichkeit. Erinnere dich, daß auch Er lachte; selbst auf dem Wege nach Golgotha war Er frohen Mutes. Daran nahmen die meisten Anstoß, und nur selten wird Er fröhlich im Bilde dargestellt. Bewahre dir die Fähigkeit, auch das Humorvolle im Leben zu sehen, und bewahre dir die Fähigkeit zu lachen. Denn erinnere dich, daß der Meister oft fröhlich war und lachte – selbst auf dem Wege nach Gethsemane.«

Zusammen mit seiner Aktivität, seiner Geduld und seiner Fröhlichkeit sollte man auch einen gewissen Sinn für Zurückhaltung entwikkeln. Man sollte nicht zu ängstlich bedacht auf die Ergebnisse seiner Entwicklung sein, so wie ein noch unerfahrener Gärtner immer wieder die Radieschen aus dem Boden zerrt, um sich über ihr Wachstum zu vergewissern. Auch der Gärtner soll pflanzen und hegen und im übrigen wissen, daß Gott das Wachstum gewährt. So soll auch der Mensch handeln, und niemals soll er um des Lohnes willen gute Taten wirken, sondern weil die Guttat in sich edel, passend, harmonisch und gerecht ist.

»Erlaube dir nicht, dich selbst zu bedauern oder zu verdammen. Lebe und handele stets so, daß es das Beste bringen soll; und stelle Ihm die Folgen anheim, der alle guten und vollkommenen Gaben schenkt.«
Vor allem muß man erkennen, daß Probleme – »wenn du es vorziehst, sie so zu nennen«, wie es in den Botschaften heißt – in Wirklichkeit Gelegenheiten sind, sich weiterzuentwickeln. Es hat wenig Zweck, einer schwierigen Situation auszuweichen; früher oder später hat die notwendige Seelenstärke doch entwickelt zu werden, so daß man besser daran tut, sich jetzt an diese Entwicklung zu wagen.

»Wisse, daß jede Seele sich zur gegebenen Zeit selbst wiedertrifft. Kein Problem kann ungelöst aus der Welt geschafft werden. Stell dich der Begegnung gleich!«

Alle Lehr- und Lebenssysteme können verdichtet und vereinfacht werden, und die oben erwähnten die Lebensführung betreffenden Forderungen und Ratschläge bilden davon keine Ausnahme. Ihr Essenz läßt sich sehr einfach in Form von zwei uralten Geboten ausdrücken:

»Du sollst Gott deinen Herrn lieben mit all deinem Körper, deinem Geist und deiner Seele, und du sollst deinen Nächsten lieben wie dich selbst.«

Diese beiden Gebote mögen manchem wie theologische Phrasen vorkommen; doch in Wirklichkeit sind sie eine Art von »Kurzschrift-Übertragung« der Gesetze des Universums, wie sie nach der Weltanschauung der Cayce-Botschaften für den Menschen gültig sind. Denn wenn man zugesteht, daß eine zentrale schöpferische Kraft besteht und daß unser Lebenszweck die bewußte Entwicklung zur Vervollkommnung durch Bewußtwerdung unseres Zusammenhangs mit dieser Schöpferkraft ist, so wird es klar, daß die einfachste Darlegung dieser Erkenntnis in Form von Weisheit folgende ist: Liebe die große Kraft des Schöpfers, deren vielfältige Schönheit und ihren universell wohltätigen Zweck, so daß du danach streben möchtest, mit dieser Kraft eins zu werden und in allen Phasen deines Lebens ihr Ausdruck zu werden.

Und wenn ferner zugestanden wird, daß das karmische Vergeltungsprinzip uns für alle Einschränkungen der Willensfreiheit und des harmonischen Daseins anderer Lebewesen bestrafen wird, ergibt sich als einfachste Zusammenfassung folgender Weisheitsschluß: Liebe das harmonische Dasein anderer Wesen, so wie du auch deine eigene Harmonie liebst.

Somit erkennen wir, daß die alte Weisheit, welche die Entwicklung der Seele durch aufeinanderfolgende Erdenleben und durch die Wirkung des Karmagesetzes lehrt, in Einklang mit den Grundlehren Jesu steht.

Aber das Zeitalter der Nützlichkeit von Vereinfachungen ist vergangen. Der Mensch hat nicht mehr die naive Glaubensfähigkeit; er bedarf der kräftigen Nahrung des Wissens in seiner exakten und vernunftmäßigen Form. Es gibt viele Menschen im Abendland, welche die Weltanschauung der östlichen Religionen, die durch die Cayce-Botschaften bekräftigt werden, nicht annehmen können. Und dennoch werden sie es kaum leugnen können, daß die Ansicht der Reinkarnationisten genau, einleuchtend und vernunftgemäß ist, obwohl sie diese ohne einen hieb- und stichfesteren wissenschaftlichen Beweis, wie ihn die Cayce-Akten bieten, nicht anerkennen mögen. Daß die Karma- und Reinkarnationslehre glaubwürdig, ethisch wohlbegründet und vernünftig ist, werden die meisten »Abendländer« einsehen. Jenem Menschen, der die Reinkarnationslehre anerkennen kann, zeigt sie einen Lebenszweck auf, bietet ihm einen Leitstern für seine Lebensweise und die Versicherung, daß er in keinem sinnlosen Chaos letztlich unkontrollierbarer Kräfte verloren ist.

Kapitel 25

Gedanken zum Ausklang

Einen langen Weg sind wir in diesen Seiten von jenem scheinbar unbedeutenden Ereignis an geschritten, als Edgar Cayce in einem kleinen Hotelzimmer in Dayton, Ohio, die erste Andeutung über die Naturtatsache der Reinkarnation gab, während er sich im hellsichtigen Hypnose- oder Trancezustand befand. Dieser Vorfall, der von einer Reihe ähnlicher Vorfälle in der Folgezeit begleitet wurde, mag als schwaches Fundament erscheinen, um darauf das psychologische und philosophische Gebäude zu errichten, dessen Umrisse in diesem Buche aufgezeigt wurden. Und doch sieht man, wenn man die Geschichte der Wissenschaft überblickt, daß oftmals große und umwälzende Entdeckungen aus belanglos erscheinenden Vorfällen erwachsen sind. Ein zuckendes Froschbein und ein Stückchen verschimmelten Brotes scheinen kaum die entscheidenden Ausgangspunkte zur Entdeckung der galvanischen Elektrizität bzw. der Wunderdroge Penicillin gewesen zu sein; und doch war es so. Eine schwingende Lampe in einer italienischen Kirche führte Galilei zu der Erfindung einer astronomischen Pendeluhr; ein überlaufender Badetrog gab Archimedes den ausschlaggebenden Anhaltspunkt zur Formulierung eines wichtigen Gesetzes der Hydrostatik.

Die Geschichte bietet uns zahlreiche Beispiele der gleichen Richtung. Wir müssen demnach zugeben, daß die Wahrheit unter bescheidensten Umständen ans Licht kommen kann; und wir müssen deshalb nicht überrascht sein, daß ein ungelehrter, mangelhaft gebildeter Mann, der bewußtlos auf dem Sofa liegt, imstande ist, eine revolutionäre Theorie des menschlichen Lebens durch Beitragung von Schlußfolgerungsbeweisen zu unterstützen.

Laßt uns nun die beweisenden Folgerungen zusammenfassen, welche die Gültigkeit der Lebensbotschaften Cayces über die Menge des über jeden Zweifel erhabenen Beweismaterials seiner Hellsehfähigkeit hinaus sicherstellen. Diese beweislichen Folgerungen bestehen in sieben grundsätzlichen Tatsachen, die im folgenden angegeben werden:

Erstens: Charakteranalysen und Beschreibungen der Umwelt erwiesen sich bei völlig Fremden, auf Entfernungen von Hunderten von Meilen und in Tausenden von Fällen als richtig.
Zweitens: Vorhersagungen von beruflichen Fähigkeiten und anderen Eigenschaften erwiesen sich in späteren Jahren nicht nur im Falle von Erwachsenen, sondern auch für neugeborene Kinder, welche die Botschaft erhielten, als richtig.
Drittens: Psychologische Wesenszüge werden einleuchtend auf mutmaßliche Erfahrungen in früheren Leben zurückgeführt.
Viertens: Die Einzelheiten in den Cayce-Akten blieben über einen Zeitraum von zweiundzwanzig Jahren beständig; das heißt, sie stimmten sowohl hinsichtlich ihrer Grundprinzipien als auch hinsichtlich ihrer Einzelheiten in Hunderten verschiedener Botschaften, die zu verschiedenen Zeiten gegeben wurden, insofern überein, als keine Widersprüchlichkeit in ihnen festzustellen ist.
Fünftens: Zweifelhaft erscheinende geschichtliche Einzelheiten konnten durch Nachprüfung der überlieferten Geschichtswerke als richtig bestätigt werden; die Namen unbekannter, früher lebender Personen wurden in alten Akten jener Ortschaft identifiziert, die in der Botschaft angegeben worden war.
Sechstens: Die Botschaften vermittelten eine hilfreiche und zum Guten führende Wirkung für das Leben jener Menschen, die sie empfingen und ihnen folgten; diese Wirkung bezog sich auf das seelische, berufliche und physische Gebiet.
Siebtens: Das philosophische und psychologische System, welches die Botschaften umschließen und welches aus diesen ableitbar ist, erweist sich als zusammenhängend, dicht und zur Erklärung aller bekannten Tatsachen des Seelenlebens ausreichend, und es trägt zur Aufdeckung von Erklärungen bisher unerklärter Aspekte des menschlichen Lebens bei. Es stimmt darüber hinaus mit der alten und ehrwürdigen philosophischen Lehre überein, die seit Jahrhunderten in Indien gelehrt worden ist.
Kurz gesagt, unterstützen sieben beweiskräftige Schlußfolgerungen die Glaubwürdigkeit der Lebensbotschaften Cayces und des von diesen verkündeten Reinkarnationsprinzips. Obwohl Schlußfolgerungen nicht immer beweiskräftig sind, sind sie zumindest regelmäßig gültig. Selbst der Beweis, daß das Weltall gekrümmt ist, beruht nur auf Schlußfolgerungen – niemand hat die gekrümmte Beschaffenheit des Alls jemals gesehen; und die Existenz des Atoms ist auch eine Schlußfolgerung, da auch niemand jemals ein Atom gesehen hat. Die

Wirkung der Atomenergie beweist indessen die Existenz der Atome. Sicherlich ist es deshalb auch nicht unberechtigt, vorzuschlagen, daß ernsthafte wissenschaftliche Forschungen über die Reinkarnation auf der Grundlage der Schlußfolgerungen betrieben werden mögen, welche die Cayce-Botschaften verschaffen.

Die Anhänger des Reinkarnationsprinzips können nur hoffen, daß sich jene Menschen, die nach einer glaubwürdigen Antwort auf die Rätsel des Seins suchen, dieses Prinzip auch zu Herzen nehmen; daß sie in dessen Sinne für eine Weile leben und handeln und daß sie sich selbst und ihre Mitmenschen und das menschliche Leben im allgemeinen mittels dieser einfachen, doch kosmisch so bedeutsamen Gesetze messen. Wenn diese Menschen nach einer gewissen »Testzeit« ihrer praktischen Annahme dieser Prinzipien, um dieses moderne Schlagwort anzuwenden, nicht damit »zufrieden« sind, so können sie diese Lehren immer noch als Theorie verwerfen.

Man könnte nach der Methode der neuzeitlichen Werbung zu sagen geneigt sein, daß »ein Versuch Sie überzeugen wird«; doch ist es zu gut bekannt, daß keine Anschauung, wie einleuchtend und vernünftig auch ihre philosophische Grundlage sein möge, sämtliche Menschen befriedigen kann, und daß es viele geben wird, welche die Reinkarnationslehre niemals annehmen werden. Sie werden sie zumindest so lange nicht annehmen, bis die Wissenschaft, dieser moderne Messias, sie offiziell verkündet hat. Es bleibt deshalb zu hoffen, daß die Wissenschaftler aller Fakultäten ihre Aufmerksamkeit der Hypothese zuwenden, die durch die beweislichen Schlußfolgerungen der Cayce-Botschaften untermauert wird.

Hierbei können verschiedene Möglichkeiten der wissenschaftlichen Annäherung angewandt werden. Laboratoriumsversuche zur Darlegung der Reinkarnationsgesetze durch wissenschaftliche Methoden können eine dieser Möglichkeiten sein, falls geeignete technische Vorrichtungen benutzt werden. Letztere Voraussetzung ist wichtig. Um eine neue Straße der Wirklichkeit begehbar zu machen, müssen notwendigerweise neue Forschungstechniken angewandt werden.

Die Hypnose (bzw. die Herbeiführung des Trancezustandes. Anmerkung des Übersetzers.) wird zweifellos als die beste unmittelbar wirksame und erfolgreichste Technik bezeichnet werden können; hypnotische Experimente könnten an vielen Menschen vollzogen werden, um festzustellen, ob Erinnerungen an vergangene Inkarnationen erweckt werden können. Wenn auf solche Weise hervorgerufene Erinnerungen objektiv genau mit historischen Zeugnissen und mit be-

kannten Tatsachen aus den betreffenden Lebensumständen übereinstimmen würden, so würde dieses Material wertvolle Beweise zur Unterstützung der Theorie erbringen.
Eine zweite Möglichkeit besteht im Einsatz geübter Hellseher in Zusammenarbeit mit Laboratoriumsexperimenten und klinischer Praxis. Wenn einst das Hellsehen als Fähigkeit des menschlichen Geistes anerkannt sein wird, werden zwangsläufig auch dessen gewaltige Möglichkeiten zur Erlangung neuen Wissens anerkannt werden. Menschen mit diesen Fähigkeiten außersinnlicher Wahrnehmung könnten mit psychologischen Forschern und Therapeuten zusammenwirken; die medizinischen Berichte einer auf der Anerkennung möglicher in früheren Leben geschaffenen Ursachen würden für sich ein wichtiger Zeugnisbeitrag sein.
Bezeugungen dieser Art würden bis auf einen wichtigen Aspekt nicht von jener der Cayce-Botschaften abweichen. Die Cayce-Botschaften waren für ihre Empfänger von bemerkenswerter Bedeutung; zahllose Schreiben dokumentieren ihre Genauigkeit und ihre Nutzanwendung. Doch diese Botschaften wurden nicht unter fachkundiger Überwachung erfahrener Forscher gegeben; keine systematische Übersicht und keine entsprechenden psychiatrischen oder psychologischen Analysen der Empfänger der Botschaften wurden zur Zeit ihrer Durchgabe vorgenommen. Wenn ein mit ähnlichen oder gleichen Begabungen wie Cayce ausgestatteter Hellseher unter voller Mitarbeit eines Stabes anerkannter Berufspsychologen arbeiten würde, so würde das erarbeitete Studienmaterial die gleiche eindringliche beweisliche Kraft wie das Material der Cayce-Akten, aber keine von dessen Begrenzungen aufweisen.
Wenn die Reinkarnation tatsächlich das Lebensgesetz ist, durch das sich die Menschen entwickeln und vervollkommnen; wenn hierin tatsächlich die schlichte Wahrheit über die Menschen liegt und wenn hierin der schlichte Schlüssel zur Lösung der Rätsel von Dasein und Leiden gefunden wird, dann würden alle die theologischen und psychologischen Systeme der Menschheit den seltsamen Zerrbildern in den Spiegeln eines Vergnügungsparks gleichen; die einfache Wahrheit gleicht der Person, die mitten zwischen diesen Zerrspiegeln steht und nur mehr seltsame und ungetreue Abbilder ihrer selbst sehen kann.
Sicherlich ist es für ernst gesinnte Menschen der Aufmerksamkeit wert, sich der Erforschung einer Möglichkeit zuzuwenden, deren Bewahrheitung so klärend, so lebenspendend und so umwandelnd im

guten Sinne sein könnte. Denn wahrlich besteht die *menschliche Seele aus vielen Wohnungen*, und *jetzt*, in diesem Augenblick, ist die Zeit gekommen, in der wir es nötig haben, diese Wahrheit zu wissen. Denn mit dem Wissen dieser Wahrheit zieht ein neuer Adel und ein neuer Edelmut in den Menschen ein. Mit dieser Wahrheit zieht ebenfalls ein neues Bild des Universums ein, das vielfarbig und herrlich ist; und ein neues, tieferes und verfeinertes Verständnis für das ganze menschliche Leben wird uns erfüllen, und eine neue Spannkraft zur Überwindung aller mannigfachen Verwirrungen, Tragödien und Sorgen des Lebens wird in uns erweckt werden.

Esoterik

Paul Brunton

Von Yogis, Magiern und Fakiren

Begegnungen in Indien.
384 S. Band 4113

Der amerikanische Journalist Paul Brunton reist in den dreißiger Jahren nach Indien, um sich selbst ein Bild zu machen von den wundersamen, kaum glaubhaften Geschichten, die man aus diesem Lande hört. Er macht sich auf die Suche nach dem verborgenen, geheimnisvollen Indien, dem »strahlenden Edelstein in der britischen Krone«. Die Erlebnisse Bruntons eröffnen das ganze Spektrum indischer Spiritualität. Der Autor redet mit Magiern, Yogis, Rishis und wird in der Begegnung mit diesen Menschen ihrer geheimnisvollen Kräfte und tiefgreifenden Erkenntnisse gewahr. Schritt für Schritt kommt Paul Brunton auf der Suche nach den Ursprüngen uralten indischen Wissens weiter, die immer mehr zu einer Suche nach seinem eigenen Selbst, nach dem Sinn allen Seins wird. Am vorläufigen Ende seines Weges steht die Begegnung mit dem Weisen Ramana Maharhsi, der später Bruntons Lehrer und Meister wird.

Ein spannender Erlebnisbericht, der uns einführt in die ewigen Gesetze des Karma, uns teilnehmen läßt an dem Abenteuer der Selbstfindung und die Philosophie des Yoga in ihrer ganzen Großartigkeit vor uns erstehen läßt.

Esoterik

Theodora Lau

Das große Buch der chinesischen Astrologie

Wie der Mond Charakter und Schicksal in den verschiedenen Tierkreiszeichen prägt.
384 S. Band 4112

In der chinesischen Astrologie ist der Mond unser Schicksalsplanet – nicht die Sonne, die den westlichen Tierkreis beherrscht. Der Mond ist das unserer Erde am nächsten gelegene Gestirn, und generelle Phänomene wie Ebbe und Flut oder verschiedene Biorhythmen zeugen schon lange von seinem Einfluß auf unser Leben. Doch darüber hinaus ist in China der Mondkalender entstanden, der die Einwirkungen des Mondes auch auf unser individuelles Schicksal, unsere Psyche und Veranlagungen verzeichnet. Neben den verschiedenen Mondjahren, die bestimmen, ob wir in unserer Grundanlage Drache oder Hase, Schlange, Tiger oder sonst einen der zwölf astrologischen Grundtypen verkörpern, gibt es vielerlei Faktoren für eine individuelle Differenzierung.

Dieses fundierte, umfassende Handbuch erklärt dem westlichen Leser anschaulich, wie man ein echtes chinesisches Horoskop erstellen kann. Systematische Anweisungen ermöglichen dem einzelnen die korrekte Kombination der verschiedenen Mondfaktoren. Das Resultat vermittelt Einsichten über die eigene Persönlichkeit und gibt darüber hinaus Aufschlüsse über gegenwärtige und zukünftige Entwicklungen der privaten und beruflichen Situation. Ein Vergleich zwischen chinesischen und westlichen Tierkreiszeichen gibt zusätzliche Orientierungshilfe.

Esoterik

Gustav Meyrink

Das grüne Gesicht

Ein okkulter Schlüsselroman
224 S. Band 4110

Wohl in keinem seiner Romane weist Gustav Meyrink so eindrucksvoll den Weg zur geistigen Höherentwicklung wie hier im »Grünen Gesicht«. Der Grundgedanke dieses 1916 erstmals veröffentlichten Romans ist die Überwindung des Körpers durch den Geist.
Die Gestalten, die das Geschehen dieses okkulten Schlüsselromans durchziehen, zeigen die möglichen Wege und Irrwege zu diesem höchsten aller Ziele auf, das in den Schlußworten dieses Buches angedeutet wird: »Wie ein Januskopf konnte Hauberisser in die jenseitige Welt und zugleich in die irdische Welt hineinblicken und ihre Einzelheiten und Dinge klar unterscheiden: Er war hüben und drüben ein lebendiger Mensch.«

Gustav Meyrink wurde 1868 in Wien geboren und starb 1932 in Starnberg. Er gilt als phantasievoller, erfolgreicher, okkultistischer und romantischer Erzähler, der ganz besonders von E. T. A. Hoffmann und E. A. Poe beeinflußt wurde. Seine in farbiger Sprache geschriebenen Romane und Novellen, besonders aus der gespenstisch-hintergründigen Atmosphäre des alten Prag, stellen Grotesk-Absurdes und Mystisch-Unheimliches nebeneinander, mischen schwermütigen Ernst, grausige Vision, ironischen Scherz und bittere Satire gegen Spießertum, Heuchelei und Bürokratie der Jahrhundertwende.